长白山学术文库
The Academic Library of
Changbai Mountain

第一辑

中西古典文明千年史

林志纯 著

吉林人民出版社

出 品 人：常　宏
选题策划：吴文阁　赵　岩
统　　筹：李相梅　孟广霞
责任编辑：王　静　刘　学
装帧设计：尤　蕾

图书在版编目（CIP）数据

中西古典文明千年史 / 林志纯著. -- 长春 : 吉林人民出版社, 2022.8
（长白山学术文库. 第一辑）
ISBN 978-7-206-18169-6

Ⅰ. ①中… Ⅱ. ①林… Ⅲ. ①文化史－对比研究－中国、西方国家 Ⅳ. ①K203②K500.3

中国版本图书馆CIP数据核字(2021)第115972号

中西古典文明千年史

ZHONG XI GUDIAN WENMING QIAN NIAN SHI

著　　者：林志纯
出版发行：吉林人民出版社
（长春市人民大街7548号 邮政编码：130022）
咨询电话：0431-85378007
印　　刷：长春第二新华印刷有限责任公司
开　　本：710mm × 1000mm　1/16
印　　张：34.5
字　　数：600千字
标准书号：ISBN 978-7-206-18169-6
版　　次：2022年8月第1版
印　　次：2022年8月第1次印刷
定　　价：123.80元

与大师们学海重逢

2020年7月，雨后天凉、清风送爽的一天，我与其他专家学者应邀出席吉林人民出版社组织的座谈会，讨论编辑出版《长白山学术文库》事宜。短短一年后，《长白山学术文库》首批的书稿清样摆在案前：《哲学与主体自我意识》《中国奴隶社会史》《中国文学》等。这套书的作者包括高清海、金景芳、杨公骥等。承蒙错爱，吉林人民出版社总编辑吴文阁先生盛情邀请我，为《长白山学术文库》作序。寅夜秉笔，阅卷思人，心潮澎湃，思绪万千！

《长白山学术文库》的作者都是新中国成立70多年来吉林省人文社会科学研究的学术代表人物。他们在国内久负盛名，影响深远。高清海先生是国内首批博士生导师，首届国务院学位委员会学科评议组成员，我国著名哲学家，优秀的教育家。金景芳先生是吉林大学教授，国内首批博士生导师，国务院古籍整理出版规划小组顾问、著名历史学家、文献学家、易学大师、国学大师。杨公骥先生是东北师范大学教授，国内首批博士生导师，首届国务院学位委员会学科评议组成员。此外，其他作者也都是国内各领域知名学者、专家、大家。

首批书稿的作者分属新中国成立前后两代学人。金景芳、林志纯、杨公骥等先生出生于清末民初，在民国时代完成教育并开始学术研究，新中国成立后即成为吉林省中国古代思想史、世界史和文学研究的开拓者与代表性学者。邹化政、高清海等先生均生于民国，新中国成立后完成教育，改革开放后在全国产生学术影响，成为西方哲学史、马克思主义哲学等领域的开拓者或代表性专家学者。他们的学术轨迹，集中体现了吉林省人文社会科学从开拓开创、历经坎坷到繁荣发展的辉煌历程。

首批出版的这些著作，都是他们学术思想的代表作，研究领域涉及马克思主义理论、哲学、文学、历史学、经济学、地理学和民族学，研究视域从世界、中国到东北地方，研究对象从思想、历史到田野，充分展示了吉林学人博大的学术视野、精深的学术素养和脚踏实地的治学态度。高清海先生的《哲学与主体自我意识》，根据改革开放的时代变革，运用马克思主义哲学的精神，对哲学与人的主体自我意识的关系、内在逻辑与发展趋势、时代精神与思维方式变革进行了系统阐述，是国内研究哲学变革的开拓性与代表性著作。邹化政先生的《黑格尔哲学统观》，首次以人的存在和意识还原了绝对理念和绝对精神在黑格尔哲学中的本来含义，提出绝对理念作为黑格尔哲学的本体，是有关世界本质和规律的辩证法，是一个共相和精神活动性，其逻辑先在性就是黑格尔说明世界的原则，充分肯定了黑格尔的辩证法思想的深刻性。杨公骥先生的《中国文学》，运用马克思主义历史唯物主义和马克思主义文艺理论，研究了从中国原始社会到春秋战国时期的文学发展进程，探索了中国文学发生发展的规律和特点。

这些学者，或是我的授业恩师，或曾对我耳提面命，或曾学坛相会共同切磋，或久仰盛名与其传人为友。高清海先生是我的硕士生导师和博士生导师，我追随他求学治学凡26年。作为身边弟子，几近朝夕相处，情同父子。先生教诲，于今犹记："治学为人，其道一也！"从本科到研究生，一直聆听邹化政先生教授德国古典哲学。邹先生是山东海阳人，身材高大，头发蓬乱，不修边幅。他嗓音洪亮，一口浓浓的胶东话，把"人"读成"印"，把"黑格尔"读成"赫哥儿"。他讲课总是富有激情，讲到激动时，常常伴有板书，且十分用力，粉笔经常被折断。因其激动，难免字迹潦草，以至于难以分辨。放下粉笔，他又因激动，手臂不停地挥舞，以至于头上、襟前，挂满粉笔尘末，弄得灰头土脸。他是我所遇到的老师中，讲课最投入、最富激情的人。做学生时，曾听过金景芳先生的报告，金老治学严谨，记忆力超强，诸多古籍，如数家珍，信手拈来，一字不差。1997年金老九五寿辰时，我代表学校出席致贺。金老嗓音洪亮，高声宣布："我还要看到21世纪！"他真的看到了21世纪的来临。作为东北人，我对东北史感兴趣，拜读过张博泉先生的著作，并登门求教过。张博泉先生一口浓重的辽宁口音，"嫩江在通古斯语族读音就是青嗦儿（色）的河"。受他的中华一体论启发，我从文化社会学的角度提出了文化复合论的理论。

我曾长期担任吉林省社会科学院院长和吉林省社会科学联合会党组书记，与田子馥、林志纯、孙中田、陈才、富育光诸先生多有交往。1987年，吉林省召开专家咨询会议，时任省长王忠禹出席，我作为青年学者代表亦出席。就在那次会上，陈才先生建议，根据有关边界条约，中国拥有图们江通海航行权，应以此为契机，推动图们江流域及东北亚国际合作开发。他的建议引起吉林省委、省政府和国务院的高度重视。这些学者中，只有杨公骥先生无缘谋面。大三暑假，我因发表过短篇小说，参加了长春市作家协会组织的青年作家创作班，在班上结识了东北师大中文系78级的青年女作家杨若木，还是我的中学师姐。从此，我们成为常有联系的好朋友。她是杨公骥先生的女儿，所以，我与杨公骥先生也算间接有缘吧！

星光璀璨，往事如烟。斯人虽去，雁过留声。这些学者的音容笑貌，历历在目。彼此交往，恍如昨日。为作此序，重温名著，如晤其人，百感交集！感谢吉林人民出版社在庆祝中国共产党成立100周年的喜庆之际，支持学术，承传经典，编辑出版《长白山学术文库》，延续吉林文脉，弘扬学术精神。吉林人文荟萃，还有更多的学术著作有待汇集，期待第二批、第三批，乃至更多的著作入库出版。希望把吉林当今在世的学者，在哲学和社会科学领域更年轻、更有建树的专家作品出版面世，更体现时代意义和特征。

吉人有文，鸿著成林。

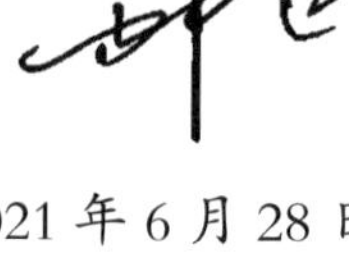

2021年6月28日晨

林志纯

史学家、教育家。中国世界古代史研究的主要奠基人、中国世界古代史研究会创办者。林志纯先生是中国世界上古史及中西古典学的学科开创人和领导者，世界古代史研究与教学的奠基人。林先生一生著述颇丰，包括专著、论文、教材、时论、书评等不同形式，内容涉及世界上古史、西方史学史、中国古代史、中国学术史、历史理论与史学理论等诸多领域。代表作有《世界上古史纲》等。

目　录

第一篇　绪　论

Ⅰ. 古代文明世界与中西古典文明

A. 古代文明世界

——古代文明三大地区与中西古典文明两大系统

在东半球或旧大陆，古典文明或古代文明集中出现于亚欧非三洲相连接的地带，西起地中海周围，东至中国海沿岸，横亘其间的是连绵起伏的高山峻岭，由濒临大西洋的比利牛斯山脉，经阿尔卑斯、喀尔巴阡山脉，越黑海而为高加索，经伊朗高原到阿富汗，由兴都库什而进入中国境界，这里由南而北，有喜马拉雅山、昆仑山、阿尔金山、天山、阿尔泰山，而以祁连山作结束，接之以先秦列国人工建造而在秦始皇帝时日连成一气的万里长城，直抵山海关、秦皇岛，而终于朝鲜半岛，构成一幅美丽的天然图画。这些山岭和长城，迤逦欧亚两洲之势，天所以界南北也。

自新石器时代至金属器时代，人类生活此一地带者，经农业革命乃至城市革命，古代文化文明，于此孕育滋长，继往开来，东西南北，穿插其间，由狩猎采集，而农耕牧畜，由蒙昧而野蛮，而文明，发展或速或缓，地理气候起重大影响。在此山岭、长城之北者，居多处于游牧生活，乃至长期继续畜牧而兼狩猎状态；向在其南者，则迅速进入农业定居，兴起城郭。中西文明史上，特别是中国古代史书，叙述文明时代国家特征，有所谓“行国”与“城郭”\[国\]之别者，即此天然形势所造成。然而历史在前进，文化在发展，大约公元前三千年代以来，在此人类史上最早产生文明和国家的地带，古典文明的历史潮流，尽管发生的具体时间不一，地理气候具体条件不一，但作为古典文明和国家，一切有人居之所，始终息息相关，相互促进，形成古代文明世界的一个整体，完成其创造性的历史任务。人类文明在此起源了，此即古典文明世界，亦称古代文明世界。①

人类上古史上，文明成片存在，堪称古代文明世界或古典文明世界者，只有这个亚欧非大陆相接连的地带一处而已，在此古代文明世界范围之外，旧大陆其他广大地方的居民，当初还处于文明之前的社会阶段，还没有达到文明，没有国家，至多如《孟子·告子（下）》之所谓貉那样，“无城郭宫室宗庙祭祀之礼，无诸侯币帛饔飧，无百官有司”，他们要继续发展到世界史之中世纪乃至近代，才先后进入文明，才有国家。

亚欧非三洲之外，当初进入美洲的现代人或晚期智人，直到公元后一千年代中叶（400—600），才有一部分先后在中美洲和中央安第斯进入文明，那已是旧大陆古代文明世界由盛而衰，向中世纪转变之日，古代文明濒于崩溃的时候了。

至于进入澳洲的现代人或晚期智人，他们自己及其子孙，直至近代欧人到来之时，未曾产生文明或接触文明。据说第一个到达澳洲的欧洲人，詹姆士·库克，是在1770年4月20日到达东岸的。

南北东西成片存在于旧大陆的古代文明世界，依其历史发展和地理分布，可以划分为三大部分：其中间部分是古代近东（北非、西亚）、南亚和中亚，其西方是古代欧洲，东方则是古代中国。

古代近东、南亚和中亚这部分文明发生最早。早在公元前3100年至前

① The Times Atlas of World History，1978（中译本，《泰晤士世界历史地图集》，三联书店1982年版，第52—53页，“欧亚地区文明的开始，公元前3500—前1500年”；第94—95页，“古典世界的危机”）。地形图，可参阅Rand McNally，Cosmopolitan World Atlas，1984；Europe，7A—7B；Mediterranean，29A—29B；Asia，33A—33B。

2700年，埃及早王朝（第一、二王朝），西亚两河流域乌鲁克［4］，捷姆迭特·那色（乌鲁克［3］）和［苏美尔］早王朝［Ⅰ］之时，北非和西亚的文明就已经开始了；南亚印度河流域的上古文明产生于公元前2750年左右；中亚和伊朗以公元前三千年代中期埃兰（Elam）的苏撒（Susa）［D］时期开始进入文明。

在西方，古代欧洲部分，克里特的早期米诺斯文化（Minoan culture）开始于约公元前3000年，中期米诺斯王宫文化属公元前2200—前1400年；迈锡尼文化希腊人（Mycenaean Greeks）约在公元前2100年来到希腊。公元前1600—前1200年是迈锡尼文化以克里特文化模式发展的时期。公元前1450年左右，迈锡尼人征服了克里特，统治爱琴海，而太林斯（Tiryns）、迈锡尼（Mycenae）、底比斯（Thebes）、派罗斯（Pylos）、诺萨斯（Cnossus）等城的王宫建筑都一一出现了。线形文字B产生了；提秀斯（Theseus）英雄故事属于此时，相传他在公元前1450年左右把阿提卡联合为邦了（synoecism）。

在东方，古代中国部分，三代夏王朝的存在，目前已逐渐得到史学界的承认，①并以之与考古文化二里头文化相结合。②在近来考古学和古典史学继续发展中，是否有可能把考古文化同历史传说更进一步结合起来，造成将中国古代文明的起源再往前推的趋势？仰韶彩陶文化同埃兰苏撒彩陶文化比较研究，早有先例，埃兰由Susa［A］（约公元前3500年）到Susa［C］（约公元前3000年），开始城市革命，到Susa［D］（公元前三千年代中期），出现城市革命的果实，古典文明和国家产生了。中国呢？可以不可以考虑龙山文化与文明起源的关系呢？

---

① 《中国大百科全书·考古卷》，1986年版，第573页，殷玮璋，“夏文化问题”；《古代城邦史研究》，人民出版社1989年版，第340—353页，胡厚宣，“甲骨文土方为夏民族考”。

② 《中国大百科全书·考古卷》，1986年版，第116—119页，“二里头文化”“二里头遗址”条（作者殷玮璋、赵芝荃）。

把古代文明世界划分为三大部分，不是说各部分之间没有往来关系，上面所举中国彩陶文化和埃兰彩陶文化的关系便是明显例证。但各个部分自己上下的继承，内部的彼此交往，当然更加密切。这些要从具体的实例作比较。下面附“古代文明世界大事简表”（公元前1000年以前）。

古代文明世界（公元前1000年以前）大事简表

公元前	古代欧洲	古代北非西亚（伊朗）南亚中亚			古代中国
3100		埃及早王朝	乌鲁克 4		传说中炎帝的时代（仰韶文化大河村类型） 良渚文化
3000	克里特早米诺斯Ⅰ				
2900					
2800					
2700		古王国（公元前2700—前2200）	苏美尔时期	印度河流域上古文明	
2600					传说中黄帝的时代
2500	早米诺斯Ⅱ		Susa D 埃兰文明始		龙山文化
2400					
2300			阿卡得时期		传说中尧舜的时代
2200	早米诺斯Ⅲ 首批欧印人侵入希腊（？—前2200）				夏禹及子启，夏代始
2100	迈锡尼文化 希腊人来到希腊	中王国（公元前2130—前1800）	乌尔第三王朝		二里头文化
2000			古巴比伦时期		
1900	中米诺斯Ⅰ				
1800	中米诺斯Ⅱ 象形文字				

公元前	古代欧洲	古代北非西亚（伊朗）南亚中亚			古代中国
1700	中米诺斯Ⅲ				商汤建立商朝 郑州商城 殷墟
1600	迈锡尼文化在希腊发展（至公元前1200年）		中埃兰		
1500	（公元前1450年）提秀斯完成使阿提卡联合为邦（Synoecism）	新王国（公元前1575—前1100）		雅利安人侵入印度	
1400	迈锡尼人占领克里特王宫（公元前1450年） 线形文字B（公元前1450年）		中亚述 赫梯帝国		
1300					
1200	特洛伊战争（公元前1220年） 多利安人侵入（公元前1200—前1000）		赫梯帝国毁于入侵者来自俄罗斯南部人（包括Phrygians）	吠陀时代	周人入居周原
1100	迈锡尼部落（公元前1150年） 爱奥尼亚人来希腊及小亚（公元前1050—前950）		新埃兰		
1000	铁器开始在希腊流行（公元前1050年）；原始几何陶文化（公元前1050—前900）		亚述扩张之始（公元前910年）		武王征商，周代始

注：表内历史年代均为公元前

古代文明世界这许多文明是由谁建立的？以语言和民族关系分，有的十分明确，如北非西亚之含姆塞姆语系（Afro–Asian or Hamito–Semitic Family），包括：北非之古代埃及语，即古埃及、中埃及、后埃及语，以及世俗语（Demotic）科普特语（Coptic），其中前几种皆埃及古代民族语言，并采用埃及象形文字（Hieroglyphics），科普特语则兴于早期基督教之日，时埃及已在希腊人和随后罗马人统治下，采希腊字母文字以修改埃及文，希腊文把埃及语或埃及人写成或读成Aigyptios，简称科普特语Gyptios，阿拉伯语作Qubt，西方形式即Copt（科普特）。

在西亚，塞姆语的语言民族系统也是明确的。自古阿卡得语（约公元前2500—前2000年），古巴比伦·古亚述语（约公元前2000—前1500年），中巴比伦·中亚述语（约公元前1500—前1000年），至新巴比伦·新亚述语（约公元前1000—前600年）、后巴比伦语（公元前600年以下）；这些两河流域中枢以外，有西北塞姆语，叙利亚·巴勒斯坦语，阿摩利语，迦南语，乌迦利特语，希伯来语，腓尼基语，以及东南塞姆语等等各民族语，包括伊斯兰前的阿拉伯语等等，其年代包括公元前1750—前1400年，前1400—前1000年，前一千年代，和公元前500年至公元300年等。塞姆语在古代西亚，先以楔形文字（cuneiform scripts）书写，后发展为字母文字（alphabetic writing），然楔形文字最初不是塞姆人发明的，在阿卡得语文字之前，有苏美尔语及其楔形文字。

而苏美尔语的语系何属，至今还不清楚。不但苏美尔语言民族的起源属性不知道，西亚还有一些古代语言民族的起源和属性，如胡里语（Hurrian）、乌拉尔图语（Urartian）、埃兰语（Elamite）等等，其语系何属，现在也无所知。

苏美尔语是最早有文字的语言，比埃及最古的文字还早一二个世纪，今所认识的最早的苏美尔文献属公元前26世纪。苏美尔学者S. N. 克拉米尔认为苏美尔语：“作为第一个为世所知的高文化的语言，它对西方起的影响比之埃及语还大”[①]。克拉米尔说：“苏美尔语是粘着语（agglutinative tongue），不是像印欧语或塞姆语那样有语尾变化的语言，它的语根一般不变。它的文法基本单位是词的复合，而不是各个词的变化。它的文法上虚词倾向于保持其独立结构，而不是成为必须附着于词根的部分。所以，在结构上，苏美尔语十分近似于土耳其语、匈牙利语和有些高加索语那样的粘着语。但是，在语汇、语法、句法方向，苏美尔语还要独特，似乎同任何其他语言，不管现存的还是已不存在的语言，都无关系。”“苏美尔语有六元音，三个开元音，a，e，o，三个等于闭元音，ā，ê，u。”“苏美尔语有十五个子音：b，p，t，d，g（hard），k，z，s，sh，ch（如苏格兰语loch），r，l，rn，n和g（如lung之ng）。”[②]

克拉米尔在上引书（第307页）中说：“苏美尔语语根大部分是单音节的，虽则也有不少多音节的词。用重复语根的方式来表示实物或动作的多数。”名词往住用复合词组成，如lu-gal，指“king”（王），即“大人”（“big man”）（gal为“大”，lu为“人”）；如dub-sar，指“scribc”（书吏），即“写泥板者”（“tablct writer”）；又如di-ku，指“judge”（法官），即“裁判的决定人”（“judgment deteminer”）。抽象名词用nam（English“-ship”）来表示，如lu-gal为“king”（王），nam-lu-gal则表示“kingship”（王政）。名词在文法上无性别表示，苏美尔语分之为两类，有生命的和无生命的，或有生气的和无生气的（animate，inanimate）。动物在文法上属于无生命或无生气类。（按：在这方面，汉语名词亦不能在文字构造上以语尾表示，汉语另以牝牡、公母、雌雄、阴阳等表示性别。）

① S. N. Kramer, From the Tablets of Sumer, 1956, p.20,（Cambridge Ancient History, 3rd edition, Vol.1, Part 1, 1973, p.145.）

② S. N. Kramer, The Sumerians, their History, Culture, and Character, 1963, pp.306—307.

胡里语也是粘着语，乌拉尔图语与胡里语在文化上有密切关系；[①]而据有的研究者的意见，埃兰语也是粘着语。[②]

苏美尔语、胡里语、乌拉尔图语、埃兰语等以外，南亚印度河流域上古文明的创立者属何民族和语言，也还没有研究出来，那里的图画文字至今仍无满意的公认的读法。

在地中海东部，希腊人到来之前，迈锡尼文明之前，克里特文明的创立者为谁？线形文字A是何语言系统？至今仍不知道。

与此相反，在古代文明世界，古文明创造者，其语言民族所属系统，比较清楚的，除含姆塞姆语系居民是大批的之外，印度欧罗巴语系的居民是另一大批语系比较清楚的代表者。

印度欧罗巴语系亦称印度赫梯语系，是19世纪中叶德国语言学家葆朴（Franz Bopp，1791—1867）建立的，当初赫梯泥板文献尚未发现，他在1816年发表的论文，Über das Conjugationssystem der Sanskriptsprache（论梵语变位法），内容只包括印度梵文、古希腊文、拉丁文、波斯文和日耳曼语的比较研究，开历史比较语言学之端。由迈锡尼文化希腊人开始的印欧人南下潮流，当时特著的代表者是希腊语人、赫梯语人、波斯语人（米底人、波斯人）、印度梵语人等等，后来则有拉丁语人、日耳曼语人，其在中亚者，尚有吐火罗（大夏、巴克特里亚）语人。研究者分印欧语系为欧洲和欧亚两大类（European and Eurasian groups），前者包括希腊语、意大利语、日耳曼语、克尔特语；后者包括波罗的·斯拉夫语（立陶宛语等和斯拉夫语）以及印度语和伊朗语，此外还有赫梯语和亚美尼亚语，其较小的单位（如吕底亚）则尚有许多。印欧语人分布于欧洲和亚洲西南部许多地方。

在印欧语人进入印度之前，当地的较早居民有达罗毗荼语人，而印度

① W.F.Albright and T.O.Lambdin, The Evidence of Language.The Cambridge Ancient History, Vol.1, Part 1, 1980, p.152.

② G.G.Cameron, Elam, Encyclopaedia Britannica, Vol.8, 1964, p.107.

河流域哈拉巴文化居民与达罗毗荼语有何关系，目前还不知道。

在古代文明世界的东方，在中国，大批的古代居民则是汉藏语系人，他们生息于此直到今天。

邻接着汉藏语系的居民是大量乌拉尔·阿尔泰语系人，他们分布于古代文明世界的中间部分和东方部分之间，即印欧语系人和汉藏语系人之间，而较偏于北边。

上文提及的苏美尔语、胡里语、乌拉尔图语、埃兰语等语系未定的各种古代语言，其某些特征（如粘着语等）同汉藏语系或乌拉尔·阿尔泰语系能有什么关系，有待今后继续研究。①

由于语言民族系统的复杂关系，古代文明世界三大地区或三大部分中，中间北非、西亚（近东）、南亚、中亚、伊朗部分，同西方欧洲部分，事实上联系在一起了，由苏美尔文明·阿卡得文明而下的系统，同克里特·迈锡尼文化而下的希腊·拉丁·日耳曼系统，互相穿插，随着历史的发展，在古代文明世界，这两部分，即中间近东至中亚、南亚部分，同西方欧洲部分，构成了古代文明世界的西方古典文明系统，与中国古典文明系统形成中西两大古典文明并立的局面，结局是：古典文明世界有一个古代文明整体，它包括三个古代文明地区，构成中西古典文明两个系统，如表：

① Gong Yusbu, Ergativität und das Sumerische, Eine Einfuhrung in die Ergativität im allgemeinen und die Ergativität im Sumerischen, Journal of Ancient Civilizations, 1987, pp.85—120.

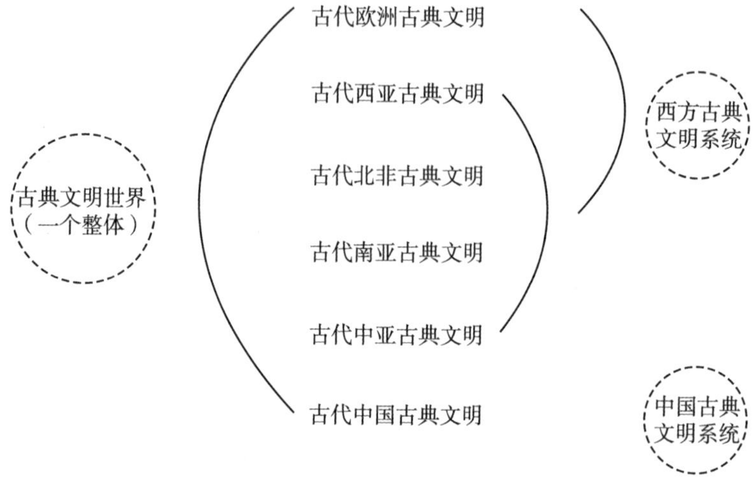

B．丝绸之路
——中西古典文明交往的物质象征

打开古代文明世界地图，西自地中海周围，东至中国海沿岸，中国古典文明约占一半而略小，西方古典文明（欧洲、近东、南亚、中亚）亦占一半而略大；其居民，前者以汉藏语系人，后者以印欧语系人及闪含语系人，各占最大部分，而乌拉尔·阿尔泰语系人及其他有关的语系则分布于中西两古典文明范围而偏于北边或南边。中西古典文明的关系可从著名的丝路或丝绸之路说起。

“丝绸之路”，据说最初是由近代德国的地理学者李希霍芬（Ferdinand von Richthofen，1833—1905）命名的，指公元前2世纪至公元13、14世纪间横贯亚洲陆路的交通干线，是古代中国同西方各国经济文化交流的通道。这条道路上，古代运送的物品以中国丝绸最为大宗，故以此取名。①

“公元前2世纪”，使人联想起历史上张骞出使西域的故事。《史记·大宛列传》，张骞使西域前后两次：第一次于公元前138年出发，公元前126年归国，其间往返都曾被匈奴留住，凡十余岁。这一次他到过大

---

① 参阅《中国大百科全书·交通卷》，1986年版，第445—446页，“丝绸之路”条。

宛、康居、大月氏、大夏，目的是要与大月氏夹击匈奴，但不得要领而归。第二次在公元前115年，张骞以中郎将名义，率领三百人，每人两匹马，牛羊万数，金币帛数千巨万，旨在招引乌孙东回，居匈奴浑邪故地，与汉结为昆弟，以断匈奴右臂。此行也没有达到预期效果，但所遣副使前往大宛、康居、大月氏、大夏诸国者，后来皆颇与其国人俱来，而乌孙报聘使者亦窥知汉之广大富厚，归报其国，使益重汉。史言“于是西北国始通于汉”，曰“张骞凿空”，意即打通西域孔道。司马迁称“西域之迹，见自张骞”；班固亦言“西域以孝武时始通”。①

《汉书·西域传》言：“自玉门、阳关出西域有两道：从鄯善傍南山北，波河西行，至莎车为南道，南道西逾葱岭，则出大月氏、安息；自车师前王廷随北山，波河西行，至疏勒为北道，北道西逾葱岭，则出大宛、康居、奄蔡焉。”这是丝绸之路自中国出发的主线。张骞第一次西行，大概是从北道出去，经匈奴，为所得；后来从南道回，经羌中，又落匈奴之手。这条主线不论南道北道，都不是张骞才打开的，若干千百年前早有人民往来了。张骞固然是初次走这条路的，但陪他一道出去的堂邑氏故胡奴甘父则恐怕已是就熟路的同伴了。

所以，所谓“张骞凿空”，仅能就中国和西方各国的官方关系言之，若民间往来，商贾贸易，则不仅早于公元前2世纪的张骞时代，而且也不限于这条干线。张骞“在大夏时，见邛竹杖蜀布”，是大夏贾人市之于身毒［印度］，而印度商贾同中国川滇商人自古早有交往。②这就是丝绸之路的一条重要支线，自中国出发的南支。

在西方，若仅就官方资料探索，希腊文Σήρ（Σῆρες，即拉丁文

---

① 《史记·大宛列传》和《汉书·张骞传》及《西域传》。按《史记·大宛列传》记张骞在乌孙所遣副使，除到大宛、康居、大月氏、大夏外，还有安息、身毒等国，为《汉书·张骞传》所不载，似以《汉书》记载近实。《西域传》云，“武帝始遣使至安息”。不似张骞的副使。

② 《史记·大宛列传》。

Seres），之被确认为东方产丝民族（即中国人），也是比较晚后的事实。Σῆρες较早见于地理学者斯特累波的作品，[①]Seres见于老普林尼的著作，[②]都到了恺撒（公元前102—前44）和奥古斯都（公元前63—公元14）时代，亦即公元前1世纪至公元1世纪。在西方作品中，最早提到的中国丝绸制品，是恺撒的丝绸遮篷，是卡雷（Carrhae）之役（公元前53年）见到的帕提亚［安息］的丝绸军旗，以及托勒密埃及女王克娄巴特拉的丝织品[③]（如卢堪《内战史》第10卷所云，这位女王“白皙的酥胸从中国丝绸织造的西顿衫中显露出来了”[④]）。在此之前，西方人所见的丝据说都是野蚕的丝，出自西亚，[⑤]而不是中国丝。

能说丝绸之路的西端这么晚才到达地中海岸，中西方经济文化关系在西部这么晚才开始吗？显然不能。在此之前，早在公元前330—前328年，亚历山大侵入了中亚，到达巴克特里亚（大夏）和粟特（索格狄亚那，在康居境），同当地女子Roxane结了婚（公元前327年），[⑥]在那里建立了“极边亚历山大里亚”（Alexandria Eschate，今之列宁纳巴德［Leninabad，或Khojent］，在塔吉克斯坦共和国），时公元前329年。很难理解，已经到达中国门口的希腊人还长期未闻有中国，还不知道有中国丝绸！

在亚历山大侵入中亚之后，希腊化世界的范围也就扩大到中国边境。公元前3世纪末至2世纪初，条支（the Seleucid empire）的将领Euthydemus（公元前3—前2世纪）据大夏和粟特（Bactra-Sogdiana）独立，他和儿子Demetrius（死于公元前167年）向四周塞种人地区，以及安息乃至大宛（Fergana）扩大领土，斯特累波（Strabo，公元前64／63—［至少］公元21）甚至引用后

① Strabo（B.C.64 / 63—A.D.21），Geography，11.11.1，15.1.34.

② Plinv（A.D.23 / 24.79），Naturalis Historia，6.17，（20）.54.

③ W.W.Tam，The Greeks in Bactria&India，1951，p.110.

④ Lucan（A.D.39—65），De bello civili，X，141—143.

⑤ 《史记·大宛列传》。

⑥ John Boardman，The Oxford History of the Classical World，1986.p.317.

来学者的说法，竟然认为他们把自己帝国扩张到中国和弗林尼［καὶ δὴ καὶ μέχρι Σηρῶν καὶ Φρυνῶν ἐξέτεινον τὴν ἀρχήν，they extended their empire even as far as the Seres and the Phryni，《地理学》卷XI，11］。英学者Tarn在其名著The Greeks in Bactria&India（1951年版，第84页）中说，他们（这些希腊人）侵入了中国新疆（Chinese Turkestan）。这些历史故事发生在张骞凿空之前，中国方面并无报导，这只是希腊方面后来的追记。①

我们知道，在张骞出使之前，月氏和乌孙先后占领了塞种人居地（月氏攻破塞王，居其地；乌孙攻破月氏，居其地），而巴克特里亚本土是被月氏人占领了的。无论如何，这个历史故事证明古代希腊人和古代中国人的密切关系，当时不是不相识的。

当代西方研究古代“伊朗和中国”关系的学者，有的（如英之W. Watson）认为，“中国神话是把青藏高原，尤其昆仑山脉，看作世界的西边极限”。汉代以前，对于远西的见解，具体化为穆天子（公元前10世纪）的神秘远游，②为后来道教徒的西王母长生乐土的思想，为佛教徒的西天教义（阿弥陀经）。所以说，“在公元前2世纪张骞探测之前，中国人对西边山地之外的情况，是缺乏确切知识的”③。

其实，古代中国典籍，作为史料或史书，从中总有可取者。《穆天子传》中之“西王母”，不外如书中所记，穆王“至于西王母之邦”的邦君而已。《四库全书总录》于此说得好，《穆天子传》“书中所说，虽多夸言寡实，然所谓西王母，不过西方一国君”。这个《总录》又云：“书中

① 至于Phryni，西方学者以为即Phuni［希腊文φρυνῶν］。Tarn认为即小月氏（《史记·大宛列传》，《汉书·西域传》所云“保南山羌”之“小月氏”），乃至“吐火罗”（Tochari），那更不可能，希腊人打到玉门阳关附近了，中国史书尚无报导，可能吗？（参阅上引The Greeks in Bactria and India 1951年本，第84页，第276页；又，Loeb本The Geography of Strabo，第Ⅴ卷，第280页，注2）。

② 《穆天子传》。

③ The Cambridge History of Iran, Vol. Ⅲ（1），1983, p.537, Chapter 13, Iran and China, by William Watson.

‘所谓悬圃’，无所谓神仙怪异之事；”“所谓河宗氏者，亦仅国名。”《总录》谓此传“较《山海经》《淮南子》尤为近实”，盖以小说家体裁写史，未可与宗教之书同日而语，列入道藏者误也。①

谓先秦（或汉之前［pre-Han］，或张骞探测之前）中国人对西边山地之外的情况一无所知，亦非事实。《逸周书·王会解》附《商书·伊尹朝献》，所列“正北”13国（空同、大夏、莎车、姑他、旦略、豹胡、代翟、匈奴、楼烦、月氏、孅犁、其龙［昆龙］、东胡），“正西”9国（昆仑、狗国［犬戎］、鬼亲［鬼方］、枳己、闟耳、贯胸、雕题、离丘、漆齿），其中不少见于西域诸邦。清代学者朱佑曾作《逸周书集训校释》，有序云：“愚观此书，虽未必果出文武周召之手，要亦非战国秦汉人所能伪托”，②盖平允之论。

至于“考古证据”，则W. Watson亦承认，古代中国“与西亚之物质接触，要早得许多年时”，③新石器时代就已存在这种关系了。

考古材料告诉我们，古代中国的蚕丝生产早在公元前五千年代已经开始。“从浙江钱山漾新石器时代遗址出土的大量丝织物的蚕丝进行鉴定分析，其原料确系蚕丝”；而浙江余姚“河姆渡新石器时代遗址出土的蚕纹”，“很可能也是食桑叶的蚕”。“两个出土地点同处于古代浙江相同的气候条件下，人们从事原始生产和聚居生活，很早就利用蚕丝纤维了。”④

中国丝绸作为国际礼品，文献记录较早已有。《穆天子传》，周穆王见西王母，礼物单上除“白圭玄璧”外，有“绵组百纯，□组三百纯”，

---

① 据《四部备要》史部《穆天子传》附录。

② 朱佑曾，《逸周书集训校释》，商务印书馆1937年本。

③ The Cambridge History of Iran: Vol. Ⅲ（1），1983, p.537, Chapter 13, Iran and China, by William Watson.

④ 高汉玉，“中国桑蚕丝帛起源的研讨”，《亚洲文明论丛》，1986年版，第88页，图版一，四。参阅同一作者，《中国大百科全书·考古卷》，1986年版，第660页，“中国古代纺织品”条，其中还提到河南郑州出土的“粘在头盖骨上的丝帛的残片”，属距今约5 500年前。

那就是丝绸了。这大约属于公元前10世纪，虽则先秦时代这样的材料不多。

汉初，高帝与匈奴结和亲之约，汉以宗室女公主为单于阏氏，岁奉匈奴絮缯酒米食物各有数，这中间缯就是丝绸。文帝六年（公元前174年），赠送匈奴单于礼品中，除黄金品物外，绣袷绮衣，绣袷长襦[rú]，锦袷袍，这些丝绸制品是给单于的；外有绣10匹，锦30匹，赤绨绿缯各40匹，都是丝绸（见《史记·匈奴列传》）。这许多丝绸不一定都归匈奴人自用，很可能通过匈奴，转往域外异邦。除礼物丝绸可能转往域外之外，是否另有丝绸作为商品，由匈奴民间输往北方和西方，则不可知。这时正值公元前3—前2世纪。

在此之前，在阿尔泰山的Pazyryk（俄文Лазырык），在属于公元前4—前3世纪的贵族坟墓里，发现有高贵的中国丝织物和中国青铜镜。这说明，在秦汉帝国之前，在战国时代或更早些，中国同西域各国已有丝绸贸易和其他商品往来，早已存在经济文化的交往。而这类中西关系，有时是通过较北方向或北方的途径进行的。[1]

这样看来，古代丝绸之路，不必东起长安、洛阳，也不必西止于罗马和亚力山大里亚，在这些大城市建立之前，丝绸之路早已存在。更早的丝绸之路，起点应当是杭州湾附近的钱山漾、河姆渡；丝绸之路由东到西所经的通西域途径，也不必限于出玉门、阳关的南北两道，沿青藏高原东南坡而出滇越，经印度，也是一路；北方通过匈奴、乌孙，又自有一路。总之，古代丝绸之路为中西古典文明关系的物质象征，它曲折萦迴于一大片东西十分辽阔而南北又异常复杂的欧、亚、非相关的大陆上。如上文已经提及的，这里横亘其间的是连绵起伏的高山峻岭，由濒临大西洋的比利牛斯山脉，经阿尔卑斯、喀尔巴阡山脉，越黑海而为高加索，经伊朗高原到阿富汗，由兴都库什而进入中国境界，在这里，由南而北，有喜马拉雅

---

① 参见The Cambridge History of Iran: Vol.Ⅲ(1),1983,pp.539,548。又，俄文本《苏联大百科全书》第2版，第31卷，1945年本，第546—547页，Лазырык条。

山、昆仑山、阿尔金山、天山、阿尔泰山，而以祁连山作结束，接以人工建造的万里长城，直抵山海关、秦皇岛。这样，由大西洋岸到太平洋岸，天然的山岭，人工的长城，连成一条地带，中西古典文明彼此交流交往，所谓丝绸之路，东西南北，穿插其间，由新石器时代而来，多少千年，人类文化孕育滋长，继往开来，绵绵不绝。

C. 中西古典文明的早期关系

1. 新石器时代

古代中国和西方在史前文化时期早有密切往来。自20世纪初以来，中外考古学者一直注意到这个问题。瑞典考古学者安特生（J. G. Anderson，1874—1960）早于1920年起在河南渑池县仰韶村和河阴县秦王寨等地发现和发掘新石器文化，后称仰韶文化。①研究者发现，仰韶文化的彩陶和西方各地彩陶文化十分相似，说明，这些新石器时代居民是有相互往来，有密切关系的。

捷克学者赫罗兹尼（1879—1952）在其所著《西亚、印度和克里特上古史》中指出，“约公元前2000年的中国仰韶文化，其新石器时代彩陶，与基辅以南的特里波里（螺旋形）彩陶，土耳其斯坦的安诺文化，甚至与巴比伦尼亚、亚述、埃兰的彩陶，同其风格。在这方面，其居间者或许是印欧语的吐火罗人（Indo-European Tokharians）或其他移入中亚的居民之在土耳其斯坦，且居于里海与帕米尔、阿尔泰山之间者”（如图1-3）。赫罗兹尼认为，“主要是由于这些民族移徙，彩陶从土耳其斯坦向其他方面扩展”。②他还认为，上举彩陶中图案是小亚雷雨神之双面斧和雷雨的象征，它不仅见于巴比伦尼亚之哈雷夫，亚述之尼尼微，以及埃兰的陶器（如图1-4），而且也出现于中国河南的彩陶（如图1-5，参阅下页“河南省河阴县1921年发现的彩陶片复原的陶碗图”）。

① J.G.Anderson, Prehistoric Sites in Honan（《河南史前遗址》），1947.

② B.Hrozny, Ancient History of Western Asia, India and Crete, 1953, p.23.

图1-1　河南省河阴县1921年发现的彩陶片复原的陶碗

（见 J. G. 安特生著《河南史前遗址》，图版 138.2，K. 5920）

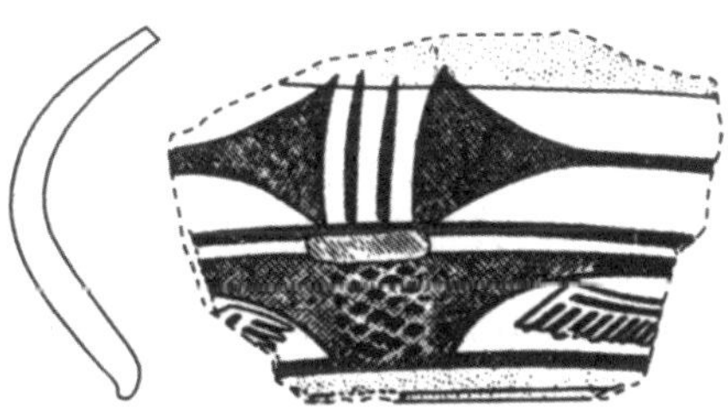

图1-2

见安特生同书图版 147. 10，为同一地点发现的彩陶片，作者认为属于同一类型，可相互比较（见该书 120 页）

图1-3　与阿富汗比邻的巴基斯坦之Quetta彩陶片①

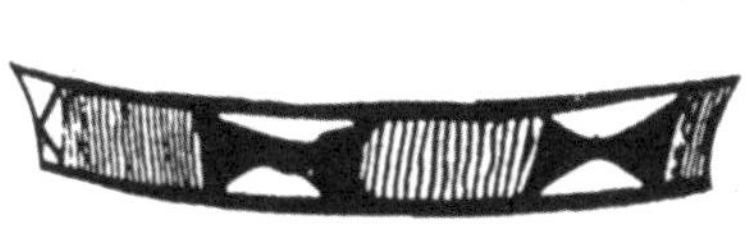

图1-4

图1-5

① S.P.Gupta, Archaeology of Soviet Central Asia and the Indian Borderlands, Vol. Ⅱ, 1979, p.125.

中国新石器时代仰韶文化彩陶图案同西亚各地彩陶图案的相似性，引起中外考古学者的注目，从而产生各方不同的看法，这原是正常的现象。如上举英之学者W. Watson认为："中国中原仰韶新石器文化所用的陶炉，很可能与随后公元前四千年代中部伊朗西阿尔克丘（Tepe Sialk）用的陶炉有其同一来源。"他还认为："仰韶彩陶是伊朗高原陶器型制传统所达到的最东部地区。"[①]

中国考古学者则认为，"仰韶文化"是"黄河中游地区的新石器文化"，"其分布，以渭、汾、洛诸黄河支流汇集的中原地区为中心，北到长城沿线及河套地区，南达鄂西北，东至豫东一带，西到甘青接壤地带，共发现遗址一千多处，经较大规模发掘的典型遗址有十余处。据放射性碳素断代并经校正，年代为公元前5000—前3000年。仰韶文化前身是老官台、李家村、磁山、裴李岗诸文化（统称前仰韶时期新石器文化），在中原地区发展为庙底沟二期文化"。[②]中国考古学者认为仰韶新石器文化是中国土生土长的。至于某些形制和图案，同外地彩陶有何相互交流，相互影响，那都是可能的。但仰韶文化本身，中国新石器文化本身，绝不可能是西来的。新中国成立后在河南郑州大河村遗址有一只完整的彩陶钵出土。看来，图案中的有关部分未必是双面斧和雷雨的象征。

中国考古学者认为中国新石器时代文化可分三大体系：半坡仰韶文化系统居民以种粟为主，大汶口青莲岗文化系统居民以种稻为主，北方细石器文化则以畜牧游牧为主。[③]前二者主要农作物是与西方（西亚至地中海周围）新石器文化农耕主要作物（小麦、大麦）有区别的。新石器时代某些文化特征并不影响彼此间文化的相互交流，反之，正可以促进其交往关系。由东到西的丝绸之路，正是在这样各有文化特征的地带地区，中西文

① The Cambridge History of Iran, Vol. Ⅲ（1），1983，p.531.

② 《中国大百科全书·考古卷》，1986年版，第595—602页，"仰韶文化"条。

③ 石兴邦，《中国新石哭时代考古文化体系及其有关问题》，《亚洲文明论丛》，1986年版，第33—49页。

化相互交流起来。

2. 青铜时代

上文提及的英学者W. Watson虽然认为仰韶文化彩陶是从伊朗传播过来的，但他同时认为，“这种传播在中国并未引起任何文化系统的转变”。他指出，“在伊朗北部出现三耳垂的和三只脚的陶器（the three-lobed and tripod vessels），在黄河中游有中国的鬲和鼎，这有点相似”。但他强调说，“到了青铜时代，东方和西方的开始分歧，接着是物质文化西方特点和东方特点的特殊结合，都看得见了。当青铜时代前期，即中国商代，在中国，也在西伯利亚和乌拉尔地区，同时出现有插座战斧（socketed axe，即‘管巩战斧’）和一种矛头（参阅下文），表明这时有了一条已经形成的贯穿亚洲的东西方交通途径，使得在西行之前必须远远绕向北方”。[①]

这涉及中国商文化和苏联境内青铜文化的关系问题。苏联考古学者C. B. 吉谢列夫研究这个问题，1959年在北京作过有关题目的报告，[②]其中有塞伊姆文化和郑州商文化及安阳商文化对比问题（参阅图1-6），还有安得罗沃文化（第二、第三期）和安阳商文化对比问题，等等。

中国考古学者也在研究这个问题，不久前林沄发表了题为“商文化青铜器与北方地区青铜器关系之再研究”的论文，[③]其中关于苏联境内和中国境内有关战斧［啄］对比的图解整排如图1-7。

---

① The Cambridge History of Iran, Vol. Ⅲ（1），1983，pp.537—538.

② 《考古》，1960 年第 2 期，第 51—53 页。

③ 《考古学文化论集》，文物出版社 1987 年版，第 129—155 页。

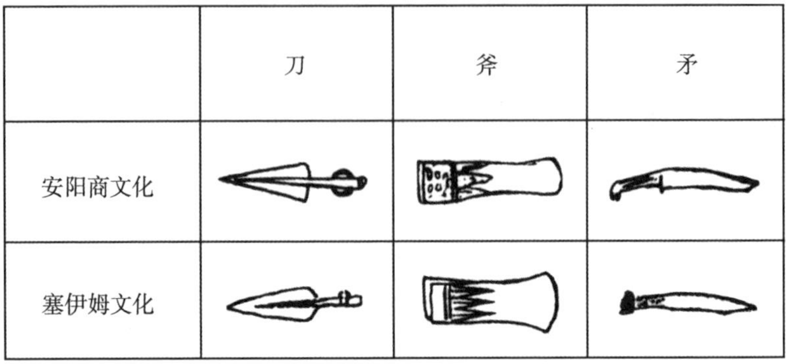

图1-6

塞伊姆文化遗物与安阳商文化遗物比较示意图

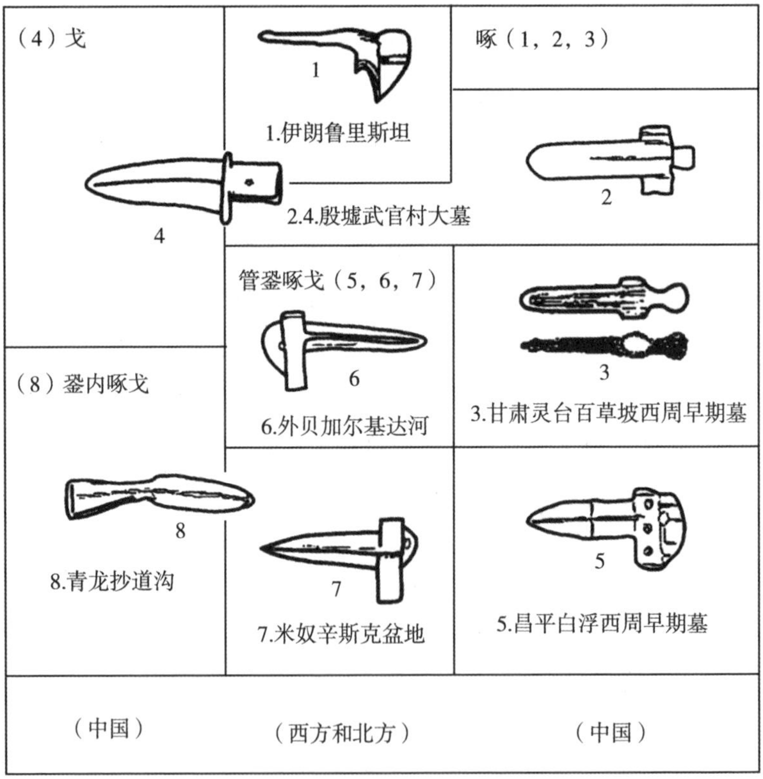

图1-7

啄与匕的混合产物（比较示意图）

在中国学者和苏联或西方学者争论的问题中，主要是中国青铜器文化和西方或北方青铜器文化谁比谁早，谁影响谁的问题。在这方面，是否应从文明文化全面地整个地谈。商之前还有夏。夏商文化、文明，比之西亚苏美尔文明是晚了些，但比之伊朗、中亚的文明、文化则未见得晚，或许要早些。我们在这里最关心的问题是中西文化、文明的相互往来、交流，相互关系的问题，是广义的（由中国海到地中海，而不是长安、洛阳为起点的）丝绸之路，自新石器文化以来（而不是张骞凿空，公元前2世纪才开始），继以青铜时代中西文明文化往来未尝间断的问题。钱山漾、河姆渡新石器文化的蚕丝，仰韶文化的彩陶，商周文化的青铜斧等等，都为中西文化、文明不断交流作见证，不仅有东西，而且有南北的往来。

在这样活跃的形势中，进入铁器时代。

3．铁器时代

这时中国境内匈奴日益强大。约公元前10世纪，《诗·小雅·采薇》歌云："靡室靡家，玁狁之故；不皇啟居，玁狁之故。""岂不日戒，玁狁孔棘！"后来周宣工（公元前827—前782）不得不北征匈奴，《诗·小雅·六月》记其事云："玁狁匪茹，整居焦获，侵镐及方，至于泾阳。""薄伐玁狁，至于大原。"（在陕北）终于把匈奴赶往西北方向。

这引起什么后果呢？被赶向西北方的匈奴人，逼迫着在其前面的塞种人（Σκύθης，Scythians，中译西徐亚人），约公元前8—前7世纪，这些西徐亚人由中亚向南部俄罗斯移徙，但有一部分留在东边，例如阿尔泰山区。上文说及的公元前4—前3世纪（一说公元前5—前2世纪）在阿尔泰山区（Pazyryk，Лаздырык）的贵族墓那些居民便是。如上文提及的，在阿尔泰山区那些居民（塞种人或西徐亚人）是同中国丝绸文化有关系的，丝绸之路有一支是通往那里的。

到了铁器时代，中西古典文明的关系，不仅有考古资料，而且文字记载也多了。希罗多德（公元前5世纪，当公元前432年时53岁），他的《历史》用那么多的篇幅写西徐亚人（第4卷几乎全部，其他各卷多处），可是，他不知道东方塞种人情况，也不知道中国。东方的塞种人，班固（公元32—92）《汉书》始言之，司马迁（约公元前145／135—？）还不知道塞种人，《史记》不言塞种人。《汉书·张骞传》言乌孙“本与大月氏俱在祁连敦煌间，小国也”；《西域传》又云，“始张骞言，乌孙本与大月氏共在敦煌间”，《史记·大宛列传》删之，又误以为匈奴攻杀乌孙王难兜靡，而据《汉书·张骞传》杀乌孙王者乃大月氏。《史记》不知月氏曾西击塞王，居塞地；亦不知乌孙王难兜靡之子昆莫，曾依匈奴之力，攻破占居塞地之月氏，乌孙所居“本塞地也”，“乌孙民有塞种、大月氏种”。

塞种人居中西两大古典文明之间，在古代中西文化交流中起中介作用。希罗多德（Ⅳ.71—72）说西徐亚人（塞种人）实行大规模的人殉之制。国王丧葬，从死者不仅有嫔姬，而且有侍臣，乃至乘马；［死者］一年后还有选定侍臣50人为殉之习，他们都被绞死。这种习俗匈奴也有。《史记·匈奴列传》，单于死时，“近幸臣妾从死者多至数十百人”。

考古发现，在伊朗的Ziwiyeh的王陵有此实例，殉死者有王后、王妃、侍卫等等，乃至于车马，①属公元前7—前6世纪（虽则所属有异说，但最可能是塞种人），财宝之多，号为宝藏（the ziwiyeh treasure）。

中国古代也有人殉之俗，尤其秦国。《史记·秦本纪》，秦武公二十年（公元前678年），“武公卒，葬雍平阳，初以人从死，从死者六十六人”。言“初”者，前所未有也。后来秦穆公三十九年（公元前621年）卒，“从死者百七十七人”，良臣三人“亦在从死之中，秦人哀之，为作歌黄鸟之诗”（《史记·秦本纪》）。秦始皇之死（公元前210年），“后宫非有子者”，“皆令从死，死者甚众”；而“工匠为机藏者”尽闭墓内，“无复出者”（《秦始皇本纪》）。秦在西陲，人殉之俗，可能从西亚学来，秦武公以前尚无此制度。西亚最早的人殉之俗见于苏美尔时代

① The Cambridge History of Iran, Vol Ⅱ, 1985, pp.171—173.

（见吴雷的《乌尔王陵》[①]）。那是早在青铜时代。中国殷代的人殉人牲（武官村大墓）也属青铜时代，但比之西亚苏美尔时代要晚约一千多年。春秋时代，不仅西边秦国，东方和中原也有人殉人牲之俗，如《春秋》僖公十九年（公元前641年），“邾人执鄫子用之”；《左传》云：“宋公使邾文公用鄫子于次睢之社，欲以属东夷”，虽则宋为殷后，但此未必为殷人传统之习尚（宋之大臣司马子鱼非之，而孔子殷人也，责“始作俑者其无后乎”）。上文已经指出，新石器文化、青铜文化以来，中西文化、文明，一直有相互往来，人殉人牲之俗，可能各地土生土长，也可能输进输出，而苏美尔人的文明历史似乎总是较早的。[②]

希罗多德（Ⅳ.65）还说西徐亚人（塞种人）对他们最痛恨的敌人是用其首级以为“饮器”（ποτήριου）。中国战国时代，赵襄子（公元前475—前425年在位）以知伯头为饮器（《战国策·赵策》）。这些差不多前后同时代而见于中西不同资料的记录，是一回事，但显然中国是向西方学习来的，因为古代中国对“饮器”的解释还有争论（是“溺器”还是“酒杯”），而希罗多德的记载则说得十分清楚，是“酒杯”，包牛皮，镀金。匈奴也有此习俗，《史记·大宛列传》，孝文帝时，“匈奴［老上单于］破月氏王，以其头为饮器”。后来汉元帝时，汉使韩昌与匈奴呼韩邪单于以老上单于所破月氏王头为饮器者，饮酒立盟，韩昌返国时曾受到责难（《汉书·匈奴列传》）。

西徐亚人（塞种人）在中亚（东方）部分没有城市、耕地（希罗多德，Ⅳ.127），就像匈奴那样，“无城郭常处耕田之业”（《史记》及《汉书》“匈奴列传”）。这在中国古典史学上叫“行国”。行国重骑术，中国中原则古者以马驾车，然必要时亦不用车，单骑走马。《诗·大雅·绵》云，“古公亶父，来朝走马”，“郑玄笺”释为“早且疾”，盖走马不用车，骑得快。骑马之术，在周人那里，青铜时代就有了，那么赵

① C.L.Woolley, The Royal Cemetery（Ur Excavations, Ⅱ）, 1934.

② S.N.Kramer, History Begins at Sumer, 1959.

武灵王（公元前325—前299年在位）“胡服骑射”有何历史意义？顾炎武云，“骑射之法，不始于赵武灵王也”。春秋戎翟杂居中夏，大抵皆山谷之间，兵车之所不至，“势不得不变而为骑。骑射所以便山谷也，胡服所以便骑射也。是以（武灵王之臣）公子成谏胡服，而不谏骑射，意骑射之法必有先武灵王而有之者矣”（《日知录》）。然赵武灵王之日，与古公宣父之世，时代不同，骑射之意义与当初走马之作用亦大有别。《赵策》记武灵王之语云，赵“东有燕、东胡之境，西有楼烦、秦、韩之边，而无骑射之备”，“变服骑射”，非仅所以便山谷矣！贾谊有言，“胡人不敢南下而牧马，士不敢弯弓而报怨”，这里有“骑射”的历史意义在，而此骑射及其相关的胡服，是学之于胡人的。

中国和西方，自新石器文化至古典时代文明，从物质的生产，生活，到精神的礼俗习尚，不断相互交流，相互补充，共相进步发展，历万千百年之盛衰兴替，经亿万众之切磋揣摩，蔚成为由东到西以丝绸之路为象征的古典世界文化历史之灿烂光辉，这便是中西古典文明的早期关系。

附：中西古典文明早期关系（由农业革命至张骞凿空）草表

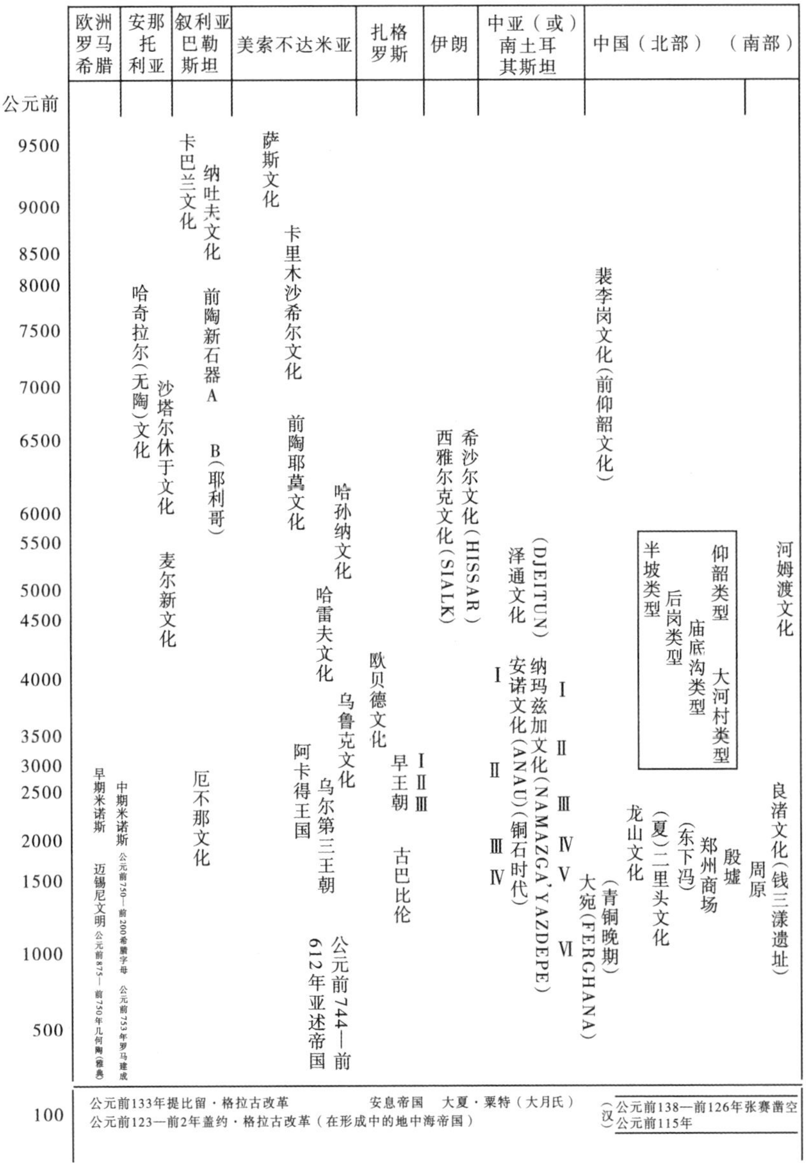

公元前3100—前2700年
埃及早王朝
公元前2700—前2300年
埃及古王国
公元前2700—前2000年
苏美尔文明
（城邦）

公元前1792—前1750年
汉穆拉比
公元前1570—前745年
埃及18—21王朝
公元前1460—前1200年
赫梯帝国

公元前776年
《诗》记十月之
交，朔，日食。
希腊第一届
奥林匹克
（OLYMPIC）

Ⅱ．行国和城郭［之国］，城邦和帝国
——中西古典文明的两大阶段

A．文明和国家的起源
——论邦

古代文明世界是一个整体，这首先表现在国家发生发展形式和文明阶段的划分上。

国家与文明同其起源。人类史由氏族部落制发展为国家，由野蛮进入文明，血缘关系被政治关系所代替，国家是政治单位。

这条西起地中海岸，东至中国海岸，横贯欧亚非大陆，以丝绸之路为象征的错综复杂的地带，在人类史上最早发生农业革命，最早由新石器时代进入金属器时代，最早进入文明，最早出现国家。这是人类史上古典时代的先进地带。

典型的古典时代的国家，史学上是以古希腊人所说的πόλις（polis），古中国人所说的邦，今通用的城邦（city-state）定名的。

经过或长些或短些的历史发展时期，城邦形式的国家发展为帝国。古典时代的国家，由城邦到帝国；古典时代的文明也由城邦阶段进入帝国阶段。城邦——帝国，城邦阶段文明——帝国阶段文明，这基本上是古代文明世界普遍存在于三大地区的历史现象，为中西古典文明所共有。

邦或polis应是古代国家初始阶段通用的名称。可是，由于希腊文πόλις（polis）最初出自公元前一千年代的希腊早期文献（《伊利亚特》Ⅱ. 811，《希罗多德》Ⅰ. 142等），当初古希腊史最初只知有荷马史诗，荷马时代之前的克里特·迈锡尼文化后来才发掘出来，因而养成一种泥古的误解，荷马之前的更早的希腊城市国家，却被抛在邦这个词（polis）之外了。甚至近年（1986）出版的《牛津古典世界史》，[①]在第一章“希腊：古朴时期史”，提出的第一个标题是“城邦的出现”（The Emergence of the polis），好似希腊前此尚未有过城邦！城邦要在迈锡尼社会崩溃之后才产生的！迈锡尼时代的城邦或国家只叫作克里特“米诺斯宫廷文化”和“迈锡尼宫廷文化”，[②]“宫廷居地”这时纷纷出现于迈锡尼、太林斯、底比斯、派罗斯、诺萨斯各处。宫廷文化占领和统治了宫廷居地，这些都有城郭建筑的考古发现的城址，不被算作polis，不被称之为“城市国家”或“城邦”（city-state）！

城邦到底什么时候出现的？是这么晚才出现的吗？

首先从古希腊文献本身回答这个问题。

迈锡尼文化时代有自己的文字，线文B。但当时大量文献资料保存于后来的古典希腊文著作如荷马史诗之中。迈锡尼时代社会同古典时代文化不是完全中断，也不是前者与后者完全不相干。例如阿提卡和其中的雅典，又如迈锡尼，都是迈锡尼文化时代著名的国家和城市，到古典时代继续存在或已毁灭而仍然闻名。怎么能说这些在古典时日是城邦（polis），或仍称之为城邦，而在迈锡尼文化时代就不算是城邦？怎么能说这些城邦不是发生于迈锡尼文化之日，而只是到古典时日才出现（emergence）了呢？

---

① George Forrest, Greece: The History of the Archaic Period, in The Oxford History of the Classical World.1988, p.20.

② The Oxford History of the Classical World, 1988, p.830.（Minoan palace culture, Mycenaean palace culture）

修昔底德在《伯罗奔尼撒战争史》（Th. I. 10）中写道：καὶ ὅτι μὲν Μυκῆναι μικρὸν ἦν, ἢ εἴ τι τῶν τότε πόλισμα νῦν μὴ ἀξιόχρεων δοκεῖ εἶναι, οὐκ ἀκριβεῖ ἄν τις σημείῳ χρώμενος ἀπιστοίη μὴ γενέσθαι τὸν στόλον τοσοῦτον ὅσον οἵ τε ποιηταὶ εἰρήκασι καὶ ὁ λόγος κατέχει.

Ⅰ.10. “由于迈锡尼不过是一个小地方，或者当时任何一个城市建造现在看来已没有什么意义，这些就用来作为可靠证据，以否定诗人所叙述的和传统还在这么看的［特洛伊］那次远征的伟大，我看那是不对的。”（中译本见第7页）

Th. Ⅰ. 2. τὴν γοῦν Ἀττικὴν ἐκ τοῦ ἐπὶ πλεῖστον διὰ τὸ λεπτόγεων ἀστασίαστον οὖσαν ἄνθρωποι ᾤκουν οἱ αὐτοὶ αἰεί.καὶ παράδειγμα τόδε τοῦ λόγου οὐκ ἐλάχιστόν ἐστι διὰ τὰς μετοικίας ἐς τὰ ἄλλα μὴ ὁμοίως αὐξηθῆναι ἐκ γὰρ τῆς ἄλλης Ἑλλάδος οἱ πολέμῳ ἢ στάσει ἐκπίπτοντες παρ᾽ Ἀθηναίους οἱ δυνατώτατοι ὡς βέβαιον ὂν ἀνεχώρουν, καὶ πολῖται γιγνόμενοι εὐθὺς ἀπὸ παλαιοῦ μείζω ἔτι ἐποίησαν πλήθει ἀνθρώπων τὴν πόλιν, ὥστε καὶ ἐς Ἰωνίαν ὕστερον ὡς οὐχ ἱκανῆς οὔσης τῆς Ἀττικῆς ἀποικίας ἐξέπεμψαν.

Ⅰ. 2. 无论如何，阿提卡是由于土地贫瘠而无内部纷争，所以自远古以来常由同一族人居住。而这就充分证明我的有关说法是对的，［就是说］，其他部分的希腊人因为采取移民方式，其发展不同［于阿提卡］；其他部分的希腊人，当因其本土发生战争或骚动而被驱出时，其中最有势力者就依赖雅典，视为稳定的邦国而成为［雅典］公民，［这样］自很早之时起［雅典］城市居民一直在增多，结果阿提卡不复能容纳，只好向爱奥尼亚移民去了。（中译本见第3页）

根据修昔底德的这类记载，把迈锡尼城，把阿提卡和雅典城，提早到迈锡尼文化时代，也就是第一批南下希腊半岛建邦的希腊人时代，公元前二千年代前期至中期（公元前1600—前1200），这就意味着在希腊世界，城邦之发生是和当地国家、文明之起源同其时日。在这方面，近代考古学者在希腊世界之外和之前，越来越多地找到了证明。

我们可从上古西亚文明说起。克拉米尔的《苏美尔人》中说："寻求苏美尔人遗产可从大家知道的社会政治制度城邦（city-state）制追溯而下，在苏美尔，城邦制自公元前四千年代后半期，由乡村和市镇发展而来，成为整个公元前三千年代当盛时之制。城［邦］有其自由公民和人民会议，有其贵族和僧侣，有其依附人和奴隶，有其统治的神及其牧区和在人世的代理者，王；城邦还有农民、工人、商人，还有庙宇、城墙以及大门。这样的城邦遍及古代世界，从印度河流域到西地中海都有。城邦的有些特点，可能甲地乙地有所不同，但总的说来，都同它的最初的苏美尔原型十分相似，所以似乎有理由得出结论，城邦的不少成分和对应物可以追根到苏美尔人。"①

古埃及怎么样？长期以来，埃及被视为"没有城市文明"②之国，但近年随着考古学的发展，埃及城市乃至城邦的存在与否问题，已逐渐得到解决了。特里格尔十分谨慎地写道："或许自格尔塞时期之初，东部沙漠矿物富源的消息吸引了西南亚的商人来同埃及建立商业关系，以便获得黄金和有价值的矿产。［双方］直接的接触可能通过红海，虽则也有可能商人是经由三角洲进入埃及，但因那里不生产他们所寻求的价值昂贵而又便于运送的奢侈品，所以倾向于绕过这个地区。控制这种商业和更加有效地开发东部沙漠的努力，或许成为重要因素。促使更大规模集中控制发展和导致南部埃及重要地点出现一些小邦（small states）。这类邦国的核心大概正是接近便于通往沙漠重要地点的公社；这样的城邑或许发展为大市镇，或许发展为小城市，而成为那些邦国的行政中心。到格尔塞后期，上埃及统治者们的权力和财富或许使他们有可能吸引亚洲人到他们宫廷，这些亚洲人的技巧便不但被用在行政上，而且还用以满足日益增长的对奢侈

① S.N.Kramer, The Sumerians, 1963, p.289.

② 埃及学者 J.Wilson 和 W.Helck 的见解，见 B.J.Kemp, The Early Development of Towns in Egypt, Antiquity, LI, 1977, pp.185, 186, 196. 转引自刘文鹏："希拉康坡里王国探究"，见《古代城邦史研究》，人民出版社 1989 年版，第 147 页。

品的野心。这些亚洲人中有的是有才艺的技工，他们在继续利用西亚人自己的动机的同时，也使用自己的技能，并加以修正，去实现适应新主顾胃口的工作。另一方面，建筑的形式，以及诸如文字之类的技巧，也可能被那些冒险家或商人引进埃及，而他们在美索不达米亚所使用的技术也不过一知半解。这种外国专家之流入埃及似乎为时不长，到第一王朝之初，埃及宫廷规范产生了，外国影响大部分便被拒绝了。”①

这是说，古埃及从西亚引进许多东西，而原始城市和邦国的方式也是从西亚引进的。其实从前关于埃及古无城郭之说，是就文献材料说的，埃及考古材料是有城郭的，因而也是有城邦的。例如，埃及的希拉康坡里城，大型泥砖围墙的城，把许多大建筑物包围起来，可见这里城是早已有的。至于最新消息，关于开罗法老城的报道，更不用说了。②

邦或城邦也不一定都要有城墙，希腊的斯巴达便是没有城的邦或城邦。③至于城郭之国以外的“行国”，如古代中国史书（《史记·大宛列传》及《孟子》所说的“无城郭宫室”）提及的，如其进入国家阶段，更不用说了。

美索不达米亚的最早国家是从小邦开始的，埃及也一样，而小亚或安那托利亚的赫梯也是这样。赫梯的最早王国也是小邦，赫梯古王国仍属于城邦和城邦联盟阶段，④赫梯帝国约在公元前15世纪之后。城邦阶段和帝

① B.G.Trigger, The Rise of Egyptian Civilization, Ancient Egypt: A Social History, 1985, pp.39—40.（此书前三章，本为《剑桥非洲史》第一卷［1982］的一部分。）

② B.G.Trigger, The Rise of Egyptian Civilization, Ancient Egypt: A Social History, 1985, 第50页。参阅《古代城邦史研究》，人民出版社1989年版，第147—161页，刘文鹏的文，“希拉康坡里王国探究”。参阅《光明日报》1991年7月1日第3版“埃及古文明的重大见证”。

③ George Forrest, Greece: The History of the Archaic Period, in The Oxford History of the Classical World, 1988, p.20.

④ 《世界上古史纲》上册，人民出版社1979年版，第194页。

国阶段国家制度不同，例如Pankus（相当于公民全体会议），到后来帝国时就不复见了。①

有的认为这种制度是印度欧罗巴语人的特色，②古代印度也有类似的民主机构Sabh ā和Samiti。③但这是历史发展一定阶段的共同性，不是某一种族或民族的特点，因为非印欧语民族苏美尔人（其语系尚不可知）早在公元前三千年代就已出现与此相同或相似的会议了（见史诗《吉尔伽美什与阿伽》）。④同时，印度河流域上古文明也是城邦林立，而民族语言属性至今未能确识，由于文字尚未读通，政治制度难说，但其为城邦阶段，而非帝国时代，则可推论而信。⑤

古代伊朗的情况，由埃兰到米底，到波斯大帝国，显然起初也是经由城邦阶段立国的。⑥晚近出版的《剑桥伊朗史》，其第二卷（1985）第一章，埃兰（Elam），首节以"埃兰城邦的出现"（The Emergence of the Elamite City-States）为题，执笔者为苏联亚述学者贾可诺夫（I. M. Diakonoff）；其第三章，米底（Media），第三节以"部落和城邦"（Tribes and City-States）为题，也是由贾可诺夫执笔，古伊朗文明史由城邦开始，已无可疑。⑦

西起欧洲，东至南亚中亚，国家和文明的起源和发展，大都以城邦始，以帝国终；帝国，当古典文明世界全盛时代，由西而东，希腊化帝国至罗马帝国，帕提亚帝国，印度·贵霜帝国，终于秦汉帝国。古典文明衰亡于此时。

① Cambridge Ancient History, Vol. Ⅱ, Part 1, 1980, p.255.

② Cambridge Ancient History, Vol. Ⅱ, Part 1, 1980, p.255.

③ 《世界上古史纲》上册，人民出版社1979年版，第359页。

④ 《世界上古史纲》上册，人民出版社1979年版，第142页。

⑤ 《世界上古史纲》上册，人民出版社1979年版，第348页。

⑥ 《世界上古史纲》上册，人民出版社1979年版，第220—223页。

⑦ Cambridge History of Iran, Vol. Ⅱ, 1985, ch. Ⅰ, p.1—24; ch.3, pp.36—44.

B. 勒夫坎狄（Lefkandi）之发掘[①]

邦或城邦是什么样子的？属于迈锡尼文化时代而同此文化一道灭亡者（如迈锡尼城），或来自迈锡尼文化时代的继续存在于古典之日者（如阿提卡之雅典），且暂勿论，出现和存在于迈锡尼时代末至古典时日初之遗址，在欧洲，则有考古学20世纪七八十年代新发掘的城邦，优比亚岛之勒夫坎狄，可作为例子。

优比亚（Euboea）岛在中希腊的海外，以卡尔西斯（Chalcis）和爱勒特里亚（Eretria）二城与希腊之彼阿提亚和阿提卡相对。这两城虽相处甚近，但各自为独立的邦。希腊史上大殖民时代（公元前8—前6世纪），他们都曾积极向海外殖民建邦。卡尔西斯是优比亚岛主城，曾于公元前734年在西西里岛建那克索斯（Naxos）城，公元前730／720年在意大利建勒究姆（Rhegium）城，公元前725年参与建立西西里之赞克勒（Zancle Messana）城，公元前710年在马其顿南端卡尔西狄斯（Chalcidice）半岛之中间突出部分建托伦（Torone）城，而卡尔西狄斯半岛即由卡尔西斯而得名；爱勒特里亚也是优比亚岛的主要城市，见于荷马船表（Homeric Catalogue），曾在色雷斯（Thrace）建狄凯亚（Dicaea）城，公元前730年在卡尔西狄斯半岛之西边突出部分建门德（Mende）城，同年在马其顿南端沿岸建美通（Methone）城，同年又在希腊西北建奥尼库姆（Oricum）城，公元前8世纪中又在西北克基拉岛（Corcyra）建城；此外，卡尔西斯和爱勒特里亚两城于公元前8世纪初曾同在伊什亚（Ischia，即Pithecusa）岛殖民。[②]

在卡尔西斯和爱勒特里亚之间有一片平原，勒兰丁平原（Lelanfine Plain）。修昔底德（Th. I. 15）记这两城之间的战争，即在此勒兰丁平原

---

① 本节与王永本同志共同执笔。

② 参阅N.G.L.Hammond，A History of Greece，1967，pp.655—658（参见《世界上古史纲》下册，人民出版社1981年版，第208—219页）；地图见The Cambridge Ancient History，Vol.Ⅲ，Part 3，1982，pp.84，86，88，96。

上：

μάλιστα δὲ ἐς τὸν πάλαι ποτὲ γενόμενον πόλεμον Χαλκιδέων καὶ Ἐρετριῶν καὶ τὸ ἄλλο Ἑλληνικὸν ἐς ξυμμαχίαν ἑκατέρων διέστη.（Th. I. 15）

好久以前，卡尔西斯人和爱勒特里亚人发生了战争，许多希腊其他［国家］加入作战，或同这边联合，或同另一边联合。（见中译本《伯罗奔尼撒战争史》第14页，注②）

据希罗多德（V. 99），这次战争，同爱勒特里亚方面联合作战的是米利都，而站在卡尔西斯人方面的则是萨摩斯：

οἱ γὰρ δὴ Μιλήσιοι πρότερον τοῖσι Ἐρετριεῦσι τὸν πρὸς Χαλκιδέας πόλεμον συνδιήνεικαν, ὅτε περ καὶ Χαλκιδεῦσι ἀντία Ἐρετριέων καὶ Μιλησίων Σάμιοι ἐβοήθεον（Hdt. Ⅴ. 99）

在这之前，当爱勒特里亚人与卡尔西斯人作战时，米利都是同［爱勒特里亚］他们联合的，而萨摩斯人则帮助卡尔西斯人。（见中译本《希腊波斯战争史》第558页）

“勒兰丁平原战争”亦见于斯特累波《地理学》。斯特累波说，卡尔西斯城即在此平原。其地有温泉，可以治病。罗马将军苏拉用过这温泉水。此地产钢铁，与雅典之银矿并称。古典记载着重爱勒特里亚人和卡尔西斯人之间争夺此平原的战争。近年考古学有新发现，发现在此两城相距的中心而略偏于平原方面，尚有一个大的居地，按目前这个农村所在地的名称，称为勒夫坎狄（Lefkandi）。

勒夫坎狄是在1964—1970年间由牛津大学爱琴海考古学讲师波法姆（Mervyn Popham）等以“不列颠雅典考古学校”（the British School of Archaeology at Athens）和希腊方面代表组成的考古队伍进行发掘的。

过去，优比亚岛的古典历史主要靠古代史家的记载，涉及波斯战争，雅典扩张，马其顿腓力征服等等有关的故事，但优比亚著名城邦的向外殖民，卡尔西斯和爱勒特里亚的战争及由此引起的希腊其他邦国的加入作战，很早就引起古典作家重视，而过去记载语焉不详，令人对于这里的某些伟大故事留下神秘之感。近年的考古成就，揭开这些往昔的历史篇章，用勒夫坎狄的材料，充实了原始几何陶（Proto-geometric pottery）和几何陶（Gcomctric pottcry）时期（公元前1050—前900年，公元前875—前750年），补充了早期希腊史的一个时代，“优比亚扩张时代”（The Age of Euboean Expansion，公元前825—前730年）。[①]

据上举波法姆的论文，勒夫坎狄，这个属于约公元前1100—前850年所谓希腊史上“黑暗时代”的考古遗址，是一个“很大的community”（公社，亦即城市），在当时是非常兴盛发达，且为引进近东奢侈品的最早地点之一。大部分证据都来自墓地。约公元前825年之前，输入黄金制品日益加多，但自这一年以后，埋葬突然中止，虽则居地生活还在继续。而这是优比亚人加入希腊人向叙利亚北部，到Al Mina建立商业地点的时候。

图1-8　英雄墓中的瓶型

考古学者于1981年又在勒夫坎狄发现一处小丘之上称为Toumba（希

① 时代和年代，参见《牛津古典世界史》（The Oxford History of the Classical World），1988，pp.830—831（Tables of Events）。

腊文τύμβος，陵墓）的建筑物，其中葬品非常丰富，有来自近东的黄金珠宝，来自邻地阿提卡的陶瓶祭器（似乎墓主人的家族同那里有密切关系），可能来自塞浦路斯的青铜轮子，来自埃及的彩色瓷环，等等。这就是“勒夫坎狄英雄墓”（Hero's tomb at Lefkandi），属公元前975年。

勒夫坎狄英雄墓正当希腊原始几何陶时代和铁器时代。墓内中心深处葬二人：一是墓主人的骨灰，他是战士，火葬，骨灰用披风包着；其旁的妇女，当是他的妻，有许多黄金饰物（金胸佩，金乳罩，镀金铁针……）；英雄的战马四匹也葬在其旁，但另一坑。英雄墓是豪华的。迈锡尼文化时代过去了，但遗风犹在。

勒夫坎狄在古代何名？不知道。能不能就是勒兰丁（Lelantine），即卡尔西斯和爱勒特里亚战争所争夺的平原？勒兰丁平原战争远在勒夫坎狄英雄墓之后，长期而规模不小的战争当然使优比亚这一带海峡沿岸遭到严重破坏，而有关沿海城邦衰亡了，沿岸居地衰落了。[①]这是问题，勒夫坎狄是近来新发现的，过去很少注意到的问题。

先弄清有关的年代。据《牛津古典世界史》（1988年本，第830页）：

黑暗时代和大移民时代

The Dark Age and the Period of Migrations

（公元前1250—1150年，a breakdown of settled conditions in the eastern Mediterranean and Asia Minor）

公元前1184年　特洛伊之毁灭（据后来希腊作家传统年代）

公元前1150年　迈锡尼卫城之最后毁灭

公元前1100—前1000年　多利安希腊人侵入希腊大陆（Heracles子孙归来的神话）

公元前1050—前950年　爱奥尼亚人和其他希腊人由大陆向爱琴群岛

① Antiquity，LⅥ，1982年版，第169页。

和小亚沿岸移民

公元前1050年　铁器开始在希腊广泛使用，与塞浦路斯重新接触

公元前1050—前900年　原始几何陶时代

公元前975年　Lefkandi（勒夫坎狄）英雄墓

优比亚扩张时代

The Age of Euboean Expansion（公元前825—730年，the Euboean cities of Chalcis and Eretria are the leading settlements in Greece，the leading artistic centre in Greece until about 730 is Athens）

公元前875—前750年　几何陶时代

公元前800年　Eretria（爱勒特里亚）之建邦与Lefkandi（勒夫坎狄）之渐衰

公元前776年　第一届奥林匹克赛会，赛会之四年一周后来成为希腊世界历史事件纪年的基础

公元前775年　优比亚人在那不勒斯湾建立贸易基地（Pithecusae，Ischia）

公元前753年　罗马建城的传统年代

公元前750—前700年　希腊字母按腓尼基模式创立，并迅速以各种形体传布于希腊世界

公元前735年　在西西里建立第一个（希腊人）殖民地，Naxos（那克索斯）

公元前734—前680年　卡尔西斯和爱勒特里亚发生勒兰丁战争，希腊世界很多卷入，因此结束优比亚人的影响

东方化时代

The Orientalizing Period（From about 730 B. C. Corinth emerges as the most advanced city in Greece，but other cities also become important，notably

Sicyon，Megara，Aegina，Samos，Miletus，Athens，and Sparta. Eastern influences begin to affect Greek art and life. ）

公元前750—前700年　Homer and Hesiod 荷马和赫西阿德史诗创制时期

公元前730—前710年　Spartan conquest of Messenia 斯巴达征服麦塞尼亚

公元前720年　Colonization of Chalcidice by Chalcis and Eretria；Greeks begin to move into the area of the Hellespont

卡尔西斯和爱勒特里亚殖民于卡尔西狄斯半岛；希腊人开始进入赫勒斯滂地区

公元前683年　Athenian archon list begins 雅典执政官纪年之始

据哈蒙德《古代希腊和罗马世界地图集》（N. G. L. Hammond，Atlas of the Greek and Roman World in Antiquity，1981），勒夫坎狄始则属于“早期和中期青铜时代”，且勒夫坎狄与爱勒特里亚易位；继则属于迈锡尼文明时代，都嫌过早，大概编于“勒夫坎狄英雄墓”发掘之前，兹不取。

《剑桥古代史》第三卷第一分册（1982）年表，关于爱勒特里亚建立，以及勒兰丁战争，勒夫坎狄（城）之衰亡的年代，与上举年代比较接近（此书关于“优比亚”章节的执笔者John Boardman为《牛津古典世界史》编者之一）。

J. Boardman在“优比亚”一节（CAH Ⅲ. 1，1982，pp. 754—765）中，平列卡尔西斯、勒夫坎狄和爱勒特里亚三城（至于Amarynthus，则认为后来是爱勒特里亚的一个乡村［deme］），然勒夫坎狄不见于古文献，算什么？作者说，“勒夫坎狄自青铜器早期以来一直是一重要居地，约公元前1200年，有大量人口流入，这是宫廷文化后希腊（post-palatial Greece）流亡运动的进一步象征，而这个居地似乎到公元前12世纪末左右便已终止。以后两个世纪，小亚沿岸一些地方发生一系列移民，定居和再定居，以‘爱奥尼亚人’为主。希罗多德［Ⅰ. 146］记载有优比亚的阿邦铁斯人（Abantes）加入这个运动，我们当然认为这是岛上剩下的迈锡尼文化的人口”（希罗多德说这些来自优比亚的阿邦铁斯人甚至连名字都不是爱奥尼亚人的）。

这样说来，勒夫坎狄人不是后来的希腊人，而是青铜时代迈锡尼文化时居民的后代（Boardman说，“铁器时代的优比亚人，其方言和文字，清清楚楚是爱奥尼亚人”）。

勒夫坎狄遗址在勒兰丁平原之南，在爱勒特里亚这一边（虽到两城相距亦不近），而卡尔西斯则在平原之北。那么，勒夫坎狄能不能是早期的爱勒特里亚呢？上文引《牛津古典世界史》年表上说，“公元前800年，爱勒特里亚建邦，而勒夫坎狄衰落”，但Boardman在上引“优比亚”节写道：“勒夫坎狄是不是早期爱勒特里亚，这是问题。”这是无法解决的问题。但如果像公元前约750年（公元前8世纪中），卡尔西斯人同爱勒特里亚人一道向伊什亚（Ischia，参阅上文）殖民，如Dionysius of Halicarnassus（Ⅶ. 3. 1）所记的那样，那么，当时爱勒特里亚即使方兴也不到几年，而勒夫坎狄即使走向衰落也还未动，那就难说这个爱勒特里亚人实际上应是勒夫坎狄人了。

遗憾的是，1982年出版的《剑桥古代史》第3卷第1分册，关于勒夫坎狄的材料，也还未见到上文引的波法姆等的文章，“勒夫坎狄之英雄”，①但后来1986（1988）版的《牛津古典世界史》第一章则用上了，②因此，应以后者为基础来讨论问题。

《牛津古典世界史》希腊篇以城邦（πόλις）之出现开篇。城邦（polis）者何？“希腊政治生活之特征与特殊因素，是一种制度，其大小，其形式，其政治组织，大多数历史家各异其定义。大略言之，城邦

① THE HERO OF LEFKANDI, by Mervyn Popham, E.Touloupa&L.H.Sackett, Antiquity, LVI. 1982, pp.169—174.

② George Forrest, GREECE: THE HISTORY OF THE ARCHAIC PERIOD, in The Oxford History of che Classical World, 1988, pp.19—26.

者，公民（成年男子）、无政治权利之公民（妇女及儿童）及非公民（外来居民和奴隶）的公社或共同体（community），占有一定地区，生活于有规定的或可规定的宪法之下，在一定限度内对外界权威独立，从而使其成员感觉到他们是独立的。土地，一般说来，有的可能实际上无居民，或占有之者为农户，为农村，乃至为小市镇，但必须有集中点，宗教的、政治的、行政的，且往往围绕此集中点而生成城郭（city，惟斯巴达为例外），即城邦（polis）本身，通常有堡垒（fortified），而且居多有市场（agora），有集会地点（assembly，往往即在agora），有司法机关和政府的所在地，执行和集议之所，早期有君主制（monarchic），或贵族制（aristocratic），后来则有寡头政治的（oligarchic），或民主制的（democratic）。”

理论上的城邦是根据古典时代的材料概括出来的。上举《牛津古典世界史》第一章的著者（George Forrest）认为城邦有其物质基础（the physical base），同时也有其公社意识（the sense of community），即“独立的观念”（the notion of independence）。作者举雅典名将地米斯托克利在面临波斯大军压境时的名言，“我们雅典人只要有我们的船舰就有我们的邦”（We Athenians have a city so long as we have our ships）。[①]著者说，古代理论家们所理想的邦不大也不小，不太自给也不过于依赖，不过分寡头制也不过分民主制。著者说，但近来的研究使人注意到两个别的因素：一是迈锡尼社会崩溃后希腊广大地方人口重新分布，北方新来者多利安人占居大部分的伯罗奔尼撒、克里特、小亚西南及其沿岸诸岛；爱奥尼亚人则入阿提卡、优比亚、大部分爱琴海诸岛，以及小亚中部沿岸；在北边，则列斯堡、小亚西北部，有混杂的族居，称之为伊奥利亚人（Aeolian）。第二个因素则是公社联合（associations of communities），如在小亚西南，有多利安的六城，北方有爱奥尼亚的十二邦，涉及the Meliac War（CAH Ⅱ，2B，803，Ⅲ. i. 750），还有与特尔斐阿波罗有关的德摩比利之安特拉近邻同盟

① Herodotus，Ⅷ.61（中译本，第749页）。

（the amphictyony of Anthela at Thermopylae）等等。

20世纪60年代以来关于优比亚等地的研究，尤其关于勒夫坎狄的发掘，引起人们极大的兴趣，特别对于公元前1000—前750年之间卡尔西斯和爱勒特里亚间的历史。勒夫坎狄是这一带的中心，而勒兰丁战争在古典作家中留下不少记录。上引《牛津古典世界史》第一章（第23页）著者认为，勒夫坎狄可能即早期爱勒特里亚，勒兰丁战争的结果，爱勒特里亚大概遭到失败，于是勒夫坎狄便被废止，而这个公社也就衰亡了。

然勒夫坎狄为现代地名，此地考古发掘内容与勒兰丁战争两地（卡尔西斯，爱勒特里亚）之关系，等等，不能认为问题已经解决。可以肯定的：勒夫坎狄是一个邦或城邦，是迈锡尼文化灭亡后存在的邦，是希腊原始几何陶时期和铁器时期的邦。勒夫坎狄这个邦的出现和存在，正如《牛津古典世界史》第21页，“优比亚海峡，Lefkandi”图的说明指出的，勒夫坎狄遗址内容必定是［卡尔西斯和爱勒特里亚］这些城邦早期争论问题的焦点，且为有关希腊人早期探测和殖民的原始材料。不列颠在那里的考古发掘，已经戏剧性地改变了我们对公元前10—前9世纪所谓希腊黑暗时代（Dark Age of Greece）的观点。对于希腊文字起源问题，Lefkandi可能也有极为重要的有助启发的资料（参阅《剑桥古代史》卷三，第一分册，第十八章，“优比亚”；第十九章，“希腊几何陶文化”；第二十章，“最早的字母文字”有关部分）。

C．雅典帝国与周天下
——城邦联盟问题[①]

《牛津古典世界史》第一章提及的晚近研究成果引起的有关公社联合的因素，实际上是城邦联盟的问题。多利安人的六城在小亚的是城邦联盟，爱奥尼亚人的十二城在小亚的也是城邦联盟（希罗多德Ⅰ. 142—146）；说德摩比利（温泉关）附近之安特拉近邻联盟，乃至优比亚之勒

---

① 本节与张强同志共同执笔。

夫坎狄，作为较大公社的中心，都带有城邦联盟的性质。

城邦联盟是由氏族部落制的部落联盟发展来的。有城邦就有城邦联盟。所以，承认勒夫坎狄是一小邦，或则是一较大城邦的中心，它只是城邦联盟（优比亚城邦联盟）的一个首城。雅典也是这样。

1．论雅典帝国

近代古典史学传统认为，雅典于公元前478年成立的提洛同盟（the Delian League），其金库于公元前454年移往雅典，是雅典同盟（the Athenian Alliance）转变成为雅典帝国（the Athenian Empire）的标志。①其实，从国家的实质说，雅典帝国也就是雅典同盟。作为帝国诸邦同盟的盟主之邦，雅典本身还是一个邦（polis），或曰城邦（the city-state），而不是一般历史上所谓帝国，如罗马帝国、秦汉帝国等。理由十分简单而明确，罗马帝国、秦汉帝国等所谓帝国，是一种国家，是帝国公民的政治单位，而雅典帝国这种帝国不是国家，不是政治单位，当时邦或城邦制度仍然健在，政治单位是邦，是城邦，雅典人是雅典城邦的公民，不是雅典帝国的公民，雅典帝国只有加盟成员，即雅典及其盟邦（取名the Athenians and their Allies），而没有公民。

近代古典学者习惯于将古希腊文ἀρχή在一定地方译成帝国，而把另一个古希腊文συμμαχία译成同盟。这两个名目在修昔底德的《伯罗奔尼撒战争史》（以下简作Th.）中经常出现，其中的“同盟”，当其指雅典的同盟时，就是说与雅典有关的各邦或各城邦的联盟，如攻守联盟或防御同盟等（Th.Ⅰ.44，中译本，第35页）。在这里，所有加入同盟的国家，原

① 伯里、梅格斯：《亚历山大大帝之死前的希腊史》（J. B. Bury and R. Meiggs, A History of Greece tothe Death of Alexander the Great），伦敦1975年版，第211页；哈梦德：《希腊史——至公元前322年）（N.G.L.Hammond, A History of Greece to 322 B.C.），牛津1977年版，第303页；博厄德曼等：《牛津古典世界史》（J.Boardman and others, The Oxford History of the Classical World），纽约1986年版，第133页；Hammond等：《牛津古典辞书》（N.G.L.Hammond and others, The Oxford Classical Dictionary），牛津1984年版，第320页。

则上都是各自独立的邦或城邦。而所谓“帝国”，如果是指雅典帝国，那也不过是说以雅典为盟主的各邦或各城邦的同盟组织，所有加入组织的成员国都各保持独立（一个邦或城邦），至少原则如此。这就是说，雅典同盟是城邦的组织，雅典帝国也是城邦组织。

首先，雅典本身就不是帝国，而是城邦。雅典人自一般公民至政府领袖都这样看。例如，在伯罗奔尼撒战争前夕，有一个雅典人被派往斯巴达执行某种任务，他趁一次机会主动到斯巴达人民会议上说话，称自己国家为邦（城邦），说是奉本邦（本城）之命来的。但他发言的内容是为雅典帝国辩护（Th. Ⅰ. 75，中译本，第54页），他说：

> 拉西第梦人［斯巴达人］啊！……这个帝国我们不是用暴力取得的，只是在你们［斯巴达人］不愿意继续反对余剩的外国人［波斯人］武力的时候，同盟者才来归我们，自动请求我们为盟主。

又如，在伯罗奔尼撒战争爆发的第一年冬季，雅典人领袖伯里克利在阵亡将士葬礼的演说词中，也是高度赞美自己的城邦雅典，称道本城（polis）是全希腊的学校（Th. Ⅱ. 41，中译本，第133页），要求雅典人要无愧于自己的城邦（Th. Ⅱ. 43，中译本，第134页），但他同时也称颂雅典先辈“把这个帝国（ἀρχή）传给自己这一代”（Th. Ⅱ. 36，中译本，第129页）。

这是说，雅典现在不仅是一个城邦，而且它同时又是雅典同盟（雅典帝国）的盟主或首领。同盟或帝国的一方是雅典，另一方是同盟者（一切希腊人，首先和主要是爱奥尼亚人），号称“雅典及其同盟者”。同盟立誓，把一堆铁沉入海底，只要铁不复浮出海面，盟约永守不变。[①]

雅典城邦，自迈锡尼文明时代以来，到了古典时代，公元前5世纪的伯里克利时代，已有不只1 000年的历史了。按希腊上古史研究者的意见，

① 《雅典政制》ⅩⅩⅢ；哈梦德：《希腊史——至公元前 322 年》，第 256—257 页。

数起迈锡尼文明的遗产，首先是“城邦的概念”。[①]这就是说，迈锡尼文明时代最早出现的国家，包括古代阿提卡的雅典国家，本来就是邦或城邦，希腊国家的起源，也就是城邦的起源，应当上溯至迈锡尼文明发生的时日。千余年来，至于伯里克利时代，雅典城邦虽然不断发展和变迁，但雅典城邦的本质始终未曾消失。相反，伯里克利时代，正是雅典城邦史的全盛时代。

大约前3世纪末编成的《帕罗斯碑纪年》记自传说的西克罗普斯王至雅典执政官狄奥内图斯之年（公元前1581／80—前264／3年），1 300多年中，雅典城邦经历了无数风霜潮汐，就政治发展史说，城邦始终是一条线索。按这条系统，雅典城邦的发生发展大体包括以下几个阶段：

第一，迈锡尼文明时代的雅典城邦（原始君主制时代，公元前1600—前1100年）；

第二，雅典城邦由原始君主制时代到公卿执政时代之转变（公元前1100—前683年）；

第三，雅典城邦的公卿执政时代：

［1］由雅典城邦至雅典城邦同盟（公元前683—前478年）

［2］雅典同盟与雅典帝国

（1）公元前478—前454年第一次雅典同盟（公元前478／7年）之始

（2）公元前454—前404年雅典帝国由盛而衰

（3）公元前404—前378年雅典同盟之解体

（4）公元前378—前355年第二次雅典同盟

（5）公元前355—前338／7年雅典城邦，至喀罗尼亚之战（败于马其

① 克里斯托波洛斯等:《希腊世界史(史前史和爱琴文化史卷)》(George A.Christopoulos and others.History of the Hellenic World, Prehistory and Protohistory），1984年版，第391页。“城邦的概念”之外，其次有“megaron型的希腊庙宇、史诗的核心，以及希腊民族语言”（the megaron-shaped plan of the Greek temple, the nuclei of the epics, the language of che Greeks）。

顿）

雅典本邦的历史一直是城邦史，它没有经历过帝国阶段，不知帝国为何物！所谓ἀρχή（帝国），是什么含义？是说雅典城邦同盟这时不过政治上具有对同盟成员国的“统治”，地理上这个同盟具有包括同盟国的领域，如此而已！严格说来，把ἀρχή译为empire，未必合适，这种译法毋宁是出自近代史家的近代眼光，英帝国或美帝国之帝国，而非古典时代古典作家使用此字之本意。古希腊文ἀρχή可能有更好的译法，例如政治上用“霸国”或“称霸”（hegemony），地理上用“天下”（霸天下），也许比之“帝国”都要好些。

1986年新出的《牛津古典世界史》第六章“古典时代希腊史”有“帝国”一节（该书，第127—136页），中云：“五世纪的雅典帝国‘是’（或‘成为’）侵略的工具，这不用争论了。”那么“雅典用什么形式来干涉和控制乃至（较不中立地）压迫［其他希腊城邦］呢？”作者提出7个方面的事例：一是经济方面，雅典用帝国的法令来保证它自己的粮食供应。“赫勒斯滂卫队”决定谷物允许给雅典以外的买主的数量；过此海口的船只要纳10%的税（而运往雅典的谷物是免税的）；到前4世纪时还有限制除运往雅典以外的商运（包括粮食）的法律。更普遍的限令还有贵金属和造船木材等。此外，在经济方面，尤重要的，盟邦有贡赋，或出船，或出钱，而且出钱的倾向越来越占重要。第二是行政的和军事的方面，如驻军等。第三是司法方面，重要案件集中雅典办。雅典人民法庭迫害［各邦］反雅典分子，有似寡头政治各邦的做法（雅典法律的缺点：不及后来罗马那样，有保护行省人民不受贪婪的行省总督迫害的法律）。第四，宗教方面，雅典人为女神雅典娜在联邦各地划界立碑，而此占有地将来可能租与个人，雅典人。第五，领土方面，在盟邦和被征服土地的雅典人居住地，对雅典的下层乃至上层分子都有利。第六，社会方面，公元前451年限制公民权的法律使居住于盟邦的雅典人亦得好处。第七，政治方面，雅典一般是支持民主派，而反对寡头派，但也有偶然机会支持了寡头分子。

雅典所有这些特权都引起盟邦不满，因之公元前431年斯巴达发动第二次伯罗奔尼撒战争时，希腊人颇有倾向斯巴达方面的。

但是，所有这一切并不证明雅典帝国的存在，相反，这说明雅典是以城邦同盟盟主地位对待盟邦，以强者对待弱者，这丝毫不似罗马帝国、秦汉帝国一统天下的措施。

2．论周天下

在古代希腊文明史中，城邦和帝国是两个不同的概念；在古代中国文明史中，邦［国］和天下也是两个不同的概念。《尚书·顾命》记周成王临终时对继位者其子康王所下的遗命，以书面的形式，号为“册命”，由太史送达新王，其中有云（参用屈万里的译法，但不同意他的“天下的民众”的解释）：

………	……………
命汝嗣训	命令你继承先王的训教，
临君周邦	来做周邦的君主；
率循大卞	并遵循伟大的法度，
燮和天下	调理协和天下［邦国］，
………	……………

《今文尚书》中所见的“邦”与“天下”并提，以此最为典型，在这里，“周邦”和“周天下”不同，周邦是一个邦（城邦），周天下则是周邦领导下的诸邦（城邦联盟）。

在这篇《顾命》之前，《召诰》中有“用于天下”，说的是夏、殷、周受命问题，不涉及周邦，偏重于周天下方面。天子受天之命，一般的邦不受天命。这也间接反映了天下与邦有别。

相反，《尚书·大诰》屡提周邦（“反鄙我周邦”，“兴我小邦周”，“今天降戾于周邦”），而没有说到天下。但《大诰》是普遍告知天下诸邦之君的文件，其中用了“多邦”“庶邦”“友邦”代替了“天下”（如“大诰尔多邦”，“予惟以尔庶邦”，“肆哉尔庶邦君”，“庶予告我友邦君”，“庶予大化诱我友邦君”，“義尔邦君”）。这又证明了邦和天下诸邦的区别，多邦、庶邦、友邦等都是说天下诸邦，说周天下诸邦，说周天下诸邦联盟的成员。以“多邦”“庶邦”“友邦”比之“天下”，哪一部分更古些？恐怕是前者，“天下”晚见。

这些西周初期的文献之外，《今文尚书》中提及“天下”的，只有少数较晚的作品，如《洪范》（战国时代）中的“天子作民父母，以为天下王”，《吕刑》中的“罔有令政在于天下”，这些“天下”和邦也不是一个概念。

从《书》中所见的邦与天下，看清楚周本身（邦或城邦）和周天下（周邦领导下的邦的联盟，即城邦联盟）的分界。

《诗》中惟《大雅·皇矣》一次见到“天下”（以笃于周祜，以对于天下），以周邦之福，与天下诸邦向往周邦之望对提。《周颂·般》有“敷天之下”，《小雅·北山》有“溥天之下，莫非王土；率土之滨，莫非王臣”之句。然而“溥天之下”“敷天之下”的诗句，不等于政治学概念的“天下”。孟子对此种误解已有所批判（《孟子·万章》上）。如果误用此诗以证明古者土地皆属王有，而东方尽人皆是奴隶，那只能是错误！不能说明问题，因为那不符历史事实。如孟子所理解的，这是“劳于王事而不得养父母的”大夫发发牢骚之语，不应认为当时全天下人统统是王的臣。孟子指出，《云汉》之诗有“周余黎民，靡有孑遗”之句，如果相信这些诗句，那么周的遗民一个也没有了！

“天下”这个概念从《论语》开始多见。这可能因为春秋时代诸邦之间往来关系比前更加密切，许多事物从此突破了邦的小小规模，“天下”的思想一下子便更多地出现在人们的眼界来了。在战国时代以后的著作，例如《孟子》之中，天下的思想和概念比之先前的书中，要流行得多。

在《春秋》经中未见“天下”；三传之中，“天下”少见于前期；在前期三传中，“天下”见于《左氏》者比见于《公》《谷》者少。所有这些春秋之前文献上“天下”较为少见的特点，是否可以说明历史时代的一个特色，邦或城邦的历史记录在当初较占优势?

从现在所知道的，“天下”名目的出现大概不能早于西周初期（参阅上文）。但在春秋之后，“天下”的概念不断向前追溯，追溯至于殷商，至于虞夏。这样，春秋战国时代的人们把“天下”强加于此前的历史了。《论语》中成批地系统地提出一系列与“有天下”有关的历史人物：

> 大哉尧之为君也！巍巍乎惟天为大，惟尧则之，荡荡乎民无能名焉（《泰伯》）。
>
> 舜有天下（《颜渊》）。
>
> 舜有臣五人而天下治（《泰伯》）。
>
> 巍巍乎舜禹之有天下也（同上）。
>
> 禹稷躬稼而有天下（《宪问》）。
>
> 汤有天下（《颜渊》）。
>
> 泰伯，其可谓至德也已矣，三以天下让，民无德而称焉（《泰伯》）。
>
> 武王曰，予有乱十人。孔子曰，才难，不其然乎？唐虞之际，于斯为盛，有妇人焉，九人而已；三分天下有其二，以服事殷，周之德其可谓至德也已矣（同上）。
>
> 如有周公之才之美，使骄且吝，其余不足观也已（同上）。
>
> 管仲相桓公，霸诸侯，一匡天下，民到于今受其赐（《宪问》）。

这一批历史人物，有王者，有霸者，其中惟第一个人，“尧”，才只是邦君，“为君”，“则天”，尚未有天下，泰伯则是“以天下让”的人物，其余舜、禹、稷、汤、文、武、周公、齐桓，或则正式为君（为王）而有天下，或则以执政公卿地位而有天下，或则以霸业而实际上有天下，这些人物都同“有天下”有直接关系。

但这些“有天下”的历史人物中，属于周以前者都是追溯来的，当初未必有或根本没有“天下”或“有天下”这种概念。《左传·昭公九年》

“后稷封殖天下”之说，显然也是出自追溯。这比之《诗·鲁颂·閟宫》“皇皇后帝，皇祖后稷”的诗句，恐怕后者（鲁僖公之后的作品）还要更朴素些，就是说，皇祖后稷出现得较早。

《论语·尧曰》篇重新来一套天命和天下的系统理论，系统历史人物，尧、舜、禹、汤、［文］武、周公；这里，提出的不是一个邦的政事，而是“四方之政”，“天下之民”，是西周时期、青铜时代很难想象，而春秋战国、铁器时代必然产生的政治思想、政治规模：

> 谨权量，审法度，修废官，四方之政行焉，兴灭国，继绝世，举逸民，天下之民归心焉。

然而这个时候，周德已衰，周天下的首领自己无权，只剩了霸业，权在齐桓、晋文这辈霸主（后来主要在晋）之手，尽管天命未改，“天子之在，惟祭与号”而已（《穀梁传·昭公三十二年》）。

周天下从什么时候算起？不能像雅典帝国那样算个准确之年（公元前478年，公元前454年），也要有个比较可以说得过去的年代，在何时？《史记·殷本纪》云，纣“赐弓矢斧钺，使得征伐，为西伯”。《周本纪》云，“西伯文王也”。又云：

> 西伯阴行善，诸侯皆来决平，于是虞芮之人有狱不能决，乃如周，入界，制者皆让畔，民俗皆让长。虞芮之人未见西伯，皆惭相谓曰，吾所争，周人所耻，何往为，祇取辱耳。遂还，俱让而去。诸侯闻之曰，西伯盖受命之君也。明年伐犬戎，明年伐密须，明年败耆国”，“明年伐邘，明年伐崇侯虎，而作丰邑，自岐下而徙都丰”。“诗人道西伯盖受命之年称王”，“改法度，制正朔矣，追尊古公为太王，公季为王季，盖王瑞自太王兴。

司马迁的这些记录，遭到后来许多人的责难，他们硬说文王三分天下有其二。以服事殷，不可能于受命之年就称王！更不可能改法度，制正朔！我们的意见相反，殷周之际，双方冲突，非一代事。《竹书纪年》载“文丁杀季历”，“帝乙二年，周人伐商”；上文引《周本纪》，文王自被称为受命之君时起，年年起刀兵，不断以武力扩大领土，否则三分天下有其二，怎么得到？所以，周天下之开端应从文王时始，至迟不晚于他受命称王之时！《殷本纪》载“诸侯多叛纣而往归西伯，西伯滋大”，盖纪实也。

周天下的事实应从周文王时起，周天下的记载还晚些，从成康之际开始。周天下是周邦为首的周人城邦联盟。这种城邦联盟在周天下的概念产生和提出之前早已有了，当初只称为多邦、友邦、庶邦等等，与周邦并列，因为城邦联盟本质是国家形式发展中邦或城邦阶段的组成部分。

D. 行国和城郭之国　行国和中西古典帝国

1．中国古典史学所见之行国帝国和古典帝国

新石器时代农业革命在人类社会发展过程中造成两种显著的后果：其一，由狩猎发展为畜牧；其二，由采集发展为农耕。人们生活因此由吃天然物转变为吃人类自己培植的动植物。这就是民族学所作的概括：由蒙昧时代到野蛮时代，由采集现成的天然产物为主的时期，发展到学会经营畜牧业和农业的时期。考古学上称此为新石器时代革命或农业革命。

在生产力巨大变化的基础上，人类社会经过城市革命，出现了文明和国家。

当进入文明和国家起源时刻，由于地理环境的影响，人们生活显分为二：其土著田畜，有城郭屋室者，曰城郭之国，或曰城邦；其游牧随畜移徙者，则为行国。

大抵欧亚大陆北方，古代农业地带之北，住居游牧民族，皆是行国。在公元前五世纪的希罗多德和公元前二世纪的司马迁这两位史家记录中，保留着这些北方游牧民族的传说和历史，有的是引人兴趣的。希罗多德记的主要是西徐亚人（Σκύθης，Scythians）的故事，司马迁记的更多的是匈奴的和大宛（西域）的历史。西徐亚人有农耕者（Σκύθαιγεωργοί）有游牧人（νομάδες Σκύθαι），其间隔以一条河（Παντικάπης，Hdt. Ⅳ. 18—

19）；统治者则为王族（βασιληία，royal）西徐亚人。

匈奴则属中原华夏的兄弟民族。《史记·匈奴列传》，“匈奴，其先祖夏后氏之苗裔也”。匈奴之名，始于战国秦汉，《逸周书·王会解》及附《伊尹朝献商书》皆有“匈奴”；《匈奴列传》言“唐虞以上有山戎、獯狁、荤粥”，《正义》引《左传·庄公三十年》杜注有“山戎、北戎、无终三名”，但今本是年《春秋》“齐人伐山戎”下杜注惟有“山戎，北狄”。按“无终”即“戎”之拼音，而山戎、獯狁、荤粥皆戎也。《诗·小雅·出车》有“城彼朔方”，“薄伐西戎”，又“獯狁”于《出车》与《六月》同见，“薄伐獯狁，至于大原”，戎人已“侵镐及方”矣。甲骨文有鬼方，王国维作《鬼方、昆夷、獯狁考》（《观堂集林》十三），《诗·大雅·荡》有“覃及鬼方”，《易·既济》《未济》亦有“鬼方”，“高宗伐鬼方，三年克之”；《古本竹书纪年》则云“周王季伐西落、鬼戎，俘二十翟王”（时武乙三十五年）。其以戎翟［狄］、胡貉通称之名为名者尚在其外，而匈奴亦胡之拼音字也。

西徐亚人属印欧语系伊朗语方言，而匈奴人则属蒙古利亚种，阿尔泰语系。西徐亚人在中国史上曰塞人或塞种。

《匈奴列传》云：匈奴“居于北蛮，随畜牧而转移。”“逐水草迁徙，毋城郭常处耕田之业，然亦各有分地；毋文书，以言语为约束。儿能骑羊，引弓射鸟鼠，少长则射狐兔，用为食；士力能毌弓，尽为甲骑。”列传言“秦穆公得由余，西戎八国服于秦”；“而晋北有林胡、楼烦之戎，燕北有东胡、山戎”，则不在匈奴种族之内，亦行国也。

《左传·襄公四年》（公元前567年），晋魏绛和戎狄，认为“戎狄荐居，贵货易土，土可贾焉”。定居的汉人向游牧的兄弟族人购买土地，“民狎其野，穑人成功”。

亦有行国之戎，一时转为城郭之国，《匈奴列传》云：战国时，“义渠之戎，筑城郭以自守，而秦稍蚕食，至于惠王，遂拔义渠二十五城”。

但行国如不筑城，则不畏敌人来攻。以西徐亚人为例，希罗多德

（Hdt. Ⅳ. 127，中译本，第480页）写道：当波斯人向他们要土和水时，西徐亚人不给，而且回答说："我们既无城邑，又无耕地，我们是不怕被攻占或被蹂躏的。"

ἡμῖν οὔτε ἄστεα οὔτε γῆ πεφυτευμένη ἐστί, τῶν πέρι δείσαντες μὴ ἁλῷ, ἢ καρῇ ταχύτερον ἂν ὑμῖν συμμίσγοιμεν ἐς μάχην.（Hdt. Ⅳ. 127）

For we Scythians have no towns or planted lands, that we might meet you the sooner in battle, fearing lest the one be taken or the other be wasted.

在中国，匈奴得汉之降人，宦者中行说，他为匈奴辩说，讥笑汉人，说汉人"力耕桑以求衣食，筑城郭以自备，故其民急则不习战功，缓则罢于作业"。汉初自高祖、吕后，直至文景，不得不力求和亲，帝国方休养生息，行国得以乘便横行，形势使然也。

《匈奴列传》史公自序云："自三代以来，匈奴常为中国患害，欲知强弱之时，设备征讨，作匈奴列传"。"太史公曰"则重叠两言，"惟在择任将相哉！惟在择任将相哉？"而接之以《卫将军骠骑列传》，其自序云："直曲塞，广河南，破祁连，通西国，靡北胡，作《卫将军骠骑列传》"；其"太史公曰"，以"苏建语余"之内容作结，岂惟卫霍善自谦慎，亦以汉武在朝，帝国全盛之日！

以行国和城郭之国并提和对比，《史记·大宛列传》始见之，盖张骞所亲见之迹。张骞以建元三年（公元前138年）出使西域，元朔三年（公元前126年）归来，"去十三岁"。"初骞行时百余人"，"惟二人得还"，"骞［与胡妻］及［故胡人］堂邑父"而已。"骞身所至者，大宛、大月氏、大夏、康居，而传闻其旁大国五六，具为天子言之"：

> 大宛，在匈奴西南，在汉正西，去汉可万里；其俗土著，耕田，田稻麦，有蒲陶酒；多善马，马汗血，其先天马子也。有城郭屋室，其属邑大小七十余城，众可数十万；其兵，弓矛骑射……
>
> 乌孙，在大宛东北可二千里，行国，随畜，与匈奴同俗，

控弦者数万，敢战，故服匈奴，及盛，取其羁属，不肯往朝会焉。”（按：乌孙“本塞地也”。始“乌孙本与大月氏共在敦煌祁连间”，“大月氏西破走塞王，塞王南越县度，大月氏居其地。后乌孙昆莫击破大月氏，大月氏徙西臣大夏，而乌孙昆莫居之。故乌孙民有塞种、大月氏种云。

康居，在大宛西北可二千里，行国，与月氏大同俗，控弦者八九万人，与大宛邻国，国小，南羁事月氏，东羁事匈奴。

奄蔡，在康居西北可二千里，行国，与康居大同俗，控弦者十余万，临大泽无崖，盖乃北海云。

大月氏，在大宛西可二三千里，居妫水北，其南则大夏，西则安息，北则康居。［本］行国也，随畜移徙，与匈奴同俗，控弦者可一二十万。故时强，轻匈奴。及冒顿立，攻破月氏，至匈奴老上单于，杀月氏王，以其头为饮器。始月氏居敦煌祁连间，及为匈奴所败，乃远去，（参阅上文“乌孙”条）过宛，西击大夏而臣之，遂都妫水北，为王庭。［先前离敦煌祁连时］其余小众不能去者，保南山羌，号小月氏。

安息，在大月氏西可数千里，其俗土著，耕田，田稻麦，蒲陶酒城邑如大宛，其属大小数百城，地方数千里，最为大国，临妫水，有市民商贾，用车及船，行旁国，或数千里。以银为钱，钱如其王面。王死，辄更钱，效王面焉。画革旁行，以为书记。其西则条枝，北有奄蔡、黎轩。（按即大秦）

条枝，在安息西数千里，临西海。暑湿。耕田，田稻。有大鸟，卵如瓮。人众甚多，往往有小君长，而安息役属之，以为外国。国善眩。安息长老传闻条枝有弱水、西王母，而未尝见。

大夏，在大宛西南二千余里，妫水南。其俗土著，有城屋，与大宛同俗。无大王长，往往城邑置小长。其兵弱畏战，善贾市。及大月氏西徙，攻败之，皆臣畜大夏。大夏民多可百余万，其都曰蓝市城，有市贩贾诸物。其东南有身毒国。”“［张］骞曰：臣在大夏时，见邛竹杖蜀布，问曰，安得此？大夏国人曰：吾贾人往市之身毒。

身毒，在大夏东南可数千里，其俗土著，大与大夏同，而卑湿暑热云。其人民乘象以战，其国临大水焉。

司马迁在《匈奴列传》和《大宛列传》里把当时（公元前2世纪）古典世界的城邦和城郭之国，行国和帝国，大体都勾画出来，作了很好的对比。当时中国已进入秦汉帝国时代。印度（身毒yuān dú）也到了孔雀王朝帝国后期（巽加王朝、甘婆王朝时代），中亚兴起了贵霜王朝的帝国（大月氏），西亚时在波斯帝国后期，在安息（帕提亚）帝国和亚历山大帝国的一部分塞琉古帝国（条枝）统治之下，地中海周围则属于罗马共和国和希腊化帝国。这些，司马迁或多或少都提到了。古代世界已到了帝国时代阶段，古典城邦只有余波了。司马迁这两卷列传（《匈奴列传》和《大宛列传》）的重要意义在于突出了行国。行国，其始期近似于邦，与城郭之国相等，而其后期，行国就是帝国，如匈奴帝国。

行国同样地可能有邦和帝国两阶段，这从中国古代史学得到启发。如《史记·大宛列传》所举的乌孙、康居，大概都只有一个邦国的规模，控弦者不满十万；作为行国，扩大地盘有限，达不到行国帝国的版图。反之，匈奴当然有广阔扩大的余地。

匈奴是由狄（翟）戎很有限的范围和人数起步的。他们分散于燕赵或秦晋的北方，或杂居于这些邦国的边境。但当他们联合和团结一起时，这就不能不是一个行国的帝国了。

行国帝国的发展是经历相当的年时的。春秋之世，周秦晋燕北边诸戎，“各分散居溪谷，自有君长，往往而聚者百有余戎，然莫能相一”。此分散中之行国也。

而后入于战国，《匈奴列传》云，（公元前3世纪中叶）“秦有陇西、北地、上郡，筑长城以拒胡”（宣太后死于公元前265年）；“而赵武灵王亦变俗胡服，习骑射（公元前307年，“初胡服”），北破林胡、楼烦，筑长城，自代并阴山下，至高阙为塞，而置云中、雁门、代郡”；“其后燕有贤将秦开，为质于胡，胡甚信之，归而袭破走东胡，东胡却千余里”，“燕亦筑长城，自造阳至襄平，置上谷、渔阳、右北平、辽西、辽东郡以拒胡”。“当是之时，冠带战国七，而（燕赵秦）三国边于匈奴”。“其后赵将李牧时，匈奴不敢入赵边”。及“秦灭六国（公元前221年），而始皇使蒙恬将十万之众北击胡，悉收河南地，因河为塞，筑四十四县城临河，徙適戍以充之，而通直道，自九原至云阳，因边山险，堑溪谷，可缮者治之，起临洮至辽东，万余里；又渡河，据阳山北假中”。此秦灭六国前后（公元前4—前3世纪）由塞内方面所反映之形势也。

盖自西周发展至于春秋战国，铁器日益发达之时代，农耕地域亦日益扩展，行国与城郭之国居民发生经济生活矛盾，兄弟民族间之纷争初由此起，渐而引致政治军事阶级国家日益复杂的争端。《匈奴列传》初对此有朴素的反映。“匈奴［胡也］，其先祖，夏后氏之苗裔也，曰淳维”。“夏道衰，而公刘失其稷官，变于西戎，邑于豳。其后三百有余岁，戎狄攻大王亶父，亶父亡走岐下，而豳人悉从亶父而邑焉，作周。”这是周邦的起源。“其后百有余岁，周西伯昌伐畎夷氏（昆夷）。后十有余年，武王伐纣而营雒邑，复居于酆鄗，放逐戎狄泾洛之北”。此后则“周道衰”，“穆王伐犬戎”，“犬戎攻杀周幽王”，等等。然而与此同时，中原居民与戎狄之往来，尤其彼此通婚，不断有所记录，同姓婚娶是违法的，鲁君娶于吴为不知礼，周王娶狄女为后，则生子可以为天子。晋执政公卿赵盾是狄女所生，“弑君”笔法绝不牵涉于此。这些说明，华夏戎翟，虽有某些纷争，并不影响彼此是亲戚的传统。

当秦始皇统一神州，变城邦联盟的天下为皇帝专制统治的帝国之时，他所兴建的万里长城之外，匈奴人也在打算把规模有限的行国，由邦扩大为帝国，行国形式的帝国，牧人帝国（Nomadic Empire），古典中国一样称之为行国，而匈奴帝国为典型，故乌孙条云，“行国，随畜，与匈奴同俗”。

《匈奴列传》云，“当是之时，东胡强而月氏盛。匈奴单于曰头曼，头曼不胜秦，北徙十余年而蒙恬死（公元前210年），诸侯畔秦，中国扰乱，诸秦所徙適戍远者皆复去，于是匈奴得宽，后稍度河南，与中国界于故塞”。这样就给头曼的儿子冒顿（Mò dú）以机会，夺取政权，建立专制帝国。他射杀欲废其太子位而令出质月氏的父亲头曼，自立为单于，东灭东胡，西出走月氏，南并楼烦、白羊，悉复收秦所使蒙恬所夺匈奴地，与汉关故河南塞，至朝那肤施，遂侵燕代。“控弦之士三十余万”。于是“匈奴最强大，尽服从北夷，而南与中国为敌国”，后又“北服浑庾、屈射、丁零、鬲昆（坚昆）、薪犁之国”，这就是秦汉帝国初期的北方行国帝国，匈奴帝国。

西汉初年，久战之后，民贫马少（“自天子不能具钧驷，而将相或乘牛车”，“齐民无藏盖”——《史记·平准书》），高帝有白登七日之围，吕后忍冒顿妄言之辱，[①]如何对待匈奴？班固有言，“总其要归，两科而已，缙绅之儒，则守和亲，介胄之士，则言征伐”。“当孝武时，虽征伐克获，而士马物故亦略相当；虽开河南之野，建朔方之郡，亦弃造阳之北九百余里；匈奴人民每来降汉，单于亦辄拘留汉使以相报复，其桀骜尚如斯。”“至孝宣之世，承武帝奋击之威，直匈奴百年之运，因其坏乱几亡之阨，权时施宜，覆以威德，然后单于稽首臣服，遣子入侍，二

① 冒顿遗高后书云：“孤偾之君，生于沮泽之中，长于平野牛马之域。数至边境。愿游中国，陛下独立，孤偾独居，两主不乐，无以自虞［娱］，愿以所有易其所无。”高后怒。欲击之。召丞相陈平及樊哙、季布议。樊哙曰：“臣愿得十万众。横行匈奴中。”季布曰：“哙可斩也。”高帝围于平城时，哙为上将军，不能解围，今妄言面谩，欲摇动天下。高后乃赐书匈奴，云“弊邑恐惧，退日自图，年老气衰，发齿堕落，行步失度。单于过听，不足以自污，弊邑无罪，宜在见赦。窃有御车二乘，马二驷，以奉常驾”。冒顿得书，遣使谢曰：“未尝闻中国礼义，陛下幸而赦之”。因献马，和亲。

［三］世称藩，宾于汉庭。是时边城晏闭，牛马布野，三［五］世无犬吠之警，黎庶亡干戈之役”。

中国北方这个行国帝国，自西汉宣帝时五单于争立，南匈奴呼韩邪单于内附（公元前51年），便结束了，是后匈奴成为中国北边一部分问题来处理（《后汉书》以“南匈奴”作传，非前“匈奴”比矣）。北匈奴郅支单于后于康居为汉将甘延寿、陈汤所击杀（公元前36年），此后出现于西方（公元4世纪）的Huns，是否即当初到康居的那批匈奴人之后，是值得研究的问题。至于中国北边的匈奴人，皆属呼韩邪单于所部，元帝末（公元前33年），以后宫良家子王嫱（昭君）嫁于呼韩邪单于。东汉光武帝时，呼韩邪后代又分南北，但非前此之行国帝国矣。

2．西方古典史学所见之行国帝国和古典世界

秦皇、汉武创立和扩大的秦汉帝国（公元前221年始），与冒顿始建的匈奴帝国（公元前209年始），经三百数十年之较量，古代世界东方这个古典帝国，终于抵住了他们北方本由兄弟民族起源的强大的行国帝国匈奴帝国的侵入，从而保住了中国古典文明绵绵不绝，承前启后，数千年文化传统的连续性，包括民族、语言、文字、文学、艺术、科学、哲学、宗教思想、风俗习尚等等基本部分，成为中国文化中心，而不断吸取外来文化继续发展和光大。中国古典文明文化是在这样历史传统轨道条件下延袭变革前进的。这种历史连续性的特点使得中国历史由古典至中世的发展，与西方古典文明向中世纪发展有些显然不同的特征。欧洲古典帝国罗马帝国崩溃之后，古典帝国被中世国家所代替，古典文化中断了，语言文字发生了根本的变化，希腊文、拉丁文成为死文字，代之以中世拉丁和各国民族语言文字，古典文字幸有教会利用和保藏，使之不至完全中绝，而能继续在文化和政治活动中起了作用。当然，拜占庭文化对延续古典传统也是重要因素。佛教、基督教、伊斯兰教自古典末进入中世，在东方许多地方，在欧洲各国，成为基本国教，居于统治地位，而在中国，当古典后期和中世前期，三大宗教进入之时，虽然也在广大人民中迅速传布，尤其在若干边疆和兄弟民族中间占据信仰中心，但就全国性说来，中国始终不是哪一个宗教统治的国家。道教也只是人民生活中某些方面成了习尚，除了少数信仰较深和庙观道士或僧尼之外，很少人可说得上是坚定的佛教徒或道教徒。古典中国有自己的祭祀礼拜习惯，但既无三大宗教那样排他性信仰，相比起来，中国古典信仰还脱不出本土的宗法制度风俗，这在西方希腊人、罗马人中也一样，但西方在古典文明中断之时，这些本土宗教传统被基督教等代替了，中国在广大人民中则不然。儒教不是宗教，孔子更不是教主，甚至说，在孔子自己的时日，他还说不上是儒家的始创者，儒是职业，当初不是一家，《论语》中只一处说“君子儒”“小人儒”，不能说孔子已是儒家之首。孔子只是一个伟大的哲人、思想家、教育家而已，他与宗教无关，儒不是宗教。所有当古典转入中世时发生的事例，见之于西方欧洲者，未必在中国也一样。

在欧洲，古典时代结束了，古典国家也结束了，中世纪国家从新算起，雅典、罗马、日耳曼（德意志），同是由原始社会解体，发生国家的，同是国家起源之例。中国则不然，古典转入中世，古典国家延续入于中世。在中国，要找到真正像欧洲那样，古典中世之间的黑暗时代，可不是容易的事。古典文化到后来有发展和变迁，但整个说来，未尝中断。

如此等等，都同中国历史的连续性，同古典帝国抵住行国帝国之侵入有关，万里长城的历史意义，这方面也应该有一分。

古典欧洲不一样。蛮族入侵，结束了古典时代，来个黑暗时代。所谓蛮族者，行国也，行国帝国也。欧洲古典帝国抵不住行国帝国，灭亡了，新起的蛮族国家，中世国家，从自己开始，转入中世纪，古典文化传统，除文字保藏于基督教会之外，基本中断了。行国帝国在欧洲所起的历史性影响，与中国方面大不相同。

行国，在古代世界，中国以匈奴为标准，有邦的和帝国的两阶段；西方欧洲，则以Huni（the Huns）的行国为准。Huni似乎一出现即是帝国阶段的行国，其前阶段在哪里？

现在史学著作一般认为Huni（the Huns）即是匈奴，[①]匈奴这个行国，其邦的阶段在中国北方，其帝国阶段则先在中国北方，后来当公元前72（或71）年，先后大败于汉和乌孙，内部又有五单于争立（公元前57年），南北匈奴分裂（公元前53年），呼韩邪单于投汉（公元前51年），郅支单于西迁于康居而被陈汤所杀（公元前36年），这个行国帝国中断了。这个西迁而中断的行国帝国，据说是在公元370年首次出现于欧洲。[②]

罗马史最后一位史家阿米安努（Ammianus Marcellinus，c. A. D. 330—95），希腊人，生于安提阿克（Antioch），其所著有关于中国人（Seres），匈奴人（Huni），阿兰人（Halani），塞种人（或西徐亚人，Scythians）等等中西民族的记录中说，匈奴民族，古文献之所罕闻，居梅俄狄海（Maeotic Sea，即亚速海Azov Sea）之外，近于冰雪覆盖的海洋，远非寻常的蒙昧人。他说，匈奴人作战总离不开他们的马。阿米安努记载匈奴人攻击阿兰人，他写道："这个野性难驯的民族，毫无忌惮地，燃起掠夺他人财产的残忍心怀之大，横行于邻人阿兰人即马萨格特人（Massagetae）之地，劫掠屠杀。"[③]

按阿兰人居黑海东北草原地带，行国。匈奴人攻击阿兰人，当即在上文所说的公元370年。[④]自汉将陈汤击杀匈奴郅支单于于康居（公元前36年），至此已4个世纪。康居即粟特（Sogdiana），为阿兰人所建。郅支单于之人康居，系应康居王之邀（《汉书·匈奴列传（下）》），此中复杂

① 如《泰晤士世界历史地图集》（The Times Atlas of World History，1979，中译本，1982）所见的那样。

② 上引《泰晤士世界历史地图集》"大事年表"，页18；"古典世界的危机"图（第94页），此文作者当为E.A.T.Thompson，A History of Attila and the Huns（1948）一书的著者。而Encyclopedia Britannica 1964年版HUNS（Hunni）条亦由他执笔。

③ Ammianus Marcellinus，XXXI.2.1，2.12.

④ Encyclopedia Britannica，1964版Alani条，作者即前页注②提及的E. A. T. Thompson。

关系，无文献足征。J. B. Bury所著《后期罗马帝国史》[①]（公元395—565，vol. Ⅰ，1923）有The Huns专节，说及Huns一词之起源，可能由于中文匈奴Hiung-nu读成希腊文没有读准的原因。但这和匈奴人Huni之突然侵入欧洲没有直接关系，因为中国匈奴权力之衰亡是在很久以前。

E. A. T. Thompson在《英国百科全书》1964年版Huns（Hunni）条中说："Huns是一支游牧民族，他们于约公元370年后侵入东南欧洲，随后就在那里和中欧建立了一个庞大的帝国，它到公元455年后就不复在历史上起什么作用了。关于他们的起源，在公元4世纪的罗马人中就已不清楚，今天一样模糊不清，虽则至少从18世纪以来就不断讨论这个问题，大部分却总无结果。他们在公元4世纪中叶后若干年，出现于伏尔加河外，首先占领了居伏尔加河和顿河间平原的牧人民族阿兰人的土地，然后很快又即推翻了顿河和涅斯特间的东哥德大帝国"。"约在公元376年，他们又击败了约在今罗马尼亚领土上西哥德人"，从而到达了罗马帝国的前方多瑙河前线了。

马长寿的《北狄与匈奴》（1962）论及这个问题，引用法国得几内（J. de Guignes，Historie Generale des Huns，des Turcs，et de Mongols），德国夏特（F. Hirth，Über Wolga-Hunnen und Hiung-nu，1899）和洪钧（元史译文证补，卷二七上，西域古地考，粟特条）三位学者的治学成果，认为公元1世纪末在康居的北匈奴，便是4世纪时伏尔加河流域匈人（Huns）的祖先。这样，Huns便是匈奴人。

不需要在这里解决问题。我们关心的是：行国帝国，以匈奴和Huni为典型，在古代世界起了什么作用问题。上文已经说及行国帝国在古典中国方面，被抵住不得侵入了；现在又看到另一种结果，在古代欧洲，行国帝国打破了欧洲古典文明，欧洲正规地进入中世纪了！黑暗时代也好，不是黑暗时代也好，这边世界总是和东方中国不同了。中世纪，文明的一切从头说起，日耳曼（德意志）和雅典、罗马平列，但后两者，古典；前者，中世。行国帝国与中西古典的关系就是这样。

① History of the Later Roman Empire, 1923.

Ⅲ. 论公卿执政制时代

A. 由原始君主制到公卿执政制

雅典帝国和周天下，作为城邦联盟，其全盛时代的政治制度都是公卿执政制。

在古代中国，在古代希腊，约当公元前9—前8世纪，差不多同时开始了由原始君主制到公卿执政制的转变过程。

在中国夏、殷、周三代都行原始君主制。三代的君，绝大多数是各邦之君（称公，公与君，古时同音字），邦君而成为诸邦联盟的首领，在周代称王，亦即天下之天子。据《竹书纪年》（古本）推算，夏禹至桀17王，471年；殷汤至受［纣］29王，469年；西周自武王至幽王，257年。三代共计1 224年。

古希腊自克里特文明、迈锡尼文明至迈锡尼城毁（约公元前1150年）后文明（所谓英雄时代、黑暗时代、史诗时代等等），从公元前二千年代初至公元前一千年代初，也是三代，也都实行原始君主制，克里特的米诺斯王朝，迈锡尼各邦线文B泥板所见的wanax（诸邦联盟的天子，王）和basileus（各邦的小邦君），以及荷马史诗《伊利亚特》（Ⅰ．442）所记的“人王”，或希罗多德（Ⅰ．90）所记的“人君”，都是这样的君主。阿提卡自传说的西克罗普斯（公元前16世纪），经提秀斯（公元前13

世纪），至公元前8世纪初，据《帕罗斯纪年碑》，所有君主都称巴西勒斯，也是原始君主制；而自公元前683／2年起碑上用archontes，为公卿执政制了。

公卿执政制历时较短，在古代中国，包括春秋、战国时代（到公元前221年秦始皇统一中国之前一年）；在古代希腊，这个时代只好算到公元前4世纪末，以亚历山大和亚里士多德之死（公元前323年、公元前322年）为结束之时。

大体说来，在古代中国和古代希腊，公卿执政时代大约自公元前9—前8世纪至公元前4—前3世纪，全部大约5个世纪。

有个公元前776年，对古中国、古希腊都是引人兴趣而易于记忆之年。这一年在古希腊是奥林匹克竞技的纪元之年；而在古中国则是2 700多年前古代诗人准确地记下日食诗篇，留下天文学成就之年。①把这个公元前776年作为古中国公卿执政时代的开始是比较合适的。

B. 公卿执政制时代的东西方人物

公卿执政制时代是古典时代城邦史的组成部分，在古希腊史上，古中国史上都一样。公卿执政制时代在整个古典时代史中的地位，一般地说，有如下表：

---

① （《诗·小雅·十月之交）篇云：

十月之交，
朔月辛卯。
日有食之，
……

这次历史上的日食。诗中已有月日可考，即“十月辛卯朔”；年呢？清代学者阮元（1764—1849）确定在周幽王六年，经后来推算，即公元前776年9月6日。论者谓这是今所知道的世界上有年月日可考，最早而又最可靠的一次日食记录。（后记：参见张培瑜：《中国先秦史历表》，齐鲁书社1987年版，第62页）

<table>
<tr><td rowspan="3">古典时代史</td><td colspan="2">古典时代城邦史阶段</td></tr>
<tr><td>原始君主制时代</td><td>公卿执政制时代</td></tr>
<tr><td colspan="2">古典时代帝国史阶段</td></tr>
</table>

说明：

1. 城邦与城邦联盟并在。希腊文πόλις和συμμαχία。盟主之邦是一个邦，如周邦，既是周天下的盟主之邦，自己同时也是一个邦；斯巴达同拉西第梦联盟关系也一样。

2. 在中国史上，进入公卿执政制时代，周邦削弱，盟主的地位发生变化，政治归霸者领导，周天子只留名义和宗教关系。

3. 在希腊史上，公卿执政制指archontes（雅康）；雅典于公元前487／6年采抽签选官制，strategi地位提高，主政者为司令官。

4. 古中国的公卿制，天子有公，诸侯有卿。公卿执政制指主政当权者言。正如雅典实行雅康制后，巴西勒斯（邦君、王）还有宗教权一样，中国当春秋时代，邦君也仍有宗教权。《左传·襄公二十六年》，流亡国外的卫献公同国内当权者谈判，提的条件是："苟反，政由宁氏，祭则寡人"，就是说政治权属公卿执政者，宗教权仍属邦君。周天子地位也一样，《穀梁传·昭公三十二年》，"天子微"，"天子之在者，惟祭与号"。

以下通过古中国、古希腊公卿执政时代显著的当权人物，来看古典时代东方、西方公卿执政制的实际内容。

政治人物、历史人物，为数很多，不能尽选，下面只就雅典史和中国春秋战国各邦（齐、晋、郑、越、秦）史各选五名，从公元前7世纪至公元前4世纪，平均分配，所记史事限于有代表性者择要论列，对古中国人物则多论述一些，这是必要的。

这十名古中国和古希腊的人物依出生年代先后综合排列如下：

1. 管仲（？—前645）齐相。

2. 梭伦（公元前594／3）雅典执政官。

3. 赵盾（公元前646之前—前603年之后）晋之执政。

4．克利斯提尼（公元前6世纪）前508／7雅典执政宫。

5．子产（？—前522）郑之执政。

6．太米斯托克利（约公元前528—约前462）公元前493／2雅典执政官。

7．范蠡（公元前6世纪中期—前5世纪中期）越之执政。

8．伯里克利（公元前495—前429）雅典司令官。

9．商鞅（约公元前390—前338）秦相。

10．德谟斯梯尼（公元前384—前322）反马其顿政治演说家。

生于公元前7世纪的管仲，齐国平民出身，少与好友鲍叔出外经商。荀子（公元前313—前238）说他“野人也，不可以为天子大夫”（《大略》篇）。春秋时代，贵族世禄，有些野人反而“先进于礼乐”（《论语·先进》）。有的地方，似乎野比邑反而多出人才。郑子产“有诸侯之事”，“谋于野则获，谋于邑则否”（《左传·襄公三十一年》。有些从野人中出来的人才，连外交也办得好。这或许同他们有的多到各处走，更多机会接触天下事有关。

管仲从齐桓公（公元前685—前644年为君）的仇敌和俘囚，一变而成为最被信任的“仲父”。《管晏列传》中，太史公说他“任政相齐”，《齐世家》中又说管仲、鲍叔等“脩齐国政，连五家之兵，设轻重鱼盐之利，以赡贫穷，禄贤能，齐人皆悦”。这什么意思呢？这是中国史上第一次在齐这样大国实行全面的经济改革、政治改革，其原则是“通货积财，富国强兵，与俗同好恶”（《管晏列传》），其理论是“仓廪实而知礼节，衣食足而知荣辱”。

总之，管仲是中国古典时代，特别是城邦制阶段后面部分公卿执政制时代的一个伟大改革家。改革要有权，要有独裁权力。这在古典时代中国史上和希腊史上都一样。管仲号称“仲父”，就是获得独裁权力地位的表示。这地位怎么得到的？经过一次贵族会议，由邦君（齐桓）提名通过的（人民会议或许也开过，史无传）。《韩非子·外储说左下》云：“齐桓公将立管仲，令群臣曰：寡人将立管仲为‘仲父’，善者入门而左，不善者入门而右

（投票方式）”，就是说的这个故事。故事还说，管仲相齐，自言贵而贫，桓公使有三归之家；管仲又言富而卑，桓公使立于高、国［两世族］之上；管仲又言尊而疏，桓公乃立之为仲父。所以孟子称“管仲得君，如彼其专也；行乎国政，如彼其久也”（《公孙丑上》）。专国政，就是改革家独裁的别名，下面就要说的梭伦等人的改革立法，都有专政独裁之权。

孔子很少称人为仁，但他称管仲仁。这是因为“管仲相桓公，霸诸侯，一匡天下，民到于今受其赐”（《论语·宪问》）。所以有人“问管仲”，孔子回答说“人也”。据郑玄（127—200）的见解，这即是“仁也”之义。

“霸”是古典时代城邦史阶段政治上联合共治的方式之一，另一方式为“王”。城邦史阶段，总是城邦与城邦联盟并在。当原始君主制时代，城邦联盟盟主之邦的邦君（王、天子）管理各邦，这叫王政，王天下，那时王既有宗教之权，又有政治之权；到了公卿执政制时代，王失去政治之权，联盟的政治由霸者来管，这叫霸政。理论上，荀子说“义立而王，信立而霸”（《王霸篇》），实际上就是各邦联合共治的问题。

希腊文“霸”ἡγεμόνεια，hegemonia。由于希腊文实际上是在公卿执政制时代才发展起来的，这时的城邦联盟（symmachia）是同霸政打交道了，联盟的盟主之邦是霸者。这样，汉文的“王霸”之“王”，在希腊文中（因而也在西方近代文字中），似乎不怎么发达，“王”同城邦联盟（symmachia）的关系也不怎么现实。[①]顺便说说，在中国，王霸问题的争论，也只是战国时代的事，在孔子书中还没有这个问题。[②]

---

① 《牛津古典辞书》symmachia（联盟）条有云：“联盟一词一直被用于特定的意义，作为各邦在一个霸国统治下的同盟。”可见联盟与霸者之邦的关系。至于联盟同王者之邦的关系在这里是说不上，看不到的。

② 《论语》中“霸”才一见，即上文所引的“管仲相桓公。霸诸侯，一匡天下”。《论语》中说过“王者”（一次）和“先王”（二次），分见《子路》《学而》《季氏》篇。孔子没有“王天下”思想（有上述“一匡天下”思想），孔子有“有天下”思想，谁“有天下”？舜、禹、汤、稷、文王。

梭伦于公元前594／3年当选为执政官和调停人，也是以独裁者全权来立法，来处理改革事件。改革内容大家熟悉，就不用细说了。管仲、梭伦等早期改革家的任务都在于为本邦保护公民，以达富国强兵的目的。如梭伦规定将出卖境外的贫民赎回，古中国也有此制。《韩非子·道应训》篇云："鲁国之法，鲁人为人妾于诸侯，有能赎之者，取金于府。"

又如过去说是克利斯提尼改革项目之一的陶片放逐法，现在则认为在马拉松战后两年（公元前487年）制定的这个法案，其中规定被投票提名通过的，要放逐出国10年，但他的公民权和财产保留下来，到期回国时，财产还他。这也是保护公民权利的法律，古中国也有这种规定。《左传·襄公三十年》（公元前543年）载，子产为政，实行改革，有个贵族不服从，要用武力赶走子产，这个贵族失败，反被驱出国了，"子产请其田里（保留其财产），三年而复之（出国三年），反其田里，及其入焉"（田产在三年内的收入一起归还）。这显然也是保护公民权利的办法。《孟子·离娄下》有更好的类似规定的转述。齐宣王问孟子，"礼为旧君有服"（为去国而离开的旧君服丧），为什么？孟子回答说，以前旧君对出国臣民好，"有故而去，则君使人导之出疆，又先于其所往（为之作出国安排），去三年不返，然同收其田里"（也是保留去国者的财产三年）。把《左传》写的，孟子说的，古中国保留出国公民"田里"三年的规定，再同古希腊类似规定一比较，不难看出，古典时代，到了公卿执政之日，改革多了，立法多了，但作为各地同时代特点的类似措施，往往可以有所发现。这一切不是偶然的。

上文于管仲之外，说及梭伦，联系到克利斯提尼和子产。梭伦和克利斯提尼，为雅典民主政治之奠基的改革者，子产也是民主派。《左传·襄公三十一年》记"郑人游于乡校以论执政"事，"郑人"指郑之国人，公民。乡校，乡立学校。公民朝夕到此论议国政，有人主张毁乡校，以免人谤议执政。子产不同意，他说："其所善者吾则行之，其所恶者吾则改之，是吾师也，若之何毁之？"这就是民主思想的表现。子产从政一年，群众反对他，因为从土地制度到日常生活，子产都干预；三年，群众觉得好。群众诵之曰：“我有子弟，子产诲之；我有田畴，子产殖之，子产而死，谁其嗣之？”古人评价子产“仁”，“惠”。子产在郑国，是以执政地位专国之政，这是公卿执政制的正常情况。没有听说郑君对执政有何干涉。

在上文提出的公卿名单中，古中国的赵盾，雅典的太米斯托克利两人都是为国立功而遭遇不好的实例。太米斯托克利于波斯战争中立了大功，但他同亲斯巴达派对立，公元前472年按陶片放逐法投票流放，不容于希腊各邦，死于原来的敌国波斯；赵盾为赵衰之子，母为北方民族狄人，他在晋国当政，实行许多改革（《左传·宣公六年》，后因幼主晋灵公暴虐，被迫逃亡，未出境，赵氏杀灵公，赵盾回来，史书“赵盾弑其君”。但他还继续执政一段时间。

伯里克利是雅典当政最久的人物，雅典的建设属于他的时代，属于这个时代的哲学家、戏剧家、艺术家等。最后，在伯罗奔尼撒战争的不幸中，他遭瘟疫死了。

范蠡是春秋与战国过渡间的典型人物，他当公卿，当将帅，当商人，都成功。他反败为胜，复兴一个越国，使勾践成为“霸主”；他又善治产，19年中三致千金。他是处于城邦走向帝国转变中的活动家，当公卿，还是搞城邦政治；但当商人，则参与了破坏城邦根基的货殖人物队伍中去了。

最后，德谟斯梯尼当然是一个好雄辩家，他是城邦史中人物，但他想挽回城邦历史的灭亡命运是无能为力的；商鞅呢？一般被视为与秦帝国开业有所作为的人物，但他的变法内容仍属于城邦史阶段，他仍是这个阶段有独裁专政权的改革家。他自言，原想说服秦孝公以帝王之道，比三代，王道，孝公听不进去；说霸道，孝公有点动心；最后还是用“强国之术”使孝公把专政权授予给他，让他变法。商鞅立论的这三种思想正是三代、春秋、战国的时代性，也正是后来荀子《王霸篇》所提及的“义立而王，信立而霸，权谋立而亡”的道路，这里还不知道什么帝国。秦本是经济上比山东各国落后之邦，保存不少血缘关系残余，商鞅变法，“令民父子兄弟同室内息者为禁”，把大家族变成小家庭；“集小都乡邑聚为县，置令丞”，加强了由血缘关系向地域关系的变化，由农村向城邑的变化。至于“为田开阡陌封疆”，说是破坏旧的井田，其实只是垦殖新的田地，土地私有制和可买卖之地是由这些新垦田开始（公元前569年晋魏绛和戎，“土可贾也”，也是从新开辟土地，搞土地买卖）。

以上举人物为例，看出一切公卿执政制时代的改革家、政治家的所作所为，都没有超出城邦的范围，这时代的思想家又怎么样呢?

C. 公卿执政制时代的政治理论

公卿执政制时代是古典文明的创造性发展时代，是古代城邦达到全盛而又走向衰落转入帝国的时代，古中国、古希腊都一样。中国的夏殷周三代，希腊的克里特文明，迈锡尼文明以及这个文明毁后的希腊文明，在古典文明东方、西方史上是城邦的萌芽、长出枝叶时期，公卿执政制的春秋战国和公元前8—前4 世纪的希腊文明则是城邦史开花时期，花是美丽的，但要谢要落，这不要紧，东西方的帝国，秦汉帝国和希腊化·罗马帝国才是古典文明的结果时代。要向前看，历史是前进的。

公卿执政制时代在古希腊、古中国是由史诗、抒情诗，即雅颂、国风时代发展为编年史、悲喜剧（辞赋）的时代，出现了许多伟大的作家和作品。在政治理论方面，至少可以举出下列的“政治学”作者（依生年为序）：

孔子（公元前552—前479）

希罗多德（约公元前484—约前425）

苏格拉底（公元前469—前399）

墨子（约公元前468—前376）

柏拉图（公元前427—前347）

亚里士多德（公元前384—前322）

孟子（约公元前372—前289）

庄子（约公元前369—前286）

荀子（约公元前313—前238）

韩非（约公元前280—前233）

孔子是古典文明时代东方、西方的第一个政治学作者，《论语》是世界第一部政治学著作。希罗多德的著作是历史的，但他的《历史》中有一小部分（Ⅲ. 80—119）讲到三种政治形式，并且是以城邦同帝国对比的。孔子没有接触到帝国（例如当时的亚述帝国、波斯帝国等，孔子都不知道）。所以《论语》这部政治学，是纯粹的邦学或城邦学。

孔子和希罗多德以外的许多作家，直到亚里士多德和荀子，都是直接讨论城邦制的，政治学顾名思义就是城邦学，人或公民就是城邦动物。尽管说李斯（？—前208）是荀子的学生，但他们两人的政治思想不一样，城邦的和帝国的。

就公卿执政制而论，似乎古中国方面主张忠君，认为公卿当政就是僭越，就是犯上，其实不是这样，这是中国后世的思想。孔子所说的忠是君臣讲条件的，"君使臣以礼，臣事君以忠"。曾子每天"三省"自己的第一条是："为人谋而不忠乎？"从来不讲究这个"人"是什么样的人，这是"国人""邦人"，为"国人"谋忠吗？如果不是指邦人、国人，何必单提？与朋友交，教弟子［传］，都是为人谋，都要"忠"。《礼记·大学》有"与国人交止于信"，那里有五个"止"（达最高点），"为人君止于仁，为人臣止于敬，为人子止于孝，为人父止于慈，与国人交止于信"，不说事君以忠，只说"为人臣止于敬"，但要忠于"国人"（忠信是不可分的），"与国人交止于信"。孟子说得更清楚，"君之视臣如犬马，则臣视君如寇仇"。古中国有民主思想，有民贵君轻思想，这是事实。用公卿和王、君来对比，在希腊，特别是在雅典，起初basileus是第一位，polemarchus和archon是在第二、三位，但自公元前683／2年以后，变了，basileus和archon eponymus地位对调了。在古中国，对于公卿与王、君地位对比问题，到公卿执政制之日，总的趋向，实践，是公卿地位高，就像王者与霸者对比，实际上霸者有权那样（只有宗教权属于王、君）；在理论上，有的是本来应站在王者或邦君宗教权方面的，有的是要故意作态的，例如鲁昭公被赶走了，晋国以霸者地位，要作态，维持城邦秩序，批评季氏“有君不事，周有常刑”；但这只是一方面，主要的在另一方面，认为公卿执政，已经掌握政治权力了，就应当让他们高于邦君，或至少不低于邦君。有两条典型的例子，一是乐师师旷回答晋侯问“卫人出其君”的问题（《左传·襄公十四年》），一是史官史墨回答赵简子问“季氏出其君而民服焉”为什么的问题（《左传·昭公三十二年》）。师旷是说卫人对，卫君不对，他说，“或者其君实甚”，“天之爱民甚矣，岂其使一人肆于民上，以从其淫，而弃天地之性，必不然矣”。这是当时的民主思想，站在人民方面。史墨是说：“天生季氏，以贰鲁侯，为日久矣，民之服焉，不亦宜乎？”史墨说，“社稷无常奉，君臣无常位，自古以然”，“三后之姓，于今为庶”。史墨指出，鲁国“政在季氏，于此君也，四公矣，民不知君，何以得国”？史墨的思想和师旷的一样，也是当时人的思想。这些古典时代民主思想，是在后来帝国时代之后2 000多年被人们的正统君臣思想压下去了。

在古中国，在古希腊，古典时代的民主思想，在政治学上都是主导的。

Ⅳ．先秦的古典政治学
（邦学或国家论）举例

A．孔子的政治学
——《论语》

1．孔子及孔门弟子

孔子生卒年月日新考　孔子的生年月日的材料，传世的只有秦汉之际口传的和汉代记载的。《公羊传》云“襄公二十一年［十有一月］庚子，孔子生”；《穀梁传》云：“襄公二十一年冬十月庚子，孔子生。”经各方考订（可参阅《春秋公羊传注疏》校勘记，《史记会注考证》“孔子世家”引“俞樾（1821—1907）曰”），《公羊》的“十有一月”是衍文，应作“十月庚子”。

《左传》不记孔子生年月日，惟襄公三十一年杜预（222—284）注云，“仲尼以二十二年生，”盖本司马迁（约公元前145／135—？）《史记·孔子世家》云，“鲁襄公二十二年而孔子生”。《左传》这一年的孔颖达（574—648）《正义》转载昭公二十四年，服虔（公元2世纪）载贾逵（30—101）语，是年“仲尼年三十五”，定以孔子为襄公二十一年生。

俞樾（可参阅《史记会注考证》“孔子世家”引）定孔子于襄公

二十一年十月庚子生，并云，“是月庚辰朔”，则庚子为“二十一日”，按“周十月”为“夏八月”，定为“夏历八月二十一日”。

考订年月日，必须利用历法，依靠天文学。今有张培瑜的《中国先秦史历表》（1987），可以作提出新考的尝试。

《左》《公》《穀》三传《春秋》襄公二十一年均载两次日食：“九月庚戌朔，日有食之；冬十月庚辰朔，日有食之。”考之张书“《春秋》日食表”和“《春秋》日食合古六历考”，此年只有一次日食；再参照同书“冬至合朔时日表”，这仅有一次的日食日期应在这一年的“冬至月”十月庚戌，即周历十月，公历八月二十日庚戌。

这样，三传所载《春秋》这一年的两条日食，应作如下的订正：第一，九月那次日食记载应删；第二，“冬十月庚辰朔”，应改“庚辰”为“庚戌”，成为：

襄公二十一年，冬十月庚戌朔，日有食之。

至于襄公二十一年与二十二年的差异问题，则根据上引书，按冬至月（相当于周正），这一年的开端应为公历公元前553年末（11、12月）；而此次日食则应在公历公元前552年8月20日庚戌朔。这在襄公二十一年，不在襄公二十二年。

孔子生日，“十月庚子”（依《公》《穀》记载），在十月庚戌朔之前十天，公历为8月10日，夏历为七月二十一日。

公元前552年，鲁襄公二十一年（周灵王二十年），公历8月10日，夏历七月二十一日，孔子生。

通行的说法，孔子生于公元前551年，对比晚了一年。

至于孔子卒的年月日，只见于《左传》[经]哀公十六年，“夏四月，己丑，孔丘卒”。按上引张书有关各表，公元前479年，五月[周正]己酉朔，是日为公历3月29日。由此推算，四月己丑这一天应在前479年公历3月9日，即夏历二月十一日。这样：

孔子：552. 8. 10. B. C. —479. 3. 9. B. C

《史记·孔子世家》云："孔子年七十三，以鲁哀公十六年四月己丑卒"；岁数以实足年龄计为73岁有奇。

孔门弟子　《史记·仲尼弟子列传》，受业身通六艺者77人，其中有年名者35人，依其年次：

颜无繇，［字］路，（颜回之父，少孔子6岁，见朱熹集注），鲁人；

仲由，子路，少孔子9岁，卞人；

漆雕启，子开，（少11岁）（凡非见传文者，加括号，下同），（鲁人）；

闵损，子骞，少15岁，（鲁人）；

冉雍，仲弓，（少29岁），（鲁人）；

冉求，子有，少29岁，（鲁人）；

澹台灭明，子羽，少29岁，武城人；

宓不齐，子贱，少30岁，（鲁人）；

高柴，子羔，少30岁，（卫人）；

巫马施，子旗，少30岁，（鲁人）；

颜回，子渊，少30岁（有认为少40岁者，见《论语集释》引《稽求》），鲁人；

端木赐，子贡，少31岁，卫人；

樊须，子迟，少36岁，（鲁人）；

原宪，子思，少36岁，（宋人）；

公西赤，子华，少42岁，（鲁人）；

有若，少43岁，（鲁人）；

卜商，子夏，少44岁，（卫人）；

言偃，子游，少45岁，吴人；

曾参，子舆，少46岁，南武城人；

颛孙师，子张，少48岁，（阳城人）；

公冶苌，子长，（以下9人年未详），齐人；

南官縚［括］，子容，（鲁人）；

宰予，子我，（鲁人）；

冉耕，伯牛，（鲁人）

？，子牢，？；

曾蒧［点］，皙（曾子之父），（南武城人）；

司马耕，子牛，宋人；

陈亢［原亢］，子禽？；

公伯寮？；

（以上29人见于《论语》，以下6人未见于《论语》）

商瞿，子木，少29岁，鲁人；

梁鳣，叔鱼，少29岁，（齐人）；

颜幸，子柳，少46岁，（鲁人）；

冉孺，子循，少50岁，（鲁人）；

伯虔，子析，少50岁？；

公孙龙，子石，少53岁，（楚人）；

尚有42人，无年，又不见书传，今从略。

从弟子年龄分析，可见孔子的大多数弟子是在他40岁以后先后来学的。孔子自言（《论语·为政》）：

> 吾十有五（公元前538年），而志于学；
>
> 三十而立（公元前523年）：
>
> 四十而不惑（公元前513年）：
>
> 五十而知天命（公元前503年）：
>
> 六十而耳顺（公元前493年）：
>
> 七十而从心所欲（公元前483年），不逾矩。

订正《孔子世家》言，“鲁昭公卒于乾侯”之年（公元前510年），“孔子年四十三”（《世家》作42）；定公五年（公元前505年），“阳虎囚季桓子”，“陪臣执国政”，孔子盖年48，“不仕，退而修诗书礼乐，弟子弥众，至自远方，莫不受业焉”。其时少孔子30岁上下者当已入学矣。

又二年，孔子知命之年（定公七年，《世家》作九年）；明年（定公八年，公元前502年），阳虎为乱；又明年（定公九年，公元前501年，孔子年五十二，《世家》作“年五十”），“公山不狃以费畔”，召孔子，子路止之；于是孔子仕鲁，由定公九年至十三年（公元前501—前497，孔子年52—56），至是，少孔子40岁上下的弟子也已入学了。

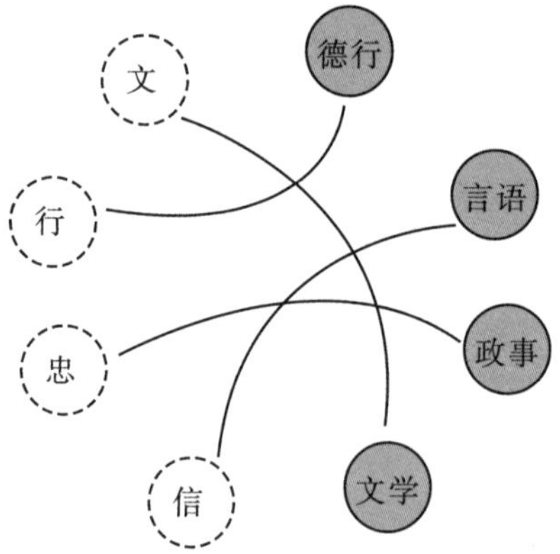

孔门弟子，其家或为野人（子路），或贫贱（颜回居陋巷，仲弓父贱人），子贡结驷连骑，原宪亡在草泽，然自行束修以上，未尝无诲，有教无类，古典时代之本色。孔门自成一政治大学，孔子以四教：文、行、忠、信（《论语·述而》）。此亦即四科（《论语·选进》）之教：文者文学，行者德行，政事主忠，言语主信。四教四科，四者平行，无所轻重。如：

且《史记·仲尼弟子传》四科之序与《论语·先进》今本所见者不同，曰德行，政事，言语，文学。盖《先进》今本出鲁论，而弟子传所载出古论。教科先后，不关主次；四科四教，乃是分工。

但学科虽有分工，政治学校之任务则一，即培育邦国天下所需的人才。古典时代，国之大事，在祀与戎，此亦即礼乐征伐（《论语·季氏》），亦即俎豆之事与军旅之事（《论语·卫灵公》）。孔门非不言兵战，孔子说，“善人教民七年，亦可以即戎”（《论语·子路》）；史称七十七子“受业身通六艺”，“皆异能之士”（《仲尼弟子传》），孔子赞“卞庄子之勇，冉求之艺”（《论语·宪问》）。《左传·哀公十一年》，鲁及齐战，冉有用矛于齐师，孔子义之。冉有学政事者也。

孔门政治学校各科的共同课程，是诗书礼乐。曰“诗书执礼”（《述而》），曰“兴于诗，立于礼，成于乐”（《泰伯》）；同时还要注意学习和实践，实践和学习的结合，虽有民人社稷，“读书然后为学”（《先进》）；“诵诗三百，授之以政，不达，使于四方，不能专对，虽多亦奚以为”（《子路》）。各科有共同课程，说明四教四科之分，却有共通的目的，为政，为邦。

2．邦与天下的学说

《论语》是世界最早的一部政治学　政治学（Politics）之名溯源于古希腊语“邦”（polis，拉丁文Civitas），英译曰城邦（city-state），它是一切民族文明所必经的最早的国家形式，最早的政治单位，直接发生于氏族部落制度解体的时日，其共同特征为从小国寡民开始，带着浓厚的血缘关系残迹，且往往成批地出现于历史舞台，而在发展的长期过程中分别表现为各种不同政制，相互削灭并吞，终于或迟或早消亡于一个或不止一个的古代帝国之中，以完成其历史任务。在古代帝国出现之前，古典时代政治学研究的对象，就是这种邦或城邦。柏拉图（约公元前429—前347）的《共和国》（πολιτεία，亦译《理想国》），亚里士多德（公元前384—前322的《政治学》，πολιτικόν），西塞禄（公元前106—前43）的《论共和国》（De Republica）都是这样的著作。

古典时代的政治学，循名责实，其实就是邦学或研究历史上城邦发生发展以至衰亡的科学。

在柏拉图、亚里士多德之前，古希腊没有成型的政治学著作；在西塞禄之前，罗马也没有出现同类的作品，希罗多德（约公元前484—约前

425）《历史》（Ⅲ. 80—83）中曾涉及政治制度的讨论和大流士得到帝位具体过程的故事，但整个说来，那是历史记录的一个组成部分，不是政治学。

比古希腊人的此类作品更早问世的政治学著作是古典时代中国孔子（公元前552—前479）及其门徒所留下的《论语》。《论语》是今所知道的世界最早一部的政治学或邦学著作，比柏拉图的《共和国》（或《理想国》）早约一个多世纪。

大部分先秦思想家的作品是政治学或邦学，因为他们没有赶上古典中国城邦彻底灭亡和统一帝国真正产生的日子。把古典时代中西政治学说若干最主要的思想家和作家，从孔子到韩非，从希罗多德、苏格拉底到西塞禄，按年代顺序排列起来，名单大约如下：

孔子（公元前552—前479）；

希罗多德（约公元前484—约前425）；

苏格拉底（公元前469—约前399）；

墨子（约公元前468—前376）；

柏拉图（公元前427—前347）；

亚里士多德（公元前384—前322）；

孟子（约公元前372—前289）；

庄子（约公元前369—前286）；

荀子（约公元前313—前238）；

韩非（约公元前280—前233）；

西塞禄（公元前106—前43）。

这些思想家和作家中，西方的，自希罗多德以下，至西塞禄，他们还看过和知道较早的帝国，如亚述帝国和波斯帝国，他们称希腊世界以外的人们为野蛮民族（βάϱβαϱος）；东方的，自孔子至韩非，都生在秦帝国统一中国（公元前221年）之前，他们也看过诸夏（中国的）以外的蛮貊之邦，但他们所见到的不是帝国，秦始皇称帝之前，他们不可能见到替代城邦的真正帝国，他们不知帝国为何物。

因此，在先秦思想家的政治学说著作中，特别是最早一位孔子及其门徒的政治学著作中，所讨论的国家形式是比较纯粹的，邦，而邦学便天然地是这些政治学的基本内容。

研究古典时代的政治学，研究国家起源的历史和学说，最好是从这部孔子的政治学《论语》入手，因为它的完成，是在中国古典时代早期国家即邦的形式已经发展到高峰，暴露许多尖锐的内部矛盾，而尚未立即趋于灭亡的时期，从中可以看出很多典型的成例，例如邦和邦的联盟（城邦联盟，古典中国称为“天下”）的关系，邦人内部各阶层（君子与野人、小人）的政治关系和思想关系（人与仁），以及氏族部落血缘关系残迹（天命）在古典时代政治上和思想上所起的有力影响和作用，等等。

不幸的是，《论语》及其最初作者孔子，这部书和这个人，被二千多年来在帝国天下孕育形成下的后世思想所污染，所歪曲，被后代人用帝国时代长期积累来的复杂得多的东西强加进去，因而变样了，失去了本来面目。

今天，重读《论语》，重新评价孔子，恢复古典时代这部最早政治学的本来面目，对于认识古代中国历史和国家的实质，是有益的。

《论语》说邦［国］　中国古典时代的政治单位，在大帝国出现之前，长时期是邦或国［希腊文πόλις］，《说文》邦国两字互训，邦，国也，国，邦也；《论语》中有时两字通用，如《八佾》篇，“邦君”，《微子》篇，“去父母之邦”，汉石经邦皆作国，而非因避讳。古人为语言方便，有邦国两字连用者，如《左传·襄公十一年》引《诗》“殿天子之邦”，说者作“殿邦国”。《论语》中邦国不连用，但有“邦域”连用之例，《季氏》篇“邦域之中”，“邦域”即“邦国”（或：国），下文“邦内”亦即“邦国之中”的缩写（过去注释家忙于以“邦”为“封”的讨论，而忽略“域”即“国”）。

《论语》称中国为“诸夏”（《八佾》），以别于“蛮貊之邦”

（《卫灵公》），以别于“夷狄”（《八佾》，《子路》）。

《论语》中提及的邦，周、鲁、齐、晋、秦、楚、宋、卫、陈、蔡、郑、吴，《史记·十二诸侯年表》所列十四邦中惟缺曹、燕，此外尚有杞。周和殷、夏三代则属于天子之邦，但作为邦，与诸侯之邦都一样（同是polis，或city-states之一，邦、国［或城邦］）。

邦的主体是邦人，包括君子、野人、小人，一切贫富贵贱在内的公民，以区别于异邦人。《论语》中仅提一次“奴”，但属于历史上的囚奴（“箕子为之奴”，《微子》）；臣在其中不是臣妾之臣；《论语》中也未提婢妾。其中的童子也不是童奴。《论语》中周人、鲁人、齐人等冠以邦名的人都是邦人。《论语》这部书主要讨论邦的各阶层自由民的内部关系，基本未涉及奴婢臣妾，但这不等于当时没有这类非自由民阶级，反之，从同时代其他著作（如《左传》）看来，春秋时代，奴隶是人数不少的一个阶级。

邦的首领是邦君，春秋时代另有实际为政当权的卿相。邦国秩序能够维持者以此（参阅《宪问》篇，“子言卫灵公之无道也”）。

上文已提及，孔门是一个政治学校，这里培养许多为邦（为国）为政（从政）的政治家和专门人才。孔子自言，“苟有用我者，期月［一年］而已可也，三年有成”。（《子路》）他的政事科的学生曾说，“千乘之国，摄乎大国之间，加之以师旅，因之以饥馑，由［子路］也为之，比及三年，可使有勇，且知方也”。（《先进》）

春秋时代各邦主要由公卿当政，处于公卿执政制时代，出现许多大改革家，从管仲、赵盾到子产，他们一旦掌握了政权（独裁权力），施展才能，发动群众，往往取得很大的成果。孔子自己也是一个改革家，从季氏得到独裁权力（《公羊传》定公十至十二年：“孔子行乎季孙，三月不违”）。作为政治单位的邦，作为古典文明的政治机构，当此铁器生产方兴方盛时代，适应生产力发展形势，往往还能展出一定潜在的创造性的生命力来。自孔子的时日，邦作为政治单位和机构，在不断发展和变迁中至少还有约三个多世纪的历史。另一方面，邦的危机也看得见了：在《论语》中，邦有道与邦无道并举，兴邦与丧邦并举，危邦、乱邦，邦分崩离析，问题都提出来了。

《论语》说天下　“天下”之名，大概始见于西周文献；但以“天下”作为政治组织的一个概念，且置之于邦国之上，大概还要到春秋时代；孔子的政治学著作《论语》，或许是这种概念第一次出现的书。

《诗》中惟《大雅·皇矣》一见“天下”（“以对于天下”）；此“天下”即《小雅·北山》的“溥天之下”，《周颂·般》的“敷天之下”。这种“天”还是自然界的天（Under the whole heaven，All under the heaven）。而“溥［普］天之下，莫非王土，率土之滨，莫非王臣”，也不过如孟子所解说的，“劳于王事而不得养父母”的大夫发发牢骚之语。“普天之下”的“天下”只是如说话习惯的“全天下”“通天下”之类，没有什么政治组织概念的意义。

《诗》之外，“天下”在古代经典文献中有数次见于《尚书》，但《尚书》中的“天下”仍不是一种居于诸邦之上的政治组织概念。如《顾命》以“临君周邦”与“燮和天下”对举，周王仍不过是周邦一个邦的邦君，与天下诸邦的邦君处于对等地位（诸邦联盟的盟主）。

较早些的《大诰》以周邦与多邦、友邦、庶邦对举，未用“天下”，多邦、庶邦即天下邦国；《召诰》中有“王位在德元，小民乃惟刑；用于天下，越王显”之语，也是说周王立德于上，周之邦人效法于下，推而用之于天下诸邦，能使王光显。这里“天下”也不具有高于诸邦的政治组织的意义。

《尚书》中尚有《洪范》《吕刑》等篇提及“天下”，但都是比较后起的文献，如《洪范》之“天子作民父母，以为天下王”，显然是战国时代的概念，大概都在孔子的政治学著作《论语》之后。

孔子作《春秋》，《春秋》中当然有许多是照抄原来在孔子之前鲁史的内容。但传世的《春秋》［经］中未见“天下”，因此就不用推究《春秋》［经］中哪些是来自孔子前的鲁史原文，哪些是经孔子自己修过的了。

《春秋》是私家史；官史传世者，以《竹书纪年》为仅有之史书，其中（就已知的断片言）大概亦未提及天下。

《论语》中所见的“天下”，可分两类：其一，地理性意义的，如“夫三年之丧天下之通丧也”（《阳货》），“滔滔者天下皆是也”（《微子》），“天下之恶皆归焉”（《子张》），“天下之民归心焉”（《尧曰》），这些是指“全天下”，“全世界”，一切有人居之处，如James Legge（1815—1897）所说的，希腊文之ήοἰκονμένη（=the inhabited world，the Greek world），拉丁文之orbis terrae（in the world）。

其二，政治性意义的，如“三以天下让”（《泰伯》），“舜有天下”，“汤有天下”（《颜渊》），“天下有道”，“天下无道”（《季氏》），这些“天下”，外国汉学家或译为“帝国”（empire），“王国”（kingdom），当然都不合适。“天下”就是“天下”，它比之邦国（state）范围大，又不是王国或帝国，它事实上只是邦国的联盟。它是政治组织，但它又不是政治单位。天下没有公民（邦人、国人），它只有参加这个政治组织的邦国，各邦公民则属于各个邦国，周邦（盟主之邦）的公民也不例外。

天下这一概念的发生和发展大概有这样的一个过程：首先有《诗》之阶段的初始的“天下”概念，即“溥天之下”或“敷天之下”；其次是《尚书》阶段与邦国对等的“天下”，即“临君周邦”“燮和天下”的“天下”，这是“天下”的本质，它是和周邦相对的多邦、庶邦、友邦，也就是诸邦的联盟关系。《论语》中地理性意义的“天下”，是由《诗》之阶段的“天下”即“普天之下”的概念发展来的；而其中政治性意义的“天下”，则是由《尚书》阶段多邦、庶邦等“天下”概念发展来的。

《论语》中政治性意义的“天下”概念的产生，是我国政治学说史的一个重大发展。这种“天下”概念把邦国联盟的盟主之邦与加盟诸邦关系的抽象概念落实为实质的具体的想象物，具体的政治组织。它（天下）实质上仍是邦国的具体的政治组织，而理论上又为超于诸邦或高于众邦的抽象的政治组织概念；它是盟主之邦，天子之邦，但它的领土（有限的疆域，“邦畿千里”），人民（邦国的公民，邦人，国人，先前的“周人”，后来的“王人”），政治组织的本质（或国体——君子和小人［或野人］，自由民和奴婢）以及形式（或政体——原始君主政治，贵族政治，民主政治），都脱不了邦国（城邦）时代的范围。“天下”不是邦，但“天下”是邦的结合，邦的关系；“天下”实际上是城邦联盟，“天下”属于城邦历史时代的范畴。

古代中国的城邦史，由唐虞夏殷周［所谓二帝三王］的原始君主制时代（公元前三千年代后期至公元前一千年代初期），转入春秋的公卿执政制时代（公元前9世纪中叶至公元前5世纪中叶），由王政（王者之迹）时代转入霸政（齐桓晋文之事）时代，达到全盛的时日，然后是战国七雄并争的时代（公元前5世纪中叶至前221年），城邦制趋于衰亡。孔子（公元前552—前479年）及其门弟子（和再传弟子）生当中国城邦制全盛之时，这是适当的时机，使他们有可能把“天下”这个产生于西周时代的地理性意义的概念，发展和确立为政治性意义的概念。这就是《论语》中的“天下”。

《论语》这部世界上最早的政治学著作对“天下”这个概念作了重大贡献，使之确立为一种政治学说，成为古典时代的政治学的重要组成部分。第一，《论语》把西周以前（未产生“天下”名目和概念的时日）一切大大小小的邦国联盟，历史地、系统地一律赋予以“天下”这个政治学的术语，使与周天下连成一气，使古代中国城邦联盟史上下相承，成为“有天下”的一条历史线索。也可以说，孔子及其门弟子们是把“天下”这个政治学术语强加给先前尚不知或不曾用此术语而实际上有此政治组织的二帝三王了。《论语》写道：

大哉尧之为君也！巍巍乎惟天为大，惟尧则之（《泰伯》，君仍是邦君，天是带有宗教意味但仍是自然界的天）。

舜有天下（《颜渊》）。

舜有臣五人而天下治（《泰伯》）。

巍巍乎舜禹之有天下也……（《泰伯》）。

禹稷躬稼而有天下（《宪问》）。

汤有天下（《颜渊》）。

泰伯……三以天下让（《泰伯》）。

武王曰余有乱臣十人（《泰伯》）。

如有周公之才之美（《泰伯》，公卿执政，尚无天下）。

管仲相桓公，霸诸侯，一匡天下（《宪问》，桓公是霸者，未有天下，但一匡天下；管仲则是执政的公卿）。

第二，如上所引，《论语》不仅把周之前未用天下的尧舜禹汤同用起天下的周文武连成一条有天下者的线，把原始君主为政和公卿执政（周公）连成一条线，把王者（二帝三王）和霸者（齐桓公）也连成一条线，而且把周天下自己从文武之前，上承后稷有天下，至伯让天下（表示大王、王季之有天下），至文武之有天下，又连成一条线了。而这是古代中国政治学说史上极其重要的一种政治学思想的提出，当禹躬稼（农业和井田制的创立者之一，而非治水成功者，《论语》不言禹治水的神话）有天下时，稷也躬稼而有天下了。尧舜禹三王有天下相承一线，与禹同时，周之始祖，后稷也有天下了，第二条有天下的线索与第一条平行并列，历史上同时两天下共同发展，而这是符合古典历史，符合古典文明国家发生史的实际的。后稷居邰（《诗·大雅·生民》“有邰家室”），太王迁岐（《诗·大雅·绵》“周原膴膴”），“王季宅程”（《逸周书·大匡解》），这条有天下的传统，同夏商之有天下是平行发展的，夏殷为一条系统，后稷以下为又一条系统。

必须承认两条有天下的系统的同时存在，才能把“泰伯其可谓至德也已矣三以天下让，民无得［德］而称焉”这条孔子的语录读得下，说得通；还必须承认这两条有天下的系统历代都有争相扩大自己势力的形势，才能把《诗·閟宫》“后稷之孙，实维大王，居岐之阳，实始翦商”这段诗句读得下，说得通；更不用说应如何理解《竹书纪年》所记“文丁杀季历”和帝乙时“周人伐商”，以及《论语》文王“三分天下有其二”的历史记载了。

泰伯“三以天下让”，让国乎，让天下乎？怎么计算三让呢？二千多年来争论不清。如果承认如《论语》所记的，后稷居邰，已有天下，如《诗》所颂的太王居岐，实始翦商，那么泰伯所让的当然不惟一国，而且兼有天下了。顾乡武云，“皇矣之诗曰，‘帝作邦作对，自太伯·王季’，则泰伯之时，周日以强大矣”。所谓“作邦”，古公亶父（太王）所建岐周之邦也；所谓“作对”，即“以对于天下”之“对”也。有邦就有邦之联盟（有邦有对，作邦作对），联盟规模可大可小，“天下”本是邦之联盟，何必待武王灭商，或文王三分天下有其二，才能算得有了天下！何况所有这些“天下”，后稷的也好，泰伯的也好，都是《论语》作者，孔门师弟，以古典时代政治学的观点——赋予先前历史和历史人物，而所据于《诗》《书》者，如上所述，足征的文献，本甚有限！至于“三让”当然不应计及泰伯死后的后世文武，而应如郑［玄］注所引，皆泰伯生前之事。

“三分天下有其二”，亦见《逸周书》，盖古之民间成语。问题在于如何理解此“三分天下”。“三分”是一个天下分为三，此为一说，是传统之说。如后世“三国”那样，“三分国”是三个国，三分天下也是三个天下，这又是一说，但恐怕不会有人承认。然而这是历史实际，周自为一个天下，自后稷、太王、王季以来，至于文王，已属无可争辩之事实。《左传·昭公九年》，周人自言，“我自夏以后稷、魏、骀、芮、岐、毕，吾西土也”。此足证《论语》［禹］稷躬稼而有天下之说。周与殷本为同时并在的两天下。还确一个天下（应当说，不止一个）在哪里？宜在西南，后来武王伐纣时参战的庸、蜀、羌、茅、微、纑、彭濮人，不属于周，而在文武之际开始与周有同盟关系，以共同对付殷纣。至于楚之先世鬻熊子事文王说，还不在内。顾炎武云："周自王季伐诸戎，疆土日大。文王自岐迁丰，其国已跨三四百里之地。伐崇伐密，自河以西举属之周［虽非天国］。至于武王，而西及梁益，东临上党，无非周地。"这些不一定都在周邦本土，而或则属于周天下，或则属于与周天下同盟之又一天下，则可确定无疑。"三分天下有其二"，后世所争重点放在"以服事殷"上，把《诗》《史》所记受命称王，改法度，制正朔，一一否定了！这不足以言《论语》之"天下"！

孔子和他的门弟子在《论语》中提出和发挥的"天下"学说，作为政治学说，除上面说的两点（编成了尧舜以来有天下者的历史系统，和勾画了禹稷以来与周天下并存两天下线索）之外，还有第三点有关"天下"的政治思想，那就是在说及"邦有道""邦无道"的同时，也提及"天下有道"和"天下无道"，换言之，这里提出了有道的天下和无道的天下的内容实质。

《季氏》篇说："天下有道，则礼乐征伐自天子出"；"天下无道，则礼乐征伐自诸侯出"；其下又云"自大夫出"和"陪臣执国命"，内容中心是"礼乐征伐"。何谓礼乐征伐？"国（天下亦同，属盟主之邦）之大事，在祀与戎"（《左传·成公十三年》），即礼乐征伐。天下有道之世指西周以上；天下无道之世言东迁之后。东迁之后，天子无权，天下之盟主是霸者。礼乐征伐自诸侯出，即霸者主之。其时"天子之在者，惟祭与号"（《穀梁传·昭公三十二年》）而已。而后诸侯亦失位，权落于大夫之手，如八佾舞庭，礼乐之权在执政公卿之家，邦君亦无权矣。政治亦然，东迁之后为公卿执政制时代，政在大夫，各邦皆然。然后家臣专政，国命甚至在陪臣［阳虎］之手。天子、诸侯、大夫、陪臣，四个层次，其实只两层，天子之邦与诸侯之邦（大夫、陪臣，是邦的内部问题）；而更进一步言之，只一个中心问题，谁为盟主的问题，天子之邦的天子乎，抑诸侯之邦的诸侯乎？也就是天下大事由王者当政乎，抑由霸者当政乎？所谓有道之天下，三代王者之迹之世；所谓无道之天下，春秋霸者之世。

孔氏的政治学说绝不反对霸者。古典城邦时代，天下由谁当政？由谁来维持社会秩序？或则王者（上有贤天子），夏殷周三代；或则方伯、齐桓、晋文（下有方伯）。孔子盛赞管仲（《宪问》），称之为“仁”。管仲之所为，即霸者的历史任务，“霸诸侯，一匡天下”。

王天下的王者，霸天下的霸者，都一样，都不过是邦的联盟的盟主之邦其职责和任务是维持这个城邦联盟，这个“天下”的既有的社会秩序。这种天下的社会秩序是什么呢？又是《论语》这部古典时代最早的政治学，对此作了简明的概括，两条（《尧曰》）：

一条是，“谨权量，审法度，修废官，四方之政行焉”；

又一条是，“兴灭国，继绝世，举逸民，天下之民归心焉”。

这是处理天下事的两大原则，前者是树立邦的联盟通行和公用的标准，促进生产力，以邦的联盟的盟主或盟主之邦的地位，行四方（天下）之政，超出了邦的范围，但又不是统一的帝国，同帝国截然有别；后者是保持和维护氏族部落血缘关系被地域政治关系所代替的文明和国家出现以来的庶邦、众邦、多邦的关系，邦国不能灭，灭了要兴复；邦君之世代不可绝，绝了要重立后继者。武王灭殷而立纣子武庚，武庚畔又以微子代殷，宋为商后，于周为客。故有亡天下而无亡国，古典时代邦与天下之秩序传统若此。《论语》概括了这种邦和天下的秩序的要点。

如何实现这两条古典时代社会秩序？《论语》又着重提出了古典时代民主政治的特色：“所重民、食、丧、祭”，四者以“民”为先，即孟子的“民为贵”；而“食”次之，即“既庶矣”，继以“富之”（《子路》）之旨；以宽得众，“众好之必察焉，众恶之必察焉”（《卫灵公》）。这种民主政治基本上又是以邦为单位去实现的。

3. 人与仁

《论语》中的“人”　《学而》：“人不知而不愠，不亦君子乎？”《论语》中第一次出现的“人”，众说纷纭，大别为二：一是何晏说的，

“凡人有所不知，君子不怒”；二是阮元《研经室集》和刘宝楠《正义》说的，阮云，“世之天子诸侯皆不知孔子，而道不行”，刘云，“谓当时君卿大夫不知己学有成，举用之也”。以第二说为长，《学而》篇末“不患人之不己知”，正是说此。然仅以“人”为世人，为他人，或以“人”为上面之天子诸侯君卿大夫，都说不出“人”与“君子”有什么关系，此“人”与“君子”对举，人，当指国人、邦人、民人、众人。

《学而》篇中几个人字除个别的外，皆与国人、邦人、民人、众人有关。下章，“其为人也，孝弟而好犯上者，鲜矣；不好犯上，而好作乱者，未之有也”。如果人不是就民人、众人、国人、邦人言，凭空提出“犯上”“作乱”，是什么意思？所以这也就是“其为邦人也”云云。这里又是“君子”与“人”对举。“君子务本，本立而道生，孝弟也者，其为仁［人］之本与”！一向是把“务本”看作“君子”自己去务“孝弟”之道，自己去“为仁［人］”，其实这里“君子”也是同作为“邦人”“民人”的“人”对举的，君子是掌握政事的上层，包括天子邦君公卿，他们是要务邦之本，务邦人之本，以孝弟立治邦之道，本立道生，邦人孝弟，就不会犯上作乱了。（“为仁”，郑玄注作“为人”，仁、人古通。“仁”本有“民人”［人二］之含意［人，human；仁，humane］）。

下一章，“子曰巧言令色鲜矣仁”，是从《阳货》篇窜过来的，放在这里格格不入，应删。

又下一章，曾子曰：“吾日三省吾身，为人谋而不忠乎？与朋友交而不信乎？传不习乎？”这里，“为人谋”又是为邦人、民人谋，要忠于邦人、国人。《礼·大学》：“邦畿千里，惟民所止。”“为人君止于仁，为人臣止于敬，为人子止于孝，为人父止于慈，与国人交止于信。”“止”是达于最高点之意，邦是民之所止，犹如古希腊成语，人是“邦之动物”（ζῷον πολιτικόν）。君臣父子相互关系及［君子］与国人关系各有所止，君仁、臣敬、父慈、子孝，与国人信，这里没有说到忠，而忠与信相表里，关系至为密切。故“为人谋而不忠乎”？肯定是为国人谋要忠。要知道，《论语》这部孔门的政治学，说的都是邦国天下大事，用普通人日常生活细节来套，是远远不够的，是没有意义的。《大学》比之《论语》是晚得多的书，说的还是邦学的系统内容，但非如《论语》那么具体、实际。但《大学》中提及的“国人”，很可以对《论语》中的“人”的含义给以启发。

《论语》再次一章明白提及“道千乘之国”了，这里的“敬事而信，节用而爱人，使民以时”，哪一条不是直接同国人、邦人、民人、众人发生关系？包咸（东汉初人）注云：“为国者举事必敬慎，与民必诚信”，又云：“国以民为本，故爱养之。”

再下章，“泛爱众而亲仁，”爱众也是爱邦人，亲仁则是亲君子。此章提及人孝出弟，是少年弟子的任务，此亦可说明上文“孝弟为人之本”，不是就君子本身说，而是就邦人说的。

《学而》篇末有“夫子之求之也，其诸异乎人之求之与”，这个“人”则不必特指“国人”，其对立的人是“夫子”，而非“君子”；“异乎人”这个“人”可不必作“国人”解。

上面以《学而》篇为例，指出其中的“人”，大多数应是“邦人”；下篇起，当然可能有的人是邦人，有的不是，应视上下文所记的具体事实。这里略而不论。

《论语》中有的“人”冠以邦国名称，或邑、乡、党之名，如鄹人、殷人、周人、鲁人、匡人、南人、齐人，这些也是邦人或邑人，某地区人。又如仁人、善人、成人、贤人、惠人、远人、佞人、予一人等，则各有所指，他们是君子阶层的一部分。至如“晏平仲善与人交”（《公冶长》），则仍是善与“国人”交。

综上所述，《论语》中的“人”，如果从《学而》篇入手加以探讨，那么，除了一般说的人，如“其诸异乎人之求之与”句中所见者外，基本是说邦人（国人），即有公民自由民身份的人。《论语》中未用“国人”，“邦人”亦仅一见（与“异邦人”对举，与“邦君”对举，见《季氏》篇），所以应从“人”中去发现邦人、国人。《学而》篇中“人不知而不愠”，“其为人也孝弟”，“为人谋而不忠乎”，“节用而爱人”，“不患人之不己知”，这许多“人”都应是邦人、国人；此篇中“民”（“使民以时”）和“众”（“泛爱众”），更不用说也是邦人、国人。《学而》篇集中出现这么多涉及邦人、国人身份的人、民、众，可见《学而》篇（作为全书首篇）中邦人的重要性。这一篇除孔子（子曰）外，还集中出现许多重要门徒：有子，曾子，子夏，子贡，最有代表性的学生（德行，曾子；言语，子贡；政事，有子；文学，子夏）。这一篇提出了一个标准类型的邦（国），“千乘之国”，也泛说孔子所至之邦（但未提及天下［邦的联盟］）。邦人当然应包括君子（自天子、诸侯至公卿大夫），但君子往往单独提出，他们是为政的在位当权人物，而说邦人、国人时，总是作为泛称，统指全邦众庶为主体的公民自由民。应当注意的，君在《学而》篇中是同父母一起提出的，“事父母”与“事君”。这说明什么问题？这是说君和父母都属血缘关系的传统，不是政治上的主要角色。忠君是有条件的，“君使臣以礼，臣事君以忠”（《八佾》）；忠于邦人国人是无条件的，而且“忠”只是“忠信”的结合体的一方，为国人谋要讲忠，与朋友交要讲信（朋友也是国人，见《大学》）。一个为政当权的君子要“主忠信，无友不如己者”（郑玄曰，“主亲也”）。《学而》篇告诉学者，“孝弟”是“为人之本”（入则孝，出则弟），“忠信”是为政之先（为［国］人谋要忠，与朋友［国人］交要信）。《论语》以《学而》篇开端，从学入手，以孝弟教导弟子（青年），以忠信要求君子（公卿大夫）。在血缘关系基础上的“为人”，即在政治关系基础上的“为仁”，仁者人也，仁即人。

《论语》中的仁　“仁”是从“人”派生来的。“人二”为“仁”，说明造字时“仁”是指多数人，“相人偶”，指人与人的关系。《诗·卢令》的“其人美且仁”，与《诗·叔于田》之“洵美且仁”，“洵美且好”，“洵美且武”，仁与美，与好、武并举，这个“仁”当然不是“仁义道德”之“仁”，而接近于“男子汉”的意思。人与仁之关系，颇与human与humane之关系相似。

《论语》中“仁”之出现，不止百次，好几个仁是与人互通。仁之意义可从血缘关系和政治关系两方面分析。血缘关系的仁即人，讲亲爱。《阳货》篇，宰我说服丧三年太长，三年不为礼，不为乐，必至礼坏乐崩。他主张一年就够了。孔子说，“子生三年然后免于父母之怀”，所以要以三年之丧报父母三年之爱。孔子问宰我，居丧之日，食好的，穿好的，你都忍心吗？宰我说，都忍心。孔子说他“不仁”！这个“仁”当然是“爱”，亲子间人与人之爱，是血缘关系的。这种仁（爱）是人皆有之，其实就是“人”。《诗》中仅有的两个“仁”字（上引），就属这种“仁”，仁者人也。《论语》中大量的另一种“仁”是社会性的、政治性的，不限于血缘关系的，那是对“君子”的要求，这种“仁”成为君子所专有。《宪问》篇，“君子而不仁者有矣夫，未有小人而仁者也”（《旧唐书·魏徵传》引作“君子或有不仁者焉，未见小人而仁者”）。从来没有很正确的解释，以为小人不可能“仁”。其实《论语》中提出的这种“仁”，是王者之仁，是理想人物如尧舜禹汤文武才办到的；霸者也可以，“管仲相桓公，霸诸侯，一匡天下”，“九合诸侯，不以兵车”（《宪问》），这也达到“仁”。一般人，即使颜回那样好学生，也只能做到“其心三月不违仁”（《雍也》）。学者自命为士，“任重而道远，仁以为己任”，“死而后已”（《泰伯》），仍没有达到仁。老百姓不在其位，从事生产，“怀土怀惠”（《里仁》），是其本分，能担当什么“有天下”者之任？孔子自言，“若圣与仁，则吾岂敢”（《述而》）。他把古语“克己复礼为仁”告诉颜回，并且说，“一日克己复礼，天下归仁”（《颜渊》）。一个居于陋巷，半食半饿的学子，“天下”怎么对他“归仁”？所以，这不是对当前的颜子提出的要求。孔子培养一些学生如颜回、仲弓，要他们将来当邦君，当天子，至少当有权的卿相（“雍也可使南面”［《雍也》］），把王霸为仁的任务交给他们，天下归仁是在理想的将来。“君子无终食之间违仁”（《里仁》），“君子去仁”，便不成其为君子，这怎么能责成于务农学稼学圃的“小人”（樊迟）呢？

血缘关系的“仁”（人，homo，human），是民族学的范畴；政治关系、社会关系的“仁”（人二，humane，humanity），是政治学的范畴。《诗》中的“仁”至多属于前者（上引）；《春秋》未提及“仁”；三传较《论语》晚，说到“仁”的有一些（《穀梁》宣公九年提及“国人”“仁人”的区别：陈大夫泄冶谏灵公云：“使国人闻之则犹可，使仁人闻之则不可。”《论语》第一次把“仁”作为对“君子”属性的要求，《学而》云，“泛爱众而亲仁”，朱熹注云“仁谓仁者”，其实仁谓君子，因为“小人”已被排在“仁”之外了。

《论语》提出仁者仁人为理想的政治领导者。有天下的创业天子，以尧舜禹汤为标准；又让又争而得天下者，以稷、泰伯、文王、武王这些周之传统人物为标准；以周公之才之美为王者时日公卿执政者的标准；以管仲为霸者时日公卿执政者的标准。《论语》还提出齐晏平仲，郑子产，卫孔文子，鲁臧文仲，楚令尹子文为各邦［而非天下］的政治好领导者。

《论语》对于政治领导人物，重视其事功成就。他称颂理想人物尧，“巍巍乎其有成功也，焕乎其有文章”！他赞美管仲，“民到于今受其赐，微管仲则吾其被发左衽矣”。他反对那种“匹夫匹妇之为谅也，自经于沟渎而莫之知也”。

4．天命论与政治实践

天命论的提出　孔子的政治学——《论语》，提出了邦和天下关系的学说，提出了邦人和仁关系的理论，确立了二帝三王有天下的系统，确定了有天下者王霸公卿为邦、为政、为仁的君子任务，从而创造性地在古典时代中国邦史的基础上奠立了有世界历史意义的政治学，邦学，一部由孔子及孔门弟子长期积累完成的伟大著作。

形成孔子这部政治学《论语》思想的过程是长时期的，不仅孔子自己一生，而且孔门师徒三代，在这漫长的过程中，社会环境和人当然都会发生变化。

孔门是积极处世的。孔子自言，“君子疾没世而名不称焉”（《卫灵公》）；对于后辈，他说，“后生可畏，焉知来者之不如今也，四十、五十而无闻焉，斯亦不足畏也已”！孔子自己“四十而不惑，五十而知天命”（《为政》）。他四五十岁（公元前513—前503）左右，周有王子朝之乱［公元前518年，“晋士景伯涖问周故”，在周城门外召开周邦人民会议］；鲁先有季氏与昭公之争，鲁公出奔（公元前517年，“公孙于齐”，公元前510年“公薨于乾侯”），继有阳虎之乱（公元前502—501），于是孔子仕鲁（公元前503年知命之年，公元前501／500年，开始仕鲁）。“知天命”是在这样环境时日达到的。

古典时代，人类还处于文明的儿童年时，古典人不可能理解“天”，也不知道“命”，更不知道“天命”。《论语》中“天命”只出现两处：一在《为政》篇，“五十而知天命”；一在《季氏》篇，“君子有三畏，畏天命……小人不知天命而不畏也……”。《为政》篇的这句，必定晚于《季氏》篇的，因为《为政》篇里是孔子自编年表，在70岁后。

“天命”该怎么解释？看一看西方汉学家的见解：19世纪的J. Legge先译作the decrees of Heaven，又译作the ordinances of Heaven；20世纪初期，L. A. Lyall译为the laws of Heaven，以及the doom of Heaven；后来A. Waley译为the bidding of Heaven和the will of Heaven。总之，把不可知的命定的事实推之于天，说是天的命令，天的意志。

就孔子和孔门弟子说，天命论的提出，中心问题是政治实践。不能像舜禹那样“有天下”，也要像伊尹、周公那样，“使是君为尧舜之君，使是民为尧舜之民”（《孟子·万章》），这不仅是理论，要见之于实践。

行乎季孙，三月不违孔子仕鲁的活动，《论语》仅记“齐人归女乐，季桓子受之，三日不朝，孔子行”数语，而且插在《微子》篇中，主题是“去之”和“行”，是“逸民”之记录，而非“仕”之故事。《论语》之所缺，幸有《孔子世家》详为记载，自“定公以孔子为中都宰”以下，直至“行摄相事”，“与闻国政”，末才转入季桓子受女乐，孔子行。刘宝楠《论语正义》于此亦颇详注，程树德《论语集释》考证尤详，所引书目《世家》，至《韩非子·内储说》，《翟氏考异》，《乡党图考》，《拜经日记》，以至《刘氏正义》，富矣。独怪两书皆云“孟子言孔子于季桓子有见行可之仕，世家亦言行乎季孙，三月不违，其任孔子甚专”云云，按此非见于《世家》，乃见于《公羊传》，且在《公羊》两见，定公十年及定公十二年，而刘、程之书均疏忽，误为《世家》。事实是这样的：

鲁定公九年（周敬王十九年，公元前501年，孔子年52［依上文新考］），是年阳虎奔齐奔晋，乱事结束。《世家》记“公山不狃以费畔季氏，使人召孔子”，子路止之，卒不行（详下文）。《世家》说，“其后定公以孔子为中都宰”，孔子仕鲁自此始。由此至定公十三／十四年（敬王二十三年，公元前497／496年），孔子56岁，季桓公“受齐女乐”，“孔子行”为止，约四年多，为仕鲁期间。《世家》说孔子“由中都宰为司空，由司空为（大）司寇”（始于定公九／十年，公元前501／500年），后又“由［大］司寇行摄相事”，“与闻国政”，时盖在定公十一至十四年（公元前499—前497／496）。

“孔子行乎季孙，三月不违”，据《公羊传》是从定公十年（公元前500年）就已开始。这几年孔子事实上是为政或执政。他做了哪些事？

第一，定公十年（公元前500年），春，鲁及齐平（解决阳虎奔齐引起的两国纠纷），鲁公会齐侯于夹谷，“孔子相”（《左传》；《世家》作“孔子摄相事”），孔子使盟书载齐人要归还汶阳之田。

第二，同年，《春秋》云，“齐人来归郓、灌、龟阴田”（即汶阳之田）。《公羊传》云，“齐人曷为来归运灌龟阴田？孔子行乎季孙，三月不违，齐人为是来归之”。这是孔子为政时日鲁外交上的一次胜利。

第三，定公十二年（公元前498年），《世家》（《公羊传》）同云，“孔子言于定公曰：臣无藏甲，大夫毋百雉之城”。使仲由为季氏宰，将堕三都。于是叔孙氏先堕郈。季氏将堕费，公山不狃、叔孙辄率费人袭鲁。公与三子（季孙、孟孙、叔孙）入于季氏之宫，登武子之台，费人攻之，弗克，人［矢］及公侧，仲尼命申句须、乐颀下伐之，费人北，国人追之，败诸姑蔑，二子奔齐，遂堕费……”。

《公羊传》云：“曷为帅师堕郈，帅师堕费？孔子行乎季孙，三月不违。曰，家不藏甲，邑无百雉之城。于是帅师堕郈，帅师堕费。”这是孔子为政时日鲁邦内部一次政治军事的胜利。

“行乎季孙，三月不违”，是什么意思？《公羊传》在定公十年和定公十二年这两次有关的记录是十分重要的。何休（129—182）注云：“孔子仕鲁，政事行乎季孙，三月之中不见违，过是，违之也。不言政行乎定公者，政在季氏之家”。陈立（1809—1869）《公羊义疏》云，“按此‘三月’犹《论语·雍也》篇‘回也其心三月不违仁’之三月，言其久耳，不必仅三月不违也。”

“行乎季孙”就是代季氏执政或为政，“三月不违”就是长时期。鲁国长期以来，政在季氏之家，所以不言“政行乎定公”（《世家》称“定公以孔子为中都宰”，以“孔子言于定公”，这些君臣之间的形式，不影响政在季氏）。春秋时代，政在大夫，所谓“自大夫出”。为政、执政之公卿，专国之政。古典时代的改革家也都要有专政、独裁之权。孔子这几年事实上是鲁国的专政大夫或独裁者，是当权的人物。《孟子·万章下》说孔子“于季桓子，见行可之仕也”，大概“见行可”也是“政行乎”之意。

第四，《世家》还说，“定公十四［三］年，孔子年五十六，由大司寇摄行相事”，“于是诛鲁大夫少正卯”（《荀子·宥坐》篇）。“与闻国政”。至此，孔子实行改革，“三月，粥羔豚者弗饰贾，男女行者别于涂，涂不拾遗。四方之客至乎邑者，不求有司，皆予之以归”。

孔子所有这些对外对内的设施，在当时鲁国，是在搞霸业（而不是在走王者之路）。《世家》云：齐人闻而惧曰，“孔子为政必霸，霸则吾地近焉，我之为先并矣”。这样就出现了《论语·微子》篇“齐人归女乐”的故事，孔子去鲁了。

“行乎季孙，三月不违”，只是孔子政治实践的一事，这事实现了，改革还不全面，不彻底，不能说“三年有成”，但对于写成最早一部政治学的孔门师弟，可说是完成了一段政事尝试的历史了。

公山弗扰召与佛肸召　在“行乎季孙”之前，阳虎为乱时期，季氏的费宰公山弗扰畔季氏曾请孔子到他那里去，经子路劝止，没有去了（事在公元前501年）。仕鲁数年，去鲁，公元前490年，（哀公五年），孔子63岁，赵之中牟令佛肸畔赵氏，也请孔子去，又是子路阻止，没有去。二事有相似性质，也属政治实践，不过未曾实现。

这个问题的出发点，不能按后世忠君思想者来判定是非，例如畔季氏，畔赵氏，算不算畔国君（如认为“陪臣以欲张公室”为名）之类。这个问题应当按孔子时代，按孔子这种历史人物，来分析探讨，是研究历史问题，不是讲君臣道德。

时代是先秦，是古典时代，邦或城邦阶段，有邦有天下，邦之下有家，这时绝没有后世那种“忠”的原则。这时的忠，忠于国人，忠于朋友。比《论语》晚的《大学》，“邦畿千里，惟民所止”，民属于邦，不属于邦君，五个止（有君臣、父子、朋友的关系），止于仁、敬、慈、孝、信，根本不言忠。《论语》痛快地写公山弗扰召，佛肸召，“子欲往”，在子路阻止之下，孔子还堂堂正正地有话回答。这里不是明明白白地摆着，不能用汉唐宋元明清的君臣道德观来衡量孔子的这些有关的思想和行动吗?

孔子“五十而知天命”。曰，“文王既没，文不在兹乎”？曰“天生德于予”，这些是他的心里的话。他回答子路的劝阻，一则曰“夫召我者而岂徒哉！如有用我者，吾其为东周乎”？再则曰，“吾岂匏瓜也哉，焉能系而不食？”

司马迁用古论的记录来写孔子。“孔子循道弥久，温温无所试，莫能己用，曰，盖周文武起丰镐而王，今费虽小，傥庶几乎！”司马迁生于汉武之世，可没有后世那么浓厚的愚忠愚孝思想，他敢于把这些从古论所见的原原本本端出来！孔子没有到公山氏那里，没有到佛肸那里，只不过因为他看清楚，到那里去未必有成，所以不去了。

《儒林列传》说“仲尼干七十余君无所遇”，最后自叹“吾道穷矣”！

但孔子的天命论政治实践思想，一方面，由其家传到他的后代，“陈涉之王也”，“鲁诸儒持孔氏之礼器往归陈王，于是孔甲为陈涉博士，卒与涉俱死”；另一方面，由其门徒传至战国之孟轲、荀卿，汉以来，代有儒林，二千五百年来，直到西学东渐之前，历经时代风雪潮流，仍蔚为中国文化之正宗。

5. 孔子与陈王[①]

司马迁论孔子与陈王　孔子生于鲁昌平乡陬邑（今山东曲阜），公元前六至前五世纪人；陈涉（？—公元前208）生于阳城（今河南登封），公元前4—前3世纪初人。一个是先秦春秋末叶的思想家、政治家、教育家、博学多能的文人、知识分子；另一个是秦末雇农出身的体力劳动者，中国第一次农民大起义的领袖。孔子是承认尧舜禹汤文武周公一线相承的天命论传统的信仰者和实行者，陈涉则是打破这种传统的“王侯将相宁有种乎”新思想的倡导人和革命家。他们两人时代不同：一个在列国分立之时，一个在中央集权统一帝国之日；乡土不同：一个在傍海丘陵，一个在中原大陆；他们身份不同，职业不同，思想意识不同。有什么条件使他们联系起来？为什么要把他们两人联合一起来谈呢？

古人早已有将孔子和陈涉两个人物来相比较的，但目的不一，看法说法也就不一样。西汉时代年青的思想家、文学家贾谊（公元前200—前168），在有名的《过秦论》中曾以仲尼、墨翟同陈涉对比，其言曰：“始皇既没，余威振于殊俗，然而陈涉瓮牖绳枢之子，田亡隶之人，而迁

① 本节与才晓颖共同执笔。

徙之徒也，才能不及中人，非有仲尼、墨翟之贤，陶朱、倚顿之富也，蹑足行伍之间，俛仰阡陌之中，率罢散之卒，将数百之众，转而攻秦，斩木为兵，揭竿为旗，天下云集响应，嬴粮而景从，山东豪杰遂并起而亡秦族矣。”这是以仲尼、墨翟衬出陈涉微贱，以显得秦之无用，“一夫作难，而七庙隳，身死人手，为天下笑”，为什么？作者笔下集中一点，结论是，“仁义不施，而攻守之势异也”。

但伟大的史家，东方史学之父司马迁（约公元前145／135—？）也将孔子和陈涉联系对比，而目的和用意绝不在于以孔子衬出陈涉之微，以陈涉之微显出亡秦之弱。司马迁作《史记》，敢于把出身贫贱的私生子孔子，把戍卒陈涉，都列入世家，而且写了《孔子世家》接着就写《陈涉世家》，把他们二人的历史，紧密地连接一起。为什么连写这两世家，为什么都要用世家体裁连写？司马迁在《太史公自序》中写道：

> 周室既衰，诸侯恣行，仲尼悼礼废乐崩，追修经术，以达王道，匡乱世，反之于正，见其文辞，为天下仪法，垂六艺之统纪于后世。作《孔子世家》第十七。
>
> 桀纣失其道，而汤武作；周失其道，而《春秋》作；秦失其政，而陈涉发迹，诸侯作难，风起云蒸，卒亡秦族，天下之端，自涉发难。作《陈涉世家》第十八。

这样，司马迁把这两位古代历史人物联系起来，统一起来了。怎么联系呢？孔子修经术，作《春秋》，以达王道；陈涉发难，立诸侯，而亡秦族。达王道，亡秦族，在司马迁看来，孔子和陈涉两人历史地位相同，政治地位相同。他们两人都写入世家，先后辉映。

汤武革命，孔子作《春秋》，陈涉领导第一次农民起义，他们都是历史事业的创始者。孔子、陈涉，上比汤武。汤武、孔子、陈涉，一线相承。

汤武革命，见于《易·革》：“天地革而四时成。汤武革命，顺乎天而应乎人。”革命的对方是“受命”，受命于天，受天之命。

司马迁为什么在论及“作陈涉世家”时，不但联想到孔子的《春秋》，而且联想到汤武呢?

当然，有个根本的观点，历史的观点。夏殷亡，汤武继之；西周亡，春秋继之；秦亡，陈、项发难，刘邦继之。但同时还有时代政治上论争的影响。司马迁生在汉初，汉的天下是从陈、项起事中得到的。在这些政治变革过程中，人们不能不联想到汤武革命。汤武革命同时也是汤武受命。汉景帝（公元前156—前141）时，朝廷曾发生一次关于汤武受命的争论。齐诗博士辕固生与黄老一派学者首领黄生（黄子），争论于汉景帝前。黄生说，“汤武非受命，乃弑”（即杀君）。辕固生反驳说：“桀纣虐乱，天下之心皆归汤武，汤武与天下之心，而诛桀纣”，“不得已而立，非受命而何？”黄生则驳以“桀纣虽失道，然君上也；汤武虽圣，臣下也。”辕固生再反驳说，“必若所云，是高帝代秦，即天子之位，非邪？”这是涉及现实问题的一场争论。于是景帝出来调和，叫大家不必讨论“汤武受命”问题。他说：“食肉不食马肝，不为不知味。”司马迁解释说，“言学者无言汤武受命，不为愚”（《史记·儒林列传》）。司马迁写道，“是后学者莫敢明受命、放杀者”，两方面都不便说了。

汤武受命，陈涉、项羽、刘邦也是受命，受天之命。司马迁在《秦楚之际月表》序中写道：

> 太史公读《秦楚之际》曰：初作难，发于陈涉；虐戾灭秦，自项氏；拨乱诛暴，平定海内，卒践帝祚，成于汉家。八（五）年之间，号令三嬗，自生民以来，未始有受命若斯之亟也。

在司马迁看来，陈、项、刘邦，三人同是受命之主。他认为虞夏积善累功数十年；汤武自契、稷修仁行义十余世；秦起自襄公，至献、孝之后，蚕食六国百余载，而后始皇乃能并冠带之伦。历代受命都先经很长久的先行阶段，以德也好，以力也好，未有像秦楚之际这样，八年三变，王迹之兴，起于闾巷，合从讨伐。轶于三代，这怎么可能呢？司马迁只好归之于天，归之于刘邦是大圣。

回到上文汤武革命，孔子作《春秋》，陈涉发难亡秦三事来。汤武受天之命，陈涉也受天之命，孔子呢？孔子作《春秋》，“《春秋》，天子之事也”（《孟子·滕文公下》）。

怎么能把孔子作《春秋》同汤武革命或受命，同陈涉发难亡秦，或陈涉受命，列于同等地位呢？请看司马迁如何评价孔子和评价孔子作《春秋》。

《史记·孔子世家》：“太史公曰，天下君王，至于贤人，众矣，当时则荣，没则已焉。孔子布衣，传十余世，学者宗之，自天子王侯，中国言六艺者折中于夫子，可谓至圣矣。”

这是说，孔子至圣，超于君王。

他又怎么评价孔子作《春秋》？《史记·太史公自序》云：“昔孔子何为而作《春秋》哉？太史公曰，余闻董生曰：周道衰废，孔子为鲁司寇，诸侯害之，大夫壅之，孔子知言之不用，道之不行也，是非二百四十二年之中，以为天下仪表，贬天子，退诸侯，讨大夫，以达王事而已矣。”“夫《春秋》上明三王之道，下辨人事之纪，别嫌疑，明是非，定犹豫，善善恶恶，贤贤贱不肖，存亡国，继绝世，补敝起废，王道之大者也。”在《史记·儒林列传》中，司马迁还指出，孔子于“西狩获麟”之后，“因史记作《春秋》，以当王法”。

曰达王事，曰明王道，曰当王法，皆“天子之事”。

汉代学者称孔子为素王。董仲舒对策有云，“孔子作《春秋》，先正王而系万事，见素王之文焉”。王充《论衡》也说，“孔子之《春秋》，素王之业也”。赵岐注《孟子》，于《滕文公下》说孔子作《春秋》处，注云，“孔子作《春秋》，因鲁史记，设素王之法，谓天下之事也”；于《离娄》下说及《春秋》之义，孔子“窃取之”处，注云，“孔子自谓窃取之，以为素王也”。至称“《春秋》受命”，则《汉书·董仲舒传》，仲舒对策有云，“臣闻制度文采玄黄之饰，所以明尊卑，异贵贱，而劝有德也。故《春秋》受命，所先制者，改正朔，易服色，所以应天地。然则宫室旌旗之制，有法而然者也”。

自孟子（约公元前372—前289）称禹抑洪水，周公兼夷狄，孔子成《春秋》，以孔子比之大禹、周公，谓之三圣（《滕文公》）；至司马迁平列汤武、孔子、陈涉，以孔子作《春秋》比之汤武受命或革命，比之陈涉发难亡秦，中经汉代学者称孔子“素王”，董仲舒有《春秋》“受命”之说。这些都反映，到了秦汉帝国时代，自秦皇至汉武，孔子在古代中国人民心目中地位日益提高了，而陈涉在历史上的地位也提高了。所以，把孔子和陈涉联系起来，这是历史发展的必然结果。司马迁的这种观点和做法，是完全必要的，而这种观点和做法的出现，也绝对不是偶然的。

孔甲为陈王涉博士　不仅此也，司马迁还在《孔子世家》末，详录孔子的后代，曰：孔子生鲤，字伯鱼；伯鱼生伋，字子思；子思生白，字子上；子上生求，字子家；子家生箕，字子京；子京生穿，字子高；子高生子慎，尝为魏相。至此凡七代，在战国时日。而后入秦，子慎生鲋，年五十七，为陈王涉博士，死于陈下。鲋为孔子第八代孙，即《儒林列传》中的孔甲，他参加了中国历史上的第一次农民大起义，由于陈涉首事，秦之天下后来终被破灭了。

《史记·儒林列传》，“及至秦之季世，焚诗书，坑术士，六艺从此缺焉。陈涉之王也，而鲁诸儒持孔氏之礼器往归陈王，于是孔甲为陈涉博士，卒与涉俱死”。至此，司马迁强调说：

> 陈涉起匹夫，驱瓦合適戍，旬月以王楚，不满半岁竟灭亡，其事至微浅，然而缙绅先生之徒，负孔子礼器往委质为臣者何也？以秦焚其业，积怨而发愤于陈王也。

这是说，孔子后代参加陈涉农民起义的阵营，动机在于“秦焚其业”（或“秦禁其业”），孔甲一家因此负孔子礼器到陈涉阵营去，委质为臣了。知识分子因此到农民阵营去，缙绅先生之徒因此到適戍之徒阵营去，去为陈王博士，去为农民起义军服务。

为的是“秦焚其业”，这是汉武帝时（公元前140—前87）司马迁的见解。到汉昭帝时（公元前86—前74），桓宽著《盐铁论》（公元前81年），其《褒贤篇》通过“大夫”与“文学”的辩论，也记载了孔甲为陈王涉博士的经过，而所记参加农民起义军阵营的知识分子，不仅有儒家的，而且有墨家的。他们参加起义军阵营的动机，比之司马迁所说的还进了一步，不仅因为秦禁其业，而发愤于陈王，而且是根据他们自己作为知识分子本来所具有的政治理想，本来所具有的宣扬王道、施行王道乃至王业、王法所指引的抱负。《盐铁论·褒贤篇》记“大夫”一派说道：

戍卒陈胜释挽辂，首为叛逆，自立张楚，素非有回、由处士之行，宰相列臣之位也，奋于大泽，不过旬月，而齐鲁儒墨缙绅之徒，肆其长衣，长衣官之也，负孔氏之礼器《诗》《书》，委质为臣，孔甲为涉博士，卒俱死陈下。

“大夫”（桑弘羊）一派是反儒的，他们称陈涉起义为“叛逆”，贬儒墨之徒投身农民起义阵营是当官去。儒家一派“文学”反驳之云：

陈王赫然奋爪牙，为天下首事，道虽凶，而儒墨或干之者，以为无王久矣，道拥遏不得行，自孔子以至于兹，而秦复重禁之，故发愤于陈王也。孔子曰：如有用我者，吾其为东周乎？庶几成汤文武之功，为百姓除残去贼，岂贪禄乐位哉！

关于墨家如何参加陈涉起义，已无法知道。《史记·太史公自序》录司马谈《论六家要旨》，墨尚为一家；而《汉书·艺文志》所录墨家者流，仅余六家，八十六篇，于诸子百家中，家数最少，篇数仅略多于名家（儒五十三家，八百三十六篇；道十七家，九百九十三篇；阴阳二十一家，三百六十九篇；法十家，二百十七篇；名七家，三十六篇；纵横十二家，百七篇；杂二十家，四百三篇；农九家，百一十四篇；小说十五家，千三百八十篇）。很可能墨者加入陈涉起义阵营的，大都牺牲了，墨者之徒与墨家之道遂趋于衰亡，汉兴之后，无复继起者矣。

反之，儒家之徒以及孔子后代，以孔甲博士为首的参加农民起义的豪杰之士，虽与陈王俱死，而儒家未曾参加，仍在人世者为数还很多，他们到了汉世，对于朝廷的建树，对于世俗文化的发展，都起了重要的作用。参加《盐铁论》讨论会中的“文学”方面的人士，必然有的就是那时未死的儒者的后代，正是他们，有可能把当初参加农民起义阵营者所怀抱的理想和参加起义的动机原原本本地说了出来。

他们说儒墨参加陈王阵营的动机，是要行王道，因为自春秋以来，“上无天子，下无方伯”，天下“无王久矣，道拥遏不得行”，自孔子到了孔甲之时，即到了秦始皇和二世之时，一直如此。秦又焚诗书，坑术士，王道能行之机会，越来越被阻遏住了，因此他们不得不加入农民阵营，发愤于陈王了。

他们参加陈王起义的阵营，有一个远大的目标，即其先人孔子所教导的，“如有用我者，吾其为东周乎”，这也就是“兴周道于东方”，使王道得以重见于世，庶几成汤文武之功业再起，为民“除残去贼”，而绝非贪图陈王所能授予的禄位（例如博士）。

这就是说，他们所以带着礼器诗书，投入起义者兵营，帮助陈王打天下，是为着王道、王业、王事、王法，是为着要实现孔子的理想，干一番文武起于丰镐的事业。

这样，通过孔子八世孙孔甲博士为首的齐鲁儒生加入陈王阵营的行动，孔子的思想、孔子的理想，同陈王的农民起义事业，更加密切地结合起来了。

这或许就是司马迁为什么要连写《孔子世家》和《陈涉世家》，要在写《陈涉世家》时、在《太史公自序》里提出“汤武”（革命），（孔子作）“春秋”，以及“陈王首事”的理由。

这或许也正是至今为止还很少有人注意到的孔子与陈王的内在的历史关系和他们的政治思想关系。

B. 墨子的政治学

墨子身世不详。

《史记·孟子荀卿列传》，“盖墨翟宋之大夫，善守御，为节用，或日并孔子时，或日在其后”。

清孙诒让（1848—1908）《墨子閒诂》（1893）有《墨子年表》，以周定王元年至安王二十六年为墨子年代（公元前468—前376），并依《吕氏春秋·当染》篇东汉人高诱注，定“墨子名翟，鲁人”。其著书《墨子》七十一篇，自《汉书·艺文志》以下均同，实存今本有阙者。墨者有组织，首领称钜子。盖战国时代民间组织是自由的，比郑子产时乡校谈论政治者更进一步。

先秦儒墨并为世之显学（《韩非子·显学篇》）。孔墨并称，至唐犹然。汉初墨学犹为六家之一，仅次于儒。然秦亡之后，儒兴于汉，而墨学亡。《盐铁论·褒贤篇》记陈胜起事之时，儒墨之徒有参与之者。“文学”言“秦以虎狼之心，蚕食诸侯，并吞战国……百姓愁苦，同心而患秦，陈王赫然奋爪牙为天下首事，道虽凶，而儒墨或干之者，以为无王久矣，道拥遏不得行，自孔子以至于兹，而秦复重禁之，故发愤于陈王也”。时儒学“孔甲为陈涉博士，卒与俱死”（《史记·儒林列传》），料墨者参加战斗而死者亦必大有人在焉，墨于是衰。

墨家非儒反孔，其言论之激烈绝不亚于他家。然先秦之政治学，亦即诸子论国家之学说，《墨子》之所提供和论议者，基本上同于儒家，皆邦国或城邦阶段之范畴。

墨子年代晚于孔子约一个世纪，而当春秋战国剧变之时，在《论语》与《墨子》两书中，此亦有所反映。

以“邦”“国”“国家”言：《论语》中“邦”多“国”少（45：9），“国家”未用；《墨子》则“邦”少“国”多（4：248），“国家”出现甚多（73）。《论语》有“邦家”（两见），而邦、家是两单位（集解，孔曰：“得邦家”，谓为诸侯及卿大夫”）；《墨子》中“国家”则基本是一个单位。《周礼·春官·典命》，国家，郑注“国家，国之所居，谓城方也”。

大于国的天下，在《墨子》中大量出现（四百余见）。与天下相关的天子，在《墨子》中也有八十六见。墨子的政治学，在天下国家这一系统，从量上，比各家都多。但墨家和先秦诸子都一样，谁的政治学或国家论都不曾越出邦学或城邦阶段的范围。帝国在秦始皇二十六年（公元前221年）称帝之前未出现于中国，思想理论，诸子百家，不能无中生有。

儒墨关于天下国家的理论传统，一是二帝三王尧舜禹汤文武之道，此在《论语》中尚须从各篇寻觅，编为系列[①]而在《墨子》中则到处可见，俯拾即是：

故古者尧举舜于服泽之阳，授之政，天下平；禹举益于阴方之中，授之政，九州成；汤举伊尹于庖厨之中，授之政，其谋得；文王举闳夭、秦颠于罝罔之中，授之政，西土服……是故子墨子言曰：得意贤士不可不举，不得意贤士不可不举，尚欲祖述尧舜禹汤之道，将不可以不尚贤。（《尚贤上》）

类似的成说（二帝仍为尧舜，三王加武王，文武为一）如：

故惟昔三代圣王尧舜禹汤文武之所以王天下，正诸侯者……（《尚贤中》）若昔者三代圣王，尧舜禹汤文武者是也……（《尚贤中》）

然昔吾所以贵尧舜禹汤文武之道者，何故以哉？……与尧舜禹汤文武之道同矣。……尧舜禹汤文武之道可及也。（《尚贤下》）

皆曰吾上祖述尧舜禹汤文武之道者也，而言即相非，行即相反……（《节葬》下）

若昔三代圣王尧舜禹汤文武者是也，尧舜禹汤文武焉所从事？（《天志中》）

故昔也三代之圣王，尧舜禹汤文武之兼爱天下也……虽古之尧舜禹汤文武之为政，亦无以异此矣。（《天志下》）

---

① 参阅上文“孔子的政治学——论语”，“一、邦与天下的学说”。

不识若昔者三代圣王尧舜禹汤文武者足以为法乎。(《明鬼下》)

凡言凡动合于三代圣王尧舜禹汤文武者为之。(《贵义》)

看来，在《墨子》中，尧舜禹汤文武这条道统已成惯用成语。这是儒墨两家国家论的传统之一，二帝三王论。其次是王霸论，《墨子》所举五霸为齐桓、晋文、楚庄、吴阖闾、越勾践(《所染》)，这在《吕氏春秋》“当染篇”引用者亦同。

至于“王”，《墨子》于此不用二帝三王(尧舜禹汤文武)，没有尧，没有文王，以舜禹汤武并举，合称四王(《所染》)，《吕氏春秋》“当染篇”转载亦同。故墨家之王霸人物为四王五霸(五霸作“五君”，四王五君)。

但四王五霸只是正面人物，《墨子》“所染篇”还举王霸的反面人物，桀纣幽厉，亦作四王；范吉射、中行寅、吴夫差、智伯瑶、中山尚、宋康［王］，合称六君，此四王六君为王霸论之反面人物(《吕氏春秋》“当染篇”同)。《墨子》王霸论的反面人物，到荀子书里(《荀子·王霸篇》)分立出来为“亡国”论，“义立而王，信立而霸，权谋立而亡”，王者、霸者、亡国之人，三分。

二帝三王传统(道统)，王霸论传统，都是城邦阶段古典政治学的核心理论，帝与王，王与霸，自已的国家都不过是一个邦，城邦之邦，都不是帝国。“王霸”亦可倒称为“霸王”，王者之邦与霸者之邦在政治关系上只是对等之邦，都担当城邦联盟盟主的任务；但在宗教关系上，王者高于霸者，王者生死都有特权，王者所特有者，霸者不许用(王死曰崩，王墓有隧，“王章也”，见《左传·僖公二十五年》)。

《墨子》“辞过”篇云：(一个盟主之邦)“其民俭而易治，其君用财节而易赡也，府库实满，足以待不然，兵革不顿，士民不劳，足以征不服，故霸王之业可行于天下矣。”

霸者王者之邦(之国，之天下)怎么起源的？这又是古典政治学的一个中心问题。上古对文明和国家的起源问题，是处于“日用而不见知”的状态。人们只能归之于天，《论语·泰伯》，“惟天为大，惟尧则之”；又《尧曰》篇，“尧曰，咨，尔舜，天之历数在尔躬”。这些“天”就有这个含义。在《墨子》，则以“天”“鬼”“人”（百姓）为主（《非攻·下》）。《非攻下》云：

> 是故古之仁人有天下者，必反［交、效］大国之说，一天下之和，总四海之内，焉［乃］率天下之百姓，以农臣事上帝山川鬼神，功［故］又大，是以天赏之，鬼富之，人誉之，使贵为天子，富有天下，名参乎天地，至今不废，此则知者之道也，先王之所以有天下者也。今王公大人，天下之诸侯，则不然……

上天命令禹、汤、［文］武（所谓“三圣王”）担当这样角色。这是天子或王之由来。霸者四国，楚［王］熊丽，始［讨］封睢山；越王繄亏，出自有遽，始邦于越；唐叔与吕尚邦齐晋，最初都不过“地方数百里，今以并国之故，四分天下而有之”。墨子说，“古者天子之始封诸侯也，万有余，今以并国之故，万国有余皆灭，而四国独立，此譬犹医之约万有余人，而四人愈也，则不可谓良医矣”。（《非攻下》）

禹汤文武，天之所立；诸侯万国，天子之所封。这就是墨学的国家起源说。《尚同上》云：

> 古者民始生……天下之乱若禽兽然……天下之所以乱者，生于无政长，是故选天下之贤可者，立以为天子。天子立，以其力为未足，又选择天下之贤可者，置立之以为三公。天子三公既以［已］立，以天下为博大……故划分为万国，立诸侯国君。诸侯国君既已立，以其力为未足，又选择其国之贤可者，置立之以为正长［里长、乡长］。正长既已具，天子发政于天下之百姓……里长者，里之仁人也……乡长者，乡之仁人也……国君者，国之仁人也……天下之百姓皆上同于天子……

《尚同下》云：

是故古者天子之立三公、诸侯、卿之宰、乡长、家君……天子又总天下之义，以尚同于天……

实际情况是，诸侯万国，不都是天子封的。当武王灭纣时，商之原有诸侯许多保留原样，新封者有限。如上文楚熊丽封睢山，越繁亏邦于越，唐叔吕尚邦齐晋（邦即封，即建邦之意），齐晋新封之邦，楚越则否。

百姓即国人或邦人。事实上百姓只同邦国发生关系，天子不能对天下之百姓发政，天子只能对天子之邦下达命令，周天子的百姓只限于周邦，他管不了郑国的百姓（国人），郑人听郑君命令号召。《墨子》书中说“国人”处很少（《七患》云“凶饥存乎国人”；《尚同》中云：“举国人以法国君”），而且均是关涉国君；“邦人”根本没有，百姓则多（《论语》中百姓、邦人都不多，国人未见，但上文“《论语》中的人”节中已指出，那里许多“人”字即具国人之义）。

以《墨子》比《论语》，两书时代有很大变化，一在战国，一在春秋，战国是城邦制向专制帝国转变阶段，春秋则是城邦制全盛（公卿执政）之日。两书中政治术语不一致是很自然的。

就邦国和邦的联盟（国家天下）本质说，《墨子》中所见和《论语》中的基本相同；但《墨子》是墨家的文集，其政治立场、见解、策略等等，当然有自己的特点。然墨者非命，而言天志，明鬼，“上利于天，中利于鬼”，然后才“下利于人”，是宗教家之说矣！显不如“未能事人，焉能事鬼”，“未知生，焉知死”（《论语·先进》）之为实事求是也。而孔子罕言命（《论语·子罕》）是矣，然亦屡言“知命”（“五十而知天命”，《为政》；“不知命，无以为君子也”，《尧曰》），盖古典思想知识之局限性，血缘关系犹未能尽去，天命在政治上还起甚大作用。正因此种政治作用颇有力量于民众之中，宗教鬼神在古代乃至近代尚能有其社会地位。陈涉之起事也，谋之卜人，卜人教之曰：“足下卜之鬼乎？”于是篝火狐鸣杀尉而起。能以“王侯将相宁有种乎”（《史记·陈涉世家》）为口号，非不能辨鬼神之有无也。

儒家曰："天视自我民视，天听自我民听"（《孟子·万章》）；墨家曰："皇帝［上帝］[①]清问下民"（《尚贤中》）。"天""鬼""人"三者只有"人"是实际的。墨家说，三代圣王，尧舜禹汤文武，"率天下之万民以尚尊天事鬼，爱利万民"，天鬼赏之，立为天子，以为民父母；三代暴王，桀纣幽厉，"率天下之民以诟天侮鬼，贼傲万民"，天鬼罚之，身死为戮（《尚贤中》）。儒家说，"尧舜率天下以仁，而民从之；桀纣率天下以暴，而民从之；其所令反其所好，而民不从"（《礼记·大学》）。

墨之与儒，根同而枝叶异。荀子《非十二子》并斥墨孟，曰："不知壹天下建国家之权称，上功用，大俭约，而侵差等，曾不足以容辨异，县君臣，然而其持之有故，其言之成理，足以欺惑愚众，是墨翟宋钘也"；"略法先王而不知其统，犹然而材剧志大，闻见杂博，案往旧造说，谓之五行，甚僻违而无类，幽隐而无说，闭约而无解，案饰其辞而祗敬之，曰：此真先君子之言也，子思唱之，孟轲和之，世俗之沟犹瞀儒，嚾嚾然不知其所非也，遂受而传之，以为仲尼、子游为兹厚于后世，是则子思、孟轲之罪也。"

荀孟之争，如是则非儒家内部问题，孟子被列于墨子之等矣。其实儒墨皆守邦国或城邦阶段传统，荀子亦不例外。

C. 孟子的政治学

1.《史记·孟荀列传》《老庄申韩列传》与司马谈论六家要旨

《史记·孟子荀卿列传》，"孟子驺人也"，驺又作邹、邾；其作邾娄者，古之拼音字（如《公羊传·隐公元年》）。其生卒年，近年本《辞海》《辞源》均作"约公元前372—前289"，按焦循（1763—1820）作赵岐（约108—201）《孟子题辞》疏，引毛奇龄（1623—1713）《四书賸言》云，"孟子实生于烈王四年"，即公元前372年，其卒年［公元前289

① 依屈万里《尚书今注今译》《吕刑》篇注。

年］则不知何据。

《太史公自序》云，猎儒墨之遗文，明礼义之统纪，绝惠王之利端，列往世兴衰，作《孟子荀卿列传》。观《孟荀列传》，孟子、荀卿之外，有驺子之属，阴阳家也；公孙龙为坚白同异之辩，名家也；墨翟善守御，为节用，墨家也；尚有其他，齐之稷下先生，乃至淳于髡，以及赵之慎到，魏之李悝，等等，此盖包括诸子各家之传，在当时流行的六家中，此传以阴阳、儒、墨、名四家为主，而与《老子［庄子］［申不害］韩非列传》之偏于法家、道德者分立。合孟荀列传与老庄申韩列传，则六家矣。《史记》有的版本以老子列于列传之首，非史公原作。古人书目常放在卷末，序列宜按《太史公自序》为是。

司马谈（？—前110）论六家要旨，时值道家黄老思想与法家刑名之言，在政治上占统治地位之际，而儒墨之徒，昔曾归于反秦的陈王，与之俱死者多矣；汉兴，墨家无后继者，遂绝；儒家惟东方垂暮老人，传经青年弟子。司马迁（公元前145—？）作《儒林列传》时，思想界局势犹未大变，故当初司马谈评论六家，儒墨尚无地位，是合于时代性的。

2．儒之成为家在孔子之后，墨孟之时，孔子非儒家之首

儒之成为家或学派，应在孔子之后，孔子之时尚无后来之家或学派，孔子非儒家之创始者；孔子自己亦未尝为儒。《论语·雍也》，“子谓子夏曰，女为君子儒，无为小人儒”。“儒”在《论语》仅此一见。儒为一种职业。《周礼·大司徒》，“以本俗六，安万民”，其“四曰联师儒”，郑注，“师儒，乡里教以道义者”。又，《周礼·大宰职》，“以九两系邦国之民”，“三曰师，以贤得民；四曰儒，以道得民”。郑注，“师，诸侯师氏，有德行以教民者；儒，诸侯保氏，有六艺以教民者”。儒与师有别，儒教民以六艺。《周礼》为晚出之书，即《周官》，属战国时代。《周礼》的官制，理想空谈的多，未必各邦皆同，孔子时代未必如此。君子、小人，即君子、野人。《论语·先进》，“先进于礼乐，野人也；后进于礼乐，君子也”，盖邦国之内，贵族平民，凡属国人，一律受教育，都要学六艺，受教于儒。子夏是学文学的（《论语·先进》，“文学：子游、子夏”），孔子劝他多教些贵族子弟，所以说“为君子儒”。当时贵族子弟靠家世爵禄，当官从政，未必学而后出仕，他们反而后进于礼乐了。“君子儒”，“小人儒”，不能按何注引“孔曰”解释，说什么“君子为儒，将以明道；小人为儒，则矜其名”。“儒家者流盖出于司徒之官”（《汉书·艺文志》），师和儒都出于司徒，都教人，但有分工，儒教六艺。儒是国立学校的教师，孔子没有当过，他是私家设学，不是儒。儒之成为家，成为流派，在战国时代，儒墨并称，即是两家。《韩非子·显学》，“世之显学，儒墨也。儒之所至，孔丘也；墨之所至，墨翟也”。这是学派产生之后，甚至很多时之后，诸家才产生。《显学》云：“孔墨之后，儒分为八，墨离为三”，这是到了战国，回溯到孔墨本人时计算出来的，儒学包括荀子在内，所谓“孙氏之儒”。

像儒家这样成家成派的儒，春秋时代还不可能出现。《说文》“儒，柔也，术士之称”。段注，“术，邑中也”，意谓邑中以六艺教人的士。甲骨文、金文未见“儒”字；“需”字可以有“懦”义，“需弱”，但未闻作为人的职业之称，或作为“儒”的假借字者。

《周易》无“儒”，《诗》《书》未见“儒”。《春秋》三传“儒”仅一见，《左传·哀公二十一年》，“秋八月，公及齐侯、邾子盟于顾，齐人责稽首，因歌之曰：‘鲁人之皋，数年不觉，使我高蹈；惟其儒书，以为二国忧。’”《仪礼》亦未见“儒”字。

《左传·哀公二十一年》这个“儒书”，其“儒”不是“儒者”之“儒”，“儒书”等于“儒输”，《方言·十二》，“儒输，愚也”。《广雅·释诂》，“儒输，意愚也”；《荀子·修身篇》，“劳告之事则偷儒转脱”，杨注引杨子云《方言》，“儒输愚也”，偷当为输；《庄子·徐无鬼》，“有濡需者”，《释文》濡音儒，需音须；郝懿行《证俗文·十七》，“迂缓不晓事曰儒输”，《左传·哀公二十一年》云，

“‘惟其儒书，以为二国忧’，意亦如此，杜注以《周礼》释‘儒书’，非也”。[①]

然则《春秋》三传亦未见“儒”矣。

《周易》《诗》《书》《春秋三传》《仪礼》皆无儒。儒出现于战国时日，儒家在《墨子》《孟子》以下才有。《论语》“儒”一见，《孟子》亦仅两见“儒”字，且系与杨墨对比言之（《滕文公·上》，《尽心·下》），盖孟子自己亦非以儒为业，不过属于以六艺教人者思想之一流派而已。

至于“儒教”“孔教”，则纯系后世造作之语，古典中国非特无孔教、儒教，任何类似三大宗教的宗教，古典中国都没有，三大宗教都是外来的。

说这些，是要引起注意一事，孔子、孟子乃至荀子，以及先秦其他思想家传世的著作，主要是政治论，政治学，不是宣教。孔教、儒教等，是后世外来宗教传入后才造作出来的。

孔子（公元前552—前479）不算在六家之中（因为他早，当时独家，因而不成为家），六家以墨翟（约公元前468—前376）最老，儒家推孟子（约公元前372—前289）次之，阴阳家邹衍（约公元前305—240）又次之，然六家季指以阴阳家居首，何也？

司马谈六家之序，代表西汉初期思想界的见解，阴阳居先，儒、墨、名次之，法与道德最后。当时尚无刘向（约公元前77—前6）校书时日“经传”与“诸子”分立之例，而在孝惠除挟书之律之前，“天下惟有易卜，未有他书”（《汉书·刘向传》）；“易”与“阴阳”“灾异”之说近，“易”为六艺之首，“阴阳”居诸子之前。

---

① 参阅《辞通》及《中文大辞典》。（按《荀子·修身》篇，王先谦集解引郝懿行曰，“儒不必改为输”。然非儒者之儒。《非十二子篇》，“偷儒而罔”，“偷儒惮事”，皆同。）

3．墨者及孟子之论天下国家

《墨子》《孟子》皆不知有老子其人，其书，其事。什么道家或黄老之类，都在墨子、孟子之后。《墨子》《孟子》之论邦国，皆用“国”者多，用“邦”者少。在《孟子》中，用“邦”者只二处，且为引《诗》之句（“以御于家邦”，“周虽旧邦”），余皆用“国”。《墨》《孟》如此不同于《论语》，殆由时代故，《论语》成书于春秋之日，《墨子》《孟子》成于战国之世。《孟子》中“国家”似与《墨子》中者同，同为一个单位。“国家闲暇”，“能治其国家”，（《公孙丑》上）“恶能治国家，”（《滕文公上》）“士之失位，犹诸侯之失国家也”。（《滕文公下》）

但在《离娄上》，“人有恒言，皆曰天下国家；天下之本在国，国之本在家，家之席在身”，则国与家分为两单位。盖其时战国之初，国之内犹有家。孟子与秦孝公同时，秦孝公封商鞅于商十五邑，曰商君，商君是有家的。国家，合言之，此时已多作一个单位；单言之，家与国仍各为一个单位（《梁惠王上》，“大夫曰，何以利吾家？士庶人曰，何以利吾身”？）。总之，城邦古制，此时仍未破坏。

大于国的政治单位，“天下”，在《孟子》中，与在《墨子》中同，亦大量出现。由孔子（公元前6—前5世纪）至墨子（公元前5—前4世纪），至孟子（公元前4—前3世纪），“天下”之本质未变，皆为城邦联盟（或泛指全中国，全世界），但城邦的大小已大的异于前。昔者大邑商、大邦周，邦畿千里；今则万乘之国，千乘之家，而秦楚齐晋何止万乘？这是城邦制衰落时期，但城邦残迹继续存在很久。可看一看周之垂亡情况：

《史记·秦本纪》，秦孝公二年（公元前360年），“天子致胙”；十九年（公元前343年），“天子致伯”；二十年（公元前342年），“秦使公子少官率师会诸侯逢泽，朝天子”；惠文公二年（公元前336年），“天子贺”；四年（公元前334年），“天子致文武胙”；昭公十七年（公元前290年），“东周君来朝”；五十一年（公元前256年），“西周君走来自归”，“尽献其邑三十六城，口三万，秦王受献，归其君于周”；五十二年（公元前255年），“周民东亡，其器九鼎入秦，周初亡”。庄襄王元年（公元前249年），“东周君与诸侯谋秦，秦使相国吕不韦诛之，尽入其国，秦不绝其祀，以阳人地赐周君，奉其祭祀”。

这时距秦始皇并天下（公元前221年）只有二十八年了，距孟子去世（公元前289年）四十年了。《左传·鲁宣公三年》（公元前606年），楚子问鼎中原，周人王孙满回答说，“成王定鼎于郏鄏，卜世三十，卜年七百，天所命也。周德虽衰，天命未改，鼎之轻重，未可问也”。由那时到九鼎入秦，又过了三百五十多年。

4．孟子时代之诸大夫与国人

孟子时代的国家制度，一是国人和诸大夫两机构仍在，国人者，国人会议或公民会议之机构；诸大夫者，贵族会议或长老会议之机构，皆城邦政制。国人或邦人或众，或单个人而冠之以邦国之名，如齐人、鲁人、卫人等，都以全权自由公民为前提或基础，其用之于总体之时则是城邦公民机构，召开此种会议叫作“朝国人”、“朝众”或“致众”等等。诸大夫是大夫的集体，当官在朝者长老贵族的集体。召开此种会议亦称“朝诸大夫”等等①。

《孟子·梁惠王下》：“左右皆曰贤，未可也，诸大夫皆曰贤，未可也，国人皆曰贤，然后察之，见贤焉，然后用之；左右皆曰不可，勿听，诸大夫皆曰不可，勿听，国人皆曰不可，然后察之，见不可焉，然后去之；左右皆曰可杀，勿听，诸大夫皆曰可杀，勿听，国人皆曰可杀，然后察之，见可杀焉，然后杀之，故曰国人杀之也。”这是孟子见齐宣王的一段对话。所谓“皆曰”者，显然是有一定形式的表示，否则安得执国人一一而问之？赵岐（108—201）注引《论语》曰“众好之必

① 日知：《古代城邦史研究》，人民出版社1989年版，第25—43页。

察焉”，“众恶之必察焉”，可见春秋时代亦有此传统制度，众即国人邦人也。

何谓“国人杀之”？此《春秋》“称人以杀”之例。称人者称国人。《春秋》笔法有一套传统，国人所为之事，记载时“称人”，有成规。三传各以自己所掌握的见解加以解释。如隐公四年，“卫人杀州吁于濮”，谓之“卫人”，即称人，即卫之国人，不是公民个人，而且公民总体。此《春秋》所记，《左传》释云：

> ［隐公］“四年（公元前719年）春，卫州吁弑桓公而立”，“将修先君之怨于郑，以求宠于诸侯，以和其民”，“故宋公、陈侯、蔡人、卫人伐郑”。

《春秋》：“九月，卫人杀州吁于濮。”《公羊传》云：“其称人何？讨贼之辞也。”何休（129—182）注曰：“讨者除也。明国中人人得讨之。”《穀梁传》云：“称人以杀，杀有罪也。”范宁（339—401）《集解》曰：“有弑君之罪者，则举国皆欲杀之。”事实上杀州吁者是卫之大臣石碏［què］。《左传》云：

> 州吁未能和其民，厚问定君于石子，石子曰：“‘王觐为可’。曰：‘何以得觐？’曰：‘陈桓公方有宠于王，陈卫方睦，若朝陈使请，必可得也’。厚从州吁如陈。石碏使告于陈曰：‘卫国褊小，老夫耄矣，此二人者实弑寡君，敢即图之！’陈人执之，而请涖于卫。九月，卫人使右宰醜涖杀州吁于濮，石碏使其宰獳羊肩涖杀石厚于陈。”

是石碏想出办法假手陈人杀州吁和石厚，为什么《春秋》写“卫人杀州吁于濮”？这就是“国人杀之也”，明是国人的意图和行动。上文孟子说“故曰国人杀之也”，“故曰”者，此举权在国人，主动由于国人，故《春秋》按“国人杀之”之例记之。《春秋》同一年（隐公四年）书“卫人立晋”，《左传》释之云：“书曰：卫人立恶，众也”，即国人立之；《公羊传》云，“其称人何？众立之之辞也。然则孰立之？石碏立之，则其称人何？众之所欲立也”。《穀梁传》云：“卫人者，众辞也；其称人以立之，何也？得众也。”

5．孟子时代的王；王霸的见解由孔到孟的变化

孟子时代的国家制度，其次是首领，以前是公卿执政，邦君仍主宗教（祭祀之权），现在则许多大国已经称王。王何由来？

甲骨文中已有“王”字。吴其昌云：“王字之本义斧也”，其说至确。斧戉（钺）之戉，北京音yuè（钺），［闽音今犹与王同声同韵，惟不同调。闽音王，下平；戉，下入］（《说文》：“王”雨方切，十部；“戉”［钺］，王伐切，十五部；而“雨”则王矩切，五部），故王与戉（钺）本是一个字（参阅《金文诂林》“王”“戉”）。

“王”与“戉”（钺）之关系，说明古者“王”本是军事首领，他与宗教首领“君”，政事首领“卿”，负有密切相关的邦国任务，有时统属于一人，而以“王”出现，尤其征伐时日。以周代说，自文王受命为王，王即成为周之邦国联盟的军事、政治、宗教三职能的统一的首领。可是到了东迁之后，王权政治、军事部分旁落于霸者之手，王只剩有宗教之权了。进入战国时代，王又重要起来，因为军事首领起首要作用，各邦国中，除周王一直为宗教首领外，各邦公卿的政治权，邦君的宗教权，都集中到军事权的掌有者，“王”，王是独裁者，全权首领。

《论语》中“王”字罕见，有两个“先王”（《学而》《季氏》），一个“王者”（《子路》），一个“文王”（《子罕》），一个“武王”（《泰伯》），如此而已（“文”“武”单用者不计）。《墨子》中“王”及其有关的词已大量出现，到了《孟子》书里，“王”则二百余见。时七强国纷纷称王，宋及中山亦称王，诸国中最后称王者为赵，在公元前318年（赵武灵王八年，《史记·赵世家》）之后未久。故孟子之日，诸称王之国全都称王了[1]。

---

① 《孟子·梁惠王上》：“孟子见梁惠王”，《六国表》在魏惠王三十五年（公元前335年，

战国列强之王，与周王有本质之别。列强之为王，非但有其名，而且有其实（赵武灵王语：“无其实，敢处其名乎？”令国人谓已为君），即实际权力：军事、政治（宗教权至是已无意义）。这时的王，是军事独裁者之别名。军事独裁（military dictatorship），还不是“独断专行的军事专制主义”（autocratic military despotism），后者属于帝国时代，前者仍在城邦的阶段，不过城邦已到危机的时日，对内，社会政治秩序的维护，对外，战争时常和持久，都使军事组织和行动往往成为必要，且集中权力于王的个人支配之下了。《墨子》的“尚同”，《孟子》的“定于一”（《梁惠王上》），就属于这方面的思想。

孔子称管仲仁，曰：“桓公九合诸侯，不以兵车，管仲之力也，如其仁，如其仁。”（《论语·宪问》孔子又赞美霸，曰：“管仲相桓公，霸诸侯，一匡天下，民到于今受其赐。”（《宪问》）孔子于定公十四［三］年摄行相事，在鲁国是在搞霸业，故齐人惧之，曰：“孔子为政必霸，霸则吾地近焉，我之为先并矣。”（《史记·孔子世家》）

孟子则不然，齐宣王问齐桓晋文之事，孟子回答说：“仲尼之徒，无道桓文之事者”，“无以，则王乎。”（《孟子·梁惠王上》）。《荀子·仲尼篇》也说，“仲尼之门人，五尺之竖子，言羞称乎五伯”。又《王霸篇》云：“用国者，义立而王，信立而霸，权谋立而亡。”

孔子与孟荀对待王霸的见解截焉不同？为什么？时代不同。王霸都是城邦时代的政治制度。战国时代，整个城邦时日的制度都趋于解体过程，王霸论亦不例外。强调王，反对霸，这是出于孟荀时期的政治形势。其实

《魏世家》作惠王三十六年，卒，子襄王元年，与诸侯会徐州，相王，追尊父惠王为王），其答惠王。曰，“王何必曰利？”当面称之为王，可见当时无所谓“僭称王”，有力量尽可以称，“僭”是秦汉后见解，强加之于古人。司马迁著《六国表》，不是改用“君不可言利”，司马光《通鉴》不是也改为“君何必曰利”吗？顾炎武《日知录》云，“孟子书，其对惠王无不称之为王者，则非追尊之辞明矣（按：孟子对襄王亦称之为王［‘王知夫苗乎’］），司马子长亦知其不通，而改之曰君，然孟子之书，出于当时，不容误也”。

到这时“王天下”也一样行不通，尽管孟荀还在提，但至此为止，“王”道、“王天下”，都只是空谈，从未有人真正尝试过。

孟子说过，“霸必有大国”，“王不待大”（《公孙丑上》）；孔子欲应公山弗扰和佛肸之召，曾说“盖文武起丰、镐而王，今费虽小，倘庶几乎”（《史记·孔子世家》），孟子的“王不待大”的理论，似乎也是这样。可是，文王是以“三分天下有其二”起家的，是以西伯（霸者）起家的；在这之前，自大王王季，经历数代，连起来明明是由霸而王，是以城邦联盟的盟主所拥有的力量经营更大的天下的。所以孟子的王霸论不符事实。顾炎武云：“《书》之言文王曰，大邦畏其力，文王何尝不藉力哉？”

6．孟子时代的民主政治思想与血缘关系

当孟子时代（公元前4—前3世纪），古代中国民主政治的理论和实践，尚有点点滴滴可见。

《万章》下记周室班爵禄，天子以下至公、侯、伯、子男五等，君、卿以下至大夫、上、中、下士六等，《日知录》云：“为民而立之君，故班爵之意，天子与公侯伯子男一也，而非绝世之贵；代耕而赋之禄，故班禄之意，君卿大夫士与庶人在官一也，而非无事之食。是故知天子一位之义，则不敢肆于民上以自尊；知禄以代耕之义，则不敢厚取于民以自奉。不明乎此，而侮夺人之君常多于三代之下矣。”

“民为贵，社稷次之，君为轻。”（《尽心下》）这是古典邦和邦的联盟时代的基本思想。

但民贵于君，比君高，实际情况应是民高于邦君，而孟子说的是“得乎丘民而为天子”，越过了邦君这个层次。邦君，按孟子的编排，则是“得乎天子为诸侯”，是天子封的。《墨子·尚同》也是这样，立天子，立三公，然后划分万国，立诸侯国君。《墨子》没有说天子三公由谁选立，《孟子》也只是说“得乎丘民”。事实上，天子原来是邦君，是在邦的基础上发展成为各邦联盟的盟主，到成了盟主之时才是天子，或王。“汤以七十里，文王以百里”（《公孙丑上》），都是由小邦开始。

《万章》下所说五等、六等，前者就邦国联盟或天下说的，说的是盟主之邦与列国的等第，只有大小，未必有高低；后者就每个邦的内部说的，天子之卿、大夫、元士受地，是天子（盟主）之邦的特点，各邦（大国、次国、小国）君卿大夫士受禄。凡论古代邦国政制，都当分别盟主之邦（天子之邦）与列国的异和同。但不论是天子之邦还是列国，民贵、社稷次、君轻的政治原则都一样，只是盟主之邦的君与民的关系只限于本邦，列国的民，天子管不到。

《礼·王制》在《孟子》后，可能为汉文帝令博士诸生所作，其特色之一：五等爵无天子，分子男为二，则公侯伯子男在天子之下，非如《孟子·万章》，“天子一位，公一位，侯一位，伯一位，子男同一位”，平列五位民主政治之制矣。故《孟子》犹存古典民主政治之迹。

然我国古典民主时代，血缘关系犹浓厚地残存而且严重地影响和约束民主政治，此在《孟子》中亦可明显看到，“亲亲”是也。《尽心上》：

> 孟子曰：君子之于物也，爱之而弗仁；于民也，仁之而弗亲，亲亲而仁民，仁民而爱物。

何谓“物”？《周礼·地官·质人》，质人掌城市之货贿，人民、牛马、兵器、珍异。“人民”，奴婢也（郑注），与牛马、兵器、珍异同为物。君子是贵族阶级，其于人也，或亲之，对贵族亲；或仁之，对国人（民）仁；或爱之，对奴婢牛马货贿爱。儒家承认爱有差等。《论语·子路》，“叶公语孔子曰：‘吾党有直躬者，其父攘羊，而子证之。’孔子曰：‘吾党之直者异于是，父为子隐，子为父隐。’”血缘关系起作用，父子相隐，“直在其中”，政治关系压倒血缘关系，则依法处理，父窃子证。古代中国，要到陈涉起义，才第一次喊出口号，“王侯将相宁有种乎”。然而陈胜吴广仍不得不依卜人之劝，丹书鱼腹，篝火狐鸣，谋之以鬼！而终于富贵相忘，佣耕故人斩矣！

血缘关系、天命论的“旧社会”思想之影响于古典人们的头脑，世世代代，深矣！

古典时代君臣关系的传统应从血缘关系与民主政治关系两方面来理解，而这是十分复杂的，但后世的忠君思想，愚忠思想，在古代是看不见的，不应当把血缘关系对君臣关系的束缚看成忠君思想。

《礼·大学》释《诗·商颂·玄鸟》“邦畿千里，惟民所止”的“止”，引《诗·小雅·绵蛮》句云，“绵蛮黄鸟，止于丘隅”，且以人伦中的三伦释之，曰：“为人君止于仁，为人臣止于敬；为人子止于孝，为人父止于慈；与国人交止于信。”君臣之伦者，君臣之关系，其最高标准是君仁，臣敬，臣之于君，道德规范是“敬”，不是“忠”。反之，对于国人，最高标准是“信”，“与国人交，止于信”；而忠信相表里，止于信，信即忠。故《论语》开篇即以每日“三省吾身”为训；“为人谋而不忠乎？与朋友交而不信乎？”为人谋者，为“国人”谋也；与朋友交者，与“国人”交也。《论语·子路》，樊迟问仁，子曰，“居处恭，执事敬，与人忠”。“与人忠”者，忠于国人也；“执事敬”者，事君以敬也。对于邦君，“止于敬”，最高标准是“敬”；对于国人，“止于信”，最高标准是忠信的“信”。对国君有时也讲“忠”，但那是有条件的，“君使臣以礼，臣事君以忠”（《论语·八佾》，定公问“君使臣、臣事君如之何”条）；对国人忠则是无条件的，包括邦君对于国人，民贵君轻。

对于国君、君臣关系有条件，这在《孟子》中到处可见。《孟子·离娄》，“孟子告齐宣王”章：“君之视臣如手足，则臣视君如腹心；君之视臣如犬马，则臣视君如国人；君之视臣如土芥，则臣视君如寇仇。”齐宣王听了这些，反问说，“礼为旧君有服”（去国之臣，为旧君服丧），意思是，这该是无条件了。孟子反驳说：什么情况下为旧君服丧呢？“谏行言听，膏泽下于民，有故而去，则使人导之出疆，又先于其所往；去三年不反，然后收其田里[①]，此之谓三有礼焉，如此则为之服矣。今也为臣，谏则不行，言则不听，膏泽不下于民；有故而去，则君搏执之，又极之于其所往，去之日遂收其田里，此之谓寇仇，寇仇何服之有？”

为旧君服丧，服丧本是血缘关系之事，但用之于政治关系的君臣来，二者本来有别，但可以互相影响。《孟子·公孙丑下》，有人对孟子说，“内则父子，外则君臣”，“父子主恩，君臣主敬”，二者之别即血缘关系与政治关系之区分。但如《左传·僖公三十三年》，晋败狄于箕，主帅先轸因曾在朝反对晋君释放秦囚，“不顾而唾”，在政治上虽是为国，但在君臣关系上是失礼了，他“免胄人狄师”而死，自言“鄙夫逞志于君而无讨，敢不自讨乎”，这便是血缘关系在宗教方面使他思想不安，不得不以死了之；他政治上是忠于晋国、晋人、晋君，却以宗教上得罪邦君而自杀。又如《左传·庄公十九年》记楚鬻拳强谏楚子，楚子不听，“临之以兵”，迫使听从，本是忠于国事，却“自刖”以自治罪；后来当了守门人，有一次楚子出兵御巴人，为巴人所败而还，“鬻拳弗纳”，迫使楚子率兵出去伐黄，败黄而归，但路上病死了，这也是忠于国事，但鬻拳在楚子葬后，亦自杀而殉。又如《左传·襄公三年》，晋侯之弟杨干在诸侯盟会中乱了行阵，魏绛依军法戮杨干之御者，晋侯以为大辱，欲杀之，但魏绛却已自来对晋君请罪，“将伏剑”矣，晋公跣足而出，止之，说：“寡人之言，亲爱也；吾子之讨，军礼也。寡人有弟，弗能教训，使干大命，寡人之过也，子无重寡人之过，敢以为请。”当各国诸侯在场的盟会上，晋侯作为盟主邦君，其弟犯了军礼，御者（乱了行阵的负责人）被刑，这本是应该的，但因是国君的弟弟，有了宗教上血缘关系特权，魏绛却要请罪，准备伏剑以死。这类事例，都属古典时代血缘关系与政治关系矛盾，君臣在宗教、政治关系上矛盾的表现，这不是忠君，不应与后世“忠君”要求的愚忠愚孝相混，说中国古无民主政治。

---

① 此例在春秋时有之，郑子产曾实行过，参阅《左传·襄公三十年》，“郑子皮授子产政”章。

西方希腊史上也有这类事例。希罗多德《历史》（Ⅷ. 135）记斯巴达两名贵族自愿派往波斯，为以前两个被投到井里的波斯使者偿命的故事，便是一例。这是城邦阶段，古典时代思想习惯传统的局限性在作怪。

V. 东方专制主义问题
——政治学、历史学两千多年来的误解

A. 先秦中国
——内无东方专制主义，外亦未闻东方专制主义，不知东方专制主义为何物

专制主义（Despotism）是近代政治学、历史学外来语的译名，溯源于西方古典时口，是古希腊文δεσποτεία之意译，意即“专制”或“专制统治”（Absolute rule）。

这种专制统治主要是指君主专制或专制君主政治（Autocratic Monarch）。同语根之希腊文δεσπότης，其第一意义是“主人”（Master），在这里则指“专制”君主（Despot）。

以汉文“专制”译西文Despotism（英），Despotisme（法），Despotie（德），不知始于何时，早自清季严［复］译之《孟德斯鸠法意》，晚在新中国成立前出版之黑格尔《历史哲学》，盖久已通行。

可是，在古代中国，见于文献的“专制”或“颛制”，少得很，而且更多更主要地适用于人臣，而非用之于君后。郭沫若曾云，“专字金文未见”，“卜辞有专字三例”（《金文丛考》“释叀”）。今知甲骨文有

“专”有“制”，但尚无“专制”连用之例（《甲骨文编》《殷墟卜辞综类》）；金文“专”字有补者（《金文诂林》补，册七），亦未见“专制”。

古籍中“专制”连用者，如《国语·楚语上》，武丁“三年默以思道，既得道，犹不敢专制”；《左传·昭公十九年》，“晋大夫而专制其位”；《管子·立政》，“考宪而有不合于太府之籍者，侈曰专制，不足曰亏令，罪死不赦”；《韩非子·亡征》，“婴儿为君，大臣专制”；“任官太尊，专制擅命”；《韩非子·南面》，“人臣”“非背法专制无以为威”；《韩非子·难一》，主无术，“一用则专制而劫弑”。先秦典籍中有“专制”者寥寥可数，秦汉帝国时代著作追记先秦“专制”者，如《史记·穰侯列传》，“范睢言宣太后专制”；《淮南子·道应训》，“国人皆知杀戮之专制在［宋］子罕也”；《淮南子·氾论训》，“周公事文王也。行无专制，事无由己”。其事属秦汉帝国时代，非追叙先秦者不举。

人臣专制，不过专权而已。古籍中有单用“专”字，其义已可充分说明专权者，如《左传·桓公十五年》，郑“祭仲专”；襄公十九年，“郑子孔之为政也专”；襄公二十七年，“卫宁喜专”；《礼记·坊记》，“父母在，馈献不及车马，示民不敢专也”；《孟子·公孙丑上》，“管仲得君如彼其专也”；《孟子·告子下》，葵丘之会，“四命曰，无专杀大夫”，等等。这种专权的“专”，是“专政”即“狄克推多”或“独裁官”（Dictator）之“专”，不是“专制”，和“专制”不属一个概念，尤其不是“君主专制”。不是近代政治学意义的“君主专制”。

《孟德斯鸠法意》云，“专制者，治以一君，而一切出于独行之己意”；又云，“夫专制者，以一人而具无限之权力，为所欲为，莫与降者也”（1981年本，“严译名著丛刊，”11、24页）。这种专制君主的权力是着重在政治方面的，在古代中国，要到秦王政统一天下，称始皇帝之年（即公元前221年），才开始有，在这之前，二帝三王之世，不论是仁君，如尧舜禹汤文武，也不论是暴君，如桀纣幽厉，都不能说是专制君主。

为什么？

古典时代的国家，在帝国（秦汉帝国，希腊化帝国，罗马帝国）出现之前，其形式是邦（πόλις），或云城邦（city-state），一个个的邦，作为城邦联盟（συμμαχία）成员的邦，而不是帝国。二帝三王之邦只是邦之联盟的盟主之邦，王朝不是帝国，二帝三王虽为天子，不是秦始皇那样的皇帝，他们不是专制君主。

二帝三王这样的王朝天子，在本邦是邦君，可以管辖本邦的邦人，即国人，邦之自由民公民；他无权管辖别的邦的公民，别的邦的邦人属于列国之邦或邦君，不属于天子。秦始皇这样的皇帝就不同了，他命令天下民曰黔首，邦没有了，邦君没有了，他是专制帝国的专制君主了。帝国领土不是邦畿千里，而是三十六郡（或四十郡）那样地方行政制度，郡县制或行省制。

邦君，或作为邦之联盟的盟主的天子，传统都具有双重权力：血缘关系的来自民族部落传统的宗教权，以及政治军事关系的来自邦和联盟的政治权，二者即传统常见的所谓“国之大事，在祀与戎”，天命属于前者，对邦人和邦国以及联盟的管辖指挥权属于后者，王朝天子握有这两种权力时叫“天下有道”；他的政治权旁落，但还能握有其另一种权，即宗教权，尚有天命在的时候（“天命未改”），叫“天下无道”，这时政治军事权落到霸主之手了。如果连后一种权力，名义上的权力，宗教上的公认权力，也没有了，这个王朝便亡了，天下便亡了。

这样的邦君，这样的天子，历史上排列不到专制君主的地位。他有天命在手，例如敢于拒绝晋文公请隧的周襄王（《左传·僖公二十五年》），敢于拒绝楚庄王问鼎的周定王（《左传·宣公三年》），能算是专制君主吗？他们没有政治权力，政治权力在霸者之手。即使也有政治军事权力，而且像商纣那样，自言“我生不有命在天”（《史记·殷本纪》），他能算是专制君主吗？他本质上还是邦之联盟的首领，殷天下还是诸邦林立，而且与之对立的周天下也一样。历史没有走出城邦和城邦联盟的阶段，没有到达专制帝国的时期。正因为这样，要从先秦时日文献中直接找出道及君主专制的材料是很不容易的。

专制主义或君主专制是历史学范畴的概念。历史发展到一定阶段才出现专制主义。氏族社会没有专制主义。文明初期最早出现的国家不是专制主义国家。穿插在城邦政治发展过程的各种独裁形式，如梭伦改革中采用的“调停人”（διαλλακτήρ）形式的政治活动，如希腊古典各邦各式各样的僭主政治（τυραννίς），以及罗马共和国时期的各种狄克推多专制，都不是君主专制或专制君主。总之，先秦中国，内部没有出现专制主义帝国阶段的国家。

先秦时代的中国人，不仅在本国看不到专制主义帝国阶段的国家。同时，在邻邦、邻近地区也没有机会看到先进于专制主义帝国阶段的国家。当时的中国人看到的是大大小小的邦和邦的联盟天下；他们放眼周围世界，见到的则是各式各样的兄弟民族，所谓蛮夷戎狄。

古代中国华夏民族，由于新石器时代农业革命发生较早，比之周围兄弟民族先进于文明。直到春秋时代，早已迁入中原黄河流域的戎人，还有“我诸戎饮食衣服不与华同，贽币不通，言语不达”之说（《左传·襄公十四年》，公元前559年）。晋魏绛和戎之时，犹言“戎狄荐居（逐水草而居），贵货易土，土可贾焉（土地可以买卖）”（《左传·襄公四年》，公元前569年），即是说，这些兄弟民族尚未定居，尚未从事耕稼。到了战国初年，孟子犹言，“夫貉，五谷不生，惟黍生之，无城郭宫室宗庙祭祀之礼，无诸侯币帛饔飧，无百官有司”（《孟子·告子下》），即尚未进入城邦阶段。处于文明时代但仍在城邦阶段、城邦联盟阶段的华夏民族，是在经济文化发展不等的兄弟民族包围之中。古代中国文明，当先秦时代，与古代西亚文明先进地区，中间有所间隔。在考古研究未有新发现之前，我们还得承认，古代中国与古代西亚，当初尚未有直接往来。公元前8—前7世纪亚述帝国的全盛（公元前744—前612），公元前6世纪中叶居鲁士之建立波斯帝国，以及随后这个帝国之征服全部西亚和埃及，这一切国际间大事，当时中国不可能有所闻知，这些大帝国当时的专制主义统治，中国古代各族居民当时当然也无所知晓。

自己还没有专制主义，也不知道别人已有过的专制主义，古代中国，当先秦时代，因之有自己发展的比较纯粹的邦或城邦社会的文化和历史，有比较单纯的前文明和文明初始时期兄弟民族的社会的文化和历史（Cultures and histories of Pre-and Proto-civilized societies of our Minorities in ancient China）。而这些无疑是十分宝贵的，传留于今的我国古典文明文化和科学的遗产。如果谁要研究人类文明和国家的起源史，要研究城邦产生和发展的历史，那就应该从先秦中国的社会和历史入手，因为这里有十分丰富的传留于世的物质资料和文献，没有受过帝国统治阶段的思想家、历史家的影响。从老子、孔子、墨子、孟子、庄子、荀子到韩非子，大家无所拘束，百家争鸣，自由发言。有后世所得不到的思想解放的境界。当然这里说的“解放”是有限度、有条件的，因为大家都不免受到“天命”论的时代局限性的束缚，思想如此，行动也是如此。

但是，对于专制主义，尤其东方专制主义，先秦中国传世的典籍是未受干扰的，不应发生什么误解的；是不知道的，因而是不受影响的。只这一事，古典中国典籍难道不使人感到更加可贵吗？

当然，这不是说，在中国，先秦文物后来不被专制帝国的政治学、历史与侵犯了！秦汉帝国以来，直至近代，两千多年来，哪一代的文人学士、政客官僚，不曾利用古典文化为自己服务！通过这些人的不断解释和不断歪曲，中国古典难免蒙上层层的尘埃和阴影，使当今的科学工作者多费了洗刷翻新的工夫。

请以孔子为例。孔子和孔门弟子的《论语》是世界上最早的一部政治学著作，比希腊人柏拉图的《理想国》早约一个半世纪，比亚里士多德的《政治学》早约两个世纪。然而时至今日，世之言政治学科学者，皆溯源于希腊之柏拉图与亚里士多德，而论中国古之封建专制者，往往追踪于孔子及孔氏之学！此盲目之说也！孔子生当城邦阶段的古典中国，何能有封建专制之思想？先秦孔氏遗书，不倡忠君。“为人谋而不忠乎”？为国人谋，忠于国人，朝朝自省，无条件之忠也；“君使臣以礼，臣事君以忠”，有君臣关系之忠，有条件之忠也。《礼记·大学》篇，引《诗》曰“邦畿千里，惟民所止”，民属于邦，犹古希腊人所谓公民乃城邦动物。“为人君，止于仁；为人臣，止于敬”，不倡忠君也。孔门师徒以“仁”为教育中心。仁者，天子之事，邦君之事，非一般人（小人、庶民）、之事（故“未有小人而仁”者也）。孔子教弟子为人（为仁），其最终标准，教之为君，为天子，“雍也可使南面”是也。其答颜子之问仁者，曰“一日克己复礼，天下归仁焉”，天下归仁者，为尧舜之君，行文武之道，为君为天子也（居陋巷之颜回，如只讲个人生活，非礼勿视听言动，何能“天下归仁”？）。《史记·孔子世家》记鲁之公山弗扰以及费畔季氏，使人召孔子，描写孔子当时“欲往”之态度云：“孔子循道弥久，温温无所试，莫能己用，曰：盖周文武起丰镐而王，今费虽小傥庶几乎？”共33字，自汉之桓谭至今日之注释家，皆以司马迁为诬蔑孔子，不知此出于“古论”（《论语》古本，出自孔壁），惟太史公有此胆识，敢录之以传世，孔子第八代孙孔甲，参加农民起义，为陈涉博士，与之俱死，受孔子之家教也。

自秦汉帝国以下，先秦著作，先秦哲人思想，两千多年来，不断被后世误解，孔子及孔门《论语》，作为世界最早的一部政治学教科书，几经专制帝国倡愚忠愚孝者之改头换面，书犹在也，学说全非矣！

B. 古希腊人

——内无东方专制主义，外已接触异邦专制主义，开始对东方民族发生误解

西方也一样，古典时代希腊人内部亦不讲专制主义或专制统治

（δεσποτεία），他们自己没有专制君主（δεσπότης），不知君主专制为何物。古典时代希腊人亦处于城邦阶段。

在柏拉图对话《巴曼尼得斯篇》有如下的一段：

οἷον, φάναι τὸν Παρμενίδην, εἴ τις ἡμῶν του δεσπότης ἢ δοῦλός ἐστιν, οὐκ αὐτοῦ δεσπότου δήπου, ὃ ἔστι δεσπότης, ἐκείνου δοῦλός ἐστιν, οὐδὲ αὐτοῦ δούλου, ὃ ἔστι δοῦλος, δεσπότης ὁ δεσπότης, ἀλλ᾽ ἄνθρωπος ὢν ἀνθρώπου ἀμφότερα ταῦτ᾽ ἐστίν αὐτὴ δὲ δεσποτεία αὐτῆς δουλείας ἐστὶν ὅ ἐστι, καὶ δουλεία ὡσαύτως αὐτὴ δουλεία αὐτῆς δεσποτείας.（Pl. Prm. 133d—e）

巴曼尼得斯说，譬如我们中一个人是某个人的主人或奴隶，那么他就不是主人自身的奴隶，而主人也不是奴隶自身的主人；但一个人是一个人的主人或奴隶。反之，主人身份自身是奴隶制自身的主人身份；而奴隶制自身则是主人身份自身的奴隶制，我们的奴隶和主人与他们无关，而他们也无关于我们。[①]（133D—E）

这里，不论是主人（δεσπότης）还是主人身份（δεσποτεία），希腊文原文同"专制君主"或"专制主义"（专制统治）都是一个字，但都不能说是"专制君主（despot，absolute ruler）或"专制主义"（专制统治）（despotism，or absolute rule），这是对希腊人说的。古希腊人自己有奴隶主，但无专制君主。

对波斯帝国则不一样，希腊人认为那是"蛮人"（非希腊人）"专制统治"（δεσποτεία βαρβαρική）的国家，如柏拉图《法律论》（Book Ⅲ，698）中所作的结语，这个帝国当前的虐政，正是由于"极度的奴隶制和专制统治"（σφόδρα δούλειον τε καὶ δεσποτείαν［Pl. Leg. 698］）。

古希腊人内部不知道专制和专制主义，这和古代中国人的政治学知识

① 参照 PLATO Ⅵ(Loeb Classical Library)，1953 年版，第 223—225 页，希腊原文和英译，及陈康译注，《柏拉图巴曼尼得斯篇》，商务印书馆 1946 年版，第 59、61 页。

有相一致的水平；而古希腊人外部见到专制主义的帝国，例如波斯帝国，乃至亚述帝国，在这方面，他们的见识比之古中国人要广些，但与此同时，古希腊人因此易于发生种种偏见，不能正确认识城邦和帝国的历史发展相关的过程，不能正确理解希腊人与非希腊人由于历史发展阶段不同而产生的政治形式上民主和专制等等差异而同时并见的缘由。

公元前521年，古波斯史上有过大流士等七人夺取政权之后，集会讨论波斯这个国家以后该采取什么政治形式的问题。据希罗多德《历史》（Ⅲ．80—83）记载，他们是在民主政治（δημοκρατία ）、寡头统治（ὀλιγαρχία）以及君主政治（μοναρχία）三种形式中选择一种。经过讨论，由于大流士主张君主制，七人中四人赞成，便决定波斯实行君主制。

希罗多德《历史》这段记载的事实是否可信？在波斯帝国，在居鲁士（公元前559—前530）、刚比西（公元前530—前522）两代早已实行专制君主政治之后，大流士等人以武力夺得政权，还在讨论采用什么政治形式，是民主，是寡头，还是君主专制，这是可能的吗？但希罗多德在他的《历史》（Ⅲ．80和Ⅳ．43）中曾经两度说明此事，他则说这次“会上所发表的意见，在某些希腊人看起来是不可信的，但毫无疑问，这些意见是发表了的”，这特别重要的在于会上有人主张采用民主政治，“使全体波斯人参加管理国家”；再则（《历史》Ⅲ．80大概先已发表，后来在Ⅳ．43重提此事）说，“当［波斯将领］玛尔多纽斯沿着［小］亚细亚海岸航行到爱奥尼亚的时候”，他“废黜了所有爱奥尼亚的［希腊各邦］僭主，而在他们的城邦中建立起民主政治”，希罗多德写道，“我把这件事情记下来是为了使不相信［他先前记载的］七人当中欧塔涅斯曾宣布说波斯最好的统治形式应当是民主政体的那些希腊人大吃一惊”。可见当时是有许多希腊人不相信东方的波斯人中居然也会有人主张采用民主制的了！

大概，古希腊人对于东方（非希腊人，蛮人，βάρβαρος）的政治制度，对东方入政治思想的看法，以波斯人（米底人、波斯人）为例，基本上有两种观点：一是历史家的见解，以希罗多德《历史》为代表，知道东方人有过从部落和部落联盟到国家兴起的过程，有过从城邦和城邦联盟到帝国兴衰的发展过程（希罗多德《历史》Ⅰ、Ⅲ、Ⅳ、Ⅶ各卷。散见有关章节，参阅《世界上古史纲》上册，1979，第219—229页）。希罗多德在其《历史》中一再强调有过主张波斯采用民主政治的波斯人，出现这种意见也不会是偶然的。

古希腊人对东方（非希腊人）政治的另一种见解是政治学家的观点，他们忽视波斯人等等非希腊人的历史发展过程，夸大乃至歪曲民族天性，血缘关系传统等等，亚里士多德的《政治学》就有这种倾向。《政治学》（Politics，125269）写道：

ὡς ταὐτὸ φύσει βάρβαρον καὶ δοῦλον ὄν.

蛮人（非希腊人）和奴隶同其本性。

这样就提出了希腊人高人一等的观点，非希腊人本性是奴隶。《政治学》（1285a17）描述东方君主政治说：

παρὰ ταύτην δ' ἄλλο μοναρχίας εἶδος, οἷαι παρ' ἐνίοις εἰσὶ βασιλεῖαι τῶν βαρβάρων. ἔχουσι δ' αὗται τὴν δύναμιν πᾶσαι παραπλησίαν τυραννίσιν, εἰσὶ δὲ καὶ κατὰ νόμον καὶ πάτριαι· διὰ γὰρ τὸ δουλικώτεροι εἶναι τὰ ἤθη φύσει οἱ μὲν βάρβαροι τῶν Ἑλλήνων, οἱ δὲ περὶ τὴν Ἀσίαν τῶν περὶ τὴν Εὐρώπην, ὑπομένουσι τὴν δεσποτικὴν ἀρχὴν οὐδὲν δυσχεραίνοντες. τυραννικαὶ μὲν οὖν διὰ τὸ τοιοῦτόν εἰσιν, ἀσφαλεῖς δὲ διὰ τὸ πάτριαι καὶ κατὰ νόμον εἶναι. καὶ ἡ φυλακὴ δὲ βασιλικὴ καὶ οὐ τυραννικὴ διὰ τὴν αὐτὴν αἰτίαν. οἱ γὰρ πολῖται φυλάττουσιν ὅπλοις τοὺς βασιλεῖς, τοὺς δὲ τυράννους ξενικόν· οἱ μὲν γὰρ κατὰ νόμον καὶ ἑκόντων οἱ δ' ἀκόντων ἄρχουσιν, ὥσθ' οἱ μὲν παρὰ τῶν πολιτῶν οἱ δ' ἐπὶ τοὺς πολίτας ἔχουσι τὴν φυλακήν.

存在于蛮人［非希腊人］中的王政，是又一种的君主政体，这种君主掌握的权力和［希腊的］僭主很相似，但他们是依法统治，王位世袭。蛮人比之希腊人，亚细亚人比之欧罗巴人，更具奴隶性，他们忍受专制统治而无怨愤。因此，这种政制便具有僭主政制的性质。但由于世代嗣续，又以法律统治，它们局势稳定。同时，它们的王室侍卫也因此与僭主的不属同一类型，这些王室是以武装公民为护卫，而僭主则依仗外邦人卫士。因为王室依法统治自愿的臣民，而僭主统治非自愿的臣民，所以王室从公民中觅取他们的侍卫，而僭主则用异邦人卫士以反对本国公民。

“蛮人”（非希腊人）比之希腊人，亚洲人比之欧洲人，由于“更具奴隶性”，所以能“忍受专制统治”，这就是古希腊人对非希腊人（蛮人）的根本看法。

希罗多德《历史》（Ⅶ. 135）说过斯巴达两名贵族在波斯战争期间自愿派往波斯为以前两个被投到井里的波斯使者偿命的故事。当时这两名贵族出身的希腊人（斯巴达人）曾对波斯官员说过一段话，其主旨虽然是希腊人反抗波斯侵略情绪的表现，但从中也反映了希腊人对东方人的一般看法。

当这两名斯巴达贵族来到苏撒时，波斯官员劝他们降服波斯国王，以换取一块赐予的土地，成为当地的统治者。但这两名斯巴达人回答这个波斯官员说：

τὸ μὲν γὰρ δοῦλος εἶναι ἐξεπίστεαι, ἐλευθερίης δὲ οὔκω ἐπειρήθης, οὔτ᾽ εἰ ἔστι γλυκὺ οὔτ᾽ εἰ μή. εἰ γὰρ αὐτῆς πειρήσαιο, οὐκ ἂν δόρασι συμβουλεύοις ἡμῖν περὶ αὐτῆς μάχεσθαι, ἀλλὰ καὶ πελέκεσι.

奴隶的生活，你是很知道的，可是你没有尝过自由的味道，说不出它的甜与否。如果你懂得什么是自由你就会劝我们不但用矛头，而且用斧头，为之奋斗了。（希罗多德《历史》，Loeb本，第Ⅲ册，第437—439页）

处于城邦阶段的斯巴达人（以及一切希腊人），果真“自由”吗？首先，他们是受城邦约束的，受天命约束的，他们为什么要被派往敌国波斯去偿命？去送死？自由在哪里？同时，希腊人当初还没有进入专制帝国阶段，他们自己还没有专制主义，当然不可能尝过专制主义的味道；他们对东方非希腊人中的专制主义，只能用奴与主的关系去看表面的现象，处在古典时代的希腊人，有自己的时代的、环境的局限性，这种局限性使得古典希腊人政治学的科学性受到影响。

古希腊人不知道专制主义的历史根源，只好把专制主义归之于当时见到的东方亚洲人、非希腊人的民族本性；他们既然无法从希腊人内部寻觅当时只能在东方见到的君主专制，只好用希腊人自己曾经有过的僭主政治来同东方专制制度相比较，但并不相似，因为僭主政治实际上是城邦阶段历史的内容；他们在历史上先行于希腊化帝国，先行于罗马帝国，当然不知道西方古代历史在城邦阶段告终时，也会出现“东方专制主义”。

自己处在城邦阶段，不了解本土的东方专制主义，而又遇到正在东方发生的东方专制主义。古希腊人的政治学，包括集大成的亚里士多德的《政治学》，不能把各种政治制度从错杂纷乱的现象中，理出有系统有秩序的一条历史线索，这是可以理解的。在这方面，希罗多德（如上文所引）单就波斯帝国政治制度作比较选择，却整理出民主政治、寡头政治、君主政治（专制）三大项的秩序系统来，这也是可以理解的。

古代中国先秦的政治学，由于城邦制度发展比较单纯，讨论邦与天下（邦的联盟）的关系，王与霸的关系（均为盟主之邦），比之西方古典政治学似乎高明多了。直到李斯的老师荀子，同学韩非，古中国的政治学内容不出于城邦的范畴。古代中国政治学，诸子百家，是古典历史学、古典政治学的珍贵财富，可惜整理研究，两千多年来尚未理出一条线索来。世之论古典政治学者，但知有柏拉图的《理想国》，亚里士多德的《政治学》，而不知孔墨孟荀之书皆政治学著作也！

先秦中国，有古典之政治学，而无古典中国之专制主义，然而不知专制主义的先秦政治学著作，两千多年来被后来专制帝国时代思想家所误读，所曲解，使西方（自古典时代以来）倡自由民主者，以为只有希腊人知道自由，东方人，包括中国人，皆奴隶性也！古典希腊人倡之，近代欧西学者和之，黑格尔所谓东方只知一个人有自由之论是也。

有古代希腊人对东方人奴隶性与东方专制主义关系之误解的传统，又有秦汉帝国以下愈演愈烈对先秦无专制主义文明和思想强加之以“专制主义”之误解的传统，近代西方人论东方政治者便有了两个立脚点以高谈阔论东方专制主义了！

近代西方人论东方专制主义者多矣，其中心理论是在古典时代提出的东方人奴隶性的基点上，再加之以地理环境决定论的武装，使“东方专制主义”成为既有历史渊源，又有理论根据的化学武器，以向东方人民进攻，从心理上征服东方人，奴化东方人！

C．水力文明、水力社会、水力国家、水力帝国、水力专制主义等（hydraulic civilization，hydraulic society，hydraulic state，hydraulic empires. . . hydraulic despotism）东方专制主义（oriental despotism）之批判

古代中国文明和最早的国家从城邦阶段开始，直到公元前221年秦王政统一天下，称始皇帝之时，古代中国人不知道专制主义，也没有接触到异国的专制主义；古代希腊文明和最早的国家也从城邦阶段开始，古希腊人内部也不知道专制主义，直到亚历山大东征，出现希腊化帝国之时。古希腊文明与古中国文明关于政治学科创作不同之处在于古希腊人从东方亚述·巴比伦帝国、波斯帝国那里看到了专制主义政治和君主专制帝国，而古中国人则未有此种机会。古希腊人不知道东方这些帝国前身也经历过城邦阶段（从苏美尔城邦开始），不知道这些帝国的专制主义政治从何而来；当然，当时的希腊人同当初的先秦中国人一样，也不知道自己所处的邦和天下的小世界终于会发展成为大帝国。影响后世较大的古典希腊政治学错误地将同时并见的城邦内部的民主政治、贵族（寡头）政治乃至君主政治同存在于希腊之外的君主专制政治平行排列，以为他们都是继氏族社会、原始部落、前文明时代来的政治制度。古希腊政治学家尤其错误地认为这种东西方政治制度的差别，不是历史地发展而来，而是天然产生的，出自民族性的不同，从而误认为希腊人自己是生来懂得自由的民族，而蛮人（或非希腊人）东方人则是天生的奴隶性，惯于受专制君主统治而不会反抗的民族！

古希腊人的政治学传统影响西方后世乃至近代。其论君主制，如亚里士多德之《政治学》（1285a—b），实混合东西方之制度为五：曰英雄史诗时代的王制，曰非希腊人（蛮人）之君主专制，曰αἰσυμνητήϱ（民选独裁者），曰斯巴达式王制，曰παμβασιλεία（全权君主制，absolute monarchy）。《孟德斯鸠法意》已评之矣：

“亚里士多德之论君主也，其为说几不可以自通。彼尝为五主之分，顾其所据以立别者，非以其法制之异也，而多取末节之异，则有如其君之仁暴，与其得统之为继为篡是已。又以波斯与斯巴达为君主之国，不知波斯专制也，而斯巴达则民主也，皆显然之失矣。”

人类历史从现代人算起，不过三五万年。至旧石器晚期，而主要在新石器时代，发生了第一次生产力革命，农业革命，由狩猎采集以天然物为食的生活，转入农耕畜牧以人工培养种植之动植物为食的生活，在此基础上，出现了文明社会，出现了政治关系代替血缘关系的国家，出现了金属器时代的商品生产和私有制的经济，也出现了有文字为工具联系上下四方的文化，这就是人类的新社会或文明时代的社会，历史大约不过五千年，到这五千年末，距今两个世纪有奇，又发生了一次生产力革命，工业革命，经历了机械、电气以至晚近的电子计算机等各个发展阶段，文明时代历史很短，人类的社会生活以政治关系为单位组织起来，这便是国家。文明和国家的历史，习惯上划分为古代、中世、近代和现代。在古代或古典时代，先有过没有专制主义的城邦阶段，而后有了专制统治的帝国。世界各地的古典文明史大体上都经历了城邦和帝国两阶段的国家，古代中国是这样的，古代希腊罗马也是这样的，从阶级关系说，古代史大概与奴隶占有制关系相当，中世史大概与封建社会[①]相当，近现代史则相当于资本主义和社会主义社会。

① “封建社会”指欧洲中世纪之 feudalism，此译名不对，下文另有讨论，今用通说。

这些十分简单的历史发展系统不为近代“东方专制主义”论者所接受，他们另有一套文明历史发展的蓝图，认为人类历史分为西方和东方两大类：西方历史主要是欧洲（或西欧地中海周围）的历史，这里经历了通常所说的古代（或古典时代）、中世和近代：东方历史则自古至今只有一条线，“东方专制主义”，这里没有古代、中世、近代之分，这里没有奴隶占有制、封建制①、资本主义之别，这里只有上面的专制君主和下面的普遍奴隶，自古至今，一律如此。

“东方专制主义”国家是怎样发生的？据说东方是有大河流的地区，在这些地区，从事农业生产，必须实行人工灌溉，因而有“水力文明”“水力社会”“水力国家”“水力专制主义”等等。总而言之，由于东方有大河流，要实行人工灌溉，就要有东方专制主义。按照“东方专制主义”论者的主张，国家的发生过程便是水力灌溉所要求的一套：挖掘河渠，建造堤堰，这种成群结阵的工事，便需要有水力首领，而水力首领便是政治首领（Hydraulic Leadership Political Leadership），具体的如美索不达米亚（两河流域）的僧侣君主（Priest King）或中国的大禹。水力管理需要有官僚，于是便有官僚制度，专制暴君的统治；便这样产生了。这便是东方专制主义！

东方社会，所谓水力社会，据说是停滞不前的，所以自古至今都是东方专制主义。“东方专制主义”论者宣布，“水力社会不会放弃它的基本结构，除非在外部力量撞击之下”，这就是说，没有外力，这个社会永远不会前进。外力是什么？很明显，是西方殖民者势力，是殖民主义、资本主义、帝国主义国家的力量！

西方社会只有欧洲和日本，上承古代希腊罗马社会，中世之后就是工业社会，除此之外，亚非拉美广大地区和太平洋某些岛屿都属东方社会。这么大的地理范围，并非到处都有大河流域，如何都包在水力社会之内呢？“东方专制主义”论者认为水力社会有核心，有边缘，次边缘。大河

① “封建社会”指欧洲中世纪之 feudalism，此译中不对，下文另有讨论，今用通说。

流域地区是水力社会的核心，其他边缘、次边缘地区的专制主义，不一定自己有水力社会核心的灌溉农业，因受核心水力社会影响，便也要成为东方专制主义社会。西罗马帝国，拜占庭帝国，沙皇俄罗斯，其所以是专制主义国家，正是由核心地区社会的影响。

“东方专制主义”论者原是以地理环境为原则以划分东方西方的，但是，由于政治需要，东方的日本可以放到西方，西方的沙俄可以放进东方，这叫作灵活应用！

不用费太多的笔墨介绍“东方专制主义”论者的学说了。有厚厚的一本书，魏特夫（Karl A. Wittfogel）著的《东方专制主义，极权国的比较研究》，1957初版（我们用的是1964年版）。上面所提的基本观点尽在此书了。此书的最后结语便是引用希罗多德（《历史》Ⅶ. 35）所记斯巴达贵族回答波斯官员的那几句话（见上文）。作者对东方人的看法很清楚——“奴隶”。

对于“东方专制主义”这种歪曲历史的胡言乱语，只要列举一些具体事实就足够了！

第一，农业不起源于大河流域，大河流域的水力灌溉是专制帝国出现于历史舞台之后才有力量实行的事业。禹治水的神话是战国以后才流行的，二帝三王的建立王朝至此已经两千多年了。《论语》书中“禹稷躬稼而有天下”，禹是同后稷一起是从事农业的夏、周王朝的创立者。孔子不言禹治水。用禹证明古代中国的水力专制主义，是对中国史的无知和无能。

第二，1976年，芝加哥大学人类学、地理学教授葡彻尔（Karl W. Butzer）教授著的《埃及早期水力文明》（Early Hydraulic Civilization in Egypt，a Study in Cultural Ecology）出版了，此书指出，尼罗河洪水控制和灌溉一直是地方局部（而不是全帝国）管理的工作，并否定了魏特夫等人所坚持的东方专制主义的公式：由水力灌溉而产生的管理官僚制度和专制主义统治之说。这在古代中国也得到证明。中国古代灌溉也一直是地方或各邦自己的事。春秋时代，霸者领导的盟会，公约各邦“无曲防”，也说明水力工程是由各邦自己管理。《战国策》记东周欲为稻，西周不与水。战国末世，韩水工郑国入秦为间，终于凿成了郑国渠。一切说明水力工程是小规模的地方的工作，汉帝国才开始有大规模的治理工程。

第三，如上文一、二节所说，历史实际说明，不论东方西方，文明和国家发生之初，都没有专制主义政治，“东方专制主义”论者所倡水力专制主义之说完全是无稽之谈。

Ⅵ. “封建主义”问题
——论 feudalism 百年来的误译

A. 源于中世拉丁的 feudalism，为欧洲古典时代所不知道，亦不适用于中国古典时代

“封建主义”是从西欧近代用语英文feudalism（或Feudalismus，德文；feodalisme，法文）译过来的，其语源“feodum”→“feodalis”（feudal）是欧洲中世纪的用语，不见于古典拉丁字典（例如C. T. Lewis and C.S.Short之A Latin Dictionary，1897初版），为欧洲古典时代所不知道，只见于中世纪拉丁的字书，如尼尔迈尔编的《中世纪拉丁小辞书》（Mediae Latinitalis Lexicon Minus，Fasciculi 1—12，1954—1976，composuit J. F. Niermeyer），第5分册，1957，feodalis，第413页；又“feodum”，第414—417页。这类中世纪拉丁和由之派生来的迻译来的词，不知从什么时日和由什么人开始，被用来同古代中国历史文献中的名目，“封建”，给对译了。这样就把欧洲中世纪的社会经济制度，欧洲中世纪的feudalism，强加给古典时代中国。时至今日，在人们日常生活中，英语“feudalism”和汉语“封建”，或“封建制”，或“封建主义”，已成“天经地义”的同义语，翻开字典，feudalism就是“封建”，

“封建”就是feudalism。[①]

不仅“feodalis”（feudal），而且与之有关的一系列西欧中世用语，不属于古典时代，即不是古希腊文、拉丁文，而属于后期拉丁（LL），中世纪拉丁（ML），或中世英语（ME），中世法语（MF），乃至古法语（OF）者，不少被用来同中国古典时代某些被视为有关用语，对译起来，如：

	译为古中国之
“feodum”（feud），ML，	“领地，封地”
“vassallus”（vassal），ML，	“封臣”
“feoff”（fief），ME，	“采邑”
“dux”（from Latin，dux）（duke），ML，	“公”
“marchisus”（marquis），ML， “marchionissa”（夫人），ML，	“侯”
“count”（英国以外），MF， “earl”（英国用），ME，	“伯”
“viscount”，ME，	“子”
“baron”（英国以外），OF， “lord”（英），ME，	“男”

把欧洲中世这些词，同中国古典这些词，对译起来，行不行？请看一看实际应用如何。

19世纪英国汉学家理雅各（James Legge，1815—1897）翻译了不少古典中国的经书，其中有“封建”的，如《诗·商颂·殷武》，有句云：“命于下国，封建厥福”，理氏译为：

> So was his appointment established over the States，and his happiness was made grandly secure.

这是依毛传、郑笺译的，“封建厥福”为“大立其福”，这里没有

① 林语堂，《当代汉语词典》，第 208 页。

feudalism，因为无法那样对译。

《毛诗》以外，《周易》中无“封建”，《尚书》中亦无“封建”，《周礼》《仪礼》《礼记》中亦未见“封建”，剩下只有《春秋》三传了，《公羊》《穀梁》无“封建”，只有《左传·僖公二十四年》两见“封建”，曰“昔周公吊二叔[①]之不成，故封建亲戚，以蕃屏周，管、蔡、郕、霍、鲁、卫、毛、聃、郜、雍、曹、滕、毕、原、酆、郇，文之昭也；邘、晋、应、韩，武之穆也；凡、蒋、邢、茅、胙、祭，周公之胤也”。理雅各英译为：

> Thus the Duke of Zhou, grieved by the want of harmony in the concluding times of the two previous dynasties, [②] raised the relatives of the royal House to the rule of States, that they might act as fences and screens to Zhou. The princes of Guan, Cai, Cheng, Huo, Lu, Wei, Mao, Dan, Gao, Yong, Cao, Teng, Bi, Yuan, Feng, and Xun, were all sons of King Wen. Those of Yu, Jin, Ying, and Han were sons of King Wu. Those of Fan, Jiang, Xing, Mao, Zuo, and Cai were decendants of the Duke of Zhou.

其次，在上引《左传》的下文，引《诗》云：“凡今之人，莫如兄弟”，“兄弟阋于墙，外御其侮”；“周之有懿德也，犹曰‘莫如兄弟’，故封建之”。理雅各译云：

Of all the men in the World.
There are none like brothers.
Brothers may squabble inside the walls,
But they will resist insult from without.

---

① “二叔”，郑众、贾逵以为管叔、蔡叔，马融以为夏殷叔世，杜预注从马说，理雅各英译则依杜注，云：“前二王朝”（two previous dynasties）。

② “二叔”，郑众、贾逵以为管叔、蔡叔，马融以为夏殷叔世，杜预注从马说，理雅各英译则依杜注，云：“前二王朝”（two previous dynasties）。

When Zhou was distinguished by admirable virtue,

it still said that none were equal to brothers,

and advanced them to the rule of States.

这两个有“封建”的地方，理雅各的译文都没有用上feudalism，为什么？欧洲中世纪的feudalism，无法用到古典中国的“封建”上来。

曰“封建亲戚”（to raise the relatives of the royal House to the rule of States），曰“封建兄弟”（to advance brothers to the rule of States），这是古代国家发生发展时日的殖民建邦，公元前一千年代初年前后周人的殖民建邦，[①]这绝不是中世纪的feudalism，尤其欧洲中世的feudalism。

在西方古代史上，公元前1100年左右开始的希腊人移民时代（the Period of Migrations），公元前800年左右开始的希腊人大殖民（Colonization）时代，公元前1000—前750年的腓尼基海外扩张时代（Age of Phoenician expansion overseas）和迦太基的建立（公元前814年），等等，都属于同类性质的殖民建国事业，[②]都同中世封建主义制度无关。

在古代欧洲，迈锡尼文化希腊人约在公元前2100年来到希腊各地，公元前1600—前1200年建立了迈锡尼宫廷文化的国家。而在欧洲中世，法兰克墨洛温王朝存在于公元481—751年。虽然同在欧洲，但时代不同，历史任务不同，迈锡尼诸邦同法兰克墨洛温王朝历史任务绝不一样，二者无相似性。

在古代欧洲，雅典、罗马这两个古典国家，同德意志（日耳曼）国家，其历史任务也不一样，雅典、罗马属于古典时代，日耳曼属于中世时代，只有后者才有建立feudalism社会的历史任务，才是feudalism的国家。

不仅feudalism不适用于古典时代，其他相关的中世用语，如上文所引

① 参阅郭沫若《中国史稿》第一册，人民出版社 1976 年版，第 223 页（那里指出．“封邦建国”和“原始部落移民”）。

② 参阅：《世界上古史纲》（下册），人民出版社 1981 年版，第 113 页，129—134 页。

的feodum，vassallus，feoff以及dux（duke），marquis，count，viscount，baron等用来翻译古典某些名目，也是不合适的。

例如公侯伯子男之制，所谓爵禄制度，周初未见有此整齐的五等。《左传·昭公十三年》（公元前529年）记郑子产之言：“昔天子班贡，轻重以列，列尊贡重，周之制也。”“郑伯男也，而使从公侯之贡，惧弗给也。”这里只有两等，公侯一等，伯子男又一等，“伯男”即“伯子男”之简称。理雅各译云：

> Formerly，the sons of Heaven regulated the amount of the contributions according to the rank of the States. Where the rank was high，the contribution was heavy；—this was the rule of Zhou …Zheng ranks as（the territory of）an earl or a baron，and yet its contribution is on the scale of that of a duke or a marquis. I am afraid we cannot render it. . .（The Chinese Classics，Vol. V，Part Ⅱ，p. 652）

译文谓郑或“伯”或“男”，其贡或“公”或“侯”，依欧洲中世五等之序。然晚于《左传》的《孟子》（公元前4世纪—前3世纪）说“周室班爵禄”之制，已不可得闻其详，推测为土地之制四等（天子地方千里，公侯百里，伯七十里，子男五十里），邦君之位五等（天子一位，公一位，侯一位，伯一位，子男同一位），自君至民，职别六等（君一位，卿一位，大夫一位，上士一位，中士一位，下士一位）。凡此皆出战国时代思想家、理论家的推想和排列，然亦非无据。顾炎武（1613—1682）《日知录》云，“为民而立之君，故班爵之意，天子与公侯伯子男一也，而非绝世之贵；代耕而赋之禄，故班禄之意，君卿大夫士与庶人在官一也，而非无事之食”。所以，古典时代中国的公侯伯子男，绝非欧洲中世之五等爵，古典中国，上通天子，下及庶人，本是城邦时代民主政治制度之一部分，不能用欧洲中世之五等爵以译之。理雅各亦觉得以欧洲中世之用语以译古典中国之制度，格格不入，他在所译《孟子·万章下》作注云：

> 公，侯，伯，子，男have been rendered “duke，maruis，earl，viscount，and baron”，and also “duke，prince，count，marquis，and baron”，but they by no means severally correspond to those dignities.It is better to retain the Chinese designations，which，no doubt，were originally meant to indicate certain qualities of those bearing them.

公侯伯子男虽有这样那样译法，但未必符合原意，不如用（古典）中文的原有解释：公者，正也，平也，无私也；侯者，候也，斥候也，射侯也；伯者，长也，霸也；子者，孳也，君子也；男者，力田也。

可见欧洲中世拉丁所见的属于feudalism的等级，与古典中国城邦制度的爵禄制度不一，不能以欧洲中世之制译中国古典之名目也。

郭沫若（1892—1978）于1919年著《甲骨文字研究》[①]其“释封”云，“卜辞亦有封字”。“故封建之事，在古本树畿封，建社壝之意，如今人之所谓殖民，与爵土分封，建立屏藩之事有别。爵土分封，建立屏藩之封建，自汉以后始见诸实行。所谓五等诸侯之制，实春秋中叶以后儒者所拟设之虚文，此由古彝器铭识可得其究极之证据”。

郭氏又云：

> 此外，就余所见，所谓诸侯，亦无严别之等级。其见于古金中者，公侯伯子无定称。如鲁，《春秋》称公，而鲁侯鬲、鲁侯敨、鲁侯角均称侯；《春秋》称晋侯，而晋邦盦称晋公；《春秋》称秦伯，而盄和钟、秦公敦称秦公，秦子戈复称子；《春秋》称楚子，而楚公豙钟、楚公雷雨钟称公；宋人书中楚王賸邛仲嬭南龢钟称王，楚王酓章作曾侯乙宗彝钟称王，而称其祖为侯，楚子簠亦自称曰子［新出夨令敃言王□伐楚伯，复称伯］；《春秋》称许男，而鄦子𥂴师钟，鄦子妆簠称子；其他如莒于《春秋》称子，而有吕王鬲、吕王壶；又邵黛钟曰“余襄公

① 1929年写此书“序录”，1931年上海出版。

之孙，邵伯之子”，自称其祖若父为公为伯；邾娄、小邾娄均称子，而有邾公牼［即《春秋》鲁襄公十二年二月庚午卒之邾子牼也，《公羊》作邾娄子瞯，《榖梁》作邾子瞯］钟、邾公华钟、邾公鈖钟称公，又有邾伯鼎、邾伯鬲称伯；燕称人，而有郾王戈、郾王戠戈，有郾侯鼎、匽侯旨鼎，又有匽公匜。凡此称谓之参差，与《春秋》之不一致，正自举不胜举。其所以者，盖公侯伯子迺古君王之通称，《尔雅·释诂》“皇王后辟公侯，君也”，此即王公侯伯之古义，伯辟一音之转也。卜辞于王每称子……言“子卜”“子锡”，即“王卜”“王锡”，王之称子者，盖天子之略。是故古王、公、侯、伯、子，实同义语，儒者特因旧名，付以差等耳。

郭氏接着还指出，“男之称谓甚罕见”，有寺男牓簠，寺男当是寺国之君，然存世有郝伯祁鼎，有郝伯肇作孟姙善鼎，“则寺之称男者，亦可以称伯，男亦非一定之爵等也”。

总之，古代中国爵等称谓自有其来源与特定情况，属于古典时代，以欧洲中世的用语译之，将是“驴唇不对马嘴”！由此可见，西欧中世之feudalism，绝不应以古典中国之“封建”译之也！

B. 古代中国“封建”是殖民建邦；理雅各以春秋与欧洲中世作对比的热衷，在封与建单独应用时的煞费苦心

上文已经提及，古代中国的“封建”是殖民建邦，不是欧洲中世的feudalism。殖民建邦是古代史或古典史城邦阶段的特点，中国有，欧洲也有，在古代中国（周代）叫“封建”，在古代希腊叫ἀποικία（Herodotus，Ⅰ.146；Thucydides，Ⅰ.34），在古代罗马叫colonia，都同欧洲中世的feudalism不同。把feudalism译成古典中国的“封建”，是历史时代的错误，语言文字的错误。这错误怎么来的？

早期的汉学家、英人理雅各（James Legge，1815—1897），在翻译中

国古典经书，宣扬古代中国文化方面作了很大贡献，但时代的局限性，使他忙于只从形式上、表面上去下手比较中国和欧洲的历史和文化！在他所译的《春秋左传》序（1872）中写道："From the narratives of Tso（《左传》）there may be gathered as full and interesting an account of the history of China，from B. C. 721 to about 460，as we have of any of the nations of Europe during the Middle Ages."（从《左氏传》中可以收集公元前721年—大约前460年间既充分又生趣的一部中国历史，比之欧洲中世纪的任何国家毫无愧色）。

尽管他抱着这种思想，但在实际应用和翻译中国经书中，理雅各却很谨慎地不敢把中世欧洲的feudalism同古典中国的封建直接对译。当然，这实际上办不到，行不通，无法把二者对译。如上文所指出的，在"封建亲戚""封建兄弟"这样的机会，理雅各是联系到邦国来考虑的（to raise the relatives of the royal HOUSE to the rule of States；to advance brothers to the rule of States）。

不但这样，在《左传》里不用"封建"的辞，但实际是描述殖民建邦的地方，以及不用"封建"，但用了"封"的地方，理雅各还是很慎重地联系殖民建国，建城邦，来下笔的。

在古代中国，由于殖民建国（封建），周联盟，即周天下，①或周邦为盟主的周人联盟，范围或版图是很大的。

《左传·昭公九年》继续记周人的言论："及武王克商，蒲姑商奄，吾东土也；巴濮楚邓，吾南土也；肃慎燕亳，吾北土也。"这个天下，北起松辽平原，南至巴蜀江汉，包括古代半个中国。可说不小。

在这周联盟的天下内，有多少城邦？《吕氏春秋·观世》说，"周之所封，四百余，服国八百余"，合计1 200多国，其中加入周之联盟的约三分之一。《荀子·儒效》云，"周公兼制天下，立七十一国，姬姓独居五十三人焉"。这数字同《左传·昭公二十八年》说的，"昔武王

① 参阅《古代城邦史研究》，日知主编，人民出版社1989年版，第21—22页。

克商，光有天下，其兄弟之国者十有五人，姬姓之国者四十人”，很相近。这一切就是周初的封建，周初的殖民建邦，而绝不是西方中世的所谓 feudalism。

《左传·定公四年》有更为典型的分封之例（附以理雅各译文）：“昔武王克商，成王定之，选建明德，以藩屏周，故周公相王室以尹天下，于周为睦：分鲁公以大路，大旂，夏后氏之璜，封父之繁弱，殷民六族，條氏、徐氏、萧氏、索氏、长勺氏、尾勺氏，使帅其宗氏，辑其分族，将其类丑，以法则周公，用即命于周，是使之职事于鲁，以昭周公之明德，分之土田陪敦，祝宗卜史，备物典策，官司彝器，因商奄之民，命以‘伯禽’，而封于少皞之虚；分康叔以大路、少帛、綪茷、旃旌、大吕，殷民七族，陶氏、施氏、繁氏、錡氏、樊氏、饥氏、终葵氏，封畛土略，自武父以南，及圃田之北竟，取于有阎之土，以供王职，取于相土之东都，以会王之东蒐，聃季授土，陶叔授民，命以‘康诰’，而封于殷墟，皆启以商政，疆以周索；分唐叔以大路，密须之鼓，阙巩、沽洗，怀姓九宗、职官五正，命以‘唐诰’，而封于夏虚，启以夏正，疆以戎索。”

When King Wu had subdued Shang, King Cheng completed the establishment of the new dynasty, and chose and appointed [the princes of] intelligent virtue, to act as bulwarks and screens to Zhou. Hence it was that the Duke of Zhou gave his aid to the royal House for the adjustment of all the kingdom, he being most dear and closely related to Zhou. To the Duke of Lu (Bo-qin, the Duke of Zhou's son) there were given a grand chariot, a grand flag with dragons on it, the huang-stone of the sovereigns of Xia, and the [great bow], Fan-ruo of Feng-fu. [The Heads of] six clans of the people of Yin, —the Tiao, the Xu, the Xiao, the Suo, the Chang-shao, and the Wei-shao, were ordered to lead the chiefs of their kindred, to collect their branches, the remoter as well as the near, to conduct the multitude of their connexions, and to repair with them to Zhou, to receive the instructions and laws of the duke of Zhou. They were then charged to perform duty in Lu, that thus the brilliant virtue of the duke of Zhou might be made illustrious Lands [also] were apportioned [to the duke of lu] on an enlarged scale, with priests, superintendents of the ancestral temple, diviners, historiographers, all the appendages of State, the tablets of historical records, the various officers and the ordinary instruments of their offices. The people of Shang–yan were also attached; and a charge was given to Bo–qin, and the old capital of Shao–hao was assigned as the centre of his State.

To Kang Shu (The first marquis of Wei) there were given a grand carriage, four flags, —of various coloured silks, of red, of plain silk, and ornamented with feathers, —and [the bell] , Da–lü, with seven clans of the people of Yin, —the Tao, the Shi, the Po, the Qi, the Fan, the Ji, and the Zhong–kui. The boundaries of his territory extended from Wu–fu southwards to the north of Pu–tian.He received a portion of the territory of You–yan, that he might discharge his duty to the king, and a portion of the lands belonging to the eastern capital of Xiang–tu, that he might be able the better to attend at the king's journeys to the east.Ran Ji delivered to him the land, and Tao Shu the people. The charge was given to him, as contained in the Announcement to Kang (Shu, V. ix.) , and the old capital of Yin was assigned as the centre of his State.Both in Wei and Lu they were to commence their govt, according to the principles of Shang, but their boundaries were defined according to the rules of Zhou.

To Tang Shu (The first lord of Jin) there were given a grand carriage, the drum " of Mi–xu, the Que–gong mail, the bell Gu–xian, 9 clans of the surname Huai, and five presidents over the different departments of office. The charge was given to him, as contained in the "Announcement of Tang (Now lost) " , and the old capital of Xia was assigned as the centre of his State. He was to commence his govt，according to the principles of Xia，but his boundaries were defined by the rules ofthe Rong . . .

这些是古典时代中国殖民封邦的实例记录，当然不是中世纪西方的feudalism。

周人殖民东方，鲁公伯禽，以殷民六族，封于少皞之虚；康叔以殷民七族，封于殷墟、鲁卫二邦，皆启以商政，疆以周索；唐叔则以怀姓九宗（唐之余民）和职官五正（殷之贵族），封于夏虚，启以夏正，疆以戎索。这就是殖民，就是封建，但不是中世纪西方的feudalism。

上文所引《左传》中有封建实例的记录，理雅各英译时一般能注意到不用欧洲中世feudalism有关的词语，虽则在爵称方面仍依西方中世惯例，而这是不可避免的，因为除称拼音译名外，难得代替的名目。

《左传》襄公二十六年至二十七年，齐乌馀以廪丘奔晋，这两节有好几个“邑”字，以及“受封”之类的用语，理雅各英译时尽量注意避开使用中世欧洲feudalism有关的词，以city译中文“邑”，而不用fief（领地，采邑）。

但这不是到处都易于做到的。在上面引过的昭公九年的《左传》文中，另有句云：“文武成康之建母弟，以蕃屏周，亦其废队是为。”理雅各是这样英译的：When Wen，Wu，Cheng，and Kang granted fiefs to their own brothers，that they might be fences and screens to Zhou，it was also as a precaution against weakness and losses [in the future]。这里的“建母弟”，理雅各是译成“授予自己兄弟以采邑（或领地）”，用了中世欧洲“feudalism”的有关词语fiefs，而不用states，或cities，违反了自己《左传》一书英译中的“封建”译法的惯例（参阅上面有关引文）。而恰好这里“建母弟”，按唐孔颖达疏，《左传·昭公二十八年》，在“昔武王克商，光有天下”句下，引“[昭公]九年传”曰，“文武成康之封建母弟”，是原本有“封”字，作“封建母弟”非仅“建母弟”也。理雅各译本在这里未加注，可能他还没有注意到这个注补。那么：

僖公二十四年，“封建兄弟”译为to advance brothers to the rule of States。昭公九年，“［封］建母弟”却译为to grant fiefs to their own brothers，未免自相矛盾，互不统一了！也许理雅各认为“建母弟”与“封建兄弟”不同，后者使之为君，令其有国，而前者指母弟，则不是“封建”，而是“建”，赐予采邑可矣！这是《左传》译文上一个问题，亦见理雅各受了春秋中国和中世欧洲等同思想的影响不浅了。

古代中国殖民建邦（封建）之制，到公元前221年秦王政统一中国时改变了，郡县制代替了封建制，汉帝国以下封建时时出现为郡县制补充，那是无关宏旨的问题了。毋宁说，秦汉帝国的郡县制，罗马帝国的行省制，结束了城邦共和国时代的政治制度。

中世史，那是古代帝国或古典史帝国阶段结束之后的政治制度和历史的内容。欧溯中世有“feudalism”，中国呢？

C. “拂特之俗”或“拂特封建”（feudalism）之介绍来华，严复的封建、宗法“四千数百载而有余”说；论中西“中世纪”

在先秦典籍中，“封”与“建”单用者多，“封建”联用者很少，有的不是指封邦建国（如《诗·商颂·殷武》）。秦汉帝国之后，“封建”问题是同“郡县制”对举而议论的。“封建”，作为历史、社会中心问题而引起注意，只是近一世纪事。

英人理雅各认为春秋社会与欧洲中世纪十分近似，但他的译书在19世纪很少流行于中国，他的译法和见解，在中国学术界影响很轻微。他的译作直接涉及“封建”问题者罕见。

1901年，严复（1853—1921）发表他的重要译书——《原富》（The Wealth of Nations，1776，by Adam Smith，1723—1790），其部丙、篇四，涉及feudalism问题，严氏附以按语，论西欧各国“feudalism”之废止。在严氏这部译书中，feudalism译为“拂特之俗”，“拂特之制”。“拂特”原文为Feud之音译，义为“封土”“领地”“采邑”“食邑”等等，但这些含义皆后来定下的，最初（在严氏此译书中）连“封建”之名尚未用。我们上文已经说过，在19世纪理雅各译中国经书时，遇到少数“封建”（如《左传·僖公二十四年》），也未曾用“feudalism”译之。严氏这篇按语的全文如下：

> 案考欧史，知欧洲诸种（按：指印欧语系诸民族）大抵皆自西域安息流徙而西，其先皆游牧种民，降而后有耕稼，随畜荐居，蕃生日众，其建国本始之事如此，非必有锡土胙茅之事若中国也（按：指古典中国之“封建”，与中世欧洲之feudalism显然不同）。希腊之制为合众，罗马有藩镇而无建侯（按：皆城邦、共和国），至于中古宋元之代（按：指公元11世纪至14世纪），国相并灭，于是论功行赏，分壤而食其租，盖若汤沐食邑矣。顾分土因而分民，于是乎有拂特之俗。拂特者，众建之末流也。一国之地，分几拂特；分各有主，齐民受廛其中而耕其地，则于主人有应尽之职役，而莫大于出甲兵，应调发之一事。用拂特之制，民往往知有主而不必知有王。故地大民众者，王力不足以御临之也。英伦王势较尊，通国所共载，故其中拂特之制最先废（顺治十七年［按：1660年］）；若苏格兰则略后矣（乾隆十二年［按：1747年］）。而法国群贵，厉民尤深，其执持亦尤固，则因之以肇乾隆五十四年（［按：1789年］）民变革命之大衅。世变之烈，古未尝有。民怨其上，其报之也，但贵即足以死其躯，不问有罪无罪也。则拂特之遗孽自无有存者矣。而德奥诸土，其制转绵绵延延，至道光末年（［按：1850年］）始废，亦以见变制之难为也。然世进而民智开，则食租衣税之家，有虽欲如前之束湿而不得者，拂特之制，虽名存而实则异古久矣。

考欧洲中世，印欧语系各民族由东南方伊朗那里西来，由游牧而定居，从事农耕，在欧陆建起国家。这些中世纪初新出现的国家，并没有经历古典时代的国家发生程序。他们和西方古典希腊各邦，和罗马共和国也不一样。这些欧洲中世国家，约当公元11世纪至14世纪，分土分民，实行拂特之制。这就是欧洲中世的feudalism。一国有多少拂特，每一拂特各有封主或领主，土地由农民耕种，受田并对领主服役。实行拂特之制的国家，民知有领主，而不知国王，王无法驾驭他们。后来各国先后废拂特制度，英最先（约1660年），苏格兰略晚（1747年），法国后来发生大革命（1789年起），德奥最晚，至1850年始废。最后欧洲拂特之制名存实亡了。严氏按语大意如此。应当注意的是，至此为止，即20世纪的头一年，在中国，包括严复在内，还没有人把西方中世的拂特同古典中国的"封建"等同起来，互相对译，feudalism还不是"封建"，欧洲中世和中国古典还没有互通的人为的桥梁！

1903年6月，严复译穆勒（1806—1873）的《群己权界论》（On Liberty），仍取"拂特"之译名（译书第78页）。

但不久，1903年11月，严复发表另一译书，《社会通诠》（1900，Edward Jenks，A History of Politics），书中始用"拂特封建"，或专称"封建"，以译feudalism，自此欧洲中世之feudalism始与古典中国之"封建"对译矣，拂特之制译为封建之制此误译也。上文言理雅各译书已详言"拂特"之制之不适用于古典，不适用于西方古典希腊罗马，亦不适用于中国古典，先秦城邦之日的制度。

严氏以"拂特"之制译"封建"，其误在于受《社会通诠》之影响。《社会通诠》者，"政治制度史"也，"政治学"史也。此书以社会之进化，自图腾社会（Totemistic society）始，而后为宗法社会（Patriarchal or tribal society），而后为国家，亦称"军国社会"。《社会通诠》之错误，首先在于不承认古代或古典之有国家，而将古代国家归之于宗法社会，谓希腊城邦、罗马共和国为"邑社"（The City-State of the Greeks and Romans），即城市国家，其言曰："夫希腊市邑，乃宗法社会之极制"，而"罗马种民亦以是始者也"。不知城邦（邑社，严氏所译）共和国乃最早之国家形式，古代世界国家皆以此为起点。

《社会通诠》之又一错误则在于只承认近代国家即军国社会为国家，而将“欧洲中古建侯分土之规，所谓拂特之制”或“封建之制”作为由宗法社会至军国社会（近代国家）之过渡，其言曰：“中古之国家，所与今日之国家，其制不可混而一者”，“封建于社会天演，为何等阶级”（按：即阶段），“封建者，宗法、军国二社会间之闰位也”（以上见《社会通诠》译本，第59，67，69页）。难道中古国家不也是另一形式的国家？（下面从一本《法国史》［Pierre Miquel，Histoire de la France，1976，中译本，第71—73页］的“封建制度”节摘录两段，与古典中国有关材料作对比。）

> 在封建制度的范围内，国王的权力得到诸侯的承认。国王是最高的君主，可以在庄严的场合召见领主，和他们‘商议’国家大事，但他不能强迫他们每天都承认他的权威。在法兰西的领土上，很自然，权力是分散的。地方上的权力属于统治这个地区的领主，国王只不过是高一级的领主。领主和国王之间的关系相当松散。在非常时期，领主有责任忠君勤王，其他时候，他们完全是自己领地的主人。
>
> 法国国王只能在封建制度内部，通过成功的干预，扩大自己的领地，从而重建自己的权威。他既没有办法，也并不希望搞垮封建制度本身。因此，国王的命运受着婚姻、遗产继承、门当户对或屈尊俯就的结合等种种偶然因素所左右，与诸侯家族的命运紧紧地连在一起。

上引这种中世欧洲的国家，拂特之制的国家，既不能与希腊罗马古典城邦对比，也不能与中国古典时代国家对比，是显然的。

严复把欧洲中世的拂特之制同中国古代的“封建”加以对译和等同，马上发生另一个大问题，欧洲中世各国的“封建”那么短，中国古代的“封建”那么长，长得太可怕了，“四千数百载而有余”！他在《社会通诠》译者序中，说及料会进化三阶段——

图腾社会　其民渔猎 } 二者间相嬗而转变者以游牧　古代　欧洲
　　　　　其民耕稼 }
　　　　　　　　　　　　　　　　　　　　　　　　中国
　　　　　　　　　　　　　　　　　　　　　中古 ↓　↓
宗法社会 } 封建（宗法与国家二者相受而蜕化的结果）　近代
国家社会 } 兵农工商

然后说：

> 吾尝考欧洲之世变，希腊罗马之时尚矣。至其他民族，所于今号极盛者，其趾封建，略当中国唐宋间，及其去之也，若法若英，皆仅仅前今一二百年而已，何进之锐耶！乃还观吾中国之历史，本诸可信之载籍，由唐虞以讫于周，中间两千余年，皆封建之时代，而所谓宗法亦于此时最备，其圣人，宗法社会之圣人也；其制度典籍，宗法社会之制度典籍也。物穷则必变，商君始皇帝李斯起，而郡县封域，阡陌土田，燔诗书，坑儒士，其为法欲国主而外，无咫尺之势，此虽霸朝之事，侵夺民权，而迹其所为，非将转宗法之故，以为军国社会者欤？乃由秦以至于今，又两千余岁矣，君此土者不一家，其中之一治一乱常自若，独至于今，籀其政治，审其风俗，与其秀桀之民所言议思惟者，则犹然一宗法之民而已矣。然则此一期之天演，其延缘不去，存于此土者，盖四千数百载而有余也。嗟乎！欧亚之地虽异名，其实一洲而已，殊类异化并生其中，苟溯之邃古之初，又同种也。乃世变之迁流，在彼则始迟而终骤，在此则始骤而终迟，固知天演之事，以万期为须臾，然而二者相差之致，又不能为无因之果，而又不能不为吾群今日之利害，亦已明矣。此不佞逡译是编，所为数番掷管太息，绕室疾走者也！

欧洲的封建宗法比中国早一二百年结束了，中国的封建宗法由唐虞至周两千余岁，秦始皇、李斯（严氏说商君，商君未及参与）焚书坑儒，白干了，军国社会（近代）还到不了，至严氏自己的时代，“犹然一宗法之民”，“此一期的天演”，宗法封建，“四千数百载而有余”！严氏写道：“异哉！吾中国之社会也！”他在译书之际，写不下去了，“绕室疾走”，“掷笔太息”！不知多少遍！

问题的中心，feudalism问题，只能是中世纪的问题，这个问题无关于欧洲古代，也无关于中国古代，用古典中国很少见的“封建”与之对译，不对。但本世纪初年的这种误译，不久就在国内外大为流行，至今将近一个世纪，经过五四运动，人民解放战争，不正确的译名，被用于正确的斗争的场合，已成惯常了，不好轻率改动了！今天，只要做到一点，不要在古典中国文明文化的任务中放进这种误译，还古典文献中的“封建”以正确的解释，“殖民建邦”，古典时代的事业，而不是中世欧洲的“拂特”，就可以了。今后翻译中国古典文献时，并注意不再用外来的属于欧洲中世的feudalism去对译就好了。

关于中世纪本身的问题，中国和欧洲有各自的特点。例如，当古典文明和帝国发生重大变化，例如罗马帝国崩溃时，东罗马、拜占庭帝国还延续至1453年，但西罗马帝国被蛮族国家所代替，基督教也代替了世俗宗教，拉丁希腊逐渐不再是当时人们的语言了；而在中国，秦汉帝国与隋唐帝国之间，魏晋南北朝时代，社会经济方面，尤其土地制度，有过新的变革（屯田、占田、均田），佛教在国内有所发展，道教也在发生，但政治社会的变化，无论南方还是北方，并没有像欧洲中世那样剧烈，欧洲的feudalism是以外来的马尔克制度为起点和基础的，国家也是蛮族国家，而在当时中国，即使由兄弟民族立朝当国，往往或则出自久居边郡或边疆，熟谙汉文化者，或则掌权之后在一定时期还实行政治文化改革，如北魏之实行汉化（493年由平城迁洛阳）者。这样，同是中世纪，欧洲和中国情况自有根本原由的不同，而欧洲的中世“拂特”所经历的内容和形式，未必便可作为模式求之于中国中世的社会。回溯青铜时代，公元前两千年代初叶中叶迈锡尼文化希腊人迁入希腊半岛，代替了此前的克里特文明（属于尚未能释读的线文A，其语系不详的民族），公元前两千年代末又一批希腊人南来，代替了迈锡尼文化的希腊人，并以希腊字母文字代替了先前的线文B，新来者是铁器时代古典希腊文明的主要承担者，由青铜文化至铁器文化，古希腊地区的文明文化是曾经变一变又一变的；这是古代，后来这里中世纪又有所变动。联想到中国，自《史记·五帝本纪》以下，二十四史加清史，风云起落，上下四千余年，有一条连续性相当明显的文明线索，这是中华民族文明史的重要特点，涉及具体文化文明问题时，这条连续性线索是未可忽视的。说到中国中世纪，与欧洲中世纪对比时，也有这个重要的问题。所以，研究中国中世史，社会制度如何，政治经济制度如何，文化思想又如何，欧洲中世的feudalism可以作研讨的启发和借鉴，但一切从具体史实出发。拂特也好，拂特封建也好，按已有习惯单用封建主义也好，按实际去研讨，译名使用已久且广，又深入人们习惯思想，不动可也。

把拂特或封建从古典时代免除出去（古典时代本来没有），严氏所合计的“封建时代”可以省去两千多年；可是，宗法不能同时免除。宗法，古典时代有之，中世纪有之，要到近代（工业革命之后），才有希望从人们思想中去掉。宗法关系是血缘关系（Geschlechtsbänder，ties of sex），原是氏族部落社会（旧社会）的东西，进入文明，仍然长期存在，古典时代有，中世纪还有，如恩格斯说的，“只有资本主义商业社会才是完全清醒的和务实的，然而是庸俗的”。可惜严氏没有活到今天，看不到新时代的新社会情景！这就超越了中世纪的范围了。

D. 结语

欧洲中世纪的feudalism，译为“封建主义”“封建制度”等，是中国古典“封建”的误译，已有一个世纪了。古典中国的“封建”和不少“封”，是说殖民建邦，封邦建国，今后应复其原说，不让西欧中世之feudalism说强加于古典中国的“封建”。

但对于中国中世纪的feudalism内容的社会经济制度，仍可继续用“封建”之类的习惯用语，因为我们误用此译语已有百年，传统的语言思想只好用此当初误会的译名来表达，不使实际工作受影响受损失，方便处加“中世”标识，作“中世封建”也可以，不加也无妨，约定俗成可也。

不过中国中世纪的起源和西欧中世纪并不完全一样，例如，西欧中世纪以入侵蛮族所建国家为起点，日耳曼（德意志）的国家起源方式与雅典、罗马平列，中世国家一出现就是中世纪的了，这是历史时代背景使然。中国中世纪国家，例如魏晋南北朝各国，虽然也有胡人（北方兄弟民族）立国当政，但我们的兄弟民族是久居国之边境乃至累世生活内地的人民，他们基本习惯中国传统，且或坚持实行汉化改革的，这与西欧中世情况不同。所以研究西方中世和中国中世，各从历史实际出发可也，这样，feudalism与我们的“封建”或“中世封建”的对译就可以有利而无害了。

附带说一说，古典世界由西而东，由地中海到中国海，本来就是一片有限的而不可分割的一块欧业非相关的境土，在这里，文明文化的发生发展，息息相关，国家的起源和发展，也是东西相互往来，相互促进，共同发展，共同成长的，是统一而不可分割的。中国传统历史学、政治学，古代就有“行国”的概念（《史记·大宛列传》）；希腊文νομάς，νομάδες（Herodotus，Ⅰ. 125；Aristotle，Politics，1256a，31），行国与城郭之国（城邦）相对，游牧民族是不讲东西境界的。似乎中国和西欧，中世纪的开始，你早一些，我晚一些，但从北方游牧民族说来，一片游牧地带，一世纪里来来去去，行动是不计较年月的。这就是说，在古典世界，从总的说来，古代也好，中世也好，历史的发展，基本是接近的，是一个时代的。而就feudalism说来，就“拂特”（reud）或“拂特封建”（严复译名）或［中世］封建说来，是在农业生活定居地带的范围，其方式和制度，东方和西方，因地因时，各有其所宜，但中国和西欧，有许多方面，许多问题，可以互相比较，互相补充，彼此启发的。无论是古典，还是中世，中国和西方都可以作为一个整体来考虑问题的。北方和南方，行国和城郭之国，从古典时代起，也应当作为一个整体来考虑问题的。“拂特封建”译名问题，正由于东西方历史文化关系而发生的，译名是次要的了。

（中世）拂特封建在西方结束较早，中国较晚的问题，这要从西方工业革命时代算起。文艺复兴，欧洲和中国都有（中国明清之际开始），中西近代文化的关系要从鸦片战争之前算起。中国拂特封建的下限也不是特别长的。

Ⅶ. 民主政治问题
——论古典中国民主政治

A. 民主政治是城邦政治制度之一，古代西方有，古代中国也有

古希腊文δημοκρατία，最初曾译为“庶建”或“庶建民主”（严复译《孟德斯鸠法意》二卷二章），今通行作“民主政治”，亦有作“平民政体”者（亚里士多德《政治学》，商务本）。此字由δῆμος（the people）+κρατός（power）构成，意即“民权”“民治”，译作“民主”，已够，“民主政治”，后两字是蛇足，但通行了，好了解。“庶建”太古雅了。“庶建民主”是译名带解释，以“民主”释“庶建”，犹之严译“拂特封建（《社会通诠》），以“封建”释“拂特”，音义俱来（今作“封建主义”［feudalism］）。

希腊文“民主”δημοκρατία，出自古典时代，但希腊“民主”的实际要比这个文字的出现早得多。如雅典的民主政治，是以两次著名的政治制度改革为确立的标志的，一是公元前594年梭伦（Solon）改革，一是公元前508年克利斯提尼（Cleisthenes）改革，自近代史学看来，这样，雅典已有“民主宪法”了。可是，就是到了这个时候，希腊文字中“民主”政治（δημοκρατία）这个词还没有发明出来（It is to be remembered that the word ‘democracy’ itself had not yet been invented）。[①]

荷马史诗和希西阿德的《田功农时》，有“民”（δῆμος），却没有“民主”（δημοκρατία）。希罗多德（约公元前484—约前425）在说到雅典克利斯提尼改革（Hdt.，V. 66）问题时，提到“同民众结合”（δῆμον προσεταιρίζεται，took the commonalty into partnership），用的还是“民”（δῆμος），而不是“民主”（δημοκρατία），虽则近代希腊史学在克利斯提尼改革章节之下，已在高呼这是“民主政治的第一批胜利”（First Victories of the Democracy）了。[②]

在说及波斯大流士等七人杀死玛哥僧一伙，并开会讨论波斯此后政治制度问题时，希罗多德（Hdt.，Ⅲ. 80—82）指出，其中的欧塔涅斯（Otanes）主张结束君主政治（μοναρχία），把权交给波斯人［民］，交给最好的人。这里他仍没有用“民主政治”这个词语，而且最初（Hdt.，Ⅲ. 80）也没有用“民”（δῆμος），虽则内容[③]显然是属于“民主政治”的主张，因为它是和寡头政治、君主政治对立的。

在随后两段（Hdt.，Ⅲ. 81—82），希罗多德都用了“民”（δῆμος），英译（Loeb Classical Library本）则一律以“民主政治”（democracy）代之[④]，虽则希罗多德原文还不是这样。

---

① George Forrest, Greece: the History of the Archaic Period, in The Oxford History of the Classical World, 1988, p.39.

② J.B.Bury, R.Meiggs, A History of Greece to the Death of Alexander the Great, 1975, p.138.

③ 如：群众统治（πλῆθος δὲ ἀρχόν, a multitude’s rule），政治权利平等（ἰσονομία, equality of political rights），公职抽签选出（πάλῳ μὲν ἀρκὰς ἄρχει, all offices are assigned by lot）。所有意见交议事会公决（βουλεύματα δὲ πάντα ἐς τὸ κοινὸν ἀναφέρει, the general assembly arbitrates on all counsels）（见 Hdt. Ⅲ .80）。

④ 据权威的希腊文辞典，A Greek-English Lexicon, by H.G.Liddell.and R.Scott, 1843 初版，revised by H.S.Jones, 1953 年版：希腊文 δῆμος 的解释之一是，popular government，以及 democracy（平民政府．民主政治）。这有似于古代中国的“国人”“民”“众”，有的时候应视同“国人会议”“公民会议”（“朝国人”，“致民”，“致众”等，参阅《古代城邦史研究》，日知主编，人民出版社 1989 年版，第 28 页）。

希罗多德在叙述波斯大流士等七人会议关于波斯此后政制问题的讨论时，说过这样的话：这次讨论内容［指欧塔涅斯说的“群众统治”等等，参阅注释③］对某些希腊人是认为“不可置信的”或“无稽之谈”（λόγοι ἄπιστοι，Hdt.，Ⅲ.80）．但这些确实是这样说过的。

希罗多德怎么知道波斯大流士七人会议的内幕呢？他有波斯方面消息的来源，包括来自他的波斯人朋友。例如由波斯投奔雅典方面的佐披洛司（Zopyrus）就是一个（Hdt.，Ⅲ.160）。[①]

大概希罗多德所写《历史》中的这段故事，先前已经宣布出去了，希腊人中颇有不相信的。这在《历史》第三卷末。后来他又在第六卷中记波斯将领马尔多纽斯（Mardonius）西侵希腊时刻，把以往所记的那段情节再予以强调和肯定，写道：

ὡς δὲ παραπλέων τὴν Ἀσίην ἀπίκετο ὁ Μαρδόνιος ἐς τὴν Ἰωνίην, ἐνθαῦτα μέγιστον θῶμα ἐρέω τοῖσι μὴ ἀποδεκομένοισι Ἑλλήνων Περσέων τοῖσι ἑπτὰ Ὀτάνεα γνώμην ἀποδέξασθαι ὡς χρεὸν εἴη δημοκρατέεσθαι Πέρσας τοὺς γὰρ τυράννους τῶν Ἰώνων καταπαύσας πάντας ὁ Μαρδόνιος δημοκρατίας κατίστα ἐς τὰς πόλιας.（Hdt. Ⅵ.43）

> 当马尔多纽斯沿亚细亚海岸航行而到达爱奥尼亚时，他干了一件事，我这里记下来，为的是令不相信欧坦涅斯曾在七人会上宣布他的意见，“民主政治对于波斯是最好政制”的那些希腊人大吃一惊，这件事就是，马尔多纽斯撤换了爱奥尼亚各邦的所有僭主，而建立起民主政治。

只是到这个时候，希罗多德在自己书中才一再写上了“民主政治”（δημοκρατία，Democracy），在这之前，希罗多德和别的作者是用“民”（δῆμος）或“群众”统治（πλῆθος δὲ ἀρχόν），等等，以代

① J.Wells, The Persian Friends of Herodotus, The Journal of Hellenic Studies, 1907，p.37—47.

“民主政治”。希罗多德《历史》（Hdt，Ⅵ. 43.）这条使用了“民主政治”（δημοκρατία），至少有两点重要意义：其一，说明爱奥尼亚各邦已有“民主政治”，即是说，希腊各邦已有“民主政治”；其二，“民主政治”这个词还用到波斯来，即是说，用到希腊以外各邦了。

与此同时，希罗多德在《历史》（Ⅵ. 43）这条之前，未用“民主政治”，用“民”或“群众”替代了“民主政治”，这也有两点重要意义：其一，肯定了“民主政治”之存在于希罗多德时代之前，即公元前6世纪之前，那时还没有民主政治之词，而在某些地区和城邦，已有“民主政治”之实；其二，表明和肯定了“民主政治”的实践早于“民主政治”之词语。

为了研讨古典民主政治问题，应该根据历史实际，全面探讨古典时代，包括中国的和西方的民主政治历史。在这方面，研讨希腊古典民主政治的社会和历史，对于探讨中国古典民主政治的社会和历史，将会有所启发，反之亦然，探讨中国古典民主政治，也有利于理解古希腊的民主政治史。

希罗多德之后，修昔底德（约公元前460—约前400）和其他希腊作家用了很多“民主政治”的词。修昔底德是以雅典为典型，以论述民主政治的。他结合实际，通过伯里克利之口，畅谈了雅典的民主政治（Th.，Ⅱ. 37）。当时的雅典，乘战胜波斯帝国的形势，成为提洛同盟盟主之邦，邦内民主，奴隶除外，妇女除外，异邦人除外，全权公民成年男子有投票权者约四万人，而经常能参加公民大会（ἐκκλησία，ekldesia）者至多不过6 000人而已。[①]实权事实上是在选举职而不是抽签职的十司令官（στρατηγοί）之手，他可以无限制地连选连任，虽则亦可能被罢免。公元前五世纪后半期，雅典文化高涨，民主政治亦称盛，但伯罗奔尼撒战争雅典最后是败局。

说到古代希腊世界的民主政治，立即想到雅典，但雅典以外的邦，如著名的斯巴达，有没有民主政治？斯巴达有perioikoi，雅典不是也有无权

---

① The Oxford History of the Classical World, 1988, p.139.

的异邦人吗？斯巴达有helots，雅典不是也有奴隶吗？古典作家不在这里找民主政治对象，却在那里找毛病，亚里士多德的《政治学》（1269b—70a）说斯巴达纵容妇女，斯巴达妇女继承遗产特多，等等。《政治学》（1285b20）又把斯巴达列于五种“君主制”（巴西勒斯制，君主制，译法未妥，易与Monarchy混，今译之为“邦君政治”，βασιλεία）之第四种，其另四种则有（1）英雄时代（ἡρωικούς χρόνους）的，（2）蛮族（βάρβαροι，所谓东方君主制）的，（3）艾修尼德（αἰσυμνήτης有似罗马之狄克推多）的，以及（4）全权邦君（παμβασιλεύς）。这几种合在一起，不伦不类。而按近代史学，斯巴达亦有民主政治。孟德斯鸠（1689—1755）《法意》云：“亚里士多德之论君主也，其为说几不可以自通，彼尝为五主（上举邦君政治）之分……以波斯［蛮族的］与斯巴达为君主之国，不知波斯专制也，而斯巴达则民主也”。[①]这是文艺复兴时代西欧古典学者的见解。孟德斯鸠云：立国三制，曰共和［公治］，曰君主，曰专制。共和之制更分二别：曰民主政治［庶建］，曰贵族政治［贤政］。民主之国，其民于一方为君工，同时又为臣庶。孟德斯鸠云：斯巴达国会（公民大会），定数万人[②]（民主之国）。

按斯巴达有二王，任军事统帅；有长老会议γερουσία，有五监察官ἔφοροι，这些城邦制度的常规，斯巴达都有。斯巴达全权公民号称“平等者”ὅμοιοι，受国家分配的份地（Εἱλώτης耕种）。从这些特点看，近代史学是有理由说斯巴达也有“民主政治”的。

民主政治（δημοκρατία）指人民或平民掌握国政。亚里士多德（Aristotle，公元前384—前322）在他的《政治学》（Politics，1279b11以下）中讨论过“民主政治”和“寡头政治”（ὀλιγαρχία）的定义问题，很难，用什么做标准？人数，财富，门第，品德，才能……？经过许多论述，作者终于定下这样的结论：

---

① 《孟德斯鸠法意》（严译名著丛刊5）第十一卷，第24—25页。

② 《孟德斯鸠法意》（严译本）第二卷，第2页。按：斯巴达成年男子，象征数字9 000人。

ἔοικε τοίνυν ὁ λόγος ποιεῖν δῆλον ὅτι τὸ μὲν ὀλίγους ἢ πολλοὺς εἶναι κυρίους συμβεβηκός ἐστιν, τὸ μὲν ταῖς ὀλιγαρχίαις τὸ δὲ ταῖς δημοκρατίαις, διὰ τὸ τοὺς μὲν εὐπόρους ὀλίγους, πολλοὺς δ' εἶναι τοὺς ἀπόρους πανταχοῦ (διὸ καὶ οὐ συμβαίνει τὰς ῥηθείσας αἰτίας γίνεσθαι διαφορᾶς), ᾧ δὲ διαφέρουσιν ἥ τε δημοκρατία καὶ ἡ ὀλιγαρχία ἀλλήλων πενία καὶ πλοῦτός ἐστιν,καὶ ἀναγκαῖον μέν, ὅπου ἂν ἄρχωσι διὰ πλοῦτον, ἄν τ' ἐλάττους ἄν τε πλείους, εἶναι ταύτην ὀλιγαρχίαν, ὅπου δ' οἱ ἄποροι, δημοκρατίαν, ἀλλὰ συμβαίνει, καθάπερ εἴπομεν, τοὺς μὲν ὀλίγους εἶναι τοὺς δὲ πολλούς. εὐποροῦσι 5μὲν γὰρ ὀλίγοι, τῆς δὲ ἐλευθερίας μετέχουσι πάντες· δι' ἃς αἰτίας ἀμφισβητοῦσιν ἀμφότεροι τῆς πολιτείας.（1279b35—1280a7）

> 因此，这次讨论似乎［把问题］弄清楚了，由于到处总是穷人多而富人少，所以寡头政治方面和民主政治方面，取得权力者人数谁多谁寡，只是一种偶然现象，实际上民主政治和寡头政治的区别，是贫和富；不论在哪里，统治者以财富而掌权。不管他们是多数还是少数，都是寡头政治；而穷人统治，就是民主政治，虽则会有偶发情况，富人掌权了，他们恰好少数，而穷人掌权，他们却多数；因为富者总是人少，而所有的人享有自由，而财富和自由正是两阶级要求从事政治的基础。

古代民主政治是城邦政治制度形式之一。亚里士多德的《政治学》（1279b5—10）提及［希腊］六种政治制度，分为两个层次：（↔是我们作的，表示παρέκβασις［deviation from］偏离［一译“变态”］的关系）：

πολιτεία（body of citizens, republican government）	邦人政治；↔ δημοκρατία（一译共和政体）（democracy）	民主政治（一译平民政体）
ἀριστοκραία（aristocracy）	贵族政治；↔ ὀλιγαρχία（一译贵族政体）（oligarchy）	寡头政治（一译寡头政体）
βασίλεια（kingship）	邦君政治；↔ τυραννίς（一译王制）（tyranny）	僭主政治（一译僭主政体）

这些无疑是指希腊或地中海古代国家即城邦的政治制度，其所举实

例有斯巴达、克里特、迦太基（《政治学》1269a29以下），尤其雅典（1273b37以下），等等，然而斯巴达“王制”竟被归于五种君主制之中（已见上文），与东方［专制］君主同列，显然错误了。

其实这些政治制度，东方专制国家是没有的。这些政治制度，除希腊之外，一切古代城邦可能有这种那种，也可能这时有这种，另一时期又有别种，古代中国（在东方）也不例外。

为什么说东方专制国家没有这些政治制度？专制国家是古代帝国阶段的国家，秦始皇统一中国之后的秦汉帝国，恺撒、奥古斯都时代的罗马帝国，再早如波斯帝国或更早之亚述帝国等；专制帝国不限于东方，专制主义统治非东方所专有，在专制帝国，上列这些政治制度，城邦阶段的政治制度，已经过去了。

把一人统治的君主制或君主政治（μοναρχεία）混入邦君政治（βασίλεια），这是亚里士多德《政治学》的一个重要错误（邦君政治就不一定是一人统治，如斯巴达有两君）；他的另一个重要错误在于不知道亚洲或东方先前也有过城邦阶段，把亚洲当时波斯帝国时代的专制统治看成永远如此，因而断定亚洲人比之欧洲人更富奴性，“忍受专制统治”（ὑπομένειν τὴν δεσποτικὴν ἀρχὴν，《政治学》1285a20—23）。

“奴性”，“忍受专制统治”，这样的东方人、亚洲人，还能有民主政治吗？

在亚里士多德之前的一个世纪，希腊“历史之父”希罗多德（约公元前484—约前425）不是这样，他在《历史》（Hdt.，Ⅲ.80，Ⅵ.30）中一再强调波斯大流士等七人会议上讨论过“民主政治”（见上文）。

现代考古学、历史学证明，在波斯帝国之前很多时候，早在公元前三千年代中叶，在伊朗的苏萨，经过了城市革命，产生了文明，那里出现了埃兰城市国家。[①]亚洲国家不是一开始就是专制主义帝国，亚洲也有城

① I.M.Diakonoff, The Emergence of the Elamite City-States, The Cambridge History of IRAN, Vol.2, 1985, p.1—10.

邦，也有城邦的政治制度。

西亚最早的国家，苏美尔人的文明和国家，是以城邦或城市国家出现的。苏美尔史诗《吉尔伽美什与阿伽》说明那里保存了最早的城邦三机构（首领，长老会，民众会）的文献。[①]

苏美尔语学者Thorkild Jacobsen就美索不达米亚各邦政治首领lugal，en，ensi三者间的分工关系所作研究，给人以启发，引起古代史研究者很大兴趣。[②]在中国，晚近出版的《古代城邦史研究》（1989）曾有一节将苏美尔、雅典和古中国的城邦三首领作了对比研究，列表如下：[③]

职位偏重	政治方面	宗教方面	军事方面
苏美尔	ensi	en	lugal
雅典	archon	basileus	polemarchos
古中国	卿	君	王

除城邦首领外，这本《古代城邦史研究》还有专节讨论古代中国的“公民、邦人或国人［众］”，以及“长老会议或诸大夫”。[④]这样，古代城邦政治的三机构，即邦之首领，长老会议和民众会议，古代中国各邦都具备了。

古代中国的历史，过去还遭受东方专制主义说错误的干扰，遭受长期封建主义说错误的包围，古典文明的光彩长期蒙受尘埃，或则把历史按地理环境决定论剖分为二，东方与西方，只有西方历史有古典、中世、近代、现代，东方则自古至今一条线，东方专制主义；或则把欧洲中世的

① S.N.Kramer, The Sumerians, 1963, p.187—190, “Gilgamesh and Agga”, p.289, The Legacy of Sumer.

② M.J.Geller, The Lugal of Mari at Ebla and the Sumerian King List, Eblaitica Essays on the Ebla Archives and Eblaite Language, Vol. Ⅰ, 1987, p.141—145.

③ 日知主编：《古代城邦史研究》，人民出版社1989年版，第43—48页。

④ 日知主编：《古代城邦史研究》，人民出版社1989年版，第27—36页，37—43页。

feudalism强加于古典中国，以之与殖民建邦的“封建”对译，造成了唐虞以来四千数百载而有余的长期“封建”的误解！在此情况下，古典中国还能有民主政治吗?

历史事实不是这样。

秦始皇统一中国（公元前221年）之前，古代中国不知专制主义为何物；古代中国亦不可能有西方中世纪之feudalism，以西方中世之feudalism与古代中国之“封建”对译是译法的错误，由此造成历史的误解，造成时代的错误，古代中国有殖民建邦的“封建”，但古代中国并不知feudalism为何物。

从秦汉帝国后的专制主义强加于其前的专制主义误解中摆脱出来，从欧洲中世的feudalism强加于中国古典的feudalism与“封建”错误对译中摆脱出来，古典中国才有民主可言，才有民主政治可言。

古典中国为古代世界之一部分。古代世界西起地中海周围，东至中国海周围，亚欧非三洲相结连之一片地带，自青铜时代至铁器时代，古代文明历史发生发展的地区，中间为古代西亚、北非、中亚、南亚，其东古代中国，其西古代欧洲，此十分有限之范围。各地古代文明大体上都经历先前邦和邦之联盟的阶段，与随后帝国的阶段，古典文明或古典时代（The Classical Age）者，指前一阶段，邦和邦之联盟（城邦和天下之结合）的阶段，亦即通常所谓城邦阶段，尤指其中的精华、创造性的时期，若希腊之公元前5—前4世纪，古中国之春秋战国时期。就古代政治史言之，此则公卿执政制时代，民主政治当盛时代，古代中国如此，古代西方亦如此，雅典以雅康当政，名年执政官（ἀρχῶν ἐπώνυμος）居巴西勒斯之前，即公卿执政矣。

B. 古中国“民主”［民之主］概念的发生发展与公卿执政制时代民主思想的高潮

古代中国文献，尤其公卿执政制时代的传世著作，有极为丰富的民主政治有关的材料。时代是邦和邦的联盟的城邦阶段，社会是血缘关系刚转入政治关系的文明之初的新社会，人，单以邦的公民，自由民言之，是新生的婴儿，新长成的孩子。希腊古典名言有云：ἄνθρωπος φύσει πολιτιὸν ζῷον（man is by nature an animal of polis，人本质是城邦动物，Aristotle’s Politics，1253a3）；中国《诗·商颂·玄鸟》亦云："邦畿千里，惟民所止"，以吾人今日之思想语言译之，即"大哉我邦，万民所安"！民者邦之主人，亦即邦之动物，即邦人、国人、众、民众、民人等等有公民权的群众。

上举的《古代城邦史研究》（1989）将城邦政治形式的发展分为四个阶段：一、神话传说时代与原始民主制城邦；二、史诗时代与原始君主制城邦；三、春秋时代与公卿执政制城邦；四、战国时代，向帝国时代过渡，城邦走向解体。古代民主政治以公卿执政制时代达全盛，雅典初由雅康或执政官当政，继以十司令官当权；中国则由公卿专国之政，由霸者理天下之大局，列国的邦君和盟主之邦天下的天子周王，均退居后位，专管宗教，基本上不理本邦的或天下的政治军事了。这叫作"政由宁氏，祭则寡人"（《左传·襄公二十六年》，卫献公之言）、君（basileus）和卿（archon，minister）（或盟主之邦的［周］天子，王同霸者之邦的邦君、执政者）必须分手，宗教和政事军事必须分工，这是时代的进步，民主政治的要求，不管他是"天下有道"还是"天下无道"！

民主政治democracy之由外来语译成"庶建"和"庶建民主"，不知从什么时候改用"民主"或"民主政治"而通行了。古中国文献中有"民主"之词，但其义为"民之主"，古人注云"天子也"。然其原义是指代表人民利益的首领，可以是邦君，也可以是执政公卿，而不是把人民当作奴仆来统治的"主人"！

《尚书》两见"民主"，共四条：一在《商书·咸有一德》："后非民罔使，民非后罔事。无自广以狭人，匹夫匹妇不获自尽，民主罔与成厥功。"此"民主"指"后"。然今本《咸有一德》是伪书，可以不论。

另三条见于《周书·多方》。“多方”意若“众国”。［周成王某年］五月丁亥，成王归自奄，在宗周，［周公以成王命，告东土诸国］，《书序》云，作《多方》，其中说，“夏桀不能善奉于民”，对于“有夏之民”，“叨懫日钦，劓割夏邑”，因此。

“天惟时求民主，乃大降显休命于成汤，刑殄有夏”。“乃惟成汤，克以尔多方，简代夏作民主”。“乃惟尔商后王，逸厥逸，图厥政，不蠲烝，天惟降时丧”。“天惟五年须暇之子孙，诞作民主；罔可念听”。“惟我周王，灵承于旅，克堪用德，惟典神天。天惟式教我用休，简畀殷命，尹尔多方。”

“Heaven on this sought a true lord for the people, and made its distinguishing and favouring decree light on Tang the Successful, who punished and destroyed the sovereign of Xia.” “In the case indeed of Tang the Successful, it was because he was the choice of your many regions that he superseded Xia and became the lord of the people.” “Indeed, it was the case that the last sovereign of your Shang was luxurious to the extreme of luxury, while his schemes of government showed neither purity nor progress, so that Heaven sent down such ruin on him.” “Heaven for five years waited kindly, and forbore with the descendant [of Tang, to see if] he would indeed prove himself true ruler of the people, but there was nothing in him deserving to be regarded.” “There were, however, our kings of Zhou, who treated well the multitudes of the people, and were able to sustain the burden of virtuous government, and to preside over all services to spirits and to Heaven. Heaven thereupon instructed them, and increased their excellence, made choice of them, and gave them the decree of Yin, to rule over your many regions.”

（James Legge译，1865）

《多方》篇里，“民主”有的被译为Lord for the people，有的译为ruler of the people，都不合原意。这些是19世纪的译法，主体是Lord，是ruler，而古典中国的“民主”（民之主）主体是“民”。《多方》中提及三个做民之主的君主，具体说是桀、纣和汤，按古典中国传统的观点，只有汤胜任，“民主”（民之主），前后两个桀和纣（没有指名）都不行。不胜任者要更换，谁来更换？天，天也就是民。《尚书·皋陶谟》，“天聪明，自我民聪明；天明畏，自我民明畏”。《孟子》引《泰誓》也说，“天视自我民视，天听自我民听”，亦同此旨。《皋陶谟》著成时代在《孟子》之前；《泰誓》今本是伪书，但《孟子·万章》当然引自原本。《多方》则是传世“民主”最早见之作品，说到“民主”（民之主）是天之所求，汤是天选择的，周王也是天定的，这就是天命。天民结合，天命最初就是“民主”，是选择或指定的“民之主”。这种思想后来在《皋陶谟》和孟子所见的《泰誓》中都已具体落实。《皋陶谟》着重对为君者说明此种天民关系，“达于上下，敬哉有土”，就是说，上天下民，天人相通，有国君（有土者）应当注意（参阅屈万里，《尚书今注今译》，1969年版，第22—23页）。

古中国“民主”（民之主）的概念产生于西周之前，始见于周初作品《多方》，其时不是公卿执政制时期，是原始君主制时期或史诗时代（这类分期法见上引《古代城邦史研究》）。这时的“民主”（民之主）是指邦君或邦的联盟的盟主之邦的邦君（王，天子），禹汤文武是这些邦君或王、天子的典型。

接着是春秋时代，公卿执政制时代，这时“民主”（民之主）的概念有新发展，这时“民主”（民之主）指的不限于（或不是）邦君，而是执政的公卿，邦君的君（basileus）逐渐退到后位，专管（或主要管）宗教了。

《左传·宣公二年》，晋赵盾为正卿当政。年轻的“晋灵公不君”，怕赵盾谏阻他做坏事，派力士鉏麑（Chú Ní）去刺杀他。“晨往，寝门辟矣，［赵盾］盛服将朝，尚早，坐而假寐，麑退，叹而言曰，不忘恭敬，民之主也。贼民之主，不忠；弃君之命不信。有一于此，不如死也。触槐而死”。

赵盾是“民之主”，他不是国君，是执政的公卿。对于“民之主”要讲“忠”，对于君（晋灵公）则只讲信。[①]忠信相表里，“为（国）人谋而不忠乎？与朋友交而不信乎？”（《论语·学而》）“国之大事，在祀与戎”（《左传·成公十三年》），祀是宗教的任务，戎是政治军事的任务。而在西周之前，这两种任务都在国君手里，春秋之后，转入公卿执政制时代，国君着重管宗教权，政治军事权落到公卿执政之手。以前，“民主”是指国君，《多方》所说的桀纣汤武都是；现在，“民主”或“民之主”则指执政公卿，赵盾是“民之主”。以前，国君代表民，为民之主；现在，执政公卿代表民，为民之主（当然，亦有仍以“民主”指邦君者，如《国语·晋语四》，寺人勃鞮［《左传》寺人披，披之拼音］对晋文公说话，说他“不能明训而弃民主”，韦昭解云“弃为民主之道”）。

“民主”，或“为民之主”，同“民”（邦人、国人）有密切关系，能顺民之心，符合民之利益行事，就会得到民的拥护支持。当然，这里有方向问题，把民带到哪里去？《礼·大学》，“尧舜率天下以仁，而民从之；桀纣率天下以暴，而民从之。其所令反其所好，而民不从”。

上举《左传·宣公二年》晋赵盾的故事，尚有《公羊传》（在宣公六年）的材料，稍有出入，摘录如下：

> ［晋］灵公为无道，使诸大夫皆内朝（召开诸大夫会议，即贵族会议），然后处乎台上，引弹而弹之［以为乐］。赵盾已朝而出，与诸大夫立于朝。有人荷畚，自闺而出者。赵盾就而视之，则赫然死人也。赵盾曰：是何也？曰膳宰也，熊蹯［掌］不

---

① 《左传·成公十七年》，晋卿郤至临危云：“人所以立，信知勇也，信不叛君，知不害民，勇不作乱”。大概当时对于国君（宗教首领）主要讲“信”。郤至还说：“若杀不辜，将失其民”，可见当时执政公卿对于“民”不是没有顾虑的。

熟，公杀之，支解将使我弃之。赵盾趋而入，灵公望见赵盾，愬［惊］而再拜［以拒之］，赵盾趋而出［冀君觉悟］，灵公心怍焉，使勇士某者往杀之。勇士入其大门，则无人［守］门焉；入其闺，则无人［守］闺焉，上其堂，则无人焉，俯而窥其户，则［赵盾］方食鱼飧。勇士曰：嘻，子诚仁人也，大门、闺、堂无人，是子之［简］易也；食鱼飧，是子之俭也。君将使我杀子，吾不忍杀子也。遂刎颈而死。灵公闻之怒，滋欲杀之甚，众莫可使往者，于是伏甲于宫中，召赵盾而食之。赵盾之车右祁弥明者，国之力士也，从赵盾入，立于堂下。赵盾已食，灵公曰，吾闻子有利剑，吾将观焉。赵盾起将进剑，祁弥明自下呼之曰：盾食饱则出，何故拔剑于君所？赵盾知之，躇阶而走，灵公呼獒，獒亦躇阶而属之，祁弥明迎而绝其颔，而宫中甲鼓起，有起于甲中者，抱赵盾而乘之，赵盾顾曰，吾何以得此救急之恩？曰：子某时所食活于桑下者也。赵盾问其名，答曰：吾君为谁兴此甲兵？子之乘［上车］矣，何问吾名？赵盾驱而出，众无留之者。赵穿缘民众不悦，起弑灵公，迎赵盾，而立成公。

这就是《春秋》“赵盾弑其君夷皋”的故事。赵盾得民众拥护，但《春秋》按史官记录，记“赵盾弑君”，赵盾则自呼：“天乎！无辜！”据说他得此弑君之名，孔子也替他冤屈，说他可惜得很，出走如越过了国境，就可免此恶名了（“赵宣子古之良大夫也，为［书］法受恶！惜也！越竟乃免”！《左传·宣公二年》）。

晋是大国，盟主之邦，然“民主”或“民之主”之例，小国亦有之。《左传·襄公二十二年》，“十二月。郑游贩（字子明）将如晋，未出竟（境），遭（遇）逆（迎）妻者，夺之以馆于邑。（越若干日）丁巳，其夫攻子明，杀之，以其妻行。（郑主政者）子展废（子明之子）良，而立（子明之弟）太叔，曰：国卿，君之贰也，民之主也，不可以苟，请舍子明之类（已死的游贩及其子良）；求亡妻者，使复其所（郑国不讨其专杀子明之罪，扶弱抑强），使游氏勿怨（令私家亦不与杀人者交怨）”。

古典国家是邦或城邦，就古代中国传统言之，君是一方，民是又一方。君代表神，属于宗教传统，民属于政治传统。自有执政的公卿，而国君更主要的是专管神的一方，公卿执政则管民的一方。神与民，哪一方更重要？《左传·桓公六年》，记新兴之楚侵随事，楚与随对立于前方，随大夫季梁说，“所谓道，忠于民而信于神也；上思利民，忠也；祝史正辞，信也”。这是说神与民（君与卿）都重要。又曰，“夫民，神之主也，是以圣王先成民而后致力于神”。这是说，首先是民，民是神之主，即是说，民是主。君属于神的方面，执政的卿属于民的方面，民是主，执政是民之主，执政比君地位更重要。僖公十九年，宋司马子鱼说，“民，神之主也”。庄公三十二年，虢国史嚚（yín）说：“国将兴，听于民；将亡，听于神。”管政治的比管宗教的显然更重要，更有权。

君与卿，宗教与政治，什么时候开始分工的？恐怕各邦不一。按襄公二十六年（公元前547年），卫献公欲复国。使人与当政者宁喜言之，曰，“苟反，政由宁氏（主民），祭则寡人（主神）”。君与卿就这样分工，无疑，说这话的时候，君与卿之开始分工已过许多年时了。

公卿掌管政治，掌管民事，当然是民之主。《左传》还有几处有关公卿大夫为“民之主”的言语行动的记载：宣公十五年，晋“使解扬如宋，使无降楚”。要他告宋人“晋师悉起，将至矣”。他被“郑人囚而献诸楚，楚子厚赂之，使反其言，不许，三而许之。登诸楼车，使呼宋而告之”。解扬利用这个机会，把晋公要他说的话对宋人说了。楚子将杀之”，说他无信。他说，“谋不失利，以卫社稷，民之主也”，“有死无實（yǔn=陨），又可赂乎”？

又襄公二十七年，晋卿赵孟在郑国参加宴会，回答主人方面诵诗，说：“善哉！民之主也”，他还谦让说他“不足以当之”。又，昭公五年，郑罕虎（子皮）到齐国娶妻，齐名臣“晏子骤见之”，有人问为什么这么急着来看罕虎，晏子说，（罕虎曾经以郑之国政授与子产），“能用善人，民之主也”。

郑子产（？—前522）是古典中国公卿执政制时代的典型人物，也是古代中国民主（民之主）的代表人物。他是司马子国的儿子，子国死于鲁襄公十年（公元前563年）五族之乱，襄公十九年（公元前554年）立为卿，三十年（公元前543年），“子皮（罕虎）授子产政”（上文晏子赞“民之主”），当国二十余年。孔子（公元前552—前479）晚于子产约半个世纪有奇，他称子产“仁”，评论子产为政宽猛政策，及其卒也，为之流涕，曰“古之遗爱也”。

子产的民主（民之主）措施最著于世的一事是不毁乡校。《左传·襄公三十一年》（公元前542年），“郑人［国人、公民］游于乡校［乡之学校］。以论执政。然明（鬷蔑zōng miè）谓子产曰，毁乡校何如？子产曰：何为？夫人朝夕退而游焉，以议执政之善否，其所善者，吾则行之，其所恶者，吾则改之，是吾师也，若之何毁之？吾闻忠善以损怨，不闻作威以防怨。岂不遽止，然犹防川，大决所犯，伤人必多，吾不克救也；不如小决使道，不如吾闻而药之也”。“仲尼闻是语也，曰，以是观之，人谓子产不仁，吾不信也”。乡校是民间自行组织的民主政治机构，子产支持这种民主机构。

为什么有人说子产不仁？子产从政之初，如《左传·襄公三十年》（公元前543年）所记他的措施：“子产使都鄙有章，上下有服，田有封洫，庐井有伍。大人之忠俭者，从而与之；泰侈者，因而毙［踣］之”。“从政一年，舆人诵之曰：取我衣冠而褚之，取我田畴而伍之，孰杀子产，吾其与之；及三年，又诵之曰：我有子弟，子产诲之，我有田畴，子产殖之，子产而死，谁其嗣之？”

子产坚持田制改革，在上引“田有封洫”的基础上，《左传·昭公四年》（公元前538年）又载郑子产“作丘赋”（杜注谓“丘十六井，当出马一匹，牛三头，今子产别赋其田，如鲁之田赋”［哀公十一年］，孔疏谓“使之出粟”），“国人谤之”。子产曰：“苟利社稷，死生以之”，

“民不可逞，度［法］不可改”，他坚持不改变。

越二年，昭公六年（公元前536年），《左传》又载“郑人铸刑书”铸者铸鼎，如后来［昭公二十九年，公元前513年］晋之铸刑鼎，“著［前此］范宣子所为刑书”［早在文公六年，公元前621年］。这本是春秋末叶可能出现的社会改革常规，成文法之产生。曰“郑人”铸刑书，郑人者，郑之国人，明此刑书绎国人会议诵讨者。评晋之铸刑书者有仲尼、史墨，仲尼所责，在于宣子刑书，晋之乱制，不当铸以为法；史墨所责，也在“擅作刑器，以为国法”，谓之“法奸”。郑人铸刑书，孔子犹年少，未闻评语；当时“晋叔向使诒子产书”，责子产“相郑国，作封洫（公元前543年），立谤政（公元前538年，作丘赋），制参辟（用三代末之法），铸刑书”。叔向书中谓“国将亡，必多制”。子产回答叔向的信说，“侨（子产）不才，不能及子孙，吾以救世也”。“救世”者孔疏谓“当时郑国大夫邑长，盖有断狱不平，轻重失中，故作此［刑］书以令之，所以救当世”。可见成文法是十分必要的。如果六年前郑之“乡校”（公元前542年，当时未毁）传统仍在，则“郑人铸刑书”，乡校必有所反映矣。乡校者，郑国谓学为校，“郑人游于乡校”，乡校是郑之“国人”自己的组织，朝夕议政之所。今传云：“郑人铸刑书”，当不是子产一个人的主意，复叔向书云“侨不才”，“吾以救世也”，自己既作“民主”（“民之主”），自应承担此责任耳。

本由邦君承担的民主（民之主），不知从什么年代开始，改由公卿承担，任务也一样，从此公卿地位事实上挤到邦君前头去了。执政公卿是“民之主”，是“民主”，邦君管祀管神与民人、民众脱节了。《左传·昭公三十二年》（公元前510年）；鲁昭公自二十五年（公元前517年），与季氏（三家）争斗，公“孙［逊］于齐，次于阳州”；二十八年，“如晋，次于乾侯”；二十九年（公元前513年），“居于郓”（鲁境），“齐侯使高张来唁公，称主君”（杜注云：“比公于大夫”），于是又“如［晋］乾侯”；三十二年（公元前510年）十二月：“薨于乾侯”。

称君为“主君”，与称公卿为“主”，为“民主”（民之主），不同，称君为“主君”，是“卑君”；称公卿为民主，为“民之主”，则是列此公卿于君之上。《左传·昭公二十七年》（公元前515年），吴季子“聘于上国”，吴公子光“弑其君僚”，季子返，曰：“苟先君无废祀，民人无废主，社稷有奉，国家无倾，乃吾君也”，犹以吴之新王（公子光，吴王阖闾）为“民人”之“主”。而与此相近之年，晋魏献子被称为“主”（《左传·昭公二十八年》：“主以不贿，闻于诸侯”），三十二年：赵简子之被称为主，则是尊称公卿为主，等于称之为君，而实权则在君之上。《左传·昭公三十二年》，鲁昭公既死：

> 赵简子问于史墨曰：季氏出其君，而民服焉，诸侯与之，君死于外，而莫之或罪也？’对曰：……天生季氏，以贰鲁侯，为日久矣，民之服也，不亦宜乎？鲁君世从其失，季氏世修其勤，民忘君矣，虽死于外，其谁矜之？社稷无常奉，君臣无常位，自古以然。故《诗》曰：“高岸为谷，深谷为陵。”三后之姓，于今为庶，主所知也。在《易》卦，雷乘乾曰：“大壮”䷡，天之道也［杜注：乾为天子，震为诸侯而在乾上，君臣易位］。昔成季友，桓之季也，文姜之爱子也，始震而卜，卜人谒之曰：“生有嘉闻，其名曰友，为公室辅。”及生，如卜人之言，有文在其手曰友，遂以名之。既而有大功于鲁，受费［邑］以为上卿。至于文子、武子，世增其业，不废旧绩。鲁文公薨［公元前609年］，而东门遂杀嫡立庶，鲁君于是乎失国，政在季氏，于此君也，四公矣。民不知君，何以得国？

邦君并未失位，但邦君失国了！邦君失国，公卿以民人为基础，专乎国政，他们得国了。

邦君失国与公卿得国，是古中国民主（民之主）形式的重要发展：邦君之得国，从禅让到传子，是政治首领地位传袭形式之一；公卿当政得国，政治首领地位的传袭方式，有的由邦君提出，而经长老会议同意（如文王之任吕望），管仲受任也经一样手续，有的由前任大夫提名（如郑子皮授子产政），手续不详。这同立君不同，立君（非合法传子者）有的要经国人会议通过（如周敬王与王子朝之争位，经国人会议通过，见《左传》昭公二十四年）。孔子任鲁执政（专政），是由季氏提出的（《公羊传》定公十、十一年）。古代城邦政治制度，在西方，近代开始研究，不只一个世纪了；在中国，近来才在排除传统见解，研究讨论之中，许多材料尚待搜集和解剖，但问题摆出来了。

由邦君兼主神与民之政到邦君主神，公卿主政，由原始君主制的史诗时代到公卿执政制的春秋时代，古代中国民主政治进入古典阶段，民主思想在春秋战国时期进入高潮，百家争鸣，就在这个时代，兹不具论。

C. 古典中国民主政治传统何以湮没无闻？关于汤武革命和赵盾弑君的争论

“民”，希腊文δημός，比“民主政治”δημοκρατία先出现；中文“民”也比中文“民主”先见于世。“民”以外，还有“众”，希腊文πλῆθος。中国和希腊古代的这两个字，民和众都比“民主政治”或“民主”先流行。[①]“民”和“众”本来都含有民主政治的实际，虽则当初尚未发明“民主政治”这个字本身。

但中文“民主”原意是“民之主”，先用于君（或周天子），到公卿执政制时代，则用之于执政的公卿。公卿执政制时代，在西方，也在古典中国，民主政治（有条件地说）都在高度发展。除邦和邦的联盟有关的政治制度，如邦的首领、民众会（国人）、长老会议（诸大夫）三机构，如城邦阶段各种政治改革、独裁专政措施，[②]以及民主思想高度发展的具体

① δημός和πλῆθος（民和众）早见于荷马史诗，如ILIAD，17，330，HOMER，Oxford，1888。中文“民”和“众”早见于甲骨文，以《尚书》言，《盘庚》篇中“众”和“民”均多见。

② 参阅《古代城邦史研究》，人民出版社1989年版，上篇，“城邦史综论”各章。

表现（百家争鸣）之外，在古典中国和古代西方，有些历史和社会的古老传统，两边都存在，而一向很少为研究者所注意，因而被忽略了。例如：

雅典梭伦改革（公元前594年）的有名措施之一，是解负令（σεισάχθεια），取消债务，不许以人身抵债，取消债务奴役；与此同时，因欠债而将田地抵押于人而交纳六分一或六分五的“六一汉”（ἑκτημόριοι），从此可以耕种自己的土地了（亚里士多德，《雅典政制》；普鲁塔克，《梭伦传》），梭伦夸耀他解放了阿提卡被奴役的土地。过去曾经错误地认为东方奴隶制以债务奴隶制为特色，因为没有经过雅典那样的梭伦改革。其实取消债务是古代城邦史阶段各地都有的常规，旨在保护自由民公民，不使公民因欠债而沦为奴隶。《汉谟拉比法典》第117条、第118条、第119条规定，对待本国公民及其家属，与对待奴隶不同。公民及其家属欠债，到债主家服役以三年为限，第四年必须解放；奴隶则可由债主出卖（与公民生过子女之女奴则可赎回）。《旧约·出埃及记》规定希伯来人做奴仆以六年为限，第七年必须让其自由。[①]梭伦立法则在公卿执政者上任之年，取消债务。

同样的，古代中国亦有类似的保护公民，不会遭受奴役的立法。《左传·成公十八年》（公元前573年，比梭伦改革晚21年），“晋侯悼公即位于朝，始命百官，施舍已责，逮鳏寡，振废滞，匡乏困，救灾患，禁淫慝，薄赋敛，宥罪戾，节器用，时用民，欲无犯时”。国君即位的改革，第一件大事是“施舍已责”，按杜预注，这是：施恩惠，舍劳役，止逋责”（bū zhài，欠债）。当然是对国人（公民）说的，公民欠债，取消不要还了。

在梭伦改革中，还有一件重要的项目：赎回被卖到国外为奴隶的雅典人。梭伦诗中写下他这些民主改革内容十分动人的场面（《雅典政制》引）：

---

① 日知，才晓颖：《汉谟拉比法典：第117、118、119条与所谓古代东方债务奴隶制问题》，《东北师范大学学报》，1987（1），59—66。

许多被出卖的人们。

我已使他们回到这神所建立的雅典。

其中有的无辜出售，也有的因故被卖，

为了可怕的贫穷所迫，逃亡异地，

不复说他们自己的阿提卡语言，远方漂荡……

像这样赎回被卖境外的同国之人的举动，无疑也是各邦作为古典城邦的天然职责。这在古代中国也有实例，《吕氏春秋》“先识览·察微”：“鲁国之法，鲁人为人臣妾于诸侯，有能赎之者，取其金于府。子贡赎鲁人于诸侯，来，而让不取其金。孔子曰：赐失之矣，自今以往，鲁人不赎人矣。”盖保护国人，赎其出卖于外为奴者本诸邦（包括鲁邦）共有的传统，虽晚到子贡之时，此传统尚未完全破坏也。

其三，公元前6世纪初的梭伦改革（公元前594年），中经僭主政治，到前6世纪末，有克利斯提尼改革（公元前508年），雅典民主政治是确立了。为了防止僭主政治之再现，克利斯提尼创立了“陶片［投票］放逐法”（ὀστρακισμός，ostracism），雅典每年定期举行公民大会，来投票（用陶片记名）决定某一政治人物（公民）应否离开阿提卡，一个人得满6 000票者，即应在十日内离开本邦境土（阿提卡），十年之内不得返回，但他的公民身份和他的财产都予以保留。这种“陶片离邦法”首批在公元前487—前483年实行。这是对待国中有声望的人物的好办法，同时也具有保护公民权利的意义。

雅典这种民主政治的改革，在古代中国也有过。《左传·襄公三十年》（公元前543年），“郑子皮授子产政”，“子产为政”，实行改革，对于贵族生活作了一些规定，表扬和赞助忠俭的，处置和限制泰侈的。一个大夫“丰卷［子张］将祭，请田［要举行田猎］焉。［子产］弗许，曰：惟君用鲜［只有国君可用“新杀”的献祭］，众给而已［众臣以牛羊犬豕家畜为足］。子张［丰卷］怒，退而征役［召兵欲攻子产］，子产奔晋［打算出走，去晋国］，子皮止之，而逐丰卷，丰卷奔晋”。故事就是这样，丰卷被逐，出国去了。可能当时逃亡国外的，家里的财产，公家会有一定处理办法；逃亡，也就没有回来的定期了。但他毕竟是公民，国人。子产提出了改革的措施。《左传》写道："子产请其田里，三年而复之，反其田里，及其入焉"。杜注云："请于公，不役入"，就是按手续向国家（名义上是邦君，公）提建议，不没收丰卷的田里（土地房屋，地产），出邦三年，再让他回来；回来之后，保留着的土地财产，以及三年中的财产收入，一起都还给丰卷。

子产处理被放逐者的这种办法，是采取了对待本邦人（公民）的新方式，保护其财产和身份。子产的这种改革，比克利斯提尼的"陶片放逐法"的实施还早了六十年。两方都是城邦阶段的政治问题，都属于公卿执政制时代，不是谁抄谁的，只是邦与公民（国人）的关系相一致，故有偶合的方式。当时郑介于晋楚两大国之间，内部必须多方处理，使之纳于轨道，子产之所为，宽猛并济，反丰卷田里，宽也；夺斩木者官邑[①]猛也。

西方希腊的民主政治，民为主，古典中国的民主，民之主。二者可以不可以对比？一、双方都指全权公民，自由民；奴隶和无权者双方都除外，这一点双方一致，无可非难。二、民为主，由民投票，如陶片［投票］离邦法（通常称"陶片放逐法"），公民6 000票为标准，少一票也不行，是公民投票，票数代表民意；民之主，代表国人，这就有问题，当官列名，明明是贵族出身，怎么代表国人？这要说清楚。子产同古典中国民主政治关系较多，请以子产为例。《春秋·襄公十年》（公元前563年），"冬，盗杀郑公子騑、公子发、公孙辄"。这是郑人内部各阶层的一次斗争；《公羊》无传；《穀梁》云，"称盗以杀大夫，弗以上下道，恶上也"，甚简；《左传》则详记其事：

初，子驷与尉止有争，将御诸侯之师，而黜其车；尉止获，

---

① 《左传·昭公十五年》，九月，大雩（yú），旱也。郑大旱，使［大夫］屠击、祝款、竖柎有事于桑山，斩其木。不雨。子产曰：有事于山，蓺山林也。而斩其木。其罪大矣，夺之官邑。

又与之争、子驷抑尉止曰，尔车非礼也，遂弗使献。

初，子驷为田洫，司氏、堵氏、侯氏、子师氏皆丧田焉，故五族聚群不逞之人，因公子之徒以作乱。

于是子驷当国，子国为司马，子耳为司空，子孔为司徒。冬十月，戊辰，尉止、司臣、侯晋、堵女父、子师仆、帅贼以入。晨攻执政于西宫之朝，杀子驷、子国、子耳、劫郑伯以如北宫。子孔知之，故不死。书曰盗，言无大夫焉。

子西［子驷子］闻盗，不儆而出，尸［先临子驷等尸］而追盗。盗入于北宫，乃归授甲，臣妾多逃，器用多丧。

子产［子国子］闻盗，为门者，庀群司，闭府库，慎闭藏，完守备，成列而后出，兵车十七乘，尸［先临子国等尸］而攻盗于北宫，子蟜帅国人助之，杀尉止、子师仆，盗众尽死，侯晋奔晋，堵女父，司臣、尉翩、司齐奔宋。

子孔当国，为载书，以位序听政辟。大夫诸司门子弗顺，将诛之。子产止之，请为之焚书，子孔不可曰：为书以定国，众怒而焚之，是众为政也，国不亦难乎？子产曰：众怒难犯，专欲难成，合二难以安国，危之道也。不如焚书以安众，众亦得安，不亦可乎？专欲无成，犯众兴祸，子必从之。乃焚书于仓门之外，众而后定。

又，《左传·襄公十五年》（公元前558年），续记其事云：

郑尉氏、司氏之乱，其余盗在宋。郑人以子西、伯有、子产之故，纳赂于宋，以马四十乘，与师筏、师慧。三月，公孙黑为质焉。［宋］司城子罕以堵女父、尉翩、司齐与之，良司臣而逸之，託诸季武子，武子寘诸卞。郑人醢之，三人也。

师慧过宋朝，将私焉，其相曰：朝也。慧曰，无人焉。相曰，朝也，何故无人？慧曰：必无人焉！若犹有人，岂其以千乘之相，易淫乐之矇？必无人焉故也。子罕闻之，固请而归之。

又，《左传·襄公十八年》（公元前555年）又云：

郑子孔欲去诸大夫，将叛晋而起楚师以去之，使告子庚，子庚弗许。楚子闻之，使杨豚、尹宜告子庚曰：国人谓不榖主社稷，而不出师，死不从礼。不榖即位于今五年，师徒不出，人其以不榖为自逸，而忘先君之业矣。大夫图之，其若之何？子庚叹曰，君王其谓午怀安乎？吾以利社稷也。见使者……子庚帅师治兵于汾，于是子蟜、伯有、子张从郑伯伐齐，子孔、子展、子西守。二子知子孔之谋，完守入保，子孔不敢会楚师。……

又，《春秋·襄公十九年》，“郑杀其大夫公子嘉”。《左传》云：

郑子孔之为政也专，国人患之，乃讨西宫之难，与纯门之师。子孔当罪，以其甲及子革、子良氏之甲守。甲辰，子展、子西率国人伐之，杀子孔而分其室。书曰：“郑杀其大夫”，专也……郑人使子展当国，子西听政，立子产为卿。

引用这几段材料，说明什么问题？

（1）公元前563年，郑国发生一次大动乱，当时当国的是子驷，一群反对执政公卿的暴徒，入西宫，杀子驷、子国、子耳等，劫郑君往北宫，当权者子孔事先知道，没有被杀。子驷的儿子子西，仓忙赴援，奴隶逃亡，财物丧失不少。子国的儿子子产以兵车十七乘攻北宫，子蟜率国人助之，暴徒少数逃亡，多数尽被杀死。暴徒皆士，无大夫，《春秋》按记事惯例，写道：“盗杀郑公子騑（子驷）、公子发（子国）、公孙辄（子耳）。”国人在当时是有组织的，是参加组织的公民，是民众会的成员，他们显然是在执政这边，是平定这次动乱的主要力量。

（2）但执政公卿中分两大派：子孔一派同攻击西宫者暗中有联系，而暴徒败后，子孔当国，他一直想个人专政，又同楚国秘密往来，要利用楚国来攻，干掉本邦的诸大夫，而诸大夫是长老会议，也是有组织的。这样，子孔一伙就同郑之国人、诸大夫都对立起来，而最后失败，身死家破，“郑人使子展当国，子西听政”，“立子产为卿”。“郑人”者，结合执政者、诸大夫、国人三方面言之。子产是此中后起之秀，可以说，郑之公卿执政时代，民主政治力量上台，为下一段子产当政打开了局面，那么，是不是已经看出，古典中国公卿执政与民主政治的关系了？应当说，这是城邦阶段的正常情况。

民主政治，古典西方有，古代中国也有。那么，为什么古典中国的民主政治传统无闻于后世，而近世中国于民主政治之有所闻，却来自西方？

公元前221年，秦始皇统一中国，结束了古代中国的古典城邦阶段，开始在中国实行专制帝国的统治，古代中国的民主政治，从此也就结束了。中国的古典文化，先秦诸子百家，尤其儒家孔子、孟子的思想学说，经过秦汉帝国，魏晋南北朝，转到唐宋元明清学子之手，在专制王朝忠君思想传统这样那样解说之下，不知被糟蹋到什么样子了！

请以“汤武革命”为例。这是古典史学争论的老问题。《论语·子张》，“子贡曰，纣之不善不如是之甚也，是以君子恶居下流，天下之恶皆归焉”。“天下之恶”是什么意思？一般的意见是指恶事恶名，认为纣受了委屈，顾颉刚有纣恶七十事的发生次第”一文（1924）；但也有的认为“天下之恶”为“恶人”，《左传·昭公七年》，“纣为天下逋逃主，萃渊薮”，恶人归纣，纣所以败（刘宝楠《论语正义》引皇侃疏）。哪一说对，可以研究，百家争鸣。

《孟子·梁惠王下》，“齐宣王问曰，汤放桀，武王伐纣，有诸？孟子对曰，于传有之。曰：臣弑其君可乎？［孟子］曰，贼仁者谓之贼，贼义者谓之残，残贼之人，谓之一夫。闻诛一夫纣矣，未闻弑君也”。

《荀子·议兵篇》，“汤武之诛桀纣也……若诛独夫，故《泰誓》曰，独夫纣，此之谓也”。

又《正论篇》，“世欲之为说者曰，桀纣有天下，汤武篡而夺之，是不然”，“诛暴国之君若诛独夫”，“天下归之之谓王，天下去之之谓亡，故桀纣无天下，而汤武不弑君”。

孟荀之见，代表先秦春秋战国时代一般见解。民为贵，君为轻，此先秦民主政治思想之反映。这种思想到秦汉帝国时代发生变化。

《史记·儒林列传》，辕固生“与黄生争论景帝前，黄生曰，汤武非受命，乃弑也。辕固生曰，不然！夫桀纣虐乱，天下之心皆归汤武，汤武与天下之心而诛桀纣，桀纣之民不为之使而归汤武，汤武不得已而立，非受命而何？黄生曰：冠虽敝必加于首，履虽新必关于足，何者？上下之分也。今桀纣虽失道，然君上也；汤武虽圣，臣下也。夫主有失行，臣下不能正言匡过，以尊天子，反因过而诛之，代立践南面，非弑而何也？辕固生曰：必若所云。是高帝代秦，即天子之位，非邪？于是景帝曰：食肉不食马肝，不为不食味，言学者无言汤武受命不为愚。遂罢，是后学者莫敢明受命放杀者”。

争论的中心问题在于对汤武革命怎么看。《易·革》彖曰：“天地革而四时成，汤武革命，顺乎天而应乎人。”《周易》此“彖”反映战国时代孟、荀儒家思想，辕固生为汉初齐诗博士，继承先秦儒家学派，承认汤武革命。革命即受命，即《书·多方》“天惟时求民主”，汤武受命为王，天与之，民归之，古典中国的“民主”（民之主）就是如此。而所谓天，即民。陈涉起义时的口号，“王侯将相宁有种乎”，是说穿了天民关系，指出革命实质，民为贵，君为轻。司马迁以《孔子世家》与《陈涉世家》前后相续，《太史公自序》云：“桀纣失其道而汤武作，周失其道而《春秋》作，秦失其政而陈涉发迹”，把汤武、孔子、陈涉连成一条系统，汤武革命，孔子作《春秋》，陈涉首事。只有伟大的史公，才敢把此三事平列。这是什么系统，古典民主的系统。

《春秋》三传中，国人、众、民等群众的记录成千条，加以各邦各国之称人，如周人、鲁人、齐人……等等，皆为国人，则不可胜计。城邦阶段，民主政治之基础十分清楚。《春秋》有不道之君，而无不道之民。君可以立，可以废，可以杀（弑即杀），可以执；民作为整体，作为国人，则无不是之民。民为贵，君为轻。此孔子《春秋》之基础也。

《孔子世家》言孔子“因史记作春秋”，“据鲁亲［新］周故殷”，

"吴楚之君自称王，而春秋贬之曰子；践土之会，实召周天子，而春秋讳之日天王狩于河阳"。"推此类以绳当世贬损之义，后有王者，举而开之，《春秋》之义行，则天下乱臣贼子惧焉"。《儒林列传》，太史公曰："仲尼干七十余君无所遇，曰：苟有用我者，期月而已矣。西狩获麟，曰，吾道穷矣，故因史记作《春秋》，以当王法，其辞微而指博，后世学者多录焉"。司马迁所说的孔子作春秋大抵如此，其所指的"天下乱臣贼子惧"，是上承吴楚称王，践土之会晋文召周天子，"贬损之义"，是就诸侯之邦与天子之邦关系说的。这与孟子的有关说法不一样。

《孟子·滕文公下》，回答公都子"好辩"之问，以一治一乱为纲，上承尧时禹治水，接以尧舜既没，圣人道衰，暴君代作，民无所安息，不得衣食，邪说暴行又作，及纣之身，天下又大乱，周公相武王，诛纣伐奄，灭国五十，天下大悦，引《书》曰："丕显哉，文王谟，丕承哉，武王烈，佑启我后人，咸以正无缺。"这又到了治世，文武周公之时。

下面又是一乱，"世衰道微，邪说暴行有作"，目的在说："孔子惧，作《春秋》，春秋天子之事也，是故孔子曰：知我者其惟《春秋》乎，罪我者其惟《春秋》乎！"然而在"邪说暴行有作"和"孔子惧，作《春秋》"之间，突然插进"臣弑其君者有之，子弑其父者有之"14字，是从《管子·法法篇》窜过来的，那里的原句是"故《春秋》之记，臣有弑其君，子有弑其父者矣"。东汉赵岐（约108—201）注云："世衰道微，周衰之时也，孔子惧王道遂灭，故作《春秋》"，没有"弑君弑父"这些乱插进来的14个字。《孔子世家》和《儒林列传》（上引）分别有"乱臣贼子惧"和"作《春秋》"，也没有这14个字。《孟子》此章末有"孔子成春秋而乱臣贼子惧"，是总结上文的，与这些子弑臣弑云云没有关系。结论：这里"臣弑其君者有之，子弑其父者有之"这14个字应删。

删掉这14个字，"乱臣贼子"就同弑君弑父无关，而《孔子世家》和《孟子·滕文公下》有关部分双方就不会有矛盾。

删掉这14个字，孟子所反对的邪说暴行就不是弑君弑父；删掉这14个字，孟子关于“闻诛一夫纣矣，未闻弑君也”的民贵君轻思想才站得住。

删掉这14个字，《孟子》注有关的文句也得删改，兹不赘。

回到“汤武革命”问题上来。辕固生与黄生的争论，到了图穷匕首见的地步。黄生论点符合专制帝国的时代要求，上下之分，君臣之分，臣本奴仆，何得革命！然而辕固生有最后一张牌，把刘邦请出来，弄得汉景帝无法应付，只好让大家今后不再论此事好了。

辕固生这位经师，为了说《老子》书是“家人言”，被令入圈刺豕，要不是景帝看顾他，让带一把利刃，他就得被野猪咬死。

黄生是道家之徒。黄老之学适合秦汉帝国时代作统治工具。无为而治，于城邦阶段不行，专制帝国正好利用。故阴阳儒墨名法道德六家，道家最晚起，与法家是一炉出来的。秦至汉初，小农经济和商业大发展，“无为”最好，让其自由分化，汉兴70年，到文景之世，经济是黄老思想搞得兴旺发达。

宋代文人苏东坡（1036—1101）作《武王论》，硬说“武王非圣人也”，谓“孔子盖罪汤武”。什么罪？“弑君”！又说“武”（武王之乐）不好，用孔子的话，“子谓武，尽美矣，未尽善也”！但明清之际的顾炎武（1613—1682）却能弯弯曲曲地为“武”乐解脱。《论语·八佾》，“子谓韶，尽美矣，又尽善也；谓武尽美矣，未尽善也”。何晏注引孔曰：“韶，舜乐，以圣德受禅，故尽善；武，武王乐，以征伐取天下，故未尽善”。显然，这是为魏晋改朝换代说话，美化曹家和司马家。顾炎武《日知录》驳之云：“观于季札论文王之乐，以为美哉犹有憾，则知夫子谓武未尽善之旨矣。犹未洽于天下，此文之犹有憾也；天下未安而崩，此武之未尽善也。”

可是，对于赵盾弑君，顾炎武则任意否定孔子之言。《日知录》云：“太史书曰，赵盾弑其君，此董狐之直笔也。子为正卿，亡不越境，反不讨贼，此董狐之巽辞也。传者不察其指，而妄述孔子之言，以为越境乃免，谬矣！穿之弑，盾主之也。讨穿犹不得免也。君臣之义，无逃于天地之间，而可逃之境外乎？”像晋灵公那样千方百计杀赵盾，依顾氏之见，逃亡还不可以！还得留恋“君臣之义”！呜呼，当先秦城邦阶段，君之于臣，有何君臣之义可言？《大学》论“止于至善”，五止，君仁，臣敬，子孝，父慈，与国人交，信，不言忠！先秦言忠是有条件的：君使臣以礼，臣事君以忠。对于国人，则忠无条件。当时未有后世所谓君臣之义也。

古典中国有民主政治传统，从政治制度方面，从思想水平，从组织关系各方而言，古中国有些邦，或某些古典邦有些突出的特色（如子产之不毁乡校），其民主政治程度，比之西方古典民主政治绝无愧色。但帝国出现以后，两千多年受了多少朝代的专制统治，古典民主政治都被磨损殆尽了！像顾炎武这样开明士子，仍免不了站在晋灵公这坏君（当时还不算专制君主）一边，向赵盾要君臣之义！

反之，当明清之际，来华的西方传教士，西方文艺复兴时代的一些先进人士，偶尔看到了中国经典原本的精华，却能没有拘束地或较少先入之见地来吸取其中的有用成分，使之成为西方反专制、反教权的思想武器。在伏尔泰（1694—1778）、莱布尼兹（1646—1716）、歌德（1749—1832）这类伟大思想家、伟大诗人的血液中也吸入了拉丁本中国古典经书诸子的成分！这就不是小事！中国，不仅有火、指南针、印刷术，还有易经、孔子、老子！如伏尔泰的见解，“中国文化的发现，对思想界来说，同达伽马和哥伦布在自然界的发现同等重要”（周一良主编，《中外文化交流史》，河南人民出版社1987年版，第59页）。

当时中国也有自己的文艺复兴，其出色人物，为黄宗羲（1610—1695），也是富于民主思想的。《明夷待访录》有“原君”篇，写道：

> 古者天下之人爱戴其君，比之如父，拟之如天，诚不为过也；今也天下之人怨恶其君，视之如寇仇，名之为独夫，固其所也。而小儒规规焉以君臣之义无所逃于天地之间，至桀纣之暴，犹谓汤武不当诛之，而妄传伯夷叔齐无稽之事。乃兆人万姓崩溃

> 之血肉，曾不异夫腐鼠，岂天地之大，于兆人万姓之中，独私其一人一姓乎？是故武王圣人也；孟子之言，圣人之言也。

古典中国民主思想为古代城邦阶段思想文化之精华，几千年文明古国之珍宝，遭两千多年帝国专制时代的压抑未尝灭绝，而仍为传世的祖国财富，与古帝国时代积极成分的文明文化一起万古长留，至于今日！古典中国民主政治与古典西方民主政治同为古代世界民主政治潮流之一部分。

第二篇　古典民主政治创始时期

——由汤武革命至国人流王于彘

《史记·殷本纪》［南朝］宋裴骃《集解》引《汲冢纪年》云："汤灭夏以至于受，二十九王，用岁四百九十六年也。"

《汉书·律历志》，"自伐桀至武王伐纣，六百二十九岁，故《传》曰殷载祀六百"。（《左传·宣公三年》）

武王伐纣［诛纣］之年，落在公元前1027年，则汤放桀之年依上二条计算可能在公元前1523年或前1656年。

周国人流厉王于彘，据《周本纪》，在厉王三十七年（公元前842年），次年即共和元年。这是确定无疑的。

参照这些材料，汤武革命，作为古代中国民主政治创始时期的开端，在全世界的古代史上，这些年代是最早的。

Ⅷ. 武王征商与汤武革命

A. 利簋铭文

1976年3月，陕西省临潼县发现“武王征商”簋，器内底有铭文四行，三十二字，以“珷征商隹甲子朝”开始。这是目前知道的周武王征商惟一的当时物证记录。《文物》1977年8期有利簋的彩色图版，利是武王官吏，此器的所有者。利簋铭文现已收入《殷周金文集成》第八册（中华书局，1987年版）四一三一号。

已故学者唐兰、于省吾二氏对利簋铭文做了研究，唐文“西周时代最早的一件铜器利簋铭文解释”，于文“利簋铭文考释”。（均见《文物》1977年8期第8—9页，10—12页）。

于省吾释文：

珷（武）征商，隹（惟）甲兇（子）淖（朝），戠（岁）鼎（贞）克馯（闻），夙（夙）又（有）商：辛未，王才（在）籥（管）自管𠂤，易（锡）又（右）吏𥝢（利）金，用乍（作）𢍰公宝隮彝。

唐兰释文：

珷征商，隹（惟）甲兇（子）朝，戉（越）鼎，克𩰫（昏），夙（夙）又（有）商。辛未，王才（在）籥（阑）𠂤

（师），易（锡）又（有）事利金。用乍（作）𬓰（檀）公宝障（尊）彝。

图2-1 利簋

图2-2 利簋铭文拓片

下面释文，采自唐、于两家，而有所侧重，特标出而意译之。

武王征商，甲子那天早上。（共说）

King-Wu attacked Shang［the capital or Da-Yi］, on the morning of［the day］Jia-Zi.

［事前］曾贞问了岁事，已能闻知［于上帝］，迅速占有了商［邦］。（于说）

［This matter］，when a divination had made to ask the fortune of year，could have been known ［by Cod］，［so his army］very quickly occupied ［the city，or Da-Yi］ Shang.

［第八天］辛未，［武］王在［东］管师。赐给有司利铜；用作檀公的宝器。（唐说）

［on the 8th day］ Xin-Wei when King-Wu was in the army at ［Jian］ Guan，［he］ rewarded the officer ［You-si］ Li with some bronze，with which ［Li］ made up this precious utensil for the Duke Tan ［Tan-Gong］.

珷 king-wǔ	征 zhēng	商 shāng	隹(惟) wéi	甲 jiǎ	子 zǐ	朝 zhāo	岁 suì

鼎(贞) zhēn	克 kè	䎽(闻) wén	夙(夙) sù	又(有) yǒu	商 shāng	辛 xīn	未 wèi

王 wáng	才(在) zài	𤔲(柬, 管) guǎn	𠂤(师) shī	易(锡) xī	又(有) yǒu	事(吏)(司) sī	(吏)利 lì

金 jīn	用 yòng	作 zuò	𣞚(檀) tán	公 gōng	宝 bǎo	隫(尊) zūn	彝 yí

B. 《尚书·牧誓》

利簋铭文的出现，使一些从前认为时代晚后，未必可信的有关材料，如《周书·世俘解》乃至《尚书·牧誓》篇等，被救活了。“甲子”日的记录是相同的，《世俘解》有“越五日甲子，朝至”，《牧誓》有“时甲子昧爽”，等等。

下面是《尚书·牧誓》及其译文（据James Legge，The Chinese Classics，1865）：

时甲子昧爽，王朝至于商郊牧野，乃誓。

王左杖黄钺，右秉白旄以麾，曰：“逖矣西土之人。”

王曰：“嗟！我友邦冢君，御事、司徒、司马、司空、亚旅、师氏、千夫长、百夫长，及庸、蜀、羌、髳、微、庐、彭、濮人。称尔戈，比尔干，立尔矛，予其誓。”

王曰：“古人有言曰：‘牝鸡无晨。牝鸡之晨，惟家之索’。今商王受，惟妇言是用，昏弃厥肆祀弗答，昏弃厥遗王父母弟不迪，乃惟四方之多罪逋逃是崇是长，是信是使，是以为大夫卿士，俾暴虐于百姓，以奸宄于商邑。”

“今予发，惟恭行天之罚。今日之事，不愆于六步七步，乃止齐焉，夫子勖哉！不愆于四伐、五伐、六伐、七伐，乃止齐焉，勖哉夫子！尚桓桓，如虎如貔，如熊如罴，于商郊；弗迓克奔，以役西土。勖哉夫子！尔所弗勖，其于尔躬有戮！”

The Speech at Mu

The time was the grey dawn of the day jia-zi. On that morning the king came to the open country of Mu in the borders of Shang, and addressed his army. In his left hand he carried a battle-axe, yellow with gold, and in his right he held a whire ensign, which he brandished, saying, “Far are ye come, ye men of the western regions!" He added, "Ah! ye hereditary rulers of my friendly States; ye managers of affairs, the ministers of instruction, of war, and of public works: the many officers subordinate to them: the master of my body-guards: the captains of thousands, and captains of hundreds; and ye, O men of Yong, Shu, Qiang, Mao, Wei, Lu, Peng, and Pu; —lift up your lances, join your shields, raise your spears: —I have a speech to make."

The king said, "The ancients have said, 'The hen does not announce the morning. The crowing of a hen in the morning indicates the subversion of the family". Now Shou, the king of Shang, follows only the words of his wife. He has blindly thrown away the sacrifices which he should present, and makes no response for the favours which he has received; he has blindly thrown away his paternal and maternal relatives, not treating them properly. They are only the vagabonds of all quarters, loaded with crimes, whom he honours and exalts, whom he employs and trusts, making them great officers and nobles, so that they can rule cruelly and unjustly over the people, exercising their villainies in the city of shang."

"Now I, Fa, am simply executing, respectfully the punishment appointed by Heaven. In today's business do not advance more than six or seven steps; and then stop and adjust your ranks: —my brave men, be energetic! Display a martial bearing. Be like tigers and panthers, like bears and grisly bears; —here in the border of Shang. Do not rush on those who fly to us in submission, but receive them to serve our western land; —my brave men, be energetic! If you are not thus energetic, you will bring destruction on yourselves."

今文尚书为伏生传本，与《史记》所载孔安国古文本有出入，孙星衍（1753—1818）《尚书今古文注疏》（1794—1815）已有所考订。武王征商的历史故事基本可信。《牧誓》经近代学者研究，是晚周作品（于省吾，“利簋铭文考释”；屈万里《尚书今注今释》谓为“战国时人述古之作”），但，是先秦资料。

C. 古本《竹书纪年》的几条记录

十一年庚寅，周始伐商。

《新唐书·历志》

In his 11th year, Geng-Yin, Zhou [Wu-Wang] made the first attack on Shang [Yin] .

周武王率西夷诸侯伐殷，败之于坶野。

《水经·清水注》

Zhou Wu-Wang led the western Yis [the minorities] and the rulers of city-states [the princes] to attack Yin, and defeated Zhou [the last king of Yin] in the wilderness of Mu.

武王亲禽帝受辛于南单之台，遂分天之明。

《水经·淇水注》

Wu-Wang took Di-Shou-Xin prisoner with his own hand in the tower of Nan-Dan, and entered into the participation of the bright appointmemt of Heaven.

年四十五。

《真诰》卷一五注

. . . being 45 years old [?] .

自武王灭殷，以至［于］幽王，凡二百五十七年。

《史记·周本纪》集解

The space from that time when Wu-Wang extinguished Yin to

the time of You-Wang was 257 years.

“周始伐商”，在武王“十一年”，《史记·周本纪》同（“庚寅”之见于《竹书纪年》，于省吾云，“以干支纪年为晋人所加”）。坶野即牧野。牧野之战在十二年二月甲子（《周本纪》；《鲁世家》作“十一年”，《齐世家》作“十一年正月甲子”，屈万里云，“二者孰是，尚无定论”。唐兰作殷二月五日，夏历正月初五；于省吾云，“当为武王十二年殷正一月五日”）。

武王死“年四十五”，或倒作“五十四”者，近李裕民有“周武王年寿考”（《文史》第二十五辑，1985）定为“四十五”。

最主要的一条是“武王灭殷至幽王”［之死，十一年，公元前771年］为“257年”，由此可以推算出牧野之战，武王灭商之年为公元前1027（郭沫若，《中国史稿》第一册，人民出版社1976年版，第220页）。唐兰则据殷历推算，定在公元前1075年。然凡此数字只能近似而已。

D. “子谓武尽美矣未尽善也”解

武王征商是信史，从多方面得到证明。对“武王征商”这种历史事实，对武王这种人物如何看？

汤放桀，武王代纣，这是前后相可比拟的史实，汤武是古典历史时代的历史人物。武王征商问题是汤武革命问题；对这样历史人物，对这样历史问题，该如何科学地予以处理？

“汤武革命”，这是古典史学争论的老问题，《论语·子张》已经说及：“纣之不善不如是之甚也，是以君子恶居下流，天下之恶皆归之”（子贡语）。

《孟子·梁惠王下》，“闻诛一夫纣矣，未闻弑君也”（孟子语）。

先秦对于纣之看法已有如此不同，到汉代初年，争论尤其尖锐，以至于争到汉景帝之前。

《史记·儒林列传》，辕固生“与黄生争论景帝前，黄生曰：汤武非受命，用弑也。辕固生曰：不然，夫桀纣虐乱，天下之心皆归汤武，汤武与天下之心而诛桀纣，桀纣之民不为之使而归汤武，汤武不得已而立，非受命而何？黄生曰：冠虽敝必加于首，履虽新必关于足，何者？上下之分也。今桀纣虽失道，然君上也；汤武虽圣，臣下也。夫主有失行，臣下不能正言匡过，以尊天子。反因过而诛之，代立践南面，非弑而何也？辕固生曰：必若所云，是高帝代秦，即天子之位，非邪？于是景帝曰：食肉不食马肝，不为不知味。言学者无言汤武受命，不为愚。遂罢。是后学者莫敢明受命放杀者”。

以辕固生与黄生在景帝前之争论及其结局（景帝之语），比之孟子与齐宣王之谈论，已足见先秦后秦言论之别，而自汉以下，古典民主之思想日益亡失，至宋，遂有苏东坡（1037—1101）之“武王非圣人论”出，谓“孔子盖罪汤武，伯夷叔齐不食周粟，而孔子与之”，“至孟轲始乱之，使当时有良史，南巢之事必以叛书，牧野之事必以弑书，汤武仁人也，必将为法受恶”。苏氏引董狐书“赵盾弑其君”之典故，不知当时有古典史官传统，而弑与杀之区别根本不存在也。

孔子果“罪汤武”乎？伯夷叔齐是逸民，孔子自己就不做逸民。称夷齐不降志辱身，不等于罪武王。《论语·泰伯》以尧舜禹汤文武周公列成一条系统，何曾罪汤武？

先秦经典中有两处涉及汤武。而为后代误解者，二事：其一，《左传·襄公二十九年》记吴季札聘鲁，观周乐“见舞象箾南籥（文王之乐）者，曰美哉！犹有憾。见舞大武（武王之乐）者，曰美哉，周之盛也，其若此乎！见舞韶濩（殷汤之乐）者，曰圣人之弘也，而犹有惭德，圣人之难也”。这里，对文王之乐，言“犹有憾”；对武王之乐，言“周之盛”；对汤之乐，称汤为圣人，“而犹有惭德”。晋杜预（222—284）作注，于“犹有憾”下，注云“文王恨不及已致大平”；于“犹有惭德”下，注云，汤“惭于始伐”。这对于汤是有贬意，以“始伐”为“惭德”。何谓“始伐”？“伐”者汤伐桀；“始”者，汤伐桀，对武王伐纣言是“始”伐矣。杜注反映了魏晋时人对汤武征伐的观点。这是对汤乐评价（季札评价）的误解，季札评武王之乐，称其“盛”，未曾贬其征伐，对汤之伐纣，更不能以“始伐”而贬其有“惭德”。

其二，《论语·八佾》，“子谓韶，尽美矣，又尽善也；谓武，尽美矣，未尽善也”。也是评乐问题，“韶”是舜乐，“武”是武王之乐。舜乐尽美尽善，武王之乐，虽尽美，未尽善。为什么“未尽善”？又是魏晋时代人来说话，为《论语》作注的何晏（？—249）引“孔曰，以圣德受禅，故尽善”；“以征伐取天下，故未尽善”。杜预言“始伐”“有惭德”，何晏言“征伐取天下，故未尽善”。魏晋时代的天下是以受禅取得的，故贬“以征伐取天下”。魏晋时代杜预、何晏对汤武的观点，到了唐宋之后就发展为苏轼的“武王非圣人论”。

明清之际，西方当文艺复兴时代，中国也有自己的文艺复兴，在士子中间也出现一些东方的或中国的文艺复兴的思想家，顾炎武（1613—1682）、黄宗羲（1610—1695）是其中先进人物。中国古典时代的民主思想，在某些方面复现于此时代表人物的作品之中。

先秦关于汤武征伐的合理而积极的思想，表现于《易·革》的彖曰“天地革而四时成，汤武革命顺乎天而应乎人”一语。顾炎武《日知录》主要应用《易·革》的革命（革天命）理论以说明历史上的汤武征伐或革命。其一，顾氏以“乾之九四”释“革之九四”，他说，“革之九四犹乾之九四，诸侯而进乎天子，汤武革命之爻也。故曰改命吉”。

其二，《易·革》九四爻辞（顾氏所谓“汤武革命”之爻）是这样的：“九四，悔亡，有孚。改命，吉”。其象曰：“改命之吉，信志也”。顾炎武以此爻为殷汤解脱“惭德”的束缚。他说，“成汤放桀于南巢，惟有惭德”（见于“伪古文尚书”“仲虺之诰”），“是有悔也，天下信之，其悔亡矣。四海之内皆曰非富天下也，为匹夫匹妇复仇也”，故曰“信志也”。

顾氏当时还早，未及阎若璩（1636—1704）著成《古文尚书疏证》而彻底揭露和批判伪古文尚书之时日。其实汤有“惭德”，如上文说过的，乃《左传》所记季札评汤之乐中的用语，初无贬意。伪古文尚书“仲虺之诰”只是伪书的一篇，其所用“惭德”是从《左传》中窃取来的。

其三，《论语·八佾》，“子谓韶，尽美矣，又尽善也；谓武，尽美矣，未尽善也”。上文已举何晏注释（“以征伐取天下，故未尽善”）之错误，顾氏驳之云：“观于季札论文王之乐，以为‘美哉犹有憾’，则知夫子谓武未尽美之旨矣。犹未洽于天下，此文之犹有憾也；天下未安而崩，此武之未尽善也”。

黄宗羲之代表作《明夷待访录》中的“原君”篇，则彻底批判苏东坡的“武王非圣人论”，其言曰：“古者天下之人爱戴其君，比之如父，拟之如天，诚不为过也；今也天下之人怨恶其君，视之如寇雠，名之为独夫，固其所也。而小儒规规焉以君臣之义无所逃于天地之间，至桀纣之暴，犹谓汤武不当诛之，而妄传伯夷叔齐无稽之事，用兆人万姓崩溃之血肉，曾不异夫腐鼠，岂天地之大，于兆人万姓之中，独私其一人一姓乎？是故武王圣人也，孟子之言，圣人之言也。”

古典言论被误解者多矣，安得顾黄之学继起而一一揭发之也！

IX. 由《汤誓》至《泰誓》
——《尚书》逸篇所记的汤武革命

A. 《尚书·汤誓》

利簋铭文的出现，不仅救活了武王伐纣的有关材料，如《尚书·牧誓》篇和《逸周书·世俘解》等等，而且也把许多汤放桀的有关材料给救活了，因为“汤武革命”是性质相同而内容密切相关的历史事件。

上文曾据古本《竹书纪年》算出周武王灭殷在公元前1027年；另据《史记·殷本纪》“集解”引《汲冢纪年》曰，“汤灭夏以至于受，二十九王，用岁四百九十六年”，则汤灭夏，即汤放桀革命之年，当为公元前1523年。（或依《汉书·律历志》，“自伐桀至武王伐纣，六百二十九岁”，则汤放桀之年当为公元前1656年）。这一年也可能是《商书·汤誓》著成之年。

但传世的《商书．汤誓》篇，在《尚书》二十八篇之内者，据屈万里（《尚书今注今译》，台湾，商务）的意见，其著成时代当在战国之时，而《孟子》书中曾引之，故当在孟子之前。

《书序》，“伊尹相汤伐桀，升自陑（ér），遂与桀战于鸣條之野，作《汤誓》”。鸣條何在，历有争论（孙淼的《夏商史稿》，1987，第

316页，定鸣條在安邑附近，可以参考）。孙星衍《疏》谓《汤誓》在“帝告”“厘沃”“汤征”“汝鸠汝方”“夏社”“疑至”“臣扈”等篇之后，“今惟‘汤征’篇存于《殷本纪》，余篇俱亡”。从《书序》所见，此七篇中，惟《汤征》与《汤誓》同具征伐性质，此外则出于《墨子·兼爱下》者有《汤说》，亦见于《论语·尧曰》篇。《汤征》《汤说》俱属《尚书》逸篇。

下面是《尚书·汤誓》篇全文（英译据James Legge本）：

《汤誓》：王曰，格尔众庶，悉听朕言！非台小子，敢行称乱，有夏多罪，天命殛之。

今尔有众，汝曰：我后不恤我众，舍我穑事，而割正夏。予惟闻汝众言，夏氏有罪，予畏上帝，不敢不正！

今汝其曰，夏罪其如台，夏王率遏众力，率割夏邑，有众率怠弗协，曰：时日曷丧，予及汝皆亡，夏德若兹，今朕必往。

尔尚辅予一人，致天之罚，予其大赉汝。尔无不信，朕不食言。尔不从誓言，予则孥戮汝，罔有攸赦！

The Speech of Tang: The king said, come, ye multitudes of the people, listen all to my words. It is not I, the little child, who dare to undertake what may seem to be a rebellious enterprise; but for the many crimes of the sovereign of Xia Heaven has given the charge todestroy him.

Now, ye multitudes, you are saying, our prince does not compassionate us, but is calling us away from our husbandry to attack and punish the ruler of Xia. I have indeed heard these words of you all: but the sovereign of Xia is an offender, and, as I fear God, I dare not but punish him.

Now you are saying. What are the crimes of Xia to us? The king of Xia does nothing but exhaust the strength of his people, and exercise oppression in the cities of Xia. His people have all become idle in his service, and will not assist him. They are saying, when will this sun expire? We will all perish with thee. Such is the course of the sovereign of Xia, and now I must go and punish him.

Assist, I pray you, me, the one man, to carry out the punishment appointed by Heaven. I will greatly reward you. On no account disbelieve me; —I will not eat my words. If you do not obey the words which I have spoken to you, I will put your children with you to death; —you will find no forgiveness.

B. 尚书逸篇——“汤征”“汤说”

1. “汤征”

孙星衍（1753—1818）《尚书今古文注疏》（1815），《书序》云，“汤征诸侯，葛伯不祀，汤始征之，作《汤征》。《注》引郑康成曰，《汤征》亡”。孙疏谓《孟子·滕文公》篇有“汤居亳，与葛为邻，葛伯放而不祀……”云云，下有“《书》曰‘葛伯仇饷’……”，其后《孟子》此篇即简记汤征故事，末又有“《书》曰……”云云，两“书曰”，赵岐（约108—201）注均云“《书》逸篇也”，孙星衍及段玉裁（1735—1815）、王鸣盛（1722—1797）等学者均认为［或疑为］即《汤征》文，而被作伪者误系之《仲虺之诰》（伪尚书之一篇）。上文举顾炎武《日知录》（卷一，“改命吉”条）所记“四海之内皆曰，非富天下也，为匹夫匹妇复仇也”，即出自《孟子》此篇引文。下面全录《孟子·滕文公》篇有关的部分，并以英译对照（据James Legge译本）：

［万章问曰：“宋小国也，今将行王政，齐楚恶而伐之，则如之何？］

［孟子曰：］汤居亳，与葛为邻。葛伯放而不祀，汤使人问之曰：何为不祀？

曰，无以供牺牲也。

汤使人遗之牛羊。葛伯食之，又不以祀。汤又使人问之曰：何为不祀？

曰，无以供粢盛也。

汤使亳众往为之耕，老弱馈食。

葛伯率其民要其有酒食黍稻者夺之，不授者杀之。

有童子以黍肉饷，杀而夺之。

《书》曰："葛伯仇饷"此之谓也。

为其杀是童子而征之。四海之内皆曰：非富天下也，为匹夫匹妇复仇也。

汤始征，自葛载，十一征而无敌于天下。[①]东面而征，西夷怨；南面而征，北狄怨。

曰：奚为后我？

民之望之，若大旱之望雨也。归市者弗止，芸者不变。

诛其君，吊其民，如时雨降，民大悦。

《书》曰：徯我后，后来其无罚。

[Wan Zhang asked Mencius, saying, Song is a small State. Its ruler is now setting about to practise the true royal government, and Qi and Chu hate and attack him. What in this case is to be done?]

[Mencius replied,] "When Tang dwelt in Bo, he adjoined to the State of Ge, the chief of which was living in a dissolute state and neglecting his proper sacnfices. Tang sent messengers to inquire why he did not sacrifice. He replied, I have no means of supplying

---

① "无敌于天下"，"天下"不是 kingdom（王国），天下包括若干 kingdoms；天下宜译 the land under heaven。"无敌"不是 not an enemy，而是 without equal in strengeth。"无敌于天下"，似可译为 without equal in strength in the land under heaven（i.e.in ancient China as a whole）。

the necessary victims. On this, Tang caused oxen and sheep to be sent to him but he ate them, and till continued not to sacrifice. Tlang again sent messengers to ask him the same question as before, when he replied, I have no means of obtaining the necessary millet. On this, Tang sent the mass of the people of Bo to go and till the ground for him, while the old and feeble carried their food to them. The chief of Ge led his people to intercept those who were thus charged with wine, cooked rice, millet, and paddy, and took their stores from them, while they killed those who refused to give them up. There was a boy who had some millet and flesh for the labourers, who was thus slain and robbed. What is said in the Book of History. The chief of Ge behaved as an enemy to the provision-carriers, has reference to this.

Because of his murder of this boy, Tang proceeded to punish him. All within the four seas said, it is not because he desires the riches of the KINGDOM, but to avenge a common man and woman.

When Tang began his work of executing justice, he commenced with Ge, and though he made eleven punitive expeditions, he had not an enemy in the KINGDOM. When he pursued his work in the east, the rude tribes in the west murmured; so did those on the north, when he was engaged in the south. Their cry was-Why does he make us last. Thus, the people's longing for him was like their longing for rain in a time of great drought. The frequenters of the markets stopped not. Those engaged in weeding in the fields made no change in their operations. While he punished their rulers, he consoled the people. His progress was like the falling of opportune rain, and the people were delighted. It is said in the Book of History, 'We have waited for our prince. When our prince comes, we may escape from the punishments under which we suffer.

2. "汤说"

这是从《孟子》中尝试寻觅来的《汤征》；从《论语·尧曰》和《墨子·兼爱》还可以找到《汤说》：

［汤曰］予小子履，敢用玄牡，敢昭告于皇皇后帝，有罪不敢赦，帝臣不蔽，简在帝心。朕躬有罪，无以万方；万方有罪，罪在朕躬。

［Tang］said, I, your little son Li, venture to sacrifice a black ox and tell you, Oh most august sovereign Heaven, that those who are guilty I dare not spare; but Heaven's servants I will not slay. The decision is in your heart, God.

If I in my own person do any wrong, let it never be visited upon the many lands. But it anywhere in the many lands wrong be done, let it be visited upon my person.

（何晏注引"孔曰：墨子引《汤誓》，其辞若此"，是《汤誓》与《汤说》混）《墨子·兼爱》下所引，稍有出入：［不惟"禹誓"为然，虽《汤说》即亦犹是也。］汤曰："惟予小子履，敢用玄牡，告于上天后曰：今天大旱，即当朕身履，未知得罪于上下，有善不敢蔽，有罪不敢赦，简在帝心，万方有罪，即当朕身，朕身有罪，无及万方"。《国语·周语》亦曾引此，并认为此即《汤誓》"在《汤誓》曰"，"余一人有罪，无以万夫，万夫有罪，在余一人"。

C. 武王伐纣"东征"的尚书逸文

《孟子·滕文公下》，除引用成汤放桀的《尚书》逸篇外，尚有"道周武王伐纣”的《尚书》逸文，以其有“东征”姑以称之。引文和英译文录下：

有攸不惟臣，东征，绥厥士女，匪厥元黄，绍我周王见休，惟臣附于大邑周。其君子实元黄于匪，以迎其君子；其小人箪食壶浆，以迎其小人，救民于水火之中，取其残而已矣。太誓曰：我武惟扬，侵于之疆，则取于残，杀伐用张，于汤有光。

There being some who would not become the subjects of Zhou, King Wu proceeded to punish them on the east. He gave tranquillity to their people, who welcomed him with baskets full of their black and yellow silks, saying—From henceforth we shall serve the sovereign of our dynasty of Zhou, that we may be made happy by him. So they joined themselves, as sulbjects, to the great city of Zhou. Thus, the men of station of Shang took baskets full of black and yellow silks to meet the men of station of Zhou, and the lower classes of the one met those of the other with baskets of rice and vessels of congee. Wu saved the people from the midst of fire and water, seizing only their oppressors, and destroying them.

In the Great Declaration it is said, my power shall be put forth, and, invading the territories of Shang, I will seize the oppressor. I will put him to death to punish him: —so shall the greatness of my work appear, more glorious than that of Tang.

赵岐（约108—201）注云：“从‘有攸’以下，道周武王伐纣时也，皆《尚书》逸篇之文。”“言武王东征安天下士女”，“言武王之师救殷民于水火之中，讨其残贼也。”江声（1721—1799）《尚书集注音疏》云，“虽不称‘书曰’，自是《尚书》文也”。

D. 关于《泰誓》①

上引“东征”的逸书，末接以“《太誓》曰”，这大概是孟子回答万章提出的宋将如何实行王政问题时的引用语，以结束上面的话“取其残而已”，并告诉宋之执政者，“不行王政云尔，苟行王政，四海之内皆举首而望之，欲以为君，齐楚虽大，何畏焉”？！（Song is not，as you say，practising true royal government，and so forth；if it were practising royal government，all within the four seas would be lifting up thek heads，and looking for its prince，wishing to have him for their sovereign. Great as Qi and Chu are，what would there be to fear from them！）

至于《泰誓》，除上引文之见于《孟子·滕文公下》者外，《孟子·万章上》尚有一处：“《泰誓》曰：天视自我民视，天听自我民听”（“Heaven sees according as my people see；Heaven hears according as my people hear.”）；在《左传·襄公三十一年》，鲁穆叔说，《太誓》云：“民主所欲，天必从之”；昭公元年，郑子羽对子皮说话中，也引用了这一条《太誓》中语，“太誓曰：民之所欲，天必从之。”（The Great Declaration says，what the people desire，Heaven is sure to grant.）

唐孔颖达（574—648）作《春秋正义》，于襄公三十一年“大誓云民之所欲，天必从之”下杜预（222—284）“今《尚书·大誓》亦无此文，故诸儒疑之”处，《疏》云：“［杜氏所谓］今《尚书·大誓》，谓汉魏诸儒马融（79—166）、郑玄（127—200）、王肃（195—256）等所注者也。自秦焚诗书，汉初求之，《尚书》惟得二十八篇，故大常孔臧与孔安国书云，尚书二十八篇”，都不知有百篇也。“在后又得伪大誓一篇，通为二十九篇。汉魏以来，未立于学官。马融《尚书传序》云，‘《大誓》后得，案其文，似若浅露’。又《春秋》引《大誓》曰，“民之所欲，天必从之”；《国语》引《大誓》曰，“朕梦协朕卜，袭于休祥，戎

① 孙星衍《尚书今古文注疏》有《泰誓》第十，据《史记》和《尚书大传》等。

商必克”；《孟子》引《大誓》曰，“我武惟扬，侵于之疆，则取于凶残，我伐用张，于汤有光”；孙卿引《大誓》曰，“独夫纣”；《礼记》引《大誓》曰：“予克纣，非予武，惟朕文考无罪，纣克予，非朕文考有罪，惟予小子无良”。今之《大誓》，皆无此言。吾见书传多矣，所引《大誓》，而不在《大誓》者甚众，不复悉记，略举五事以明之，亦可知已。’王肃亦云，‘《大誓》近，非本经，是诸儒疑之也’。杜氏在晋之初，亦未见真本，及江东晋元帝时，其预章内史梅赜始献孔安国所注古文尚书，其内有《泰誓》三篇，记传所引《大誓》，其文悉皆有之。”（焦循［1763—1820］《孟子正义》“滕文公章句下”所作有关的疏，亦可参考。）

按《史记》《周本纪》和《齐世家》均引用部分《泰誓》，《史记会注考证》载梁玉绳建议据《周本纪》及《齐太公世家》复原《泰誓》三篇，其一：“［周武王］九年，武王上祭于毕，东观兵，至于盟津。”“师尚父左杖黄钺，右把白旄，以誓曰：苍兕苍兕，总尔众庶与尔舟揖，后至者斩。”“诸侯不期而会者八百诸侯。诸侯皆曰，纣可伐也。武王曰，未可，还师，与太公作此《泰誓》。”

其二，“二年，闻纣昏乱，暴虐滋甚，杀王子比干，囚箕子；太师疵、少师疆抱其乐器而奔周。于是武王遍告诸侯曰，殷有重罪，不可以不毕伐。乃尊文王：遂率戎车三百乘，虎贲三千人，甲士四万五千人，以东伐纣。十一年十二日戊午，师毕渡津盟，诸侯咸会，曰：孳孳无怠”。

其三，“武王乃作《太誓》，告于众庶：今殷王纣，乃用其妇人之言，自绝于天，毁坏其三正，离逿其王父母弟，乃断弃其先祖之乐，乃为淫声，怡说妇人。故今予发维共行天罚，勉哉夫子！不可再，不可三”！

这是司马迁所见所转介的《泰誓》。

由《汤誓》至《泰誓》，由汤至武，经历了夏末至周初三代间的历史革命、政治革命，总称之为汤武革命。

传世的《泰誓》是伪书，不必提了。从各方面引用的《泰誓》内容看来，有两大方面：一是吊民伐罪，一是民欲天从（即天视自我民视，天听自我民听）。《史记·周本纪》所摘记的《泰誓》是前者，《左传》和《孟子》所引用的《泰誓》是后者。

《泰誓》的这两方面的内容，其实也是由《汤誓》至《泰誓》的中心内容的发展：吊民伐罪，《汤誓》提出的任务是这样，《汤征》《汤说》《东征》诸《尚书》逸文也是这种内容，这是汤武革命的主要内容，革命的中心任务；《史记·周本纪》所转记的《泰誓》三篇内容也正是这样。

但是，《泰誓》的内容，从马融《尚书传序》所转告者，显然有新内容，非仅吊民伐罪而已！多了天听自民、天视自民的内容，即天应从民之所欲！这实际上是多了革命和民主的内容！这是汤武革命由汤至武的发展！这在《书·多士》和《书·多方》两篇中得到证明。

E. 《尚书·泰誓》佚文[①]

The Fragments of the Great Declaration of the Book of Historical Documents

惟九年四月，太子发上祭于毕，下至于盟津之上，乃告司马、司空、司徒诸节，斋栗允哉。

In the fourth month of the ninth year, Fǎ, the eldest son and successor, went up and sacrificed at Bi, and then proceeded to the neighbourhood of Meng-jin. He then addrssed the minister of War, the minister of Works, and the minister of Instruction, with all the other appointed officers—Be reverent, firm, and sincere.

予无知，以先祖先父之有德之臣，左右予小子，予受先公

① 《尚书·泰誓》佚文，据孙星衍《尚书今古文注疏》（四部备要本）。英译参用 James Legge, The Chinese Classics, Vol. Ⅲ, Part Ⅱ.1865年版，第298—299页。James Legge 采用江声（1721—1799）的《尚书集注音疏》，江的《汤誓》佚文未见。王鸣盛（1722—1797）的《尚书后案》（未读），据 Legge 所言，比江的佚文简要。

［功］，必力赏罚，以定厥功明于先祖之遗。

I am without knowledge, but I look to the virtuous ministers of my grandfather and father to help me, who am but a little child, I have received the achieved work of the dukes my predecessors, and will exert my strength in rewards and punishments, to accomplish whatever they have left undone.

遂兴师。师尚父左杖黄钺，右把白旄以誓，号曰："苍兕苍兕！总尔众庶，与尔舟楫，后至者斩！

On this he put the host in motion. The grand Tutor, Father Shang, carrying in his right hand an axe yellow with gold, and in his left a white flag, to give out his orders, said, the hoary wild bull! The hoary wild bull! Lead on all your multitudes. There are your boats and oars. The last come shall be beheaded!

太子发升于舟，中流，白鱼入于舟中，王跪取，出涘以燎。群公咸曰：休哉！周公曰：虽休勿休！

As the prince Fa had got to the middle of the stream in his boat, a white fish entered it. The king knelt down and took it up. He then went on the bank, and burned it, in sacrifice to Heaven. All the dukes said, this is auspicious! Buc Duke of Zhou said. "auspicious though it has become, idleness should never be allowed!"

既渡，至于五日，有火自上复于下，至于王屋，流为乌，其色赤，其声魄，五至，以穀俱来。

On the fifth day affer crossing the river, there was a ball of fire which descended from above, till it came to the king's house, and there dissolved into a crow.Its colour was red: its voice was calm and decided; five times it came bringing a stalk of grain.

武王喜，诸大夫。[①]皆喜。周公曰，茂哉茂哉！天之见此以劝之也，恐恃之。使上，附以周公书报诰于王，王动色变。遂至盟津。

The King Wu was glad, and all his officers (Zhu-dafu) also. The Duke of Zhou said, Bestrenuous! Be strenuous! Heaven has showed this to encourage us. But let us trust in it with dread.

They sent up this to be joined the writing of the Duke of Zhou and reported to the King, who was moved, and his countenance changed. And they came to Meng-jin.

八百诸侯，不召自来，不期同时，不谋同辞，皆曰：帝纣可伐矣！武王曰：女未知天命，未可也！乃还师归。[②]

Eight hundred princes came of themselves without being called; they came at the same time without previous agreement; without consultation they all spoke to the same effect, saying, Zhou maybe attacked. The King said, you do not know the will of Heaven; it is not yet the time to attack him. He accordingly with drew his army.

惟丙午，王逮师。前师乃鼓鼗噪，师乃慆，前歌后舞，格于上天下地。

On the day Bing-Wu, King reached his army, in front the host beat their drums and shouted. Some of the soldiers lowered their

① “诸大夫”，孙星衍本和江声本皆有，这是在前方，大概是最早见的一处，可能出自《尚书大传》。《庄子·田子方》篇也说周文王时有“诸大夫”，《古代城邦史研究》（1988）已提及。

② 《泰誓》有上中下三篇，孙疏于“武王曰，女未知天命，未可也，乃还师归”处，云以上是《太誓》上篇。于“武王用作《太誓》若于众庶处”，孙疏以为下篇，并云“中篇之阙久矣”。但从《史记》所见，似“告于众庶”至篇是下篇，以上则为中篇。孙疏说，他的《泰誓》佚文主要取自《史记）和《尚书大传》并认为史公所见《泰誓》仅有上下二篇。

spears, and went through their exercise; with songs in front and dancing behind, they made heaven and earth resound.

十一年十二月，师毕渡盟津，诸侯咸会，曰：孳孳无怠！天将有立父母，民之有政有居。

武王乃作太誓。告于众庶：今殷王纣，乃用其妇人之言，自绝于天，毁坏其三正，离逷其王父母弟；四方之多罪逋逃，是宗是长，是信是使；乃断弃其先祖之乐，乃为淫声，用变乱正声，怡说妇人。

In the twelfth month of the eleventh year, the whole army crossed over Meng-jin, and all of the princes met together, while they cried out, let us never be weary. Heaven is about to raise up a parent for us. The people will have good government and dwell quietly.

Then the King Wu made the Great Declaration and told to the common people, saying now, King Zhou listens to the words of his woman; he has cut himselfoff from Heaven; he has destroyed and ruined all his hopes from heaven or earth or men. He has separated himself from his royal uncles and his maternal relatives. He has respected and revered, and even trusted and employed the criminals as well as the fugitives from all quarters. He has cast away the music of his forefathers, and by making dissolute melodies he has changed the correct melodies, to please his woman.

故今予发，维共行天罚，勉哉夫子！不可再！不可三！

On this account I, Fǎ, reverently proceed to execute the punishment determined by Heaven. Rouse ye, my heroes! Don't let us need a second effort, or a third.

X.《书·多士》中的“革命”与《书·多方》中的“民主”

A.《书·多士》中的“革命”

“汤武革命”，上文所引古典原文，见于《周易》革卦的“象曰”。《周易》各部分材料的时代早晚不同，“象”（tuàn）为“十翼”之一，属于战国以下的作品。“天地革而四时成，汤武革命，顺乎天而应乎人”，此战国时代阴阳家之思想，虽则《周易》一书在《汉书·儒林列传》列在儒家群经之首。革卦䷰离下兑上，象曰：“泽中有火，君子以治历明时”，此阴阳家之本务。

然而“革命”，革天之命，尤其“汤武革命”，这是殷周初年的历史大事，依古本《竹书纪年》计算，周武王杀纣，当在公元前1027年，而殷汤灭夏，则早在公元前1523年（依《汉书·律历志》为1656年，见上文）。这些年代，与战国年代之始于前475年者对比，相去何啻一千年或五百载！

考“汤武革命”之记录，最早不在《周易》，而在《周书》，在《书·多方》与《书·多士》。《书·多士》为周公行政七年返政成王时的作品，可能在公元前1018年；《书·多方》之作成可能还要早两年（公元前1020年）。正是在这《书·多士》篇中，出现了“成汤革夏”，“殷革夏命”，以及“有命曰割殷”这些汤武革命的语句；虽然《商书·汤誓》也有“割正［征］夏”之句，但那是晚在战国时代的作品，时代性远不及周书。

在《书·多方》中，有三处提及“民主”。夏桀不好，（“有夏诞厥逸，不肯戚言于民，乃大淫昏”），怎么办？“天惟时求民主，乃大降显休命于成汤，刑殄有夏”；“乃惟成汤，克以尔多方，简代夏作民主”；后来商纣也不好，“天惟五年须暇之子孙，诞作民主”（天还宽待商纣以五年期间，让他续作民主）；但纣仍然不好（“惟尔商后王，逸厥逸，图厥政……”），只好依靠周了，“天惟式教我用休，简畀殷命，尹尔多方”。

“革命”也，“民主”也，吾人所熟知者，皆近代外国输入之名目。外文有revolution者，音译曰“理佛留显”（严译《社会通诠》），意译曰“革命”；又有democracy者，音译曰“德谟克拉西”（老本《辞源》《辞海》），意译曰：“民主”。采用音译，数典忘祖，不知此类辞语盖出于祖国距今三千余年前之典籍，以为外来语！能用意译，是既知之矣，但尚不敢任意用之，以为数千年古老国家，不信其有民主，其有革命也！既用之矣，又必疑此疑彼，不安于心也！

以“革命”言，公元前6世纪雅典之梭伦改革（公元前594年），吾人今日敢称之为政治革命（恩格斯：《家庭、私有制和国家之起源》，五，“雅典国家的产生”），因其来自西方也；“汤武革命”，《尚书》有之矣，《周易》有之矣，吾人重复言之者，必细加解说，曰，此人君也，天子也，革天之命也！改朝换代也，总之，千方百计冲淡此“革命”之政治意义，而后快于心！而后安于怀！

果如是也，则当年初译revolution一词之时，音译可矣，何必寻找《尚书》或《周易》中成语以译之？！严复译《社会通诠》至今，九十许年矣（光绪癸卯，1903），其译“革命”一语时云：“其国乱而政栖移，此历史所以有革命之变”，曰“理佛留显（revolution）”，理佛留显者，言

'转轮'也"。严氏之苦心可见，"转轮"亦revolution之意译，可见意译尚不敢专用"民主"也。

然吾人读史，遇French revolution，曰"法国革命"，理解之矣；曰"法国转轮"，曰"法国理佛留显"，则莫名其妙矣！同样，古代中国之"汤武革命"，译之为Revolutions led by Tang and Wu，或者Tang and Wu's Revolutions，或者Tangor Wu's Revolution等等，直接意译，有何不可？如果也用音译什么"转轮"，什么"理佛留显"，岂不也要莫名其妙了？

可是，目前所知道的，中西译者往往喜欢避开revolution，另找说明的路子，例如上文引的《周易》革卦"彖曰"的那一段，"天地革而四时成，汤武革命，顺乎天而应乎人"，这简简单单的18个字。19世纪英国汉学家理雅各（James Legge，1815—1897）的译文如下：

> Heaven and earth undergo their changes, and the four seasons complete their functions. Tang changed the appointment (of the line of Xia to the throne), and Wu (that of the line of Shang), in accordance with (the will of) Heaven, and in response to (the wishes of) men. (I Ching, Book of Changes, p. 254)

这样译法，意思可以了解，但"政治"性，政治意义没有了，中国古典的"革命"味道没有了，汤武不是革命者了，他们只是像传教士那样软绵绵地说教，是牧师而不是斗士。与这两人在前线千军万军中指挥作战的实况完全不相符了！可以不可以把上面有Revolution的句子选一个放进去，第一句仍旧，第二句成为Revolutions led by Tang and Wu are in accordance with the will of Heaven and in response to the wishes of men.

下面是《尚书·多士》篇及其英译全文。（中文据《尚书通检》本，英译据J. Legge）

《尚书·多士》中英对照

THE NUMEROUS OFFICERS

1. 惟三月，周公初于新邑洛，用告商王士。

   In the third month, at the commencement of the government of the Duke of Zhou in the new city of Luo, he announced the royal will to the officers ofthe Shang dynasty, saying.

2. 王若曰，尔殷遗多士，弗吊旻天，大降丧于殷。我有周佑命，将天明威，致王罚，敕殷命终于帝。

   The king speaks to this effect: —Ye numerous officers who remain from the Dynasty of Yin, great ruin came down on Yin from the want of pity in compassionate Heaven, and we, the princes of Zhou, received its favouring decree. We accordingly felt charged with its bright terrors; carried out the punishments which kings inflict; rightly disposed of the appointment of Yin; and finished the work of God.

3. 肆尔多士，非我小国敢弋殷命，惟天不畀允罔固乱，弼我，我其敢求位。

   Now, ye numerous officers, it was not that our small country dared to aim at the appointment of Yin. But Heaven was not with Yin, for indeed it would not strengthen its misrule. It, therefore helped us; —did we dare to seek the throne of ourselves?

4. 惟帝不畀，惟我下民秉为，惟天明畏。

   God was not for Yin, as appeared from the conduct of our inferior people, in which there is the brilliant dreadfulhess of Heaven.

5. 我闻曰：“上帝引逸。”有夏不适逸，则惟帝降格，向于时夏，弗克庸帝，大淫泆有辞，惟时天罔念闻，厥惟废元命，降致罚。

   I have heard the saying—God leads men to tranquil security, but the sovereign of Xia would not move to such security, where up on God sent down corrections, indicating his mind to him. [Jie], however, would not be warned by God, but proceeded to greater dissoluteness and sloth and excuses for himsel. Then Heaven no longer regarded nor heard him, but disallowed his great appointment, and inflicted extreme punishment.

6. 乃命尔先祖成汤革夏，俊民甸四方。①

Hereupon it charged your founder, Tang the Successful, to set Xia aside; and by means of able men to rule the empire. ②

7. 自成汤至于帝乙，罔不明德恤祀。

From Tang the Successful down to the emperor③Yi, every sovereign sought to make his virtue illustrious, and duly attended to the sacrifices. '

8. 亦惟天丕建保又有殷，殷王亦罔敢失帝，罔不配天其泽。

And thus it was that while Heaven exerted a great establishing influence, preservlng and regulating the house of Yin, its sovereigns on their part were humbly careful not to lose the fayour of God, and strove to manifest a good–doing corresponding to that of Heaven.

9. 在今后嗣王，诞罔显于天，矧曰其有听念于先王勤家，诞淫厥泆，罔顾于天显民祇。

---

① 四方(four quarters)在此意指天下(land under heaven)各邦，不当译成empire(帝国).当时殷周都不是帝国，只是城邦联盟(alliance of city-states)的首领(leader)之邦；帝乙（Di-Yi）也不当译成Emperor Yi。殷周的天子（the Son of Heaven）不是emperor.只是城邦联盟首领。下文同。

② 四方(four quarters)在此意指天下(land under heaven)各邦，不当译成empire(帝国).当时殷周都不是帝国，只是城邦联盟(alliance of city-states)的首领(leader)之邦；帝乙（Di-Yi）也不当译成Emperor Yi。殷周的天子（the Son of Heaven）不是emperor.只是城邦联盟首领。下文同。

③ 四方(four quarters)在此意指天下(land under heaven)各邦，不当译成empire(帝国).当时殷周都不是帝国，只是城邦联盟(alliance of city-states)的首领(leader)之邦；帝乙（Di-Yi）也不当译成Emperor Yi。殷周的天子（the Son of Heaven）不是emperor.只是城邦联盟首领。下文同。

But in these times，their Successor showed himself greatly ignorant of the ways of Heaven，and much less could it be expected of him that he would be regardful of the earnest labours of his fathers for the country. Greatly abandoned to dissoluteidleness，he paid no regard to the bright principles of Heaven，nor the awfulness of the people.

10. 惟时上帝不保，降若兹大丧。

On this account God no longer protected him，but sent down the great ruin which we have witnessed.

11. 惟天不畀不明厥德。

Heaven was not with him because he did not seek to illustrate his virtue.

12. 凡四方小大邦丧，罔非有辞于罚。

Indeed，with regard to the overthrow of all States，great and small，throughout the four quarters of the empire，in every case there are reasons to be alleged for their punishment.

13. 王若曰，尔殷多士，今惟我周王丕灵承帝事。

The King speaks to this effect：—Ye numerous officers of Yin，the case now is this，that the sovereigns of our Zhou，from their great goodness were charged with the work of God.

14. 有命曰，割殷，告敕于帝。

There was the charge to them，cut off Yin. They proceeded to perform it，and announced the correcting work to God.

15. 惟我事不贰适，惟尔王家我适。

In our affairs we have followed no double aims：—ye of the royal house of Yin must follow us.

16. 予其曰，惟尔洪无度，我不尔动，自乃邑。

May I not say that you were very lawless? I did not want to remove you. The thing came from your own city.

17. 予亦念天，即于殷大戾，肆不正。

When I consider also how Heaven has drawn near to Yin with so great tribulations，it must be that there was there what was not right.

18. 王曰，猷！告尔多士，予惟时其迁居西尔，非我一人奉德不康宁，时惟天命。无违，朕不敢有后，无我怨。

The King says，Ho！I declare to you，ye numerous officers，it is simply on account of these things that I have removed and settled you in the west；—it was not that I，the one man，considered it a part of my virtue to make you untranquil. The thing was from the decree of Heaven；do not resist me；I dare not have any further change for you. Do not murmur against me.

19. 惟尔知。惟殷先人有册有典，殷革夏命。

Ye know that your fathers of the Yin Dynasty had their archives and narratives showing how Yin superseded the appointment of Xia.

20. 今尔又曰，夏迪简在王庭，有服在百僚，予一人惟听用德，肆予敢求尔于天邑商，予惟率肆矜尔，非予罪，时惟天命。

Ye now indeed say further，the officers of Xia were chosen and promoted to the imperial court，or had their places among the mass of officers. I，the one man，listen only to the virtuous and employ them；and it was with this view that I presumed to seek you out in your heavenly city of Shang. I thereby follow the ancient example，and have pity on you. Your present non-employment is no fault of mine；it is by the decree of Heaven.

21. 王曰，多士，昔朕来自奄，予大降尔四国民命，我乃明致天罚，移尔遐逖，比事臣我宗多逊。

The king says，Ye numer offlcers，formetly，when I came from Yan，I gready mitigated the penalty in favour of the lives of the people of your four countries. At the same time I made evident the punishment appointed by

Heaven, and removed you to this distant abode, that you might be near the ministers who had served in our honoured capital, and learn their much obedience.

22. 王曰，告尔殷多士，今予惟不尔杀。予惟时命有申。今朕作大邑于兹洛，亏惟四方罔攸宾，亦惟尔多士攸服，奔走臣我多逊。

The King says, I declare to you, ye numerous officers of Yin, —now I have not put you to death, and therefore repeat to you my charge again. I have built this great city here in Luo, considering that there was no other place in which to receive my guests from the four quarters and also that you, ye numerous officers, might here with zealous activity, perform the part of ministers to us with much obedience.

23. 尔乃尚有尔土，尔乃尚宁干止。

You have still here I may say your grounds, and here you may still rest in your duties and dwellings.

24. 尔克敬，天惟畀矜尔；尔不克敬，尔不啻不有尔土，予亦致天之罚于尔躬。

If you can reverently obey, Heaven will favour and compassionate you. If you cannot reverently obey, you will not only not have your lands, but I will also carry to the utmost Heaven’s inflictions on your persons.

25. 今尔惟时宅尔邑，继尔居，尔厥有干有年于兹洛。尔小子乃兴，从尔迁。

Now you may here dwell in your villages, and perpetuate your families; you may pursue your occupations and enjoy your years in this Luo; your children also will prosper: —all from your being removed here.

26. 王曰，又曰，时予，乃或言尔攸居。

The King says, and again he says, whatsoever I have spoken, is all on account of my anxiety about your residence here.

《书序》云：“成周既成，迁殷顽民，周公以王命诰，作《多士》

（Numerous Officers）。”此《多士》篇之来源。“顽民”在《周本纪》作“殷遗民”，殷之士，《多士》本文作“商王士”，英译本作The Officers ofthe Shang Dynasty。其时在成王七年（公元前1018年）其地在新邑雒。周人是胜利的一方，但仍自谦“小国”，而称过去的殷为“天邑商”。周人要说服迁此新邑的商王士，要他们安定住下去。这是天命。

怎么说服殷的遗留下又新迁雒邑的官吏们呢？用革命的道理。成汤革夏，殷人有典有册，记载着的；“今惟我周王，丕灵承帝事，有命曰割殷”，这就是周武革殷。

应当注意的，汤之革夏，是在武之革殷时期一起提出来的。商书《汤誓》，如上文提及的，是战国时代的作品。

这就是说，在古代中国，古典文明史上的“革命”思想，是在公元前二千年代末叶、一千年代初叶，武王征商时期，《多士》和《多方》作成时期，考古学上古代文明世界从全局说青铜时代转入铁器时代之日，[①]城邦历史由原始君主制向公卿执政制开始转变之时，在古代中国历史上，正在和已经在成熟起来的“汤武革命”是这种革命思想的典型代表。

B. 《书·多方》中的“民主”

《书·多士》是周公以成王命告商王士的文献，《书·多方》则是周公以成王命告东土诸国之辞，也就是告殷所属各邦的人民之辞。“多方”是由宗周发出的。《书序》云：“成王归自奄，在宗周，诰庶邦，作‘多方’。”

《书·多士》中着重提及的中国古典时代的“革命”思想和实际，《书·多方》中着重提及的中国古典时代的“民主”思想和实际，二者在古代世界文明史的发展过程中都是最早的。古代中东很早出现帝国，“革

① 公元前1050年铁器之使用，在希腊，开始日益普遍（见The Oxford History of the Classical World，1986（1988），p.830）。但中国考古的发现，铁器之出现，目前知道的，还要晚些。

命”和“民主”的具体进程，不如古代中国之具有较为优越的条件，古代希腊当时受到历史发展过程的“黑暗时代”的影响，这种古典“革命”和“民主”的条件也因之受损害，因之古典的“革命”和“民主”延迟了若干世纪才出现于古希腊历史的舞台。

《书·多士》中的“革命”和《书·多方》中的“民主”，其内容其实是一回事，“汤武革命”！

上文已经提及，《书·多方》中有三处说到“民主”，《尚书》此外只有“威有一德”还有一处“民主”，那是伪古文，不算。

《多方》中的三个“民主”，一是老天在寻求的（“天惟时求民主”），一是成汤作民之主（“乃惟成汤克以尔多方简代夏作民主”），还有一个是指商纣（“天惟五年须暇之子孙诞作民主”）。按一般观点，成汤作“民主”，还说得过去，商纣也上来作“民主”，这怎么行？也许老天也要等待着看一看罢（“天意若曰须暇纣五年，乃可诛之”，见孙星衍《尚书今古文注疏》）！

对于古典中国的“民主”的认识，有两种后代思想习惯的影响在作怪，一是中国古来专制君主长期统治的传统思想，认为中国古代根本不可能有民主政治，什么成汤，什么武王，还不是那么一个天子，骑在人民头上的皇帝！这些人既不配做革命首领，也不应是民主首领的角色；另一方面，还受近代西方文化影响，认为民主总是西方来的，东方从来不会有民主！以尧舜禅让改成夏禹传子，就是君主世袭，专制主义天下！

然而公元前1020年的《书·多方》中，公元前1018年的《书·多士》中明明有“民主”，有“革命”，“汤武革命”在这两篇中是抹煞不了的。

但反对者还会这样说，“民主，民之主宰，即天子”；民主，至多只是“人民的君主”，还是“君主”，“天子”，还不是“民主”！（参阅屈万里，《尚书今注今译》）

可是，《书·多方》中的“民主”，不管是指“汤”还是指“纣”，就字义看，总该是“人民的首领”（古希腊语δημαγωγός［popular leader，Th. Ⅳ. 21］，Liddel&Scott，A Greek-English Lexicon，1843，A New Edition，1940［1953］，Demagogue，popular leader，as Cleon or Pericles in bad sense，leader of the mob），如果不取其贬义（人民的首领，如雅典之伯里克利；贬义则为暴民头目，煽动家，如克利昂）。

上面已经提到《多士》和《多方》内容的不同对象：《多士》的对象指各殷商王士，官吏。殷商王朝没有了，这些官吏是亡朝亡国（亡天下）之人士，被集中于雒邑，一个大城；他们是迁此的一批殷之顽民（遗民），臣服于周（“亦惟尔多士攸服，奔走臣我多逊”）；《多方》的对象则完全不同，“多方”是众国诸邦（方，邦也），国仍在，君仍有，自己是邦人国人，是自由公民，分属各邦（多方），惟不在西土（周之本土），而主要在东方（殷之故土）；他们的“天下”易主了（民主），国君（除殷为宋之外）仍为故君（新封新建之邦在外），他们是作为“殷侯尹民”而听《多方》之诰的（“王若曰：猷，告尔四国多方，惟尔殷侯尹民……”，屈万里译云：“王如此说，嗯，告诉你们天下众国家，以及你们这些殷国诸侯治理之下的民众们……”James Legge译云，The Duke of Zhou said，“The King speaks to the following effect，‘Ho！I make an announcement for you of the four kingdoms and many other regions. Ye who were the officers and people of the prince of Yin’，...”）。

古典时日，邦或城邦之制，在古中国，有国有天下，天下者邦之联盟也，亦即王朝。《五帝本纪》有姓，有氏，有诸侯，有天子，有百姓，有万民，有四方，有天下，有万国，有帝，有民，有四方四时之民，之君长、群后，有北狄，南蛮，西戎，东夷，有中国，有四海、九州、十二牧……就是没有具体的王朝，也没有具体的邦国！其所反映者，血缘关系压倒地域关系、政治关系，抽象的总括笼罩个别的实际！太史公曰：余尝西至空桐，北过涿鹿，东渐于海，南浮江淮矣，至长老皆各往往称黄帝尧舜之处，风教固殊焉。经过调查研究，还只能落实到古文（尚书），春秋、国语，要求好学深思，心知其意！《夏本纪》以下的“太史公曰”就不一样了，夏殷二纪皆首言一姓（姒姓、子姓）分封，以国为姓，夏有夏后氏、有扈氏、有男氏、斟寻氏、彤城氏、褒氏、费氏、杞氏、缯氏、辛氏、冥氏、斟氏、戈氏，殷有殷氏、来氏、宋氏、空桐氏、稚氏、北殷氏、目夷氏，盖犹留下部落氏族过渡为邦国之遗迹。《周本纪》的“太史公曰”，则有非常具体的总结：“太史公曰：学者皆称周伐纣，居洛邑，综其实不然，武王营之，成王使召公卜居九鼎焉，而周复都丰镐，至犬戎败幽王，周乃东徙于洛邑。所谓周公葬我毕，毕在镐东南杜中。”

邦国或城邦之制，或古代中国，自始保存着邦与天下相区别的传统，天下是邦的联盟，有王天下与霸天下，只是两种盟主之邦的区分，王天下之邦的首领是天子或王（血缘关系和政治关系的首领），霸天下之时，血缘关系首领之邦仍属于王者之邦（周），政治关系首领之邦则属于霸者（齐桓、晋文）。不论是王天下之时，抑或霸天下之时，盟主之邦仍是一个邦，其领土以本邦为限，天下只是联盟的天下，天下不存在天下的领土。周天下只有周邦范围是周的领土，周邦（及商邦）邦畿千里，就是邻近的郑邦也不属于周。周桓王攻郑，郑庄公以兵距战，有权利保卫其社稷。周郑交战，周败郑胜，同时代的诸邦国无反对或攻击郑者（与周联盟攻郑的虢、陈、蔡、卫，也不能以王之攻郑为是），史官无贬郑之记录（《春秋》只书“秋，蔡人、卫人、陈人从王伐郑”，虢公为王卿士，代郑庄公，故不另书）。

邦或城邦制之时，有亡天下而无亡国（至少理论传统如此）。《夏本纪》记“汤封夏之后，至周封于杞”；《殷本纪》记“周武王为天子”，“封殷后为诸侯，属周；周武王崩，武庚与管叔、蔡叔作乱，成王命周公诛之，而立微子于宋，以续殷后焉”。《周本纪》亦云，“秦庄襄王灭东周，东西周皆入于秦。周既不祀……汉兴九十余载，天子将封泰山，东巡狩至河南，求周苗裔，封其后嘉三十里，号曰周子南君，以奉其先祭祀。”凡此皆邦国或城邦制度传统之遗存，邦或城邦制虽亡，此“兴灭继绝”之遗风至秦汉帝国犹有存者，至少形式上如此。

顾炎武（1613—1682）《日知录》“武王伐纣”条云：“武王伐商杀纣，而立其子武庚，宗庙不毁，社稷不迁，时殷未尝亡也；所以异乎曩日者，不朝诸侯，不有天下而已。故《书序》言三监及淮夷叛，周公相成王，将黜殷，作《大诰》，又言成王既黜殷命，杀武庚，是则殷之亡其天下也，在纣之自燔；而亡其国也，在武庚之见杀。盖武庚之存殷者犹十有余年，使武庚不畔，则殷其不黜矣。”又云：“及武庚既畔，乃命微子启代殷，而必于宋焉，谓大火之祀，商人是因，弗迁其地也。”“盖不以畔逆疑其子孙，而明告万世，以取天下者，无灭国之义也。故宋公朝周，则曰臣也，周人待之，则曰客也。自天下言之，则侯服于周也；自其国人言之，则以商之臣事商之君，无变于其初也。平王以下，去微子之世远矣，而曰‘孝惠娶于商’，曰‘天之弃商久矣’，曰‘利以伐姜，不利子商’，吾是以知宋之得为商也。”

顾氏之言，于揭发邦或城邦制度之日天下与邦之严格区别的意义，甚为重要。然此种区别性，《书·多方》中已有充分表现，曰“殷侯尹民”，凡旧日殷天下殷王朝之内的邦国，其邦人国人（公民）皆属于原有之邦，不属于周邦，此为邦或城邦制下之根本原则，不因殷天下之存或亡而变，以其邦国犹存也。即在殷商王朝或天下存在之日，商之“邦畿千里，惟民所止”（《诗·商颂·玄鸟》），此所谓“民”，以殷人殷民为限，其下文“肇域彼四海，四海来假”，则是殷天下之范围，殷邦之外，其他邦国自有邦君治理，其民不能直属于殷天子，而只属于其本邦之君。《书·多方》之“殷侯尹民”之说可证也。

《书·多士》中的“革命”难免有混杂天命思想，是否人民革命的问题。《书·多方》中的“民主”也难免不易区别民为主与民之主，是否真正民主政治的问题。其实这两个问题古典时日早已解决，不成其为问题了。

“汤武革命”，时在距今三千多年前，文明时代初期，血缘关系与政治关系的矛盾在互相消长，而政治关系日益占上风，上面问题是在这样历史发展过程中解决的。

问题集中到“天”和“民”二者：革命是革天命和受天命两方面的事，民主则是天让谁当民之主和不让谁当民之主两方面的事。

天是什么？天即是民！天是民的神化！《书·皋陶谟》说，“天聪明自我民聪明，天明威自我民明威”，此战国早期（孟子之前）的思想。

《孟子·万章》引《书·泰誓》说，“天视自我民视，天听自我民听”（传世“泰誓”是伪书，《孟子》所引当是原本），这也是战国早期的思想。

古典中国民主政治问题，革命问题，在《书·多士》《书·多方》时代提出的，到战国《孟子》作成时代早已解决了。

《尚书·多方》（中文据《尚书通检》本，英译据J. Legge）

《尚书·多方》中英对照

NUMEROUS REGIONS

1. 惟五月，丁亥，王来自奄，至于宗周。

   In the fifth month，on the day Ding–hai，the King arrived from Yan，and came to the honoured city of Zhou.

2. 周公曰，王若曰，猷！告尔四国多方，惟尔殷侯尹民。我惟大降尔命，尔罔丕知。

   The Duke of Zhou said，The King speaks to the following effect，Ho！I make an announcement for you of the four kingdoms and many other regions. Ye who were the officers and people of the prince of Yin，I have dealt very leniently as regards your lives，as ye all know.

3. 洪惟图天之命，弗永寅念于祀。

   You kept reckoning greatly upon some decree of Heaven，and did not keep with perpetual awe before your thoughts the *preservanon of your sacrifices.*

4. 惟帝降格于夏，有夏诞厥逸，不肯慼言于民，乃大淫昏，不克终日劝于帝之迪，乃尔攸闻。

God sent down correction on Xia，but the sovereign only increased his luxury and sloth，and would not speak kindly to the people. He proved himself on the contrary dissolute and dark，and would 1lot yield for a single day to the leading of God；—this is what you have heard.

5. 厥图帝之命，不克开于民之丽，乃大降罚，崇乱有夏。因甲于内乱，不克灵承于旅，罔丕惟进之恭，洪舒于民。亦惟有夏之民叨懫，日钦劓割夏邑。

He kept reckoning on the decree of God *in his favour*，and would not promote the means of the people's support. By great inflictions of punishment also，he increased the disorder of the States of Xia. The first cause *of his evil course* was the internal misrule，which made him unfit to deal well with the multitudes. Nor did he seek at all to employ men whom he could respect，and who might display a generous kindness to the people，but he daily honoured the covetous and cruel, who were guilty of cruel tortures in the cities of Xia.

6. 天惟时求民主，乃大降显休命于成汤，刑殄有夏。

Heaven on this sought a true lord for the people. and made its distinguishing and favouring decree light on Tang the Successful，who punished and destroyed the sovereign of Xia.

7. 惟天不畀纯，乃惟以尔多方之义民，不克永于多享，惟夏之恭多士，大不克明保享于民，乃胥惟虐于民，至于百为，大不克开。

Heaven's refusal of its favour to Xia was decided，and it was because the righteous men among your many regions were not permitted to continue long in their posts of enjoyment，and the many officers whom

Xia respected were quite unable to maintain an intelligent preservation of the people in the enjoyment of their lives, but on the contrary aided one another in oppression, so that of the hundred ways of promoting prosperity they could not advance one.

8. 乃惟成汤克以尔多方简，代夏作民主。

In the case indeed of Tang the Successful, it was because he was the choice of your many regions that he superseded Xia and became the lord ofthe people.

9. 慎厥丽，乃劝，厥民刑，用劝。

He paid careful attention to the essential virtues of *a sovereign*, in order to stimulate the people, and they on their part imitated him, and were stimulated.

10. 以至于帝乙，罔不明德慎罚，亦克用劝。

From him down to the Emperor Yi, the sovereigns all made their virtue illustrious, and were cautious in the use of punishments; — thus also exercising a stimulating influence over the people.

11. 要囚殄戮多罪，亦克用劝；开释无辜，亦克用劝。

When they, having examined the evidence in criminal cases, put to death those chargeable with many crimes. They exercised the same influence; they did so also, when they liberated those who were not purposely guilty.

12. 今至于尔辟，弗克以尔多方享天之命。

But when the throne came to your late sovereign, he could not with *the good will* of your many regions continue in the enjoyment of the favouring decree of Heaven.

13. 呜呼，王若曰，诰告尔多方，非天庸释有夏，非天庸释有殷。

Oh! the King speaks to the following effect, I announce and declare to you of the many regions, Heaven had no set purpose to do away with the sovereign of Xia, or with the sovereign of Yin.

14. 乃惟尔辟以尔多方大淫，图大之命，屑有辞。

But it was the case that your ruler, being in possession of your many regions, abandoned himself to great excess, and reckoned on the favouring decree of Heaven, making trifling excuses for his conduct.

15. 乃惟有夏图厥政，不集于享，天降时丧，有邦间之。

And so in the case of the sovereign of Xia; —his schemes of govemment were not of a tendency to secure his enjoyment *of the empire*, so that Heaven sent down ruin on him, and the Chief of your State entered into the line of his succession.

16. 乃惟尔商后王逸厥逸，图厥政，不蠲烝，天惟降时丧。

Indeed, it was the case that the last sovereign of your Shang was luxurious to the extreme of luxury, while his schemes of government showed neither purity nor progress, so that Heaven sent down such ruin on him.

17. 惟圣罔念作狂，惟狂克念作圣。天惟五年须暇之子孙，诞作民主，罔可念听。

The wise, not thinking, become foolish, and the foolish, by thinking, become wise. Heaven for five years waited kindly, and forbore with the descendant *of Tang*, *to see if* he would indeed prove himself the true ruler of the people, but there was nothing in him deserving to be regarded.

18. 天惟求尔多方，大动以威，开厥顾天，惟尔多方罔堪顾之。

Heaven then sought among your many regions, making a great impression by its terrors to stir up one who might look reverently to it; but in all your regions, there was not one deserving of its regard.

19. 惟我周王灵承于旅，克堪用德，惟典神天。天惟式教我用休，简畀殷命，尹尔多方。

There were, however, our kings of Zhou, who treated well the multitudes of the people, and were able to sustain the burden of virtuous *government*, and to preside over all services to spirits and to Heaven. Heaven thereupon instructed them, and increased their excellence, made choice of them, and gave them the decree of Yin, to rule over your many regions.

20. 今我曷敢多诰，我惟大降尔四国民命。

Why do I now presume to make these many declarations? I have dealt very leniently as regards the lives ofyou, the people of these four States.

21. 尔曷不忱裕之于尔多方，尔曷不夹介乂我周王享天之命，今尔尚宅尔宅，畋尔田，尔曷不惠王熙天之命。

Why do you not show sincere and generous obedience in your many regions? Why do you not aid and cooperate with us the kings of Zhou to secure the enjoyment of Heaven's favouring decree? You now still dwell inyour dwellings, and cultivate your fields; —Why do you not obey our kings, and consolidate the decree of Heaven?

22. 尔乃迪屡不静，尔心未爱，尔乃不大宅天命，尔乃屑播天命，尔乃自作不典，图忱于正。

The paths which you tread are continually those of disquietude; —Have you in your hears no love for yourselves? Do you refuse so greatly to acquiesce in the ordinance of Heaven? Do you triflingly reject that decree? Do you of yourselves pursue unlawful courses, schenmag *by your alleged reasons* for the approval of uptight men?

23. 我惟时其教告之，我惟时其战要囚之，至于再，至于三。乃有不用我降尔命，我乃其大罚殛之。非我有周秉德不康宁，乃惟尔自速辜。

I simply instructed and declared to you; I secured in trembling awe and confined the chief criminals: —I have done so twice and for three times. But if you do not take advantage of the leniency with which I have spared your lives, I will proceed to severe punishments and put you to death. It is not that we, the sovereigns of Zhou, hold it virtuous to made you untranquil, but it is you yourselves who accelerate your crimes and *sufferings*.

24. 王曰，呜呼，猷！告尔有方多士，暨殷多士。今尔奔走臣我监五祀。

The King says, Oh! ho! I tell you, ye many officers of the various regions, and you, ye many officers of Yin, now have ye been hurrying about, doing service to my overseers for five years.

25. 越惟有胥伯小大多正，尔罔不克臬。

There are among you the employees, the chiefs, with the numerous directors, small and great: —endeavour to discharge your duties according to the laws.

26. 自作不和，尔惟和哉，尔室不睦，尔惟和哉。尔邑克明，尔惟克勤乃事。

It is from yourselves that the want of harmony arises: —strive to be harmonious. In your families there is a want of concord: —strive to be harmonious. When intelligence rules in your cities, then will ye be proved attentive to your duties.

27. 尔尚不忌于凶德，亦则以穆穆在乃位，克阅于乃邑谋介。

Do not be afraid, I pray you, of the evil ways *of the people*; and moreover by occuping your offices with a reverent sedateness, you will find it possible to select from your cities individuals on whom you may calculate.

28. 尔乃自时洛邑，尚永力畋尔田，天惟畀矜尔，我有周惟其大介赉尔。迪简在王庭，尚尔事，有服在大僚。

You may thus in this city of Luo long continue, cultivating your fields. Heaven also will favour and compassionate you; and we, the sovereigns of Zhou, will greatly help you and confer rewards, selecting you to stand in our royal court.Only be attendve to your duties, and you may rank among our great officers.

29. 王曰，呜呼！多士，尔不克劝忱我命，尔亦则惟不克享，凡民惟曰不享，尔乃惟逸惟颇，大远王命，则惟尔多方探天之威，我则致天之罚，离逖尔士。

The King says, Oh! ye numerous officers, if ye cannot exhort one another to pay a sincere regard to my charges, it will further show that you are unable to honour your sovereign, and all the people will also say— "We will not honour him. " Thus will you be proved slothful and perverse, greatly disobedient to the charges of your sovereign. Throughout your many regions, you will bring on yourselves the terrors of Heaven, and I also will inflict its punishments, removing you far from your country.

30. 王曰，我不惟多诰，我惟祇告尔命。

The King says, I do not *wish to* make these many announcements, but in a spirit of awe I lay my commands before you.

31. 又曰，时惟尔初，不克敬于和，则无我怨。

He also says, Now you may make a new beginning. If you cannot reverently realize the harmony which I enjoin, do not *hereafter* murmur againstme.

《书·多士》和《书·多方》在古代中国史上，也在古代世界文明史上，第一次提出了“革命”和“民主”的词语，这些词语反映了当时（公元前15世纪和前11世纪）古典中国史上革命和民主政治的思想和现实，“汤武革命”。

汤武革命是中国古典文明史上民主政治和革命传统的第一阶段，它反映了邦或城邦政治发展，由青铜时代向铁器时代过渡，原始君主制向公卿执政制过渡的一个重要阶段。

经过汤武革命，古代中国通过周初的大殖民（封建），中原和北狄、西戎、南蛮（荆楚）诸民族融洽起来，构成了黄河、长江流域，东至海，西至昆仑，华夏民族经济文化的中心，为下一阶段古典时代（春秋战国时代）的大繁荣奠定了基础。

经过汤武革命，城邦的平民阶级，公民的广大阶层，在政治上地位提高了，经济文化上地位提高了。他们是历史中坚分子，是这一阶段（西周）社会斗争的主要角色，在中原，在列国，国人阶级日益壮大起来，最后表现为厉王末叶的国人大暴动，把古典中国文明史推进全盛的时代，春秋战国古典时代，民主政治全盛时代。

中国古典文明史，汤武革命，国人大暴动，都在古典历史上起了解放运动的作用；下一个运动是陈涉起义，第一次提出了“王侯将相宁有种乎”口号的革命运动，结束城邦史，转入帝国时代！

XI. 周之经营东方与周初之大殖民

A. 武王伐纣至周公居东

《史记·封禅书》曰："武王克殷二年，天下未宁而崩。"如牧野之战定在公元前1027年，则武王卒年为公元前1025年。这两年中，据《周本纪》，在举行受命仪式后，周武王做了哪些事？

一是"封商纣子禄父（武庚）殷之遗民，而使其弟管叔鲜、蔡叔度相禄父治殷"（皇甫谧［215—282］《帝王世纪》云，"自殷以东为卫，管叔监之；殷都以西为鄘，蔡叔监之；殷都以北为邶，霍叔监之，是为三监"）。

二是"释箕子之囚"，"表商容之间"，"散鹿台之财，发钜桥之粟，以振贫弱萌隶"，"迁九鼎宝玉，""封比干之墓"，"罢兵西归"。

三是追思先圣王，"封神农之后于焦，黄帝之后于祝，帝尧之后于蓟，帝舜之后于陈，大禹之后于杞"。

四是"封功目谋士"，"封尚父于营丘，曰齐；封弟周公旦于曲阜，曰鲁；封召公奭于燕；封弟叔鲜于管，弟叔度于蔡"。

《鲁周公世家》云，"武王既崩，成王少，在强葆［襁褓］之中，周公恐天下闻武王崩而畔，乃践祚，代成王摄行政当国"，"而使其子伯禽代就封于鲁”。“管、蔡、武庚等果率淮夷而反，周公乃奉成王命，兴师东伐”，“遂诛管叔，杀武庚，放蔡叔，收殷余民，以封康叔于卫，封微子于宋，以奉殷祀，宁淮夷东土，二年而毕定”，“诸侯咸服宗周”。“成王七年”（公元前1018年）“三月，周公往营成周雒邑，卜居焉，曰吉，遂国之。”（按：城之也）“成王长，能听政，周公乃还政于成王”。

《鲁周公世家》还说，“及成王用事，人或谮周公，周公奔楚”，《史记·蒙恬传》亦记其事。然顾炎武《日知录》“周公居东”条，有徐鸿博注，谓“奔楚”乃“楚山”之“楚”即“终南山”也。

自武王伐纣，至周公居东，乃周初经营东方之过程，周人东方大殖民（所谓“封建”）之过程。《史记·三代世表》末栏列周、鲁、齐、晋、秦、楚、宋、卫、陈、蔡、曹、燕十二大国，实即《十二诸侯年表》首栏各大邦（惟增郑、吴），皆兴于西周初，惟秦楚稍晚而已。

周之经营东方，《周书》传世的《大诰》《康诰》《酒诰》《梓材》《召诰》《洛诰》《多士》《无逸》《君奭》《多方》《立政》十一篇，皆当时重要的原始材料，是《尚书》比较可信而非后人追记的当世材料。《牧誓》记武王伐纣，《洪范》记武王访箕子，《金縢》记武王有疾时及武王既丧时周公的活动，其时二公（太公［一说毕公，未必］和召公）在周廷，三篇史事皆早于《大诰》等篇，但三篇皆春秋战国时后人述古之作，非若十一篇之为周初文献也。

1.《大诰》

《史记·周本纪》云：“初，管蔡畔周，周公讨之，三年而毕定，故初作《大诰》，次作《微子之命》。”

《书序》云：“武王崩，三监及淮夷叛，周公相成王，将黜殷，作《大诰》。”

《书序》又云：“成王既黜殷命，杀武庚，命微子启代殷后，作《微子之命》。”（郑康成注云，“《微子之命》亡”。）

如武王伐纣定在公元前1027年，则武王死，成王立，周公当国，当在公元前1025年，而兴师东伐，在此年之后。《周本纪》说“三年而毕定”，作《大诰》，《鲁世家》则云“二年而毕定”，作《大诰》在兴师东伐之年。盖《大诰》之篇，作成于公元前1025—前1023年间耳。除金文材料外，《大诰》是现存周初文献最早的一篇。论者云，“本篇是否周公所作，虽不能定，然文辞古奥，与西周金文相似，其为西周初年作品，则无可疑”。（屈万里，《尚书今注今译》，1964，台湾，商务）

汤武革命是信史（利簋铭文），武王伐纣是信史，周公东征也是信史。“周诰殷盘，佶屈聱牙”，《大诰》是不好读的。依靠孙星衍的《尚书今古文注疏》，乃至于屈万里的《尚书今注今译》，可以尝试读之；西方的译书，也是参考大量古典文献的研究成果，也会有帮助。在此基础上可以讨论一些问题。

“王若曰”，屈万里说，“王谓成王”。然郑康成云：“王谓摄也”。“王”即“周公”也。《荀子·儒效篇》“武王崩，成王幼，周公屏成王而及武王以属天下，恶天下之倍周也；履天子之籍，听天下之断，偃然如固有之”。故周公王也，天子也，“王若曰”之王即周公也。

“猷，大诰尔多邦”，孙星衍《尚书今古文注疏》作“猷，大诰尔多方”，多邦即多方。

《大诰》作“王若曰，猷，大诰尔多方［邦］”；《多方》篇则云，“周公曰，王若曰，猷，告尔四国多方”。二者不同，《大诰》在周公“践祚，代成王摄行政当国”之日，《多方》在周公“还政于成王，成王临朝”之后。

介于《大诰》与《多方》之间者有《多士》，《多士》篇惟用“王若曰”。此“王”乃成王亲政时之“王”，然亦由周公经手。故《大诰》《多士》《多方》三篇皆有“王若曰”，而时间和实况不同。《多士》篇是“周公以王命告”（《周本纪》），亦在周公还政之后。下面据《鲁周公世家》作年表：

公元前1029年　武王九年，东伐至盟津，周公辅行。

公元前1027年　武王十一年，伐纣至牧野，周公佐武王，作牧誓。

公元前1025年　武王克殷二年，天下未集，武王有疾不豫，周公设三坛，告于太王、王季、文王，藏其策金縢匮中。武王有瘳。

公元前1025年　其后武王既崩，成王在强葆之中，周公恐天下闻武王崩而畔，乃践祚，摄行政当国，告太公［毕公］召公，使伯禽就封于鲁。

公元前1025年　管蔡武庚果率淮夷而反，周公乃奉成王命，兴师东伐，作大诰。遂诛管叔，杀武庚，放蔡叔，收殷余民以封康叔于卫，封微子于宋，以奉殷祀，宁淮夷东土。

公元前1023/22年　二年而毕定（《诗·破斧》周公东征，四国是皇；《东山》，序周公东征，三年而归）。《周本纪》作"三年而毕定"故初作《大诰》，次作《微子之命》。

公元前1018年　《周本纪》，"周公行政七年"（公元前1025—前1018），成王长，周公反政成王，北面就群臣之位。成王在丰，使召公复营洛邑，如武王之意，居九鼎焉，作召诰、洛诰。《鲁世家》，成王七年二月乙未，王朝步自周至丰。

《大诰》中英对照

THE GREAT ANNOUNCEMENT

1. 王若曰，猷！大诰尔多邦，越尔御事。弗吊，天降割于我家，不少延，洪惟我幼冲人，嗣无疆大历服。弗造哲迪民康，矧曰其有能格知天命。

The King speaks to the following effect：—Ho！I make a great announcement to you，*the princes of* the many States，and to you，the managers of my affairs. —Unpitied am I, and Heaven sends down calamities on my House, without exercising the least delay.It greatly occupies my thoughts, that I, so very young have inhented this illimitable patimony, with its destinies and domains. I have not displayed wisdom, and led the peopie to tranquility, and how much less should I be able to reach the knowledge of the decree of Heaven!

2. 已予惟小子，若涉渊水，予惟往求朕攸济，敷贲，敷前人受命，兹不忘大功，予不敢闭于天降威。

Yes, I who am but a little child am in the position of one who has to cross a deep water, —it must be mine to go and seek how to cross over. *I must* diffuse the elegant instimtions of my predecessor, and augment the appointment which he received from Heaven; —so shall I be not forgetful of his great work. Nor shall I dare to restrain the majest of Heaven seen in the inflictions it sends down.

3. 用宁王遗多大宝龟，绍天明，即命，曰，有大艰于西土，西土人亦不静，越兹蠢。

The Tranquinizing King left to me the great precious tortoise to bring into connection with me the intelligence of Heaven. I consulted it, and it told me that there would be great trouble in the region of the west, and that the western people would not be still. Accordingly we have the present senseless movements.

4. 殷小腆诞敢纪其叙，天降威，知我国有疵，民不康，曰：予复，反鄙我周邦。

Little as the *present* prosperity of Yin is, its prince greatly dares to take in hand its broken line. Though Heaven sent down its terrors on his House, *yet* knowing of the evils in our kingdom, and that the people are not tranquil, he says—I will recover *my patrimony*; and *so he wishes* to make our State of Zhou a border territory again.

5. 今蠢今翼。曰。民献有十夫予翼，以于敉宁武图功，我有大事，休？朕卜并吉。

One day there was a senseless movement, and the day after, ten men ofworth among the people appeared to help me to go forward to restore tranqufllity and to perpetuate the plans *of my father*. The great business I am engaging in will have a successful issue, *for* I have divined and always got a favourable intimation.

6. 肆予告我友邦君越尹氏、庶士、御事，曰：予得吉卜，予惟以尔庶邦于伐殷逋播臣。

Therefore I tell you, the princes of my friendly States, and you the directors of departments, my officers, and the managers of my affairs, —I have obtained a favourable reply to my divinations. I will now go forward with you from all the States and punish those vagabond and transported ministers of Yin.

7. 尔庶邦君越庶士、御事罔不反曰，艰大，民不静，亦惟在王宫邦君室，越予小子考、翼不可征，王害不违卜。

And now, you the princes of the various States, and you the various officers and managers of my affairs, all retort on me, saying, The hardships will be great, and that the people are not still has its source really in the king's palace, and in the mansions of those princes of the *troubled* State. We, little ones, and the old reverent men as well, think the expedition ill-advised. Why does your majesty not go contrary to the divination?

8. 肆予冲人永思艰，曰：呜呼，允蠢鳏寡，哀哉！予造天役，遗大投艰于朕身。越予冲人不卬自恤。义尔邦君越尔多士、尹氏、御事绥予曰：无毖于恤，不可不成乃宁考图功。

I, in my youth, think also continually of the hardships, and say, Alas!

these senseless movements will deplorably afflict widowers and widows! But I am the servant of Heaven, which has assigned me this great task, and laid this hard duty on my person. I therefore, the young one, do not pity myself, and it would be right in you, the princes of the States, and in you, the many officers, the directors of departments, and the managers of my affairs, to soothe me, saying, Do not be distressed with sorrow. We shall surely complete the plans of your Tranquillizing father.

9. 已，予惟小子，不敢替上帝命。天休于宁王，兴我小邦周，宁王惟卜用，克绥受兹命。今天其相民，矧亦惟卜用。呜呼！天明畏，弼我丕丕基。

Yes, I, the little one, dare not disregard the charge of God. Heaven, favourable to the Tranquillizing King, gave such prosperity to our small State of Zhou. The Tranquillizing King divined and acted accordingly, and so he calmly received his great appointment. Now Heaven is helping the people; —how much more must I follow the divinations! Oh! the clearly-intimated will of Heaven is to be feared: —it is to help my great inheritance.

10. 王曰：尔惟旧人，尔丕克远省，尔知宁王若勤哉！天閟毖我成功所，予不敢不极卒宁王图事，肆予大化诱我友邦君，天棐忱辞，其考我民，予曷其不于前宁人图功攸终，天亦惟用勤毖我民，若有疾，予曷敢不于前宁人攸受休毕。

The King says, You, who are the old ministers, are fully able to examine the long-distant affairs; —you know how great was the toil of the Tranquillizing King. Now where Heaven shuts up and distresses us is the place where I must accomplish my work; —I dare not but do my utmost to complete the plans of the Tranquillizing King. It is on this account that I use such efforts to remove the doubts and carryforward the inclinations of the princes of my friendly States. Heaven also assists me with sincere expressions of *attachment*, which I have ascertained among the people; —how dare I but aim at the completion of the work formerly begun by the Tranquillizer? Heaven moreover is thus toiling and distressing my people, so that it is as if they were suffering from disease; —how dare I allow the appointment which the Tranquillizer, my predecessor, received, to be without its happy fulfilment?

11. 王曰：若昔朕其逝，朕言艰日思。若考作室，既底法，厥子乃弗肯堂，矧肯构。厥父菑，厥子乃弗肯播，矧肯获。厥考翼，其肯曰，予有后弗弃基，肆予曷敢不越卬敉宁王大命。

The King says, Formerly, at the initiation of this expedition, I spoke of its difficulties, and revolved them daily. But when a deceased father, *wishing to* build a house, had laid out the plan, if his son be unwilling to raise up the hall, how much less will he be willing to complete the roof! Or if the father had broken up the ground, and his son is unwilling to sow the seed. How much less will he be willing to reap the grain! In such a case will the father, *who had himself* been so reverently attentive *to his objects*, be willing to say, I have an heir who will not abandon the patrimony? —HOW dare I, therefore, but use all my powers to give a happy settlement to the great charge entrusted to the Tranquillizing King?

12. 若兄考，乃有友伐厥子，民养其劝弗救。

If a father have those among his friends who attack his child, will the elders of his people encourage *the attack*, and not come to the rescue?

13. 王曰：呜呼！肆哉，尔庶邦君，越尔御事。爽邦由哲，亦惟十人迪知上帝命，越天棐忱，尔时罔敢易法。矧今天降戾于周邦，惟大艰人诞邻胥伐于厥室，尔亦不知天命不易。

The King says, Oh! Take heart, ye princes of the various States, and ye managers of my affairs. The enlightening of the country was from the wise, even from the ten men who obeyed and knew the decree of God, and the sincere assistance given by Heaven. At that time none of you presumed to change the *royal* appointments. And now, when Heaven is sending down calamity on the State of Zhou, and the authors of these great distresses *appear as if* the inmates of a house were mutually to attack one another, you are without any knowledge that the decree of Heaven is not to be changed!

14. 予永念曰，天惟丧殷，若穑夫，予曷敢不终朕亩，天亦惟休于前宁人。

I ever think and say, Heaven in destroying Yin is doing husbandman' s work; —how dare I but complete the business of my fields! Heaven will there by show its favour to the former Tranquillizer.

15. 予曷其极，卜？敢弗于从，率宁人有指疆土矧今卜并吉，肆朕诞以尔东征。天命不僭，卜陈惟若兹。

How should I be all for the oracle of divination, and presume not to follow your advice? I am following the Tranquillizer, whose purpose embraced all the limits of the land. How much more must I proceed, when the divinations are all favourable! It is on these accounts that I make this expedition in force to the east. There is no mistake about the decree of Heaven. The indications of the divinations are all to the same effect.

2.《康诰》《酒诰》《梓材》

《书序》云："成王既伐管叔、蔡叔，以殷余民封康叔，作《康诰》《酒诰》《梓材》。"

《史记·卫康叔世家》云："卫康叔名封，周武王同母少弟也。"武王既崩，成王少，周公旦代成王治当国，管叔、蔡叔疑周公，乃与武庚禄父作乱，欲攻成周。周公旦以成王命兴师伐殷，杀武庚禄父、管叔，放蔡叔，以武庚殷余民，封康叔为卫君，居河淇间故商墟。周公旦惧康叔齿少，乃申告康叔曰：“必求殷之贤人君子长者，问其先殷所以兴，所以亡，而务爱民；告以纣所以亡者，以淫于酒，酒之失，妇人是用，故纣之乱自此始；为《梓材》，示君子可法则，故谓之《康诰》《酒诰》《梓材》，以命之。”

孙星衍（1753—1818）《尚书今古文注疏》（1815）注引马融（79—166）曰，“康，圻（qí，通畿）内国名”；又引郑康成（玄，127—200）曰：“康谥号”。按康叔子康伯（《卫世家》），无父子同谥，故康非谥号。孙疏云，康叔故城在颍川。《卫世家》《索引》云：“康叔从康徙封卫。”

《左传·定公四年》：“昔武王克商，成王定之，选建明德，以藩屏周，故周公相王室以尹天下”，“分康叔以……殷民七族”，“命以《康诰》，而封于殷墟”。这是说，是成王、周公时代，分康叔以殷民，命之以《康诰》，封之于殷虚。封之者是成王、周公，被封者是康叔，封地是殷虚。

但屈万里的《尚书今注今译》对此有不同的见解，他认为，“本篇既名《康诰》，时王又称康叔为弟，故知此乃康叔封于康时，武王诰之之辞”。

因此，《康诰》前面部分的文，“王若曰，孟侯、朕其弟，小子封”，屈氏解释为“王，武王”；这一段末的“肆汝小子封，在兹东土”，屈氏将“东土”解释为“康地”，说是“在这东边的国家”（《尚书今注今译》，1969年版，第97—98页）。

这显然有矛盾，武王已去世，如果是在武王时日，在康地，就不可能有“东方的国家”封给当时还幼小的“封”。

可是，武王已去世，“王若曰”的“王”是谁？如果是“成王”，怎么能出现“孟侯，朕其弟”（封是成王的年幼的叔叔）？如果是“周公”，他怎么称起“王”来了？

其实这问题早已解决。《周本纪》和《鲁世家》都说“周公摄行政当国”，《世家》还说，周公乃践祚”。那么，《康诰》的，“王若曰”，王是周公。“居摄则称王”，但“仍是周公之言”，“故又曰”“朕其弟”也（见孙疏）。

这是在成王、周公时代；同样，这绝不是封康叔于康，而是封之于卫，是“以殷余民封康叔”。《诗·邶鄘卫谱》云：“邶鄘卫者，商纣畿内方千里之地。其封域在《禹贡》冀州大行之东，北逾衡漳，东及兖州桑土之野。周武王伐纣，以其京师封纣子武庚，为殷后，庶殷顽民被纣化日久，未可以建诸侯，乃三分其地，置三监：使管叔、蔡叔、霍叔尹而教之。自纣城而北谓之邶，南谓之鄘，东谓之卫……三监导武康叛，成王既黜殷命，杀武庚，复伐三监，更于此三国建诸侯，以殷余民封康叔于卫，使为之长；后世子孙稍并彼二国，混而名之。”

《康诰》中英对照

THE ANNOUNCEMENT TO THE PRINCE OF KANG

1. 惟三月，哉生魄，周公初基作新大邑于东国洛，四方民大和会。侯甸男邦、采卫百工、播民和见，士于周。周公咸勤，乃洪大诰治。

   In the third month, when the moon began to wane, the Duke of Zhou commenced the foundations and procceded to build the new great city at Luo of the eastern States. The people from every quarter assembled in great harmony. From the Hou, Dian, Nan, Cai, and Wei domains, the various officers stimulated this harmony of the people, and introduced them to the business there was for Zhou. The Duke of Zhou encouraged all to diligence, and made a great announcement about the performance *of the works*.

2. 王若曰，孟侯，朕其弟，小子封。

   The King speaks to this effect: —Head of the princes, my younger brother, little one, Feng.

3. 惟乃丕显考文王，克明德慎罚。

It was your greatly distinguished father, the King Wen, who was able to illustrate his virtue and be careful in the use of punishments.

4. 不敢侮鳏寡，庸庸，祇祇，威威，显民，用肇造我区夏，越我一二邦以修，我西土。惟时怙冒，闻于上帝，帝休，天乃大命文王。殪戎殷，诞受厥命，越厥邦厥民，惟时叙，乃寡兄勖。肆汝小子封在兹东土。

He did not dare to show any contempt to the widowers and widows. He employed the employable, and revered the reverend; he was terrible to those who needed to be awed: —so getting distinction among the people. It was thus he laid the first beginnings of *the sway of* our small portion of the Empire, and the one or two neighbouring countries were brought under his improving influence, until throughout our western regions all placed in him their reliance. The fame of him ascended up to the High God, and God approved. Heaven gave a great charge to King Wen, to exterminate the great Dynasty of Yin, and receive its great appointment, so that the various States belonging to it and their peoples were brought to an orderly condition. Then your unworthy elder brother exerted himself; —and so it is that you, Feng, the little one, are here in this eastern region.

5. 王曰：呜呼！封，汝念哉，今民将在祇遹乃文考，绍闻衣德言，往敷求于殷先哲王，用保乂民。汝丕远惟商耇成人，宅心知训。别求闻由古先哲王，用康保民，弘于天，若德裕乃身，不废在王命。

The King says, Oh! Feng, bear these things in mind. Now *your management* of the people will depend on your reverently following your father Wen; ——do you carry out his virtuous words which you have heard, and clothe yourself with them. *Moreover* where you go, seek out extensively *among the traces* of the former wise kings of Yin what you may use in protecting and regulating their people. Again, you must more remotely study the old accomplished men of Shang, that you may establish your heart, and know how to instruct the people. *Further still*, you must seek out besides what is to be learned of the wise kings of antiquity, and employ it in the tranquillizing and protecting of the people. *Finally*, enlarge *your ghougkts* to the *comprehension of all* Heavenly *principles*, and virtue will be richly displayed in your person, so that you will not render nugatory the King's charge.

6. 王曰：呜呼，小子封，恫瘝乃身，敬哉。天畏棐忱，民情大可见，小人难保。往尽乃心，无康好逸豫，乃其乂民。我闻曰：怨不在大，亦不在小，惠不惠，懋不懋。

The King says, Oh! Feng, the little one, it is as if some diseases were in your person; be respectfully careful. Heaven in its awfulness yet helps the sincere. The feelings of the people can for the most part be discerned, but it is difficult to calculate on the attachment of the lower classes. Where you go, employ all your heart. Do not seek repose, nor be fond of idleness and pleasure; —so may you regulate the people. I have heard the saying, Dissatisfaction is caused not so much by great things or by small things, as by a *ruler's* observance of principle or the reverse, and by his energy ofconduct or the reverse.

7. 已，汝惟小子，乃服惟弘王，应保殷民，亦惟助王宅天命，作新民。

Yes, it is yours, little one, —it is your business to enlarge the royal *influence*, and harmoniously to protect this people of Yin. Thus also shall you assist the king, consolidating the appointment of Heaven, and renovating this people.

8. 王曰：呜呼！封，敬明乃罚，人有小罪，非眚，乃惟终自作不典；式尔，有厥罪小，乃不可不杀。乃有大罪，非终，乃惟眚灾。适尔，既道极厥辜，时乃不可杀。

The King says, Oh! Feng, deal reverently and understandingly in your infiiction of punishments. When men commit small crimes, which are not mischances, but purposed, themselves doing what is contrary to the laws, intentionally, though their crimes be but small, you may not but put them to death. But in the case of great ctimes, which are not purposed, but from mischance and misfortune, accidental, if the of fenders confess unreservedly their guilt, you may not put them to death.

9. 王曰：呜呼！封，有叙时，乃大明服。惟民其敕懋和若有疾，惟民其毕弃咎，若保赤子，惟民其康乂。

The King says, Oh! Feng, there must be the right regulation in this matter.When you show a great discrimination, subduing men's hearts, the people will admonish one another, and strive to be obedient. *Deal with evil*, as if it were a sickness in your person, and the people will entirely put away their faults. *Deal with them*, as if you were guarding your infants, and the people will be tranquil and orderly.

10. 非汝封刑人杀人，无或刑人杀人。非汝封又曰劓刵人，无或劓刵人。

It is not you, Feng, who inflict a severe punishment or death upon a man; you may not of yourself so punish a man or put him to death. Moreover, he says, It is not you, Feng, who cut off a man's nose or ears; you may not of yourself cut off a man's nose or ears.

11. 王曰：外事，汝陈时臬司师，兹殷罚有伦。

The King says, In things beyond *your immediate jurisdiction*, have laws set forth which the officers may observe; and those should be the penal laws of Yin, which were right-ordered.

12. 又曰：要囚，服念五六日，至于旬时，丕蔽要囚。

He also says, In examining the evidence in criminal cases, reflect upon it for five or six days, yea for ten days or three months. You may then boldly carry your decision into effect in such cases.

13. 王曰：汝陈时臬事罚，蔽殷彝，用其义刑义杀。勿庸以次汝封。乃汝尽逊曰时叙，惟曰未有逊事。

The King says, in setting forth the business of the laws the punishments will be determined by the regular laws of Yin. But you must see that those punishments, as well as the penalty of death, be righteous. And you must not let them be warped to agree with your own inclinations, O Feng! Then shall you be entirely accordant with right, and may say, these are properly ordered; yet you must say at the same time, perhaps they are not yet entirely accordant with right.

14. 已，汝惟小子，未其有若汝封之心，朕心朕德，惟乃知。

Yes, you are the little one; —who has a heart like you. O Feng? My heart and my virtue also are known to you.

15. 凡民自得罪，寇攘奸宄，杀越人于货，暋不畏死，罔弗憝。

All people who of themselves commit crimes, robbing, stealing, practising villainy and treason, and who kill men violently assault them to take their property, being violent and fearless of death: —those are abhorred by all.

16. 王曰：封，元恶大憝，矧惟不孝不友。子弗祗服厥父事，大伤厥考心，于父不能字厥子，乃疾厥子；于弟弗念天显，乃弗克恭厥兄；兄亦不念鞠子哀，大不友于弟。惟吊兹，不于我政人得罪，天惟与我民彝大泯乱，曰：乃其速由文王作罚，刑兹无赦。

The King says，Feng，such chief criminals are greatly abhorred，and how much more detestable are the unlfilial and unbrotherly！—as the son who does not reverentIv discharge his duty to his father，but greatly wounds his father's heart；and the father who can no longer love his son，but hates him；and the younger brother who does not think of the manifest will of Heaven，and refuses to respect his elder brother，so that the elder brother does not think of the toil of their parents in bringing them up，and is very unbrotherly to his junior. If we who are charged with government do not treat parties who proceed to such wickedness as offenders，the *laws of our nature* given by Heaven to our people will be thrown into great disorder or destroyed. You must deal speedily with such parties according to the penal laws of King Wen，punishinng them severely and not pardoning.

17. 不率大戛，矧惟外庶子、训人，惟厥正人越小臣、诸节。乃别播敷造民，大誉弗念弗庸，瘝厥君，时乃引恶，惟朕憝。已，汝乃其速由兹义率杀。

These，who are disobedient *to natural principles*，are to be thus severely subjected to the laws；—how much more the officers employed in your State as the instructors of the youth，the heads of the various official departments，and the petty officers，charged with their several commissions；when they propagate and spread abroad other lessons，seeking the praise of the people not thinking *of the sovereign* nor using the *rules for their duties*，but distressing him！These lead on to wickedness and are an abomination to me. Shall they be let alone? Do you quickly, according to what is recognized as right, put them to death? '

18. 亦惟君惟长，不能厥家人越厥小臣、外正；惟威惟虐，大放王命，乃非德用乂。

And you are here prince and president; ——if you cannot manage your own household, with your petty officers, the instructors, and heads of departments, but use only terror and violence, you greatly set aside the royal charge, and try to regulate your State contrary to virtue.

19. 汝亦罔不克敬典，乃由裕民，惟文王之敬忌，乃裕民曰：我惟有及，则予一人以怿。

Do you also in every thing reverence the constant statutes, and so proceed to the happy rule of the people. There are the reverence of King Wen and his caution; —in proceeding by them to the happy rule of the people, say, if I can only attain to them, so will you make me the one man to rejoice。

20. 王曰：封，爽惟民迪吉康，我时其惟殷先哲王德，用康乂民作求，矧今民罔迪，不适；不迪，则罔政在厥邦。

The King says, Feng, when I think clearly of the people, I see they are to be led to happiness and tranquillity. I think of the virtue of the former wise kings of Yin, whereby they tranquillized and regulated the people, and rouse myself to realize it. Moreover, the people now are sure to follow a leader. If one do not lead them, he cannot be said to exercise a government in their State.

21. 王曰：封，予惟不可不监，告汝德之说于罚之行，今惟民不静，未戾厥心，迪屡未同，爽惟天其罚殛我，我其不怨，惟厥罪无在大，亦无在多，矧曰其尚显闻于天。

The King says, Feng, I cannot dispense with the inspection *of the ancients*, and I make this declaration to you about virtue in the use of punishments. Now the people are not quiet; they have not stilled their minds; not with standing my frequent leading of them, they have not come to accord *with my government*. I reflect on Heaven's severe punishments, but I do not murmur. The crimes *of the people* whether they are great or many, are *all chargeable on* me, and how much more shall this be said, when the report of them goes up so manifestly to Heaven.

22. 王曰：呜呼！封，敬哉，无作怨，勿用非谋非彝蔽时忱。丕则敏德，用康乃心，顾乃德，远乃猷，裕乃以；民宁，不汝瑕殄。

The King says, Oh! Feng, be reverent. Do not what will create murmurings; do not use bad counsels, and uncommon ways. Decidedly and with sincerity, give yourself to imitate the active virtue of *the andent*. Hereby give repose to your mind, examine your virtue send far forward your plans, and thus by your generous forbearance you will conduct the peopleto repose in what is good: —so shall I not have to blarme you or cast you off.

23. 王曰：呜呼！肆，汝小子封，惟命不于常。汝念哉，无我殄享，明乃服命，高乃听，用康乂民。

The King says, Oh! You, Feng, the little one, *Heaven's* appointments are not constant. Do you think of this, and do not make me deprive you of your dignity. Reflect clearly on the charges you have received. Think highly of what you have heard, and tranquillize and regulate the people accordingly.

24. 王若曰：往哉，封。勿替敬，典听朕告，汝乃以殷民世享。

The King thus says, Go Feng. Do not disregard the statutes you should reverence; hearken to what I have told you: —so with the people of Yin you will enjoy your dignity, and hand it down to your posterity.

《酒诰》中英对照

THE ANNOUNCEMENT ABOUT DRUNKENNESS

1. 王若曰：明大命于妹邦。

The King speaks to this effect: —Do you clearly make known my great commands in the country of Mei.

2. 乃穆考文王，肇国在西土。厥诰毖庶邦庶士，越少正御事，朝夕曰，祀兹酒。惟天降命，肇我民，惟元祀。

When your reverent father, the King Wen, laid the foundations of our kingdom in the western region, he delivered announcements and cautions to *the princes of* the various States, all the *high* officers, with their assistants, and the managers of affairs, saying, morning and evening, For sacrifices spirits should be employed. When Heaven was sending down its *favouring* decree, and laying the foundations *of the eminence of* our people, spirits were used only in the great sacrifices.

3. 天降威，我民用大乱丧德，亦罔非酒惟行，越小大邦用丧亦，罔非酒惟辜。

When Heavert has sent down its terrors, and our people have thereby been greatly disorganized and lost their virtue, this might also be invariably traced to their indulgence in Spirits; yea, the ruin of States, small and great, by these terrors, may be also traced invariably to their crime in the use of spirits.

4. 文王诰教小子，有正有事，无彝酒；越庶国，饮惟祀，德将无醉。

King Wen admonished and instructed the young and all who were charged with office and in employment, that they should not ordinarily use spirits. Throughout all his States, he required that they should be drunk only on occasion of sacrifices, and then that virtue should preside so that there might be no drunkenness.

5. 惟曰：我民迪小子，惟土物爱，厥心臧，聪听祖考之彝训，越小大德，小子惟一。

He said, Let my people teach their young men that they are to love only the productions of the ground, for so will their hearts be good. *Let the youth also* hearken diligently to the constant lessons of their fathers. Let them look at virtuous action whether great or small in the same light.

6. 妹土嗣尔股肱，纯其艺黍稷，奔走事厥考厥长。肇牵车牛，远服贾用，孝养厥父母；厥父母庆，自洗腆致用酒。

Ye people of the land of Mei, if you can employ your limbs, largely cultivating youe millet, and hastening about in the service of your fathers and elders; and if with your carts and oxen you traffic to a distance, that you may thereby filially minister to your parents: —then, when your parents are happy, you may set forth your spirits clear and strong, and use them.

7. 庶士有正越庶伯君子，其尔典听朕教。尔大克羞耇惟君，尔乃饮食醉饱。丕惟曰，尔克永观省，作稽中德。尔尚克羞馈祀，尔乃自介用逸，兹乃允惟王正事之臣。兹亦惟天若元德，永不忘在王家。

Hearken constantly to my instructions, all ye high officers, ye assistants, and all ye noble chiefs: —when you have largely done your duty in ministering to your aged and serving your sovereign, you may eat and drink freely and to satiety. And to speak of greater things; —when you can maintain a constant watchful examination of yourselves, and your conduct is in accordance with correct virtue, then may you minister the offerings of sacrifice, and at the same time indulge yourselves in festivity. In such case you will indeed be ministers doing right service to your king, and Heaven likewise will approve your great virtue, so that you shall never be forgotten in the royal House.

8. 王曰：封，我西土棐徂邦君御事小子，尚克用文王教，不腆于酒。故我至于今，克受殷之命。

The King says, O Feng, in our western regions, the princes of States, the managers of affairs, and the youths, who in former days assisted our ancestor, were able to obey the lessons of King Wen, and indulge in no excess of spirits; and so it is that I have now received the appointment which belonged to Yin.

9. 王曰：封，我闻惟曰，在昔殷先哲王，迪畏天，显小民，经德秉哲，自成汤咸至于帝乙，成王畏相惟御事，厥棐有恭，不敢自暇自逸，矧曰其敢崇饮。

The King says, O Feng, I have heard it said that formerly the first wise sovereign of Yin manifested a reverential awe of the bright principles of Heaven, and of the lower people, steadfast in his virtue, and holding fast his wisdom. From him, Tang the Successful, down to the Emperor Yi, the sovereigns all completed their royal virtues, and revered their chief ministers, so that their managers of affairs respectfully discharged their helping duties, and dared not to allow themselves in idleness and pleasure; —how much less would they dare to indulge in drinking!

10. 越在外服，侯甸男卫邦伯；越在内服，百僚庶尹惟亚惟服宗工越百姓里居，罔敢湎于酒。不惟不敢，亦不暇。惟助成王德显，越尹人祇辟。

Moreoveg, in the exterior domains, the princes of the States of the Hou, Dian, Nan and Wei, with their chiefs; and in the interior domain, all the various officers, the directors of the several departments, the inferior officers and employees, and the Heads of great Houses, with the men of honoured name living in retirement, all eschewed indulgence in spirits. Not only did they not dare to indulge in them, but they had not leisure, being occupied with helping to complete their king's virtue and made it more distinguished, and helping the directors of affairs reverently to attend to the service of the sovereign.

11. 我闻亦惟曰，在今后嗣王，酣，身厥命，罔显于民祇，保越怨不易。诞惟厥纵淫泆于非彝，用燕丧威仪。民罔不衋伤心，惟荒腆于酒，不惟自息乃逸。厥心疾很，不克畏死，辜在商邑，越殷国灭，无罹。弗惟德馨香祀，登闻于天，诞惟民怨，庶群自酒，腥闻在上。故天降丧于殷，罔爱于殷，惟逸。天非虐，惟民自速辜。

I have heard it said likewise, that in these times the last successor of those kings was addicted to drink, so that no charges came from him brightly before the people, and he was reverently and unchangingly bent on doing and cherishing what provoked resentment. Greatly abandoned to extraordinary lewdness and dissipation, for pleasure's sake he ruined all his majesty. The people were all sorely grieved and wounded in heart, but he gave himself wildly up to spirits, not thinking of ceasing, but continuing his excess, till his mind was frenzied, and he had rio fear of death. His crimes accumulated in the city of Shang, and though the extinction of the Dynasty of Yin was imminent, this gave him no concern, and he wrought not that at sacrifices of fragrant virtue might ascend to heaven. The rank odour of the people's resentments, and the drunkenness of his herds of creatures, went loudly up high, so that Heaven sent down ruin on Yin and showed no love for Yin, —because of such excesses. There is not any cruel oppression of Heaven; people themselve accelerate their guilt, *and its punishment*.

12. 王曰：封，予不惟若兹多诰，古人有言曰，人无于水监，当于民监。今惟殷坠厥命，我其可不大监抚于时。

The King says, O Feng, I have no pleasure in making you this long announcement; but the ancients have said, Let not men look *only* into water; let them look into the glass of other people. Now that Yin has lost its appointment, ought we not to look much to it as ourglass, and *learn* how to secure the repose of our time?

13. 予惟曰，汝劼毖殷献臣，侯甸男卫，矧太史友、内史友，越献臣百宗工，矧惟尔事、服休服采，矧惟若畴，圻父薄违、农父若保、宏父定辟，矧汝刚制于酒。

I say to you, —Strenuously warn the worthy ministers of Yin, and *the princes* in the Hou, the Dian, the Nan, and Wei domains; and still more, your filends, the grea Recorder and the Recorder of the interior, and all your worthy ministers, the Heads of great Houses; and still more, those whom you serve with whom you calmly converse, and who carry out your measures; and still more, those who are, as it were, your mates, —your minister of War, who deals with the rebellious, your minister of Agriculture, who is like a protector to the people, and your minister of Works, Who settles the boundaries; and above all, do you sternly keep yourself from drink.

14. 厥或诰曰：群饮，汝勿佚，尽执拘以归于周，予其杀。

If you are told that there are companies who drink together, do not fail to apprehend them all, and send them here to Zhou, where I may put them to death.

15. 又惟殷之迪诸臣惟工，乃湎于酒，勿庸杀之，姑惟教之。

As to the ministers and officers of Yin, who have been led to it, and been addicted to drink, it is not necessary to put them to death: —let them be taught for a time.

16. 有斯明享，乃不用我教辞，惟我一人弗恤弗蠲，乃事时同于杀。

If they keep these *lessons*, I will give them bright distinction. If you disregard my lessons, then I, the one man, will show you no pity. As you cannot cleanse your way, you shall be classed with those who are to be put to death.

17. 王曰：封，汝典听朕毖，勿辩乃司民湎于酒。

The King says, O Feng, give constant heed to my admonitions. If you do not manage right your officers, the people will continue lost in drink.

《梓材》中英对照

THE TIMBER OF THE TSZE TREE

1. 王曰：封，以厥庶民暨厥臣达大家，以厥臣达王，惟邦君。

The King says, O Feng, to have a good understanding with the multitudes of his people, and his ministers *on the one hand*, and with the great families *on the other*; and again to have the same with all the subjects *under his charge* and with the sovereign: —is the part of the prince of a State.

2. 汝若恒。越曰：我有师师，司徒司马司空尹旅。曰：予罔厉杀人，亦厥君先敬劳。肆徂厥敬劳。肆往奸宄杀人历人宥，肆亦见厥君事，戕败人，宥。

If you regularly in giving out your orders say, My instructors whom I am to follow, my minister of Instruction, my minister of War, and my minister of Works; my heads of departments, and all ye, my officers, I will on no account with oppressions put men to death; —Let the prince also set the example of respecting and encouraging the people, and these will proceed to respect and encourage them. Let him go on in dealing with those who have been traitors and villains, murderers an harbourers of criminals, to exercise pardon, and these, when they observe the prince's conduct, will likewise pardon those who have assaulted others and injured their property.

3. 王启监，厥乱为民，曰：无胥戕，无胥虐，至于敬寡，至于属妇，合由以容。王其效邦君越御事，厥命曷以，引养引恬，自古王若兹监，罔攸辟。

When sovereigns appointed inspectors, they did so in order to the government of the people, and said to them, Do not give way to violence or oppression; and go on to show reverence for the weak, and find connexions for *destitute* women. Your protection of the people must proceed in this way to cherish them. And when the sovereigns gave their injunctions to the princes of States, and their managers of afrairs, what was the charge? It was that they should lead the *people* to the enjoyment of plenty and peace. Such was the way of the kings from of old. An inspector is to eschew the use of punishments.

4. 惟曰：若稽田，既勤尃菑，惟其陈修，为厥疆畎。若作室家，既勤垣墉，惟其涂塈茨。若作梓材，既勤朴斲，惟其涂丹雘。

He says moreover, As in the management of a field, when the soil has all been laboriously turned up, they must proceed by orderly arrangement to make its boundaries and water-courses; as in building a house, after all the toil on its walls, they have to plaster and thatch it; as in working with the wood of the zi, when the toil of the coarser and finer operations has been performed, they have to apply the paint of red and other colours.

5. 今王惟曰：先王既勤用明德，怀为夹，庶邦享作，兄弟方来，亦既用明德，后式典，集庶邦丕享。

Now let your Majesty say, The former kings diligently employed their illustrious virtue, and produced such attachment by their cherishing *of the princes*, that from all the States they brought offerings, and with brotherly affection they came from all quarters, and likewise showed their virtue illustrious. Do you, O sovereign, use their statutes to attach *the princes*, and all the States will largely come with offerings.

6. 皇天既付中国民越厥疆土，于先王。

Great Heaven having given this Middle kingdom with its people and territories to the former kings.

7. 肆王惟德用，和怿先后为迷民，用怿先王受命。

Do You, our present sovereign, employ your virtue, effecting a gentle harmony among the deluded people, leading and urging them on? —*so also* will you please the former kings, who received the appointment *from Heaven*?

8. 已，若兹监，惟曰，欲至于万年，惟王子子孙永保民。

Yes! Make these things your study. I can but express my desire that for myriads of years your descendants may be ever the protectors of this people.

3.《召诰》《洛诰》《无逸》

《周本纪》云："周公行政七年（公元前1025—前1018），成王长，周公反政成王，北面就群臣之位。成王在丰，使召公复营洛邑，如武王之意。周公复卜，申视，卒营筑居九鼎焉，曰：此天下之中，四方入首，道理均。作《召诰》《洛诰））。”

《鲁周公世家》云：“成王七年（公元前1018年）二月乙未，王朝步自周至丰，使太保召（shào）公先之雒相土。其三月，周公往营成周雒邑，卜居焉，曰吉，遂国之。成王长，能听政，于是周公乃还政于成王，成王临朝。周公之代成王治，南面倍［负］依以朝诸侯。乃七年后，还政成王，北面就臣位，匔匔（qióng）如畏焉”。关于周公摄政之业，荀子的评价可供参考，附此。

> 荀子（公元前313？—前238）《儒效篇》：［大儒之效］武王崩，成王幼周公屏成王而及武王，以属天下。恶天下之倍周也，履天子之籍，听天下之断，偃然如固有之，而天下不称贪焉。杀管叔，虚殷国，而天下不称戾焉。立七十一国，姬姓独居五十三人，而天下不称偏焉。教诲开导成王，使谕于导，而能掩迹于文武。
>
> 周公归周，反籍于成王，而天下不辍事周，然而周公北面而朝之，天子也者，不可以少当也，不可以假摄为也。能，则天下归之；不能，则天下去之。是以周公屏成王而及武王以属天下，恶天下之离周也；成王冠，成人，周公归周反籍焉，明不灭主之义也。周公无天下矣！乡有天下，今无天下，非擅也；成王乡无天下，今有天下，非夺也，变势次序［之］节然也。故以枝代主而非越也，以弟诛兄而非暴也，君臣易位而非不顺也，因天下之和，遂文武之业，明枝主之义，抑亦变化矣，天下厌然犹一也。［非圣人莫之为，夫是之谓大儒之效！］

（按：荀卿生于战国之世，论大约八百年前之［汤］武革命，归之于“儒效”。然当公元前二千年代末、一千年代初，儒者之业，犹未立也，儒之名犹未显也，儒之为家犹不存在也，周公之所为，周公之政治实际，何也？公卿执政制之开端［伊周］或萌芽也！是政治学发展史之大事也。汤武革命成果之一端，公卿执政制之出现于世而尚未长期占优势也。

公卿执政制之长期占优势，在国人大暴动之后也，在春秋战国之时也。而当伊周之日，君主［兼祀与戎］制与公卿执政制［为民之主］方相争雄长也。）

周人经营东方的思想和实际行动，在《召诰》《洛诰》中充分表现出来。这种思想在武王生前就已有了。《周本纪》云："武王［于开始分封之后］征九牧之君，登豳之阜，以望商邑。武王至于周，自夜不寐。周公旦即王所曰：'曷为不寐？'王曰：'告女，维天不飨殷，自发未生，于今六十年，麋鹿在牧，蜚鸿满野，天不享殷，乃今有成。维天建殷，其登名三百六十夫，不显亦不宾灭，以至今。我未定天保，何暇寐？'王曰：'定天保，依天室，悉求夫恶贬从殷王受，日夜劳来我西土，我维显服，及德方明，自洛汭内延于伊汭，居易毋固，其有夏之居。我南望三涂，北望岳鄙，顾詹有河，粤詹雒伊，毋远天室，营周居于雒邑而后去。纵马于华山之阳，放牛于桃林之虚，偃干戈，振兵释旅，示天下不复用也。'"论者谓此段自"微九牧之君"以下"出自《周书·度邑解》"，然武王夜不能寐，忧心东方，当然是事实。这就留给成王、周公以东征的任务，留下《召诰》《洛诰》要作的内容。

周人在雒邑建成了一个政治中心，周召二公和成王都亲自参加领导这里"作大邑"的工作。

《召诰》是召公作的，《洛诰》则是周公和成王交谈的记录。至于《无逸》，则是周公戒成王之作。《史记·鲁周公世家》记其故事云："初成王少时病，周公乃自揃其蚤［爪］，沉之河以祝于神曰：'王少，未有识，奸神命者乃旦也。'亦藏其策于府。成王病有瘳。及成王用事，人或谮周公，周公奔楚。成王发府，见周公祷书，乃泣反周公。周公归恐成王壮，治有所淫佚，乃作《多士》，作《毋逸》。"（《史记》所记，与《书·无逸》原文略有出入，故仍录之）

"《毋逸》称：'为人父母，为业至长久，子孙骄奢，忘之以亡其家。为人子可不慎乎？故昔在殷王中宗，严恭敬，畏天命自度，治民震惧，不敢荒宁，故中宗飨国七十五年。其在高宗，久劳于外，为与小人，作其即位，乃有亮闇三年不言，言乃讙。不敢荒宁，密靖殷国，至于小大无怨。故高宗飨国五十五年。其在祖甲，不义惟王，久为小人于外，知小人之依，能保施小民，不侮鳏寡。故祖甲飨国三十三年。'"

"《多士》称曰：自汤至于帝乙，无不率祀明德，帝无不配天者。在今后嗣王纣，诞淫厥佚，不顾天及民之从也。其民皆可诛。周多士，文王日中昃不暇食，飨国五十年。""作此以诫成王。"

《召诰》中英对照

THE ANNOUNCEMENT OF THE DUKE OF SHAO

1. 惟二月既望，越六日乙未，王朝步自周，则至于丰。

   In the second month, on the day Yi-wei, six days after the full moon, the King early in the morning procceded from Zhou, and came to Feng.

2. 惟太保先周公相宅，越若来三月，惟丙午朏，越三日戊申，太保朝至于洛，卜宅。厥既得卜，则经营。

   Thence the Grand-guardian went before the Duke of Zhou to inspect the localities, and in the third month, on the day Wu-shen, the third day after the first appearance of the new moon on Bing-wu, came in the morning to Luo. He consulted the tortoise about the localities, and having obtained favourable indications, he set about laying out the plans.

3. 越三日庚戌，太保乃以庶殷攻位于洛汭，越五日甲寅，位成。

   On Geng-xu, the third day after, he led the people of Yin to prepare the *various* sites on the north of the Luo; and this work was completed on the fifth day, Jia-yin.

4. 若翼日乙卯，周公朝至于洛，则达观于新邑营。

   The day following, being the day Yi-mao, the Duke of Zhou came in the morning to Luo, and thoroughly surveyed the plans for the new city.

5. 越三日丁巳，用牲于郊，牛二。越翼日戊午，乃社于新邑，牛一羊一豕一。

On Ding-si，the third day after，he offered two bulls as victims in the suburbs；and on the morrow，Wu-wu，at the altar to the spirit of the land in the new city，he sacrificed a bull，agoat，and a pig.

6. 越七日甲子，周公乃朝用书，命庶殷侯甸男邦伯。

After seven days，on Jia-zi，in the morning，from his written specifications he gave their several charges to the people of Yin，and to the chiefs of the States from the Hou，Dian，and Nan tenures.

7. 厥既命殷庶，庶殷丕作。

When the people of Yin had thus received their orders，they arose with vigour to do their work.

8. 太保乃以庶邦冢君出取挂，乃复入，锡周公，曰，拜手稽首旅王，若公，诰告庶殷，越自乃御事。

The Great—guardian then went out with the hereditary princes of the vanous States to bring their offerings；and when he entered again，he gave them to the Duke of Zhou，saying，With my head in my hands and bowed to the ground，I present these before the king and your Grace.Announcements for the instruction of the multitudes of Yin must come from you with whom is the management of affairs.

9. 呜呼！皇天上帝改厥元子，兹大国殷之命，惟王受命，无疆惟休，亦无疆惟恤。呜呼！曷其奈何弗敬。

Oh！God dwelling in the great heavens has changed his decree in favour of his eldest son，and this great dynasty of Yin. Our King has received that decree. Unbounded is the happiness connected with it，and unbounded is the anxiety：—Oh！How can he be other than reverent?

10. 天既遐终大邦殷之命，兹殷多先哲王在天，越厥后王后民，兹服厥命。厥终，智藏瘝在，夫知保抱携持厥妇子，以哀吁天，徂厥亡，出执。呜呼！天亦哀于四方民，其眷命用懋，王其疾敬德。

When Heaven rejected and made an end of the decree in favour of the great State of Yin, there were many of the former intelligent kings of Yin in heaven. The King, however, who had succeeded to them, the last of their race, from the time of his entering into their appointment, proceeded in such a way as at last to keep the wise in obscurity and the vicious in office. The poor people in such a case, carrying their children and leading their wives, made their moan to Heaven. They even fled away, but were apprehended again. Oh! Heaven had compassion on the people of the four quarters; its favouring decree lighted on our earnest founders. Let the King sedulously cultivate the virtue of reverence.

11. 相古先民有夏，天迪从子保，面稽天若，今时既坠厥命，今相有殷，天迪格保，面稽天若，今时既坠厥命。

Examining the men of antiquity, there was founder of the Xia dynasty. Heaven guided his mind, allowed his descendants to succeed him, and protected them. He acquainted himself with Heaven, and was obedient. —But in process of time the decree in his fayour fell to the ground. So also when we examine the case of Yin. Heaven guided *its founder*, so that he corrected *the errors of Shang*, and it protected his descendants. He *also* acquainted himself with Heaven, and was obedient. —But now the decree in favour of him has fallen to the ground.

12. 今冲子嗣，则无遗寿耇，曰：其稽我古人之德，矧曰其有能稽谋自天。

Our King has now come to the throne in his youth: —Let him not slight the aged and experienced, for it may be said of them that they have studied the virtuous conduct of our ancient worthies, and still more, that they have matured their plans in the light of Heaven.

13. 呜呼！有王虽小，元子哉，其丕能諴于小民。今休，王不敢后，用顾畏于民碞。

Oh! Although the King is young，yet is he the eldest son of Heaven. Let him but effect a great harmony with the people，and that will be the blessing of the present time. Let not the King presume to be remiss in this，but continually regard and stand in awe of the perilousness ofthe people.

14. 王来绍上帝，自服于土中。旦曰，其作大邑，其自时配皇天，毖祀于上下，其自时中乂，王厥有成命治民。

Let the King come here as the vicegerent of God，and undertake himself *the duties of government* in the centre of the land. Dan said，Now that this great city has been built，from henceforth may be the mate of great Heaven；from henceforth he may reverentlv sacrifice to the upper and lower *spirits*；from henceforth he may in this central spot administer successful government. Thus shall the king enjoy the favouring regard *of Heaven* all complete，and the government of the people will now be prosperous.

15. 今休：王先服殷御事，比介于我有周御事，节性惟日其迈。

Let the King first bring under his influence the managers of affairs of Yin，associating them with the managers of affairs of our Dynasty of Zhou. This will regulate their perverred natures，and they will make daily advancement.

16. 王敬作所，不可不敬德。

Let the King made reverence the resting-place *of his mind*. He may not but maintain the virtue of reverence.

17. 我不可不监于有夏，亦不可不监于有殷。我不敢知曰，有夏服天命，惟有历年；我不敢知曰：不其延。惟不敬厥德，乃早坠厥命；我不敢知曰：有殷受天命，惟有历年；我不敢知曰：不其延，惟不敬厥德，乃早坠厥命。

We should bv all means survey the dynasties of Xia and Yin. I do not presume to know and say, The Dynasty of Xia was to enjoy the favouring decree of Heaven for so *many* years, nor do I presume to know and say, It could not condnue longer。' The fact was simply that, for want of the virtue of reverence, the decree in its favour prematurely fell to the ground. *Similarly*, I do not presume to know and say, The dynasty of Yin was to enjoy the favouring decree of Heaven for so *many* years, nor do I presume to say, It could not continue longer. The fact simply was that, for want of the virtue of reverence, the decree in its fravour prematurely fell to the ground.

18. 今王嗣受厥命，我亦惟兹二国命，嗣若功。王乃初服。

The King has now inherited the decree, —the same decree, I consider, which belonged to those two dynasties. Let him seek to inherit *the virtues of* their meritorious sovereigns; —especially at this commencement *of* his duties.

19. 呜呼！若生子，罔不在厥初生，自贻哲命。今天其命哲，命吉凶，命历年，知今我初服。

Oh! It is on the birth of a son, when all depends on the training *of* his early life, through which he may secure his wisdom in the future, as if it were decreed to him. Now Heaven may have decreed wisdom to *our King*; it may have decreed good fortune or bad; it may have decreed *along* course of years: —We only know that now is with him the commencement of his duties.

20. 宅新邑，肆惟王其疾敬德。王其德之用，祈天永命。

Dwelling in the new city, let the King now sedulously cultivate the virtue of reverence. When he is all-devoted to this virtue, he may pray to Heaven for a longabiding decree in his favour.

21. 其惟王勿以小民淫用非彝，亦敢殄戮用乂民，若有功。

In the position of King，let him not，because of the excesses of the people in violation of the laws，presume also to rule by the violent infliction of death. When the people are regulated gently，the merit of government is seen.

22. 其惟王位在德元，小民乃惟刑用于天下，越王显。

It is for him who is in the position of king to overtop all with his virtue. In this case the people will imitate him throughout the whole empire，and the king will become more illustrious.

23. 上下勤恤。其曰：我受天命，丕若有夏历年，式勿替有殷历年，欲王以小民受天永命。

Let the King and his ministers labour with a common anxiety，saying，We have received the decree of Heaven，and it shall be great as the long-continued years of Xia，—it shall not fail of the long-continued years of Yin。I wish the King through the inferior people to receive the long-abiding decree of Heaven.

24. 拜手稽首曰：予小臣敢以王之仇民百君子，越友民，保受王威命明德。王末有成命，王亦显，我非敢勤，惟恭奉币用供王能祈天永命。

The Duke of Shao then did obeisance with his head to his hands and bowed to the ground，and said，I，a small minister，presume with the King's *heretofore* hostile people，with all his officers，and his loyal friendly people，to maintain and receive his majesty's dread command and brilliant virtue. That the king should finally obtain the decree all complete，and that he should become illustrious，—this I dare not to labour about. I only respectfully bring these offerings to present to his Majesty，to assist in his prayers to Heaven for its long-abiding decree.

《洛诰》中英对照

THE ANNOUNCEMENT CONCERNING LUO

1. 周公拜手稽首曰：朕复子明辟。

The Duke of Zhou bowed his head to his hands and then to the ground, saying, Here with I report the execution ofmy commission to my son, my intelligent prince.

2. 王如弗敢及天基命定命，予乃胤保大相东土，其基作民明辟。

The King appeared as if he would not presume to determine the founding and the fixing of our appointment by Heaven, whereupon I followed the Grand-Guardian, and made a great survey of this eastern region, with a view to found the place where he might become the intelligent sovereign of the people.

3. 予惟乙卯，朝至于洛师，我卜河朔黎水，我乃卜涧水东瀍水西，惟洛食。我又卜瀍水东，亦惟洛食，伻来以图及献卜。

On the day Yi-mao, in the morning, I came to the city of Luo. I first divined concerning the *country about the* Li water on the north of the He. I then divined concerning the east of the Jian water and the west of the Chan water, when the *ground near the* Luo was indicated. Again I divined concerning the east of the Chan water, and the *ground near the* Luo was likewise indicated: I now send a messenger with a map and to present the divinations.

4. 王拜手稽首曰：公不敢不敬天之休，来相宅，其作周匹，休。公既定宅，伻来，来视予卜，休恒吉，我二人共贞，公其以予万亿年敬天之休。篙手稽首诲言。

The King bowed his face to his hands and his head to the ground, saying, The Duke has not dared but to acknowledge reverently the favour of Heaven, and has surveyed the locality to find where our Zhou may respond to that favour. Having settled the locality, he has sent his messenger to come and show me the divinations, favourable and always auspicious. Let us two sustain *the responsibilities* in common. The Duke has reverently acknowledged the favour of Heaven, making provision for me for myriads and tens of myriads of years. With my face to my hands and my head to the ground, *I receive* his instructive words.

5. 周公曰：王，肇称殷礼，祀于新邑，咸秩无文。

   The Duke of Zhou said, let the King at first employ the ceremonies of Yin, and sacrifice in the new city, doing everything in an orderlyway, but without any display.

6. 予齐百工，伻从王于周，予惟曰，庶有事。

   I will marshal all the officers to attend your majesty from Zhou, merely saying that probably there will be business to be done.

7. 今王即命曰：记功，宗以功作元祀。惟命曰：汝受命笃。

   Let the King instantly give orders, saying, let those distinguished by merit be recorded; the most meritorious shall be the first in the sacrifices. Let him also command, saying, you in whose behalf this order is given must give me your assistance with sincere earnestness.

8. 弼丕视功载，乃汝其悉自教工。

   Freely display the record of merits, for it is you who must yourself in everything train the officers.

9. 孺子其朋，孺子其朋，其往，无若火始焰焰，厥攸灼叙，弗其绝。

   My young son, can you indulge partiality? If you do so, the consequences hereafter will be like a fire, which, a spark at first, blazes up, and by and by cannot be extinguished.

10. 厥若彝，及抚事如予，惟以在周工，往新邑，伻向即有僚，明作有功，惇大成裕，汝永有辞。

Let your observance of the constant rules of right and your soothing measures be like mine. Take only the officers that are in Zhou to go to the new city; and make them there join their *old* associates. With intelligent vigour establish your merit, with a generous largeness richly completing the public manners: —so shall you obtain an endless fame.

11. 公曰：已，汝惟冲子，惟终。

The Duke said, Yes, young as you are, be it yours to complete *the work of your predecessors*.

12. 汝其敬识百辟享，亦识其有不享，享多仪，仪不及物，惟曰不享。惟不役志于享，凡民惟曰不享，惟事其爽侮。

Cultivate *the spirit of* reverence, and you will know who among the princes *sincerely* present their offerings to you, and who do not. In those offerings there are many observances. If the observances are not equal to the articles, it must be said there is no offering. When there is no service of the will in the offerings *of the princes*, all the people will then say, we need not *be troubled about* our offerings, and affairs will be disturbed by errors and usurpations.

13. 乃惟孺子颁，朕不暇听。朕教汝于棐民彝，汝乃是不蘉，乃时惟不永哉。笃叙乃正父，罔不若予，不敢废乃命，汝往敬哉，兹予其明农哉，彼裕我民，无远用戾。

Do you, my young son, manifest everywhere my unwearied diligence, and listen to my instructions to you how to help the people to observe the constant rules of right. If you do not bestir yourself in these things, you will not be of long continuance. If you sincerely and fully carry out the course of your correct father, and follow exacty my example, there will be no venturing to disregard your orders. Go and be reverent. Henceforth I will study husbandry. There do you generously rule our people, and there is no distance from which they will not come to you.

14. 王若曰：公，明保予冲子，公称丕显德，以予小子扬文武烈，奉答天命，和恒四方民，居师。

The King spoke to this effect：—O Duke，you are the enlightener and sustainer of my youth. You have set forth great and illustrious virtues，that I，notwithstanding my youth，may display a brilliant merit like that of Wen and Wu；reverently respond to the favour of Heaven；harmonize and long preseve the people of all the regions，and settle their multitudes here.

15. 惇宗将礼，称秩元祀，咸秩无文。

And that I may give due honour to the great ceremony of recording the most distinguished，regulating the order for the first places at the sacrifices，and doing everything in an orderly manner without display.

16. 惟公德明光于上下，勤施于四方，旁作穆穆迓衡，不迷文武勤教，予冲子夙夜毖祀。

But your virtue，O Duke，shines brighdy above and below，and is displayed actively throughout the four quarters. On every hand appears your deep reverence to secure the establishment of order，so that you fail in nothing of the earnest lessons of Wen and Wu. It is for me the youth *only* to attend reverently early and late to the sacrifices.

17. 王曰：公功棐迪笃，罔不若时。

The King sad，great，O Duke，has been your merit in helping and guiding me；—let it ever continue so.

18. 王曰：公，予小子其退，即辟于周，命公后。

The King said，O Duke，it is for me，the little child，to return to my throne in Zhou，and I charge you，O Duke，to remain behind.

19. 四方迪乱未定，于宗礼亦未克敉。

Order has been initiated throughout the four quarters of the empire；but the ceremonies to be honoured *by general observance* have not yet been settled, and I cannot look on your merit as completed."

20. 公功迪将，其后监我士师工，诞保文武受民，乱为四辅。

Commence on a great scale what is to be done by your remaining here, being an example to my officers, and greatly preserving the people whom Wen and Wu received: —by your good govemment you will prove the help of the whole empire.

21. 王曰：公定，予往已，公功肃将祗欢，公无困哉。我惟无斁其康事，公勿替刑，四方其世享。

The King said, Remain, O Duke. I will certainly go. Your meritorious deeds are devoutly acknowledged and reverently rejoiced in. Do not, O Duke, occasion me this difficulty. I on my part will not be idle or tired in seeking the tranquillity of the people; and let not the example which you have afforded be intermitted. So shall the whole empire enjoy for generations *the benefits of* your virtue.

22. 周公拜手稽首曰：王命予来，承保乃文祖受命民，越乃光烈考武王弘，朕恭。

The Duke of Zhou bowed his face to his hands and his head to the ground, saying, you have charged me, O King, to come here. I undertake *the* charge, and will protect the people whom your grandfather Wen received by decree, and whom your glorious and meritorious father Wu *also so received*. I will enlarge the reverence which I cherish for you.

23. 孺子来相宅。其大惇典殷献民，乱为四方新辟，作周恭先，曰：其自时中乂，万邦咸休，惟王有成绩。

But, my son, come *frequently* and inspect this settlement. Pay great honour to *old* statutes, and to the good and wise men of Yin. Good government here will make you indeed the new chief of the empire, and an example of *royal* respectfulness to all your successors of Zhou. From this time, said *the Duke*, by the government administered in this central spot, all parts of the empire will be conducted to repose, and this will be the completion of your merit, O King.

24. 予旦以多子越御事，笃前人成烈，答其师，作周孚先。考朕昭子刑，乃单文祖德。

I, Dan, with the numerous officers and managers of affairs, will consolidate the achievements of our predecessors, in response to the *hopes of* the people. I will afford an example of sincerity to future ministers of Zhou, seeking to render complete the pattern intended for the enlightenment of you, my son, and thus to carry fully out the virtue of your grand father Wen.

25. 伻来毖殷，乃命宁予以秬鬯二卣，曰，明禋，拜手稽首休享。

Afterwards, the Duke of Zhou took occasion to say, the King has sent messengers to admonish *the people of* Yin. and with a soothing charge to me, along with two flagons of the black millet herb—flavoured spirit, saying, Here is a pure sacrificial gift, which with my hands to my face and my head to the ground I offer for you to enjoy its excellence.

26. 予不敢宿，则禋于文王武王。

I dare not keep this, and offer it in sacrifice to King Wen and King Wu.

27. 惠笃叙，无有遘自疾，万年厌于乃德，殷乃引考。

In doing so, he prayed, let him be obedient to and observant of your course. Let him meet with no evil or sickness. Let him satisfy his descendants for myriads of years with your virtue. Let the people of Yin enjoy protracted prosperity.

28. 王伻殷乃承叙万年，其永观朕子怀德。

He also said to the messengers, the King has sent you to Yin, which has received his charges well ordered for myriads of years; but let the people ver have to observe the virtue cherished by my son.

29. 戊辰，王在新邑烝，祭岁，文王骍牛一，武王骍牛一，王命作册逸祝册，惟告周公其后。王宾杀禋咸格，王入太室裸。

On the day Wu-chen, the King in the new city performed the annual winter sacrifice, offering a red bull to King Wen, and the same to King Wu. He then commanded a declaration to be prepared, which was done by Yi in the form of a prayer, and it simply announced the remaining behind of the Duke of Zhou. The King's guests, on occasion *of* the killing the victims and offering the sacrifice, all made their appearance. The King entered the grand apartment, and poured out the libation.

30. 王命周公后，作册逸诰，在十有二月。

The King charged the duke of Zhou to remain, and Yi, the preparer of the document, made the declaration—*all* in the 12th month.

31. 惟周公诞保文武受命，惟七年。

Then the Duke of Zhou greatly sustained the decree which Wen and Wu had received, through the space of seven Years.

《无逸》中英对照

ACAINST LUXURIOUS EASE

1. 周公曰：呜呼！君子所，其无逸。

The Duke of Zhou said, Oh! the superior man rests in this, —that he will have no luxurious ease.

2. 先知稼穑之艰难，乃逸，则知小人之依。

He first understands the painful toil of sowing and reaping, how it conducts to ease, and thus he understands *the law of* the support of the inferior people.

3. 相小人，厥父母勤劳稼穑，厥子乃不知稼穑之艰难，乃逸乃谚。既诞，否则侮厥父母曰，昔之人无闻知。

I have observed among the inferior people, that where the parents have diligently laboured in sowing and reaping, their sons *often* do not understand this painful toil, and abandon themselves to ease, and to village slang, and become quite disorderly. Or where they do not do so, they throw contempt on their parents, saying, "Those old people have heard nothing and know nothing."

4. 周公曰：呜呼！我闻曰，昔在殷王中宗，严恭寅畏，天命自度，治民祗惧，不敢荒宁，肆中宗之享国七十有五年。

The Duke of Zhou said, Oh! I have heard that aforetime the emperor of Yin, Zhong-zong, was grave, humble, reverential, and fearful. He measured himself with reference to the appointment of Heaven, and cherished a reverent apprehension in governing the people, not daring to indulge in useless ease. It was thus that Zhong-zong enjoyed the throne for seventy and five years.

5. 其在高宗，时旧劳于外，爰暨小人，作其即位，乃或亮阴，三年不言。其惟不言，言乃雍，不敢荒宁，嘉靖殷邦。至于小大，无时或怨。肆高宗之享国五十有九年。

If we come to the time of Gao-zong, he toiled at first away from the court, and was among the inferior people. When he came to the throne, it may be said that, while he was in the mourning shed, for three years he did not speak. Afterwards he was *still inclined* not to speak; but when he did speak, his words were full of harmonious wisdom. He did not dare to indulge in useless and easy ways, but admirably and tranquilly presided over the empire of Yin, till in all its States, great and small, there was not a single murmur. It was thus that Gao-zong enjoyed the throne for fifty and nine years.

6. 其在祖甲，不义惟王，旧为小人。作其即位，爰知小人之依，能保惠于庶民，不敢侮鳏寡。肆祖甲之享国三十有三年。

In the case of Zu-jia, he would not unrighteously be emperor, and was at first one of the inferior people. When he came to the throne, he understood *the law of* the support of the inferior people, and was able to exercise a protecting kindness towards their masses, and did not dare to treat with contempt the widowers and widows. Thus it was that Zu-jia enjoyed the throne for thirty and three years.

7. 自时厥后，立王生则逸，生则逸，不知稼穑之艰难，不闻小人之劳，惟耽乐之从，自时厥后，亦罔或克寿。或十年，或七八年，或五六年，或四三年。

The emperors which arose after these all their life-time enjoyed ease. From their birth enjoying ease, they did not understand the painful toil of sowing and reaping, nor hear of thc hard labours of the inferior people. They only sought after excessive pleasures, and so no one of them enjoyed the throne for a long penod. The continued for ten years, for seven or eight, for five or six, or perhaps only for three or four.

8. 周公曰：呜呼，厥亦惟我周大王王季，克自抑畏。

The Duke of Zhou said, Oh! there likewise were king Tai and King Ji of our own Zhou, who attained to humility and reverential awe.

9. 文王卑服，即康功田功。

King Wen dressed meanly, and gave himself to the work of tranquillization. and to that of husbandry.

10. 徽柔懿恭，怀保小民，惠鲜鳏寡，自朝至于日中昃，不遑暇食，用咸和万民。

Admirably mild and beautifully humble, he cherished and protected the inferior people, and showed a fostering kindness to the widower and widows. From morning to midday, and from midday to sundown, he did not allow himself fime to eat; —thus seeking to secure the happy harmony of the myriads of the people.

11. 文王不敢盘于游田，以庶邦惟正之供，文王受命惟中身，厥享国五十年。

King Wen did not dare to go to any excess in his excursions or his hunting, and from the various States he received omy the correct amount of contribution. He received the appointment *of Heaven* in the middle of his life, and enjoyed the throne for fifty years.

12. 周公曰：呜呼！继自今嗣王，则其无淫于观于逸于游于田，以万民惟正之供。

The Duke of Zhou said, Oh! from this time forward, do you who have succeeded to the throne imitate his avoiding of excess in his sights, his ease, his excursions, his hunting; and from the myriads of the people receive only the correct amount of contribution.

13. 无皇曰：今日耽乐，乃非民攸训，非天攸若，时人丕则有愆，无若殷王受之迷乱，酗于酒德哉。

Do not allow yourself the leisure to say, today I will indulge in pleasure." This is not holding out a lesson to the people, nor the way to secure the favour of Heaven. Men will on the contrary greatly imitate you, and practise evil. Become not like Shou, the King of Yin, who went quite astray, and was abandoned to the practice of drunkenness.

14. 周公曰：呜呼！我闻曰，古之人犹胥训告，胥保惠，胥教诲，民无或胥诪张为幻。

The Duke of Zhou said, Oh! I have heard it said that, in the case of the ancient, *their ministers discharged their functions* in warning and admonishing them, in protecting and loving them, in teaching and instructing them; and among their people there was hardly one who would impose on them by extravagant language or deceiving tricks.

15. 此厥不听，人乃训之，乃变乱先王之正刑，至于小大，民否则厥心违怨，否则厥口诅祝。

If you will not listen to this and *profit by* it, your ministers will imitate you, and so the correct laws of the former kings, both small and great, will be changed and disordered. The people blaming you will disobey and rebel in their hearts; —yea, they will curse you with their mouths.

16. 周公曰：呜呼！自殷王中宗及高宗及祖甲及我周文王，兹四人迪哲。

The Duke of Zhou said, Oh! those kings of Yin, Zhong-zong, Gao-zong and Zu-jia, with king Wen of our Zhou, —these four men carried their knowledge into practice.

17. 厥或告之曰，小人怨汝詈汝，则皇自敬德，厥愆，曰，朕之愆允若时，不啻不敢含怒。

If it was told them—The inferior people murmur against you, and revile you, then they paid great and reverent attention to their conduct; and with reference to the faults imputed to them they said, our faults are really so. They acted thus, not simply not daring to cherish anger.

18. 此厥不听，人乃或诪张为幻，曰，小人怨汝詈汝，则信之，则若时；不永念厥辟，不宽绰厥心，乱罚无罪，杀无辜。怨有同，是丛于厥身。

If you not will listen to this and *profit by it*. When men with extravagant language and deceptive tricks say to you, the inferior people are mumuring against you and reviling you, you will believe them. Doing this, you will not be always thinking of your princely duties, and will not cultivate a large and generous heart. You will confusedly punish the crimeless, and put the innocent to death. There will be a general murmuring, which will be concentrated upon your person.

19. 周公曰：呜呼！嗣王其监于兹。

The Duke of Zhou said, Oh! you King, who have succeeded to the throne, make a study of these things.

B. 西周初年的大殖民（封建）

传世的《周书》十一篇，《多士》和《多方》已见于上文章X，“《书·多士》中的革命和《书·多方》中的民主”；其他七篇亦已在本章上文“周之经营东方”部分，分为三组（1.《大诰》，2.《康诰》《酒诰》《梓材》，3.《召诰》《洛诰》《无逸》）作了介绍，余二篇（《君奭》《立政》）另见后文。

现在可以转入周初的大殖民，即通常所说的西周［古代］的“封建”。经营东方和殖民建邦是同时一道进行的，规模是很大的。

《吕氏春秋·观世》：“周之所封四百余，服国八百余，今无存者矣。”

《荀子·儒效》：［周公］“兼制天下，立七十一国，姬姓独居五十三人。”

《左传·昭公二十八年》：“昔武王克商，光有天下，其兄弟之国者十有五人，姬姓之国者四十人。”

《左传·僖公二十四年》：“昔周公吊二叔之不咸，故封建亲戚以蕃屏周。管、蔡、郕、霍、鲁、卫、毛、聃、郜、雍、曹、滕、毕、原、酆、郇，文之昭也。邘、晋、应、韩，武之穆也。凡、蒋、邢、茅、胙、祭，周公之胤也。”

Thus the Duke of Zhou, grieved by the want of harmony in the concluding times ［of the two previous dynasties］, raised the relatives of the royal House to the rule of States, that they might act as fences and screens to Zhou. The princes of Guan, Cai, Cheng, Huo, Lu, Wei, Mao, Dan, Gao, Yong, Cao, Teng, Bi, Yuan, Feng, and Xun were all sons of King Wen. Those of Yu, Jin, Ying, and Han were sons of King Wu. Those of Fan, Jiang, Xing, Mao, Zuo, and Cai were descendants of the Duke of Zhou.

《左传·昭公九年》:"我自夏以后稷,魏、骀、芮、岐、毕,吾西土也。及武王克商,蒲姑、商奄,吾东土也。巴、濮、楚、邓,吾南土也。肃慎、燕、亳,吾北土也。"

We [of Zhou], from the time of the Xia Dynasty, in consequence of [the services of] Hou-ji, had Wei, Tai, Rui, Qi, and Bi as our territories on the west. When King Wu subdued Shang, Pu-gu and Shang-yan were our territories on the east; Ba, Pu, chu, and Deng, our territories on the south; Su-shen, Yan, and Bo, our territories on the north.

《左传·昭公二十六年》:"王子朝使告于诸侯曰,'昔武王克殷,成王靖四方,康王息民,并建母弟,以藩屏周。亦曰,吾无专享文武之功,且为后人之迷败倾覆,而溺入于难,则振救之。至于夷王,王愆于厥身,诸侯莫不并走其望,以祈王身,至于厉王,王心戾虐,万民弗忍,居王于彘,诸侯释位,以间王政,宣王有志,而后效官。至于幽王,天不吊周,王昏不若,用愆厥位,携王奸命,诸侯替之,而建王嗣,用迁郏鄏。"

The [Late] King's son Chao sent an announcement to the various States, saying, "King Wu subdued Yin; King Cheng secured tranquillity throughout the kingdom, and King Kang gave the people rest. They all invested their full brothers with the rule of States, which might serve as defences and screens for Zhou. They also felt that they would not enjoy themselves alone the result of the achievements ofWen and Wu, and [reasoned] that if any of their descendants went astray or were overthrown, getting plunged into calamity, [the princes, their relatives] would succour and save them. By and by, King Yi suffered from an evil disease, and the princes all hurried to sacrifice to their hills and rivers, praying for the King's person. The mind of King Li proved stubborn and tyrannical, but the myriads of the people could not bear [to hurt him], and made him take up his residence in Chi. [Two of the] princes gave up their own places, that they might attend to the King's government, and when King Xuan showed that he had [firm and wise] purpose, they surrendered all their offices to him. After him, in the days of King You, Heaven had not pity upon Zhou. The King blindly pursued an improper course, and lost his throne. Then came King Xi in violation of the statutes, so that the princes set him aside, and raised King [You's] proper heir to the throne, who removed [the capital] to Jia-ru: —thus were the brothers [of the King] able to employ their strength in support of the royal House."

《左传·定公四年》："昔武王克商，成王定之，选建明德，以藩屏周，故周公相王室以尹天下，于周为睦。分鲁公以大路大旂，夏后氏之璜，封父之繁弱，殷民六族，條氏、徐氏、萧氏、索氏、长勺氏、尾勺氏使帅其宗氏，辑其分族，将其类丑，以法则周公，用即命于周，是使之职事于鲁，以昭周公之明德，分之土田陪敦，祝宗卜史，备物典策，官司彝器，因商奄之民，命以伯禽，而封于少皞之虚。分康叔以大路，少帛、綪茷，旃旌，大吕。殷民七族，陶氏、施氏、繁氏、錡氏、樊氏、饥氏、终葵氏、封畛土略，自武父以南，及圃田之北竟。取于有阎之土，以共王职，取于相土之东都，以会王之东蒐。聃季授土，陶叔授民，命以康诰，而封于殷虚，皆启以商政，疆以周索。分唐叔以大路密须之鼓，阙巩沽洗，怀姓九宗，职官五正。命以唐诰，而封于夏虚，启以夏政，疆以戎索。"

When King Wu had subdued Shang, King Cheng completed the establishment of the new dynasty, and chose and appointed [the princes of] intelligent virtue, to act as bulwarks and screens to Zhou. Hence it was that the Duke of Zhou gave his aid to the royal House for the adjustment of all the kingdom, he being most dear and closely related to Zhou. To the Duke of Lu (Bo-qin, the Duke of Zhou's son) there were given a grand chariot, a grand flag with dragons on it, the huang-stone of the sovereigns of Xia. and the [great bow] Fan-ruo of Feng-fu. [The Heads of] six clans of the people of Yin, —the Tiao, the Xu, the Xiao, the Suo, the Chang-shao, and the Wei-shao, were ordered to lead the chiefs of their kindred, to collect their branches, the remoter as well as the near, to conduct the multitude of their connexions, and to repair with them to Zhou, to receive the instructions and laws of the Duke of Zhou. They were then charged to perform duty in Lu, that thus the brilliant virtue of the Duke of Zhou might be made illustrious. Lands [also] were apportioned [to the Duke of Lu] on an enlarged scale, with priests superintendents of the ancestral temple, diviners, historiographers, all the appendages of State, the tablets of historical records, the various officers and the ordinary imstruments of their offices. The people of Shang-yan were also attached; and a charge was given to Boqin, and the old capital of Shao-hao was assigned as the centre of his State.

To Kang Shu (The first marguis of Wei) there were given a grand carriage, four aags, —of various coloured silks, of red, of plain silk, and ornamented with feathers, —and [thebell], Da-lu, with seven clans of the people of Yin, —the Tao, the Shi, the Po, the Qi, the Fan, the Ji, and the Zhong-kui. The boundaries of his territory extended from Wu-fu southwards to the north of Pu-tian. He received aportion of the territory of You-yan, that he might discharge his duty to the King, and a portion of the lands belonging the eastern capital of Xiang-tu, that he might be able the better to attend at the King's journeys to the east. Ran Ji delivered to him the land, and Tao Shu the people. The charge was given to him, as contmned in the "Announcement to Kang (Shu.

Ⅴ. ⅸ.），" and the old capital of Yin was assigned as the centre of his State. Both in Wei and Lu they were to commence their govt, according to the principles of Shang, but their boundaries were defined according to the rules of Zhou.

To Tang Shu (The first Lord of Jin) there were given a grand carriage, the drum of Mi-Xu, the Que-gong mail, the bell Guxian, nine clans of the surname Huai, and five presidents over the different departments of office. The charge was given to him, as contained in the "Announcement of Tang (Now lost)", and the old capital of Xia was assigned as the centre of his State. He was to commence his govt, according to the principles of Xia, but his boundaries were defined by the rules of the Rong...

XII. 汤武革命的历史任务

A. "临君周邦""燮和天下"
——《顾命》对周邦与周天下各邦关系的制定

汤放桀在公元前1656年（依《汉书·律历志》计）或公元前1523年（依古本《竹书纪年》计），武王伐纣在公元前1027年，合称汤武革命，绝对年数当然都只是近似的。汤、武、周公、成王都是上前线指挥作战的人物，康王继之，成康之治，收了历史上第一度全国性的太平成果，史载"成康之际，天下安宁，刑错四十余年不用"（《周本纪》）。

《汉书·律历志》："成王元年正月己巳朔，此命伯禽俾侯于鲁之岁也。后三十年四月庚戌朔，十五日甲子哉生霸，故《顾命》曰：惟四月哉生霸，王有疾不豫。甲子，王乃洮沬水（洗面），作《顾命》，翌日乙丑，成王崩。"成王在位30年。《顾命》郑康成注云，"此成王二十八年"。孙星衍疏以周公居摄7年、居东2年加进去，为37年，认为若除去9年或7年，则28年、30年之数字均合也。疑《顾命》之年在公元前995年，即武王去世（公元前1025年）之前三十年也。

顾炎武《日知录》卷二"顾命"条，认为此篇"中有脱简"，认为自"狄设黼扆缀衣"以下就应当属于《康王之诰》，以上记成王顾命登遐之事，以下记明年正月上日康王即位朝诸侯之事。自"王出在应门之内"以下是康王临朝，与前此庙中事无关了。

《顾命》和《康王之诰》之分合，各有各说。合为一篇最好，因为此篇在现存《尚书》中的重大意义，不在于旧王临终与新王上任之交代接班，而在于成康之际邦国天下制度的历史总结。

> ……
>
> 王麻冕黼裳；卿士、邦君麻冕蚁裳，入即位；太保、太史、太宗皆麻冕彤裳，太保承介圭，上宗奉同瑁，由阼阶隮，太史秉书，由宾阶隮，御王册命，曰：
>
> 皇后冯玉几，道扬末命：
>
> 命汝嗣训，临君周邦，
>
> 率循大卞，燮和天下，
>
> 用答扬文武之光训。
>
> 王再拜兴答曰："眇眇予末小子其能而乱四方，以敬忌天威！
>
> ……

这里"皇后冯玉几"，皇后［大君］是成王，还是康王，还有争论。屈万里还认为是指成王，但孙星衍疏云："皇者，《释诂》云，君也；后者，《说文》云，继体君也，谓康王也。""此太史传述成王之命令，命康王冯玉几，以听道扬绪余之命，即《白虎通》爵篇云即继体之谓也，言命汝嗣守此训，以临君周国，率循大任，以和天下，以对扬文武光显之训。"孙疏末云，"伪传以王后为大君成王，误矣"。

《顾命》是成康之际政治制度的结语。"临君周邦"，"燮和天下"，成王遗命，命康王好好地做周邦的邦君，同时，作为邦国联盟的盟主，要协和天下诸邦，使之和好相处。屈万里把"燮和天下"译为"使天下的民众都与政府和洽"，这也不现实。在当时的政治制度下，周天子管不到各邦邦人与邦君的关系，各邦的邦人或国人，属于本邦，由本邦邦君管辖指挥，邦之联盟的首领（天子）管不到他们。

汤武革命是邦或城邦阶段的政治革命。殷商是一个邦，是以后来邶鄘卫一带为中心的邦，一个殷商天下城邦联盟的盟主的邦；周也是一个邦，先在西土，继于征商经营东方，形成很大规模的周天下的盟主的邦。殷邦不过“邦畿千里”（《商颂·玄鸟》），不过是多邦之一；至于“肇域彼四海”，则是邦之联盟的全部经界（天下）；周邦由宗周到成周，也不过是“邦畿千里”（《礼·大学》）。但周之天下比之殷之天下要大得多，特别是在经营东方之后，西土东土之外，还有巴、濮、楚、邓的南土，肃慎、燕、亳的北土（《左传·昭公九年》）。周天下的大，是由于这个天下的邦加多了，上文提及的周初大殖民，殖民便是建邦。

“邦畿千里，惟民所止”，邦的组成内容是邦人国人，是民、众、庶。不同的邦有不同的邦民，殷人属于殷邦，周人属于周邦。天子是天下的天子，他作为邦君，只能管本邦的邦人国人。只有当战争的时候，各邦的邦人组成一致的阵线，在当了天子的王统辖之下作战，这时候，多方（多邦）一起听王一人指挥。汤是武王，是在作《汤誓》的时刻显示出来（《殷本纪》：……作《汤誓》，于是汤曰：“吾甚武，号曰武王”）。周武王也是武王，他一直在观兵，作战。

当天子要有天命，邦君未必都有天命，也不都是天子。有时有了天下，未必就当天子。“禹稷躬稼而有天下”（《论语·宪问》）。周人自己说，“我自夏以后稷，魏骀芮岐毕，吾西土也”（《左传·昭公九年》）。他们在西方也是各邦的盟主，但当初邦君不是天子：直到“三分天下有其二”（《论语·泰伯》）的时候，周文王才开始提到有天命的问题（《诗·大雅·文王》），还不是天子。但这些历史人物就邦君地位的形势看来，都是强有力的。他们这样的邦君，有了邦人、国人，在古代是真正的“民之主”，“民主”，即人民领袖。当了人民首领，“天命”也就来了。

《礼·大学》云：“尧舜率天下以仁，而民从之；桀纣率天下以暴，而民从之。其所令反其所好，而民不从”。这里的“民”，主要是邦君治下的邦人，而不是他不能直接管理的异邦之邦人。这段成语英译要加说明，成为："Yao and Shun led the land under Heaven with benevolence，and the people ［of his own state］ followed them. Jie and Zhou led on the land under Heaven with violence，and the people ［of his own state］ followed them. The orders which these issued were contrary to the pracrices which they loved，and so the people did not followed them."

有这样一个故事：周宣王时，"鲁武公以［其两子］括与戏见王"，"宣王爱戏，欲立之为鲁太子"，周之乡土樊仲山父谏，不听，卒立之。鲁公归而卒（公元前812年），戏立，是为懿公。"懿公兄括之子伯御，与鲁人攻杀懿公，而立为君"（公元前806年）。鲁人即鲁之国人。宣王三十二年（公元前796年），周伐鲁，杀伯御而立孝公。《国语·周语》云，"诸侯从是而不睦"，《史记·鲁世家》云，"自是后，诸侯多畔王命"。

诸侯立君是各邦自己的事，是各邦邦人国人的事。这次宣王废长立少，虽天子立诸侯之君，鲁之国人不从，亦不可。

后来鲁之立君问题，据三传所记，还能反映出国人的作用。

鲁孝公（公元前796—前769）的儿子是鲁惠公（公元前768—前723），惠公的长庶子继立为隐公（公元前722—前712），《春秋》始于隐公元年。惠公死，当立的儿子是后来的桓公，年尚少，隐公以庶子摄位，《左传》说，"隐公立而奉之"；《公羊传》说明隐公为什么不辞立，而摄位，因为"桓幼而贵，隐长而卑，其为尊卑也微，国人莫知，隐长又贤，诸大夫扳隐而立之，隐于是焉而辞立，则未知桓之将必得立也，且如桓立，则恐诸大夫之不能相幼君也，故凡隐之立，为桓立也"。这里说出鲁国又遇到君位的复杂问题，谁要管这种复杂问题呢？一是国人（民众会成员），一是诸大夫（长老会议成员）。《史记·鲁周公世家》也说，"及惠公卒"，"鲁人共令息（隐公名）摄政"。鲁人者，鲁之国人也。古代史上，立君是第一等大事之一，国人要管这个问题，可见国人在政治上的地位。[①]

国人在政治上的地位从什么时候重要起来的？从汤武革命开始。在《汤誓》中的“众庶”，在《泰誓》中的“众庶”，是军队中作战的主力，国人是战士；在《泰誓》中还提及“诸大夫”也在前方战场起作用（均见上文所引）。战士是“士”的一级，诸大夫则是“大夫”的一级，都是邦的基础。

汤武革命的历史意义首先是国人阶段的政治地位提高了，这结合着公元前二千年代末至前一千年代初古代世界铁器时代的到来和扩展，即生产力的发展，其结果是像《周本纪》中太史公所总结的，“成康之际，天下安宁，刑错四十余年不用”。在这基础上，出现了西周几个历史大事：昭王的南征，穆王的西征，以及鲁人的“东伐”（淮夷、徐戎）。

这一切都同国人阶级政治地位的扩展相互矛盾而又相互促进，结局是政治史上公卿执政制之出现和古典民主政治的确立——春秋时代的到来。

《顾命》中英对照

THE TEST AMENTARY CHARGE

1. 惟四月，哉生魄，王不怿。

   In the fourth month, when the moon began to wane, the King was indisposed.

2. 甲子，王乃洮颒水。相被冕服，凭玉几。

   On the day Jia-zi, he washed his hands and face, his attendants put on him his cap and robes, and *he sat up*, leaning on the gem-adorned bench.

3. 乃同，召太保奭、芮伯、彤伯、毕公、卫侯、毛公、师氏、虎臣、百尹、御事。

   He then called for the Grandprotector Shi, the Baron of Rui, the Baron of Tong, the Duke of Bi, the Prince of Wei, the Duke of Mao, Shi, the

① 参阅《古代城邦史研究》，人民出版社1989年版，第25—42页。

Master of the warders, the Master of the guards, the Heads of the *officers*, —all the superintendents of affairs.

4. 王曰：呜呼！疾大渐，惟几，病日臻，既弥留，恐不获誓言嗣，兹予审训命汝。

The King said, Oh! my illness has greatly increased, and it will soon be over with me. The malady comes on daily with more violence and without interruption. I am afraid I may not find another opportunity to declare my wishes about my successor, and therefore I now lay my charge on you with special instructions.

5. 昔君文王武王宣重光，奠丽陈教，则肄肄不违，用克达殷集大命。

The former sovereigns, King Wen and King Wu, displayed in succession their equal glory, making sure provision for the support of the people, and setting forth their instmctions. *The people* accorded a practical submission; they did so without any opposition, so that their influence extended to Yin, and the great appointment of *Heaven was secured*.

6. 在后之侗，敬迓天威，嗣守文武大训，无敢昏逾。

After them, I, the stupid one, received with reverence the dread *decree* of Heaven, and continued to keep the great instructions of Wen and Wu, not daring blindly to transgress them.

7. 今天降疾殆，弗兴弗悟，尔尚明时朕言，用敬保元子钊弘济于艰难。

Now Heaven has laid affliction on me, and it seems as if I should not again rise or be myself. Do you take clear note of my words, and in accordance with them watch reverently over my eldest son, Zhao, and greatly assist him in the difficulties of his position.

8. 柔远能迩，安劝小大庶邦。

Be kind to those who are far off, and help those who are near. Promote the tranquillity of the States, small and great, and encourage them *to well–*

doing.

9. 思夫人自乱于威仪，尔无以钊冒贡于非几兹。

I think how a man has to govern himself in dignity and with decorum: — do not you allow Zhao to proceed heedlessly on the impulse of improper motives?

10. 既受命还，出缀衣于庭，越翼日乙丑。王崩。

Immediately on receiving this charge, the officers retired. The tent was then carried out into the court; and on the next day, *being* Yi-chou, the King died.

11. 太保命仲桓，南宫毛俾爰齐侯吕伋，以二干戈、虎贲百人逆子钊于南门之外。延入翼室，恤宅宗。

The Grand-protector then ordered Zhong Huan and Nan-gong Mao to instruct Lu Ji, the prince of Qi, with two shield-and-spearmen and a hundred guards, to meet the prince Zhao outside the south gate, and conduct him to *one of* the wing apartments *near to that where the King lay*, there to be as chief moumer.

12. 丁卯，命作册度。

On the day Ding-mao (*two days after the king's death*), he ordered a record to be made *of the charge*, and the ceremonies *to be observed in publishing it*.

13. 越七日癸酉，伯相命士须材。

On Gui-you, the seventh day after, as chief of the west and premier, he ordered the *proper* officers to provide the wood for *all* the requirements *of the funeral*.

14. 狄设黼扆缀衣。

The salvage men set out the screens ornamented with figures of axes, and the tents.

15. 牖间南向，敷重篾席，黼纯，华玉，仍几。

Between the window *and the door*, facing the south, they placed the different mats of bamboo basket-work, with their striped borders of white and black silk; and the usual bench and adorned with different-coloured gems.

16. 西序东向，敷重底席，缀纯，文贝，仍几。

In the side space on the west, facing the east, they placed the different rush mats, with their variegated border; and the usual bench adorned with veined tortoise-shell.

17. 东序西向，敷重丰席，画纯，雕玉，仍几。

In the side space on the east, facing the west, they put the different mats of fine grass, with their border of painted silk; and the usual bench carved and adorned with gems.

18. 西夹南向，敷重筍席，玄纷纯，漆，仍几。

Before the western side-chamber, facing the south, they placed the different mats of fine bamboo, with their dark mixed border; and the usual lacquered bench.

19. 越玉五重，陈宝、赤刀、大训、弘壁、琬琰在西序；大玉、夷玉、天球、河图在东序；胤之舞衣、大贝、鼖鼓、在西房；兑之戈、和之弓、垂之竹矢、在东房。

They set *forth* also the five kinds of gems, and the precious things of display. There were the red knife, the great lessons, the large convex symbol of gem, and the rounded and pointedmaces, —all in the side space on the west; the large gem, the gems from the wild tribes of the east, the heavenly sounding stone, and the river plan, —all in the side-chamber on the east; the dancing habits of Yin, the large tortoise-shell, and the large drum, —all in the western apartment; and the spear of Dui, the bow of

He, and the bamboo arrows of Sui. —all in the eastern apartment.

20. 大辂在宾阶面，缀辂在阼阶面，先辂在左塾之前，次辂在右塾之前。

The grand carriage was by the guests' steps, facing the south. The next carriage was by the eastern steps, facing the south. The foremost carriage was in the front of the left lobby; and the next carriagge was in the front of the right lobby.

21. 二人雀弁，执惠，立于毕门之内。四人綦弁，执戈上刃，夹两阶戺。一人冕执刘，立于东堂；一人冕执钺，立于西堂；一人冕执戣，立于东垂；一人冕执瞿，立于西垂；一人冕执锐，立于侧阶。

Two men in brownish leather caps, and holding three-cornered halberds, stood inside the gate leading to the private apartments: Four men in caps of spotted deerskin, holding spears with uptumed blades, stood one on each side of the steps east and west, and near to the platform of the hall. One man in a great officer's cap, and holding an axe, stood in the hall, near the front at the east end. One man in a great officer's cap, and holding a somewhat *different* axe, stood in the hall, *near the front* at the west end. One man in a great officer's cap, and holding a lance, stood at the front and eastern end of the hall. One man, in a great officer's cap, and holding a somewhat *different* lance, stood at the front and western end of the hall. One man in a great officer's cap, and holding a pointed we weapon, stood by the steps on the north.

22. 王麻冕黼裳，由宾阶隮，卿士邦君麻冕蚁裳，入即位。

The King, in a hempen cap and a variously adorned skirt, ascended by the guests' steps, followed by the nobles and princes of States, in hempen caps and black antcoloured skirts. Having entered, they all took their places.

23. 太保、太史、太宗皆麻冕彤裳。太保承介圭，上宗奉同瑁，由阼阶隮，太史秉书，由宾阶隮，御王册命。

The Grand-protector, the Grand-historiographer, and the minister of Religion were all in hempen caps and red skirts. The Grand-protector bore the great mace. The minister of Religion bore the cup, and the mace-cover These two ascended by the eastern steps. The Grand-historiographer bore the testamentary charge. He ascended by the guests'steps, and advanced to the King with the record of the charge, saying.

24. 曰：皇后凭玉几，道扬末命，命汝嗣训，临君周邦，率循大卞，燮和天下，用答扬文武之光训。

Our great Lord, leaning on the gem-adorned bench, declared his last charge, and commanded you to continue the observance of the lessons, and to take the rule of the empire of Zhou, complying with the great laws, and secufing the harmony of the empire, so as to respond to and display the bright instructions of Wen and Wu.

25. 王再拜兴，答曰：眇眇予末小子，其能而乱四方，以敬忌天威。

The King twice bowed *low*, and then arose, and said, I am utterly insignificant and but a child; how can I be able to govern the four quarters *of the empire* with such a reverent awe of the dread majesty of Heaven?

26. 乃受同瑁，王三宿三祭三咤，上宗曰，飨。

He then received the cup and the mace-cover. Thrice he advanced with a cup *of spirits*; thrice he sacrificed; and thrice he put the cup down. The minister of Religion said. It is accepted.

27. 太保受同，降，盥，以异同秉璋以酢。授宗人同，拜，王答拜。

The Grand-protector received the cup descended the steps, and washed his hands. He then took another cup, and in his hand a half mace, in order to make the responsive sacrifice. Having given the cup to an attending officer, he did obeisance. The King returned the obeisance.

28. 太保受同，祭哜，宅，授宗人同，拜。王答拜。

The Grand-protector then took back the cup, and sacrificed with it. He then just tasted the sacrificial spirits, returned to his place, gave the cup to the attendant, and did obeisance. The King returned the obeisance.

29. 太保降，收。诸侯出庙门俟。

The Grand-protector descended from the hall, when the various articles were removed, and the princes all went out from the temple gate and waited.

《康王之诰》中英对照

THE ANNOUNCEMENT OF KING KANG

1. 王出在应门之内，太保率西方诸侯入应门左，毕公率东方诸侯入应门右，皆布乘黄朱。宾称奉圭兼币，曰：一二臣卫，敢执壤奠，皆再拜稽首，王义嗣德答拜。

The King came forth and stood *in the space* within the fourth gate of the palace, when the Grand-guardian led in all the princes of the western regions by the left *half* of the gate, and the Duke of Bi those of the eastern regions by the right *half*. They then caused their teams of light bay horses, with red manes and tails, to be exhibited; and the princes, raising aloft their sceptres and other presents, said, "We, your servants, defenders *of the throne*, venture to bring here the productions of our territories and set them forth." With these words, they did obeisance twice, bowing their heads to the earth. The King righteously continuing the virtue *of his predecessors*, returned their obeisance.

2. 太保暨芮伯咸进相揖，皆再拜稽首，曰：敢敬告天子，皇天改大邦殷之命，惟周文武诞受羑若，克恤西土。

The Grand-guardian and the Chief of Rui, with all the rest, then advanced and bowed to each other, after which they did obeisance twice, bowing their heads to the ground, and said, O Son of Heaven, we venture respectfully to declare our sentiments. Great Heaven altered its decree in favour of the great Empire of Yin, and Wen and Wu of our Zhou greatly received the same, and carried it out, manifesting their kindly government in the western regions.

3. 惟新陟王，毕协赏罚，戡定厥功，用敷遗后人休，今王敬之哉，张皇六师，无坏我高祖寡命。

His recently ascended Majesty, rewarding and punishing exactly in accordance with what was right, fully established their achievements, and transmitted this happy state to his successors. Do you, O king now be reverent in your position. Maintain your armies in great order, and do not allow the rarely equalled appointment of our high ancestors to come to harm. ”

4. 王若曰：庶邦侯甸男卫，惟予一人钊报诰。

The King spoke thus: —Ye princes of the various States, chiefs of the Hou, Dian, Nan, and Wei domains, I, Zhao, the one man, make an announcement in return *for your advice*.

5. 昔君文武丕平富，不务咎，底至齐信，用昭明于天下，则亦有熊罴之士，不二心之臣保乂王家，用端命于上帝，皇天用训厥道，付畀四方。

The former sovereigns, Wen and Wu, were greatly just, and enriched *the people*. They did not occupy themselves with people's crimes. Pushing to the utmost and maintaining an entire impartiality and sincerity, they became gloriously illustrious throughout the empire. Then they had officers brave as bears and grisly bears, and ministers of no double heart, who *helped them* to maintain and regulate the royal House. Thus did they receive the true favouring decree from God; and thus did great Heaven approve of their ways，and give them the four quarters *of the empire*.

6. 乃命建侯树屏，在我后之人，今予一二伯父尚胥暨顾，绥尔先公之臣服于先王，虽尔身在外，乃心罔不在王室，用奉恤厥若，无遗鞠子羞。

Then they appointed and set up principalities，and established bulwarks *to the throne*，with a view to us their successors. Now do ye，my uncles，I pray you，consider with one another，and carry out the service which the dukes，your predecessors，rendered to my predecessors. Though your persons be distant，let your hearts be in the royal house. Thus enter into my anxieties and act in accordance with them，so that I，the little child，may not be put to shame.

7. 群公既皆听命，相揖趋出，王释冕，反丧服。

All the dukes，having heard this charge，bowed to one another and hastily withdrew. The King put off his cap，and assumed again his mourning dress.

B. 公卿执政制之起源，国人［王人］阶级之壮大
——《君奭》《立政》所见的周邦政治制度

《书序》云："召公为保，周公为师，相成王为左右，召公不说［悦］，周公作《君奭》。"

《史记·燕召公世家》云："召公奭与周同姓，姓姬氏。周武王之灭纣，封召公于北燕。其在成王时，召公为三公，自陕以西，召公主之，自陕以东，周公主之。成王既幼，周公摄政，当国践祚。召公疑之，作《君奭》。君奭不说周公，周公乃称：汤时有伊尹，假于皇天，在太戊时，则有若伊陟、臣扈，假于上帝；巫咸治王家。在祖乙时，则有若巫贤；在武丁时，则有若甘盘。率维兹有陈，保义有殷。于是召公乃说。"

《君奭》篇给后人留下了这样的历史形势：殷至周之初年，政治上在

需要时就得实行公卿执政，以补正在变化中的君主政治之所不及。

《君奭》篇之外，还有《周官》《立政》，《周官》已亡，《立政》对西周政治制度的理解就更为重要。《鲁世家》云：“成王在丰，天下已安，周之官政未次序，于是周公作《周官》，官别其宜；作《立政》，以便百姓，百姓说。”

根据《君奭》篇中周公提及的商代执政的公卿，可以表列如下：

成汤：伊尹 —— 格于皇天
太甲：保衡
太戊：伊陟、臣扈 —— 格于上帝
　　　巫咸 —— 乂王家
祖乙：巫贤
武丁：甘盘

《君奭》篇中说，“率惟兹有陈，保乂有殷”（孙疏言：“惟此有道之臣，安治有殷”），于是殷的国运就长，多历年所（疏引《左传·宣公三年》，“载祀六百”）。

到了周代，《君奭》篇说，“惟文王尚克修和我有夏，亦惟有若虢叔，有若闳夭，有若散宜生，有若泰颠，有若南宫括”……

商周时代，政治制度是由原始君主制到公卿执政制的过渡。君主制倾向于一个人统治，公卿执政制则行使执政当国之方式，如希腊雅典之执政官。中国当春秋时代，事实上是公卿执政制占统治时期。《君奭》篇所见是过渡时代。

《立政》里列举一大单当时所需的官员，是为成王当政时用的。这是周公安排的：“曰，王左右，常伯、常任、准人（三者如后来秦汉时代之侍中、中常侍、廷尉）、缀衣、虎贲。”

官人谓之宅人：任用上之常伯、常任、准人，谓之三宅，宅乃事，宅乃牧，宅乃毕。《立政》在说及成汤之制之后，说及文武之制：

“亦越文王、武王，克知三有宅心，灼见三有俊心，立民长伯。”立政：“任人、准夫、牧、作三事，虎贲、缀衣、趣马、小尹，左右携仆，百司庶府，大都，小伯、艺人、表［封］臣、百司，太史、尹伯、庶常吉士，司徒、司马、司空、亚旅，夷、微、卢、烝、三亳、阪、尹。”

司法具有独立性质。“文王罔攸兼于庶言：庶狱、庶慎，惟有司之牧夫，是训用违；庶狱、庶慎，文王罔敢知于兹。”武王之时，继续这样做。”

《立政》最后还说：“今文子文孙，孺子王矣，其勿误于庶狱，惟有司之牧夫，其克诘尔戎兵，以陟禹之迹，方行天下，至于海表，罔有不服，以觐文王之耿光，以扬武王之大烈。呜呼，继自今立政其惟克用常人。”

“周公若曰：‘太史，司寇苏公［苏忿生］！式敬尔由狱，以长我王国，兹式有慎，以列用中罚。’”

《立政》篇是司法用人改革的文献，周之用人比商前进一大步，商之公卿，以“巫”名者还不少，可见由血缘关系到政治关系之变还处于开始，周以后好得多。《左传·庄公十一年》，曹刿论战于庄公之前，“问何以战”？庄公告以对小民有过小惠，对神祭祀也认真，曹刿都说不行，只是“小大之狱”能够合情合理，曹刿才认为这是“忠之属也”（君忠于民，非民忠于公），可以一战。曹刿是一个老乡，他可以同国君一个战车上战场。这是春秋初期，但西周初年，汤武革命后的政治改革是有传统的。由此也看出国人（包括乡人、野人）地位是有所提高和政治作用是有发展的。

公卿执政制的发展同国人地位的提高有密切关系。《君奭》篇说到文王用了好卿士虢叔、闳夭、散宜生、泰颠、南宫括等人，下面接着就说，“又曰无能往来兹迪彝教，文王蔑德降于国人”（如果不是有这些人往来为文王道此常教，文王美德不能下达于国人。参阅孙星衍疏和屈万里今注）。此西周初年（成王周公时代）在《周书》出现之“国人”，是同公卿名字一道提及的。“国人”在《书》中并不多见，即是说，传世古文献中不多见。

《君奭》中还出现“王人”，那是指殷商时代的，而且同“百姓”一道，上下文有不同断句方式：“天惟纯佑命则，商实百姓王人，罔不秉德明恤’，（孙星衍，《尚书今古文注疏》；“天惟纯佑命，则商实百姓，王人罔不秉德，明恤小臣……”（《十三经注疏·尚书正义》）；“天惟纯佑命，则商实百姓，王人罔不秉德，明恤小臣”（顾颉刚，《尚书通检》）；“天惟纯佑命，则商实百姓王人，罔不秉德明恤”（屈万里，《尚书今注今译》）；“天惟纯佑命，则商实，百姓王人，罔不秉德明恤”（Jamse Legge，《英译七经》）。大家多用江声（1721—1799，《尚书集注音疏》）说法，以“百姓”为异姓之臣，而“王人”为“王之族人，同姓之臣”，百姓意即“百官族姓”。我们认为“百姓”，古籍多见，就所见本，按最佳注说可矣；问题在“王人”。“王人”多见于《春秋》及三传，《诗》有“王风”，有“王国”，而无“王人”，《公羊》《左氏》尚有“王城”，所有这些都属周代，而且偏于春秋之日。今《君奭》篇所见者，为语及商代者，此王人初见，但《君奭》篇则县西周成王周公时代作品。

《诗·王城谱》郑笺云：“王城者周东都王城畿内方六百里之地。其封域在《禹贡》豫州太华外方之间。北得河阳渐冀州之南，始武王作邑于镐京，谓之宗周，是为西都。周公摄政五年成王在丰，欲宅洛邑，使召公先相宅既成，谓二王城，是为东都，今河南是也。召公既相宅，周公往营成周，今洛阳是也。成王居洛邑，迁殷顽民于成周，复迁归处西都。至于夷厉，政教尤衰，十一世，幽王嬖褒姒，生伯服，废申后，太子宜咎奔申。申侯与犬戎攻宗周，杀幽王于戏。晋文侯、郑武公迎宜咎于申而立之，是为平王，以乱故，徙居东都，上城。于是王室之尊，与诸侯无异，其诗不能复雅，故贬之，谓之王国之变风。”

《君奭》中英对照

PRINCE SHI

1. 周公若曰，君奭。

   The Duke of Zhou spake to the following effect，Prince Shi.

2. 弗吊，天降丧于殷，殷既坠厥命，我有周既受。我不敢知曰，厥基永孚于休，若天棐忱，我亦不敢知曰，其终出于不祥。

   Heaven，unpitying，sent down ruin on Yin；Yin has lost its appointment，and the princes of our Zhou have received it. I do not dare，*however*，to say，as if I knew it，the foundation will ever truly abide in prosperity. [If Heaven aid sincerity，—] Nor do I dare to say，as if I knew it，the final end will issue in our misfortunes.

3. 呜呼！君已曰，时我，我亦不敢宁于上帝命。弗永远念天威越我民，罔尤违，惟人。在我后嗣子孙，大弗克恭上下，遏佚前人光在家，不知天命不易。

   Oh！you have said，O prince，it depends on ourselves. I also do not dare to rest in the favour of God，never forecasting at a distance the terrors of Heaven in the present time when there is no murmuing or disobedience among the people；—the issue is with men. Should our present successor to his fathers prove greatly unable to reverence Heaven and the people，and so bring to an end their glory，could we in our families be ignorant of it?

4. 天难谌，乃其坠命，弗克经历，嗣前人，恭明德。

   The favour of Heaven is not easily preserved. Heaven is hard to be depended on. Men lose its favouring appointment because they cannot pursue and carry out the reverence and brilliant virtue of their forefathers.

5. 在今，予小子旦，非克有正，迪惟前人光施于我冲子。

   Now I，Dan，being but as a little child，am not able to correct our king. I would simply conduct him to the glory of his forefathers，and make his youth partaker of that.

6. 又曰：天不可信，我道惟宁王德延，天不庸释于文王受命。

He also said，heaven is not to be trusted. Our course is simply to seek the prolongation of the virtue of the Tranquillizing King，and Heaven will not find occasion to remove its favouring decree which King Wen received.

7. 公曰：君奭，我闻在昔，成汤既受命，时则有若伊尹，格于皇天，在太甲，时则有若保衡，在太戊，时则有若伊陟、臣扈，格于上帝，巫咸乂王家，在祖乙，时则有若巫贤，在武丁，时则有若甘盘。

The Duke said，Prince Shi，I have heard that of ancient time，when Tang the Successful had received the favouring decree，he had with him Yi Yin，making his virtue like that of great Heaven. Tai-jia，again，had Bao-heng. Tai-wu had Yi Zhi and Chen Hu，through whom his virtue was made to affect God；he had also Wu Xian，who regulated the royal House. Zu-yi had Wu Xian. Wu-ding had Gan Pan.

8. 率惟兹有陈，保乂有殷，故殷礼陟配天，多历年所。

These ministers carried out their principles，and effected their arrangements，preserving and regulating the Empire of Yin，so that，while its ceremonies lasted，*those sovereigns* though deceased were assessors to Heaven，while it excended over many years. ”

9. 天惟纯佑命，则商实百姓王人，罔不秉德明恤，小臣屏侯甸，矧咸奔走，惟兹惟德称，用乂厥辟，故一人有事于四方，若卜筮罔不是孚。

Heaven thus determinately maintained its favouring appointment，and Shang was replenished with men. The various officers，and members of the royal House holding employments，all held fast their virtue，and displayed an anxious solicitude *for* the empire. The smallerofficers，and the chiefs in the Hu and Dian *domains*，hurried about on their services. Thus did they all put forth their virtue，and aid their sovereign，so that whatever affairs he， the one man, had in hand, throughout the four quarters of the empire, an entire sincerity was conceded to them as to the indications of the tortoise or the milfoil.

10. 公曰：君奭，天寿平格，保乂有殷，有殷嗣，天灭威。今汝永念，则有固命，厥乱明我新造邦。

The Duke said, "Prince Shi, Heaven gives long life to the just and the intelligent; —it was thus that those ministers maintained and regulated the Dynasty of Yin. He who at last came to the throne was extinguished by the majesty of Heaven. Think you of the distant future, and we shall have the decree *in favour of Zhou* made sure, and its good government will be brilliantly displayed in our new-founded State."

11. 公曰：君奭，在昔上帝割申劝宁王之德，其集大命于厥躬。

The Duke said, Prince Shi, aforetime when God was afflicting Yin, he encouraged anew the virtue of the Tranquillizing King, till at last the great favouring decree was concentrated in his person.

12. 惟文王尚克修和我有夏，亦惟有若虢叔，有若闳夭，有若散宜生，有若泰颠，有若南宫括。

But that King Wen was able to conciliate and unite the portion of the great empire which we came to possess was owing to his having such ministers as his brother of Guo, Hong Yao, San Yi-sheng, Tai Dian, and Nan-gong Gua.

13. 又曰：无能往来，兹迪彝教，文王蔑德降于国人。

He repeated this sentiment, but for the ability of these men to go and come in his affairs, developing his constant lessons, there would have been no benefits descending from King Wen on the people.

14. 亦惟纯佑秉德，迪知天威，乃惟时昭文王迪见冒，闻于上帝，惟时受有殷命哉。

And it also was from the determinate favour *of Heaven*, that there were these men of firm virtue, and acting according to their knowledge of the dread majesty of Heaven, to give themselves to enlighten King Wen, and lead him forward to his high distinction and universal over-rule, till his fame reached the ears of God, and he received the decree of Yin.

15. 武王惟兹四人尚迪有禄，后暨武王诞将天威，咸刘厥敌。惟兹四人昭武王惟冒，丕单称德。

There were still four of these men who led on King Wu to the possession of that decree with all its emoluments. Afterward, along with him, in great reverence of the majesty of Heaven, they slew all his enemies; and then these four men made King Wu distinguished all over the empire, till *the people* universally and greatly proclaimed his virtue.

16. 今在予小子旦，若游大川，予往暨汝奭其济。小子同未在位，诞无我责收，罔勖不及，耇造德不降我，则鸣鸟不闻，矧曰其有能格。

Now, with me Dan, who am but a little child, it is as if I were floating on a great stream; let me from this time cross it along with you, O Shi. Our young sovereign is *powelless* as if he had not yet ascended the throne. You must by no means lay the whole burden on me; and if we draw ourselves up without an effort to supply his deficiencies, no good will flow to the people from our age and experience. We shall not hear the voices of the singing birds, and much less can it be thought that we shall make his *virtue equal to Heaven*.

17. 公曰：呜呼！君肆其监于兹，我受命无疆惟休，亦大惟艰，告君乃猷裕我，不以后人迷。

The Duke said, Oh! consider well, O prince, these things. We have received the favouring decree *of Heaven*, to which belongs an unlimited amount of what is desirable, but having great difficulties attached to it.

What I announce to you are counsels of a generous largeness. I cannot allow the successor of our kings to go astray.

18. 公曰：前人敷乃心，乃悉命汝，作汝民极，曰：汝明勗偶王，在亶乘兹大命，惟文王德，丕承无疆之恤。

The Duke said, The former king laid bare his heart, and gave full charge to you, constituting you one of the guides of the people, and saying, do you with intelligence and energy prove a helper to the King; do you with sincerity support and carry on this great decree. Think of the virtue of King Wen, and enter greatly into his boundless anxieties.

19. 公曰：君，告汝朕允保奭，其汝克敬以予监于殷丧大否，肆念我天威。

The Duke said, whatt I tell you, O prince, are my sincere thoughts. O Shi, the Grandprotector, If you can but reverently survey with me the decay and great disorders of Yin, and thence consider the dread majesty of Heaven *which warns us*!

20. 予不允惟若兹诰，予惟曰：襄我二人，汝有合哉，言曰，在时二人。天休兹至，惟时二人弗戡，其汝克敬德，明我俊民，在让后人于丕时。

Am I not to be believed that I must thus speak? I simply say, the establishment of our dynasty rests with us two. Do you agree with me? Then you *also* will say, it rests with us two. And the favour of Heaven has come to us so largely: —it should be ours to feel as if we could not sustain it. If you can but reverently cultivate your virtue, ant bring to light our men of eminence, then when you resign to some successor in a time of established security.

21. 呜呼！笃棐时二人，我式克至于今日休，我咸成文王功于不怠，丕冒海隅出日，罔不率俾。

Oh! it is by the earnest assistance of us two that we have come to the prosperity of the present day. But we must go on, abjuring all idleness, to complete the work of King Wen, till it has entirely overspread the empire, and from the corners of the sea and the sunrising there shall not be one who is disobedient to our rule.

22. 公曰：君，予不惠若兹多诰，予惟用闵于天越民。

The Duke said, O prince, am I not speaking in accordance with reason in these many declarations? I am only influenced by anxiety about the *decree of* Heaven, and about the people.

23. 公曰：呜呼！君，惟乃知民德，亦罔不能厥初，惟其终，祇若兹，往敬用治。

The Duke said, Oh! O prince, you know the ways of the People, how at the beginning they can be *all we could desire*, but it is the end *which is to be thought of*. Act in careful accordance with this fact. Go and reverently exercise your govemment.

《立政》中英对照

THE ESTABLISHMENT OF GOVERNMENT

1. 周公若曰：拜手稽首，告嗣天子王矣，用咸戒于王曰，王左右常伯、常任、准人、缀衣、虎贲。周公曰：呜呼！休兹知恤，鲜哉。

The Duke of Zhou spoke to the following effect. With our heads to our hands and then to the ground, we made our declarations to the new emperor, our King. In such manner accordingly all *the other ministers* cautioned the King, saying, In close attendance on your Majesty there are the regular presidents, the regular *high* officers, and the officers of the laws; the keepers of the robes also, and the guards. —The Duke of Zhou said, Oh! admirable are these *officers*. Few, however, know to be sufficiently anxious about them.

2. 古之人迪惟有夏，乃有室大竞，吁俊尊上帝，迪知忱恂于九德之行，乃敢告教厥后曰，拜手稽首，后矣，曰，宅乃事，宅乃牧，宅乃准，兹惟后矣，谋面用丕训德，则乃宅人，兹乃三宅无义民。

Among the ancients who exemplified this anxiety there was the founder of the Xia Dynasty. When his House was at its strength, he sought for able men to honour God. *His advisers*, when they knew of men thoroughly proved and trustworthy in the practice of the nine virtues, would then presume to inform and instruct their sovereign, saying, with our heads to our hands and then to the ground, O sovereign, we would say, let such an one occupy one of your high offices; let *such an one* be one of your pastors; let such an one be one of your law-officers. By such appointments you will discharge your royal duty. If you judge by the face only, and therefrom deem men well schooled in virtue and appoint them, then those three appointments will all be occupied by unrighteous people.

3. 桀德惟乃弗作，往任是惟暴德，罔后。

The way of Jie, *however*, was not to observe this precedent. Those whom he employed were cruel men; —and he had no successors.

4. 亦越成汤陟，丕厘上帝之耿命，乃用三有宅，克即宅，曰：三有俊，克即俊，严惟丕式，克用三宅三俊，其在商邑，用协于厥邑；其在四方，用丕式见德。

After him there was Tang the Successful, who, rising to the throne, greatly administered the bright ordinances of God. He employed to fill the three *high* positions those who were equal to those positions; and those who were called possessors of the three grades of ability could display that ability. He then studied them severely and greatly imitated them, making the utmost use of them in their three positions and with their three grades of ability.

The people in the cities of Shang were hereby all brought to harmony, and those in the different quarters of the empire were brought greatly under the influence of the virtue thus displayed.

5. 呜呼！其在受德，暋惟羞刑暴德之人，同于厥邦，乃惟庶习逸德之人，同于厥政。帝钦罚之，乃伻我有夏，式商受命，奄甸万姓。

Oh! when the throne of Tang came to Shou, his character was all violence. He preferred men of severity, princes of States who deemed cruelty a virtue, to share with him in the *government of the empire*; and at the same time, the host of his associates, men who counted idleness a virtue, shared the offices of his court. God then sovereignly punished him, and caused us to possess the great empire, enjoy the favouring decree which Shang had *afore* received, and govern all the people in their myriad realms.

6. 亦越文王武王，克知三有宅心，灼见三有俊心，以敬事上帝，立民长伯。

Subsequently there were King Wen and King Wu, who knew well the minds of those whom they put in the three positions, and clearly saw the minds of those who had the three grades of ability. Thus they could employ them reverently to serve God, and appointed them as presidents and chiefs of the people.

7. 立政，任人、准夫、牧作三事。

To establish their government, they had the men of office, the officers of law, and the pastors, and these appointments were their three concerns.

8. 虎贲、缀衣、趣马、小尹，左右携仆，百司庶府。

They had also their guards; their officers of the robes; their equerries; their heads of petty officers; their personal attendants; their various overseers; and their treasurers.

9. 大都小伯、艺人、表臣百司，太史、尹伯、庶常吉士。

They had their governors of larger assigned cities and of the smaller; theirmen of arts; the overseers whose offices were beyond the court; their grand historiographers; and their chiefs of direction: —all, good men of constant virtue.

10. 司徒、司马、司空、亚旅。

In the various States there were the minister of Instruction, the minister of War, and the minister of Works; with the many officers subordinate to them.

11. 夷、微、卢烝，三亳阪尹。

Among the wild tribes of the Wei, the Lu, and the Zheng; in the three Bao; and in dangerous places: they had wardens.

12. 文王惟克厥宅心，乃克立兹常事司牧人，以克俊有德。

King Wen was able to have in himself the minds of those in the *three high* positions, and so it was that he established those regular officers and superintending pastors, so that they were men of ability and virtue.

13. 文王罔攸兼于庶言，庶狱庶慎，惟有司之牧夫，是训用违。

He would not himself appear in the various notifications, in litigations, and in precautionary measures of government. There were the officers and pastors *to attend to them*, whom he simply required to be obedient and not disobedient.

14. 庶狱庶慎，文王罔敢知于兹。

Yea, as to litigations and precautionary measures he would seem *as if* he did not presume to know about them.

15. 亦越武王，率惟敉功，不敢替厥义德，率惟谋从容德，以并受此丕丕基。

He was followed by King Wu, who carried out his work of settlement, and did not dare to supersede his righteous and virtuous men; who entered also into his plans, employing as before his forbearing and virtuous men. It was thus that they unitediy received this vast inheritance.

16. 呜呼！孺子王矣，继自今我其立政。立事、准人、牧夫，我其克灼知厥若，丕乃俾乱。相我受民，和我庶狱庶慎，时则勿有间之。

Oh! young son, the King, from this time forth be it ours to establish the government, appointing the high officers, the officers of the laws, and the pastors; —be it ours clearly to know what courses are natural to them, and then greatly to employ them in the government, that they may aid us in the management of the trust of the people, and harmoniously conduct all litigations and precautionary measures. And let us never allow others to come between us and them.

17. 自一话一言，我则末惟成德之彦，以乂我受民。

Yea, in our every word and speech, let us be thinking of officers of cornplete vinue, to regulate the people whom we have received.

18. 呜呼！予旦已受人之徽言成告孺子王矣。继自今文子文孙，其勿误于庶狱庶慎，惟正是乂之。

Oh! I, Dan, have received these excellent words from others, and tell them all to you, young son, the King. From this time forth, O accomplished son *of Wu*, accomplished grandson of Wen, do not err in regard to the litigations and precautionary measures; —let the proper officers regulate them.

19. 自古商人，亦越我周文王，立政、立事、牧夫、准人，则克宅之，克由绎之，兹乃俾乂。

From of old to the founder of Shang, and downwards to King Wen of our Zhou, in establishing govemment, when they appointed *high* officers, pastors, and officers of the laws, they settled them in their positions and unfolded their talents. It was thus that they gave the government into their hands.

20. 国则罔有，立政用憸人，不训于德，是罔显在厥世，继自今立政，其勿以憸人，其惟吉士，用劢相我国家。

In the empire never has there been the establishment of government in the employment of artful-tongued men; —*with such men*, unlessoned in virtue, never can a *government* be distinguished in the world. From this time forth, in establishing government, make no use of artful-tongued men, but *seek for* good officers, and get them to use all their powers in aiding the government of our empire.

21. 今文子文孙、孺子王矣，其勿误于庶狱，惟有司之牧夫。

Now, O accomplished son *of Wu*, accomplished grandson *of Wen*, young son, the King, do not err in the matter of litigations. There are the officers and pastors *to attend* to them.

22. 其克诘尔戎兵，以陟禹之迹，方行天下，至于海表，罔有不服，以觐文王之耿光，以扬武王之大烈。

Have well arranged also your military accoutrements and weapons, so that you may go forth beyond the steps of Yu, and be able to travel over all beneath heaven, even to beyond the seas, everywhere meeting with submission: —so shall you display the bright glory of King Wen, and render more illustrious the great achievements of King Wu.

23. 呜呼！继自今后王立政，其惟克用常人。

Oh! from this time forth, may you and your successors, in establishing the government, seek to employ men of constant virtue.

24. 周公若曰：太史，司寇苏公式敬尔由狱，以长我王国，兹式有慎，以列用中罚。

The Duke of Zhou spoke to the following effect, O grand historiographer, the minister of Crime, the Duke of Su, dealt reverently with all the criminal matters which came before him, thereby to perpetuate the fortunes of our empire. [①]Here was an example of careful anxiety *for other ministers*, to rank with him in the ordering of the appropriate punishments."

C. 洪范九畴
——阴阳五行问题
（自汤武至厉幽间意识形态文化的发展）

《易·泰》彖曰，“内阳而外阴”；又《否》彖曰，“内阴而外阳”。《周易》中“阴阳”始见于此。

《书·洪范》，“初一曰五行”。五行：“一曰水，二曰火，三曰木，四曰金，五曰土”。

《周易》不知五行，当然也不言五行；《尚书》，包括其中最主要的《洪范》篇，不知阴阳，也不言阴阳，惟伪书《周官》篇除外（中有“燮理阴阳”句）。

龟卜和策筮，是自始不同的两种占卜系统，但到了商周时代，二者早已混用了。龟非筮数，都为着当时的政治需要服务。

《洪范》篇传世本是在《周书》里，但孙星衍（1753—1818）《尚书今古文注疏》中《书序》疏云，“《左传》三引《洪范》（文公五年：商书曰，‘沈渐刚克，高明柔克’成公六年：商书曰：‘三人占，从二人，众故也’；襄公三年：商书曰，‘无偏无党，王道荡荡’），《说文》五引《洪范》，皆曰商书”，但孔颖达（574—643）《左传正义》已知《洪范》见于《周书》，可见先秦至东汉，《洪范》是作为商书而编入《尚书》中，大约唐以下才改编在周书范围。

说《洪范》是商书之一篇，还因为它在《史记》里，司马迁列之

① 原文是“王国”（kingdom），限于周邦，不宜用empire，虽则周王，作为各邦（天下）盟主，其地位不限于周邦。

于《宋微子世家》，宋为商后；而传与周武王者是商之哲人箕子。《宋微子世家》云："武王既克殷，访问箕子。武王曰：'于乎！维天阴定［骘］[1]下民，相和［协］其［厥］居，我不知其常［彝］伦所［攸］序。'箕子对曰：'在昔，鲧陻鸿［洪］水，汨（gǔ）陈其五行，帝乃震怒，不从［畀］鸿［洪］范九等［畴］，常［彝］伦所［攸］斁（dù）。鲧则殛死，禹乃嗣兴，天乃锡禹鸿范九等，常伦所序。'""于是武王乃封箕子于朝鲜而不臣也。其后箕子朝周，过故殷墟，感宫室毁坏生禾黍，箕子伤之……乃作《麦秀》之诗以歌咏之，其诗曰：'麦秀渐渐兮，禾黍油油！彼狡童兮，不与我好兮！'所谓狡童者，纣也。殷民闻之，皆为流涕。"

《洪范》是商书的一篇，但传世的《洪范》篇肯定不是商代的原本，历经商周，代有变改，最初的《洪范》原本已不可见了。传世本的《洪范》篇恐怕比之周书现有的若干篇，要易读些，不那么佶屈聱牙了！

传世本《洪范》篇"二、五事"部分，有如下的句："一曰貌，二曰言，三曰视，四曰听，五曰思。貌曰恭，言曰从，视曰明，听曰聪，思曰睿。恭作肃，从作乂，明作哲，聪作谋，睿作圣。"郑康成注云："皆谓其政所致也。君貌恭则臣礼肃，君言从则臣职治，君视明则臣照哲，君听聪则臣进谋，君思睿则臣贤智。"又，《诗·小雅·小旻》有句云："国虽靡止，或圣或否；民虽靡膴，或哲或谋，或肃或艾。"郑氏笺云："靡，无；止，礼；膴，法也。言天下诸侯，今虽无礼，其心性犹有通圣者，有贤者；民虽无法，其心性犹有知者，有谋者，有肃者，有艾者，王何不择焉置之于位，而任之为治乎？《书》曰：睿作圣，明作哲，聪作谋，恭作肃，从作乂，诗人之意，欲王敬用五事，以明天道，故云然。"按《小旻》之诗，毛传，为"大夫刺幽王"，并言"亦当为刺厉王"，总之，厉幽时代之诗。依郑笺之意，诗人是欲王学《洪范》篇之敬用五事，

① 括号内为《书·洪范》原来用字，司马迁以当代用字代之（亦即译之为当代语），如"骘"作"定"，"协"作"和"，"厥"作"其"等等，下同此例。

是《洪范》篇在前，《小旻》之诗在后，这是十分清楚的。

今屈万里《尚书今注今译》（1969，台湾商务）认为《洪范》“恭作肃”以下五语，“显袭《诗·小雅·小曼》篇”，“民虽靡膴”“国虽靡止”诸语为之，“而《小旻》之诗盖作于东西周之际”，故《洪范》篇“亦后人述古之作”，“盖约当战国初年也”。屈氏之说与郑玄上面注释正相反。

《洪范》篇原本当为商周时代作品，但传世本不能是箕子传与武王之原本。《诗·小旻》与《洪范》篇“五事”内容之谁早谁晚问题，可以再研究（屈氏所指“师尹”与“卿士”地位谁高谁低问题，可以重新考虑，但这不是最主要的）。

司马迁（《太史公自序》）云，“《易》著天地阴阳四时五行，故长于变”，但如上文所述，《易》根本不知五行。《洪范》之五行，《易》之阴阳，当是阴阳家学派形成前之两大学术分枝。司马谈之《太史公谈论六家要旨》，首列阴阳家，可谓高明之见。惟《周易》上下经与《洪范》之写成时代，是否已有阴阳家学派出现，尚待研讨。恐怕孔子之前未必已有足以“家”称的那一学派！

《洪范》九畴，今“范畴”（κατηγορία，category）一语之由来，古称“大法九类”，实际上已是当初之“小小百科”，无所不包。《洪范》九畴之出现，亦汤武革命成果之一，时代可以由汤武至厉幽，即公元前17／16世纪（公元前1656／1523年）至前1027年起，至周围人暴动（公元前841年）前夕止，这是中国古代或古典文明史或中国古代史的第一阶段，或古代中国民主政治史的创始时代，这是一个伟大的时代，革命的时代，人民的时代。

今据《史记》，洪范九等（洪范九畴）如下：

初一曰五行　　五行：一曰水　水曰润下　润下作咸

二曰火　火曰炎上　炎上作苦

三曰木　木曰曲直　曲直作酸

		四曰金	金曰从革	从革作辛
		五曰土	土曰稼穑	稼穑作甘
二曰五事	五事：	一曰貌	貌曰恭	恭作肃
		二曰言	言曰从	从作治
		三曰视	视曰明	明作智
		四曰听	听曰聪	聪作谋
		五曰思	思曰睿	睿作圣
三曰八政	八政：	一曰食		
		二曰货		
		三曰祀		
		四曰司空		
		五曰司徒		
		六曰司寇		
		七曰宾		
		八曰师		

四曰五纪

五纪：一曰岁 二曰月 三曰日	王眚维岁 卿士维月 师尹维日	岁月日 时毋易	日月岁 时既易
		百穀用成 治用明 畯民用章 家用平康	百穀用不成 治用昏不明 畯民用微 家用不宁
四曰星辰	庶民维星	星有好风，星有好雨 日风之行，有冬有夏 月之从星，则以风雨	
五曰历数			

五曰皇极　皇极：皇建其有极：敛时五福，用傅锡其庶民。维时其庶民于女极，锡女保极。凡厥庶民，毋有淫朋，人毋有比德，维皇作极。凡厥庶民，有猷、有为、有守，女则念之。

不协于极，不离于咎，皇则受之。而安而色，曰予所好德，女则锡之福。时人，斯其维皇之极。毋侮鳏寡，而畏高明。人之有能有为，使羞其行，而国其昌。凡厥正人，既富方穀，女不能使有好于而家。时人斯其辜。于其毋好，女虽锡之福，其作女用咎。毋偏毋颇，遵王之义；毋有作好，遵王之道；毋有作恶，遵王之路。毋偏毋党，王道荡荡；毋党毋偏，王道平平；毋反毋侧，王道正直。会其有极，归其有极，曰：王极之傅言，是夷是训，于帝其顺；凡厥庶民，极之傅言，是顺是行，以近天子之光。曰，天子作民父母，以为天下王。

六曰三德　三德：一曰正直　平康正直

二曰刚克　彊不友刚克　沈渐刚克

三曰柔克　内友柔克　高明柔克

维辟作福，维辟作威，维辟玉食；

臣无有作福作威玉食。臣有作福作威王食，其害于而家，凶于而国。

人用侧颇辟，民用僭忒。

七曰稽疑　稽疑：择建立卜筮人，乃命卜筮：曰雨，曰济，曰涕，曰雾，曰克，曰贞，曰悔，凡七，卜五，占之用二，衍貣。立时人为卜筮，三人占，则从二人之言。

女则有大疑，谋及：

谋及：女心 谋及：卿士 谋及：庶人	女则从 卿士从 庶民从	女则从 卿士逆 庶民逆	女则逆 卿士从 庶民逆	女则逆 卿士逆 庶民从	女则从 卿士逆 庶民逆	从 从 从
谋及：卜 筮	龟从 筮从	龟从 筮从	龟从 筮从	龟从 筮从	龟从 筮逆	龟筮 其违于人
是主谓 而身其 子孙其	大同 康疆 逢吉	吉	吉	吉	作内吉 作外凶	用静吉 用作凶

八曰庶徵

庶徵：曰雨 曰阳 曰奥 曰寒 曰风	一极各，凶；一极亡，凶 曰时［是］五者来备，各以其序，庶草繁庑	曰肃，时雨若 曰治，时暘若 曰知，时奥若 曰谋，时寒若 曰圣，时风若	曰狂，常雨若 曰僭，常暘若 曰舒，常奥若 曰急，常寒若 曰雾，常风若
		曰休征	曰咎征

九曰五福

五福：一曰寿 二曰富 三曰康宁 四曰攸好德 五曰考终命	向［享］用五福	六极：一曰凶短折 二曰疾 三曰忧 四曰贫 五曰恶 六曰弱	威［畏］用六极

《洪范》中英对照

THE GREAT PLAN

1. 惟十有三祀，王访于箕子。

In the thirteenth year，the King went to inquire ofthe viscount of Ji.

2. 王乃言曰：呜呼！箕子，惟天阴骘下民，相协厥居，我不知其彝伦攸叙。

And said to him，Oh！viscount of Ji，Heaven，unseen，has given their constitution to mankind，aiding also the harmonious development of it in their various conditions I do not know how their proper virtues in their various relations should be brought fonh in due order.

3. 箕子乃言曰：我闻在昔，鲧陻洪水，汩陈其五行，帝乃震怒，不畀洪范九畴，彝伦攸斁。鲧则殛死，禹乃嗣兴，天乃锡禹洪范九畴，彝伦攸叙。

The viscount of Ji thereupon replied，I have heard that of old time Gun dammed up the inundating waters，and thereby threw into disorder the arrangement of the five elements. God was thereby roused to anger，and did not give him the great Plan with its nine Divisions, whereby the proper virtues of the various relations were left to go to ruin. Gun was then kept a prisoner till his death, and Yu rose up to continue his undertaking. To him Heaven gave the great Plan with its nine Divisions, and thereby the proper virtues of the various relations were brought forth in their order.

4. 初一曰五行，次二曰敬用五事，次三曰农用八政，次四曰协用五纪，次五曰建用皇极，次六曰乂用三德，次七曰明用稽疑，次八曰念用庶征，次九曰响用五福，威用六极。

Of *those divisions*, the first is called “The Five Elements”; the second is called “The Reverent Practice of the Five Businesses”; the third is called “Earnest Devotfion to the Eight Objects of Government”; the fourth is called “The Harmonious Use of the Five Arrangements”; the fifth is “called The Establishment and Use of Rqyal Perfection”; the sixth is called “The Cultivation and Use of the Examination of Doubts”; the seventh is called “The Intelligent Use of the Examination of Doubts”; the seventh is called “The Intelligent Use of the Examination of Doubts”; the eighth is called “The Thoughtful Use of the Various Verifications”; the ninth is called The Hortatory Use of the Five Happinesses, and the Awing Use of the Six Extremities.

5. 一五行，一曰水，二曰火，三曰木，四曰金，五曰土；水曰润下，火曰炎上，木曰曲直，金日从革，土爰稼穑；润下作咸，炎上作苦，曲直作酸，从革作辛，稼穑作甘。

First, of the five elements. —The first is named water; the second, fire; the third, wood; the fourth, metal; the fifth, earth. *The nature of* water is to soak and descend; of fire, to blaze and ascend; of wood, to be crooked and to be straight; of metal, to obey and to change; while the virtue of earth is seen in seed-sowing and ingathering. That which soaks and descends becomes salt; that which blazes and ascends becomes bitter; that which is crooked and straight becomes sour; that which obeys and changes becomes acrid; and from seed-sowing and ingathering comes sweethess.

6. 二五事，一曰貌，二曰言，三曰视，四曰听，五曰思；貌曰恭，言曰从，视曰明，听曰聪，思曰睿；恭作肃，从作乂，明作哲，聪作谋，睿作圣。

Second, of the five businesses.—The first is called demeanour; the second, speech; the third, seeing; the fourth, hearing; and the fifth, thinking. The *virtue of the* demeanour is called respectfulness; of speech. accordance *with reason*; of seeing, clearness; of hearing, distinctness; and of thinking, perspicaciousness. The respectfulness becomes manifest in gravity; accordance with reason, in orderliness; the clearness, in wisdom; the distinctness, in deliberation; and the perspicaciousness, in sageness.

7. 三八政，一曰食，二曰货，三曰祀，四曰司空，五曰司徒，六曰司寇，七曰宾，八口师。

Third, of the eight objects of government: —the first is called food; the second, commodities; the third, sacrifices; the fourth, the minister of works; the frith, the minister of instruction; the sixth, the minister of crime; the seventh, the entertainment of guests; the eighth, the army.

8. 四五纪，一曰岁，二曰月，三曰日，四曰星辰，五曰历数。

Fourth, of the five arrangements.—The first is called the year; the second, the month; the third, the day; the fourth, the stars and planets, and the zodiacal signs; and the fifth, the calendaric calculations.

9. 五皇极，皇建其有极，敛时五福，用敷锡厥庶民，惟时厥庶民于汝极，锡汝保极。

Fifth, of royal perfection.—The sovereign having established his highest point of excellence, he concentrates in himself the five happinesses, and then diffuses them so as to give them to his people: —then on their part the multitudes of the people, resting in your perfection, will give to you the preservation of it.

10. 凡厥庶民，无有淫朋，人无有比德，惟皇作极。

That the multitudes of the people have no lawless confederacies, and that men *in office* have no selfish combinations, will be an effect of the sovereign' s establishing his highest point of excellence.

11. 凡厥庶民有猷有为有守，汝则念之，不协于极，不罹于咎，皇则受之，而康而色，曰：予攸好德，汝则锡之福，时人斯其惟皇之极。

Among all the multitudes of the people, when any have counsel, and conduct, and keep themselves from evil, do you bear them in mind; those who do not come up to the highest excellence, and *yet* do not involve themselves in crime, let the sovereign receive; and when a placid satisfaction appears in their countenances, and they say— "Our love is fixed on virtue." do you then confer favour on them. Those men will in this way advance to the perfection of the sovereign.

12. 无虐茕独而畏高明。

Do not oppress the friendless and childless; do not fear the high and illustrious.

13. 人之有能有为使羞其行，而邦其昌。凡厥正人，既富方穀，汝弗能使有好于而家，时人斯其辜，于其无好德，汝虽锡之福，其作汝用咎。

When men have ability and administrative power, cause them still more to cultivate their conduct, and the prosperity of the country will be promoted. All right men, having a competency, will go on to be good. If you cannot make men have what they love in their families, they will only proceed to be guilty of crime; while they do not love virtue, thought you confer favour on them, they will involve you in the guilt of *employing them thus evil*.

14. 无偏无陂，遵王之义；无有作好，遵王之道；无有作恶，遵王之路。无偏无党，王道荡荡；无党无偏，王道平平；无反无侧，王道正直。会其有极，归其有极。

Without deflection，without unevenness，

Pursue the Royal righteousness;

Without any selfish likings，

Pursue the Royal way;

Without any selfish dislikings，

Pursue the Royal path;

Without deflection，without partiality，

Broad and long is the Royal path.

Without partiality，without deflection，

The Royal path is level and easy;

Without perversity，without one sidedness，

The Royal path is right and straight.

Seeing this perfect excellence，

Turn to this perfect excellence.

15. 曰：皇极之敷言，是彝是训，于帝其训。

He went on to say，"This amplification of the royal perfection contains the unchanging *rule*，and is the great lesson；—yea，it is the lesson of God."

16. 凡厥庶民，极之敷言，是训是行，以近天子之光，曰：天子作民父母，以为天下王。

All the multitudes，instructed in this amplification of the perfect excellence，and carrying it into practice，will approximate to the glory of the son of Heaven，and say，the son of Heaven is the parent of the people，and so becomes the sovereign of the empire.

17. 六三德，一曰正直，二曰刚克，三曰柔克。平康正直，彊弗友刚克，

燮友柔克，沈潜刚克，高明柔克。

Sixth，of the three virtues.—The first is called correctness and straightfor—wardhess；the second，strong government；and the third，mild government in peace and tranquility，correctness and straightforwardness *must sway*；in violence and disorder，strong government *must sway*，in harmony and order，mild government *must sway*. For the reserved and retiring there is the strong role；for the lofty and intelligent there is the mild rule.

18. 惟辟作福，惟辟作威，惟辟玉食，臣无有作福作威玉食。

It belongs only to the prince to confer favours，to display the terrors of majesty，and to receive the revenues of the empire. There should be no such thing as a minister conferring favours，displaying the terrors *of justice*，or receiving the revenues of the country.

19. 臣之有作福作威玉食，其害于而家，凶于而国，人用侧颇僻，民用僭忒。

Such a thing is injurious to the families，and fatal to the States of the empire；—small officers become one sided and perverse，and the people commit assumptions and excesses.

20. 七稽疑，择建立卜筮人，乃命卜筮。

Seventh，of the examination of doubts.—Having chosen and appointed officers for divining by the tortoise and by the milfoil，they are to be charged *on occasion* to perform their duties.

21. 曰雨，曰霁，曰蒙，曰驿，曰克。

In doing this，they will find the appearances of rain，clearing up，cloudiness，want of connection and crossing.

22. 曰贞，曰悔。

And the *symbols*，solidity，and repentance.

23. 凡七，卜五，占用二，衍忒。

In *all the indications* are seven; —five given by the tortoise, and two by the milfoil, by which the errors *of affairs* may be traced out.

24. 立时人作卜筮，三人占，则从二人之言。

These officers having been appointed, when the operations with the tortoise and milfoil are proceeded with, three men are to obtain and interpret the indications and symbols, and the consenting words of two of them are to be followed.

25. 汝则有大疑，谋及乃心，谋及卿士，谋及庶人，谋及卜筮。

If you have doubts about any great matter, consult with your own heart; consult with your nobles and officers; consult with the masses of the people; consult the tortoise and milfoil.

26. 汝则从，龟从，筮从，卿士从，庶民从，是之谓大同，身其康疆，子孙其逢吉。

If you, the tortoise, the milfoil, the nobles and officers, and the common people all consent to a course, this is what is called a great concord, and the result will be the welfare of your person, and good fortune to your descendants.

27. 汝则从，龟从，筮从。卿士逆，庶民逆，吉。

If you, the tortoise, and the milfoil all agree, while the nobles and common people oppose, the result will be fortunate.

28. 卿士从，龟从，筮从。汝则逆，庶民逆，吉。

If the nobles and officers, the tortoise, and the milfoil all agree, while you oppose and the common people oppose, the result will be fortunate.

29. 庶民从，龟从，筮从。汝则逆，卿士逆，吉。

If the common people, the tortoise and the milfoil all agree, while you and the nobles and officers oppose, the result will be fortunate.

30. 汝则从，龟从，筮逆。卿士逆，庶民逆，作内吉，作外凶。

If you and the tortoise agree，while the milfoil，the nobles and officers，and the common people oppose，internal operations will be fortunate，and external operations will be unlucky.

31. 龟筮共违于人，用静吉，用作凶。

When the tortoise and milfoil are both opposed to the views of men，there will be good fortune in stillness，and active operations will be unlucky.

32. 八庶征，曰雨，曰旸，曰燠，曰寒，曰风。曰时，五者来备，各以其叙，庶草蕃庑。

Eighth，of the various verifications.—They are rain；sunshine；heat；cold；wind；and seasonableness. When the five come all complete，and each is in its proper order，even the various plants will be abundantly luxuriant.

33. 一极备，凶。一极无，凶。

Should any one of them be either excessively abundant，or excessively deficient，there is evil.

34. 曰休征，曰肃。时雨若，曰乂。时旸若，曰哲。时燠若，曰谋。时寒若，曰圣。时风若，曰咎征，曰狂。恒雨若，曰僭。恒旸若，曰豫。恒燠若，曰急。恒寒若，曰蒙。恒风若。

There are the favourable verifications：—namely，of gravity，which is emblemed by seasonable rain；of orderliness，emblemed by seasonable sunshine；of wisdom，emblemed by seasonable heat；of deliberation，emblemed by seasonable cold；and of sageness，emblemed by seasonable wind. There are also the unfavourable verifications：—namely，of wildness，emblemed by constant rain；of assumption，emblemed by constant sunshine；of indolence，emblemed by constant heat；of haste，emblemed by constant cold；and of stupidity emblemed by constant wind.

35. 曰：王省惟岁，卿士惟月，师尹惟日。

He went on to say, the sovereign is to examine the character of the whole year; nobles and officers, that of the months; and the inferior officers, that of the day.

36. 岁月日时无易，百穀用成，乂用明，俊民用章，家用平康。

If throughout the year, the month, the day, there be an unchanging seasonableness, all the kinds of grain are matured; the operations of government are wise; heroic men stand forth eminent; and in the *families of the people* there are peace and prosperity.

37. 日月岁时既易，百穀用不成，乂用昏不明，俊民用微，家用不宁。

If throughout the year, the month, the day, the seasonableness is interrupted, the various kinds of grain do not become matured; the operations of govemment are dark and unwise; heroic men are reduced to obscurity; and in the families *of the people* there is no repose.

38. 庶民惟星，星有好风，星有好雨。日月之行，则有冬有夏。月之从星，则以风雨。

The common people are like the stars. Some stars love the wind, and some love the rain. The course of the sun and moon give winter and summer. The course of the moon among the stars gives wind and rain.

39. 九五福，一曰寿，二曰富，三曰康宁，四曰攸好德，五曰考终命。

Ninth, of the five happinesses.—The first is long life; the second is riches; the third is soundness of body and serenity of mind; the fourth is the love of virtue; the fifth is an end crowning the life.

40. 六极，一曰凶短折，二曰疾，三曰忧，四曰贫，五曰恶，六曰弱。

As to the six extremities again, the first is misfortune, shortening the life; the second is sickness; the third is sorrow; the fourth is poverty; the fifth is wickedness; the sixth is weakness.

XIII. 国人畔袭厉王

商周历史，从汤武革命至国人畔袭厉王，结束一个时代。

公元前1656年汤伐桀，公元前1027年武王伐纣，此据《汉书·律历志》推算汤武革命之年也。

《周本纪》，厉王即位三十年，好利近荣夷公，大夫芮良夫谏，不听，以荣公为卿士，用事。王行暴虐侈傲，国人谤王。召公谏曰，民不堪命矣。王怒，得卫巫，使监谤者，以告则杀之，其谤鲜矣。诸侯不朝。三十四年，王益严，国人莫敢言，道路以目。厉王喜，告召公曰：吾能弭谤矣，乃不敢言。三年，乃相与畔袭厉王，厉王出奔于彘（今山西霍县，霍在当初是独立的邦）。芮良夫即芮伯，《诗·大雅·桑柔》有长诗（十六章，百十二句），芮伯刺厉王也，诗云，“贪夫败类”，毛传云，“类善也”；郑笺云，“类等夷也”。清人马瑞辰《毛诗传笺通释》云：“谓贪人能败善人耳”，“笺语正申传义”。《逸周书》有《芮良夫解》，言，“以予小臣良夫观天下有土之君，厥德不远，罔有代德，时为王之患，其惟国人”，晋孔晁注谓“是国人为患也”，清人校补云，“言今诸侯无有若汤武者，故患不在诸侯，而在国人，言内溃也”。（《诗·大雅·桑柔》篇全文附英译见后）

《桑柔》中英对照

SANG ROU

1. 菀彼桑柔，其下侯旬。捋采其刘，瘼此下民。
不殄心忧，仓兄填兮。倬彼昊天，宁不我矜。
Luxuriant is that young mulberry tree,
And beneath it wide is the shade;
But they will pluck its leaves till it is quite destroyed.
The distress inflicted on these [multitudes of the] people,
Is an unceasing sorrow to my heart;
My commiseration fills [my breast].
O thou bright and great Heaven,
Shouldest thou not have compassion on us?

2. 四牡骙骙，旟旐有翩。乱生不夷，靡国不泯。
民靡有黎，具祸以烬。于乎有哀，国步斯频。
The four steeds [gallop about], eager and strong;
The tortoise and serpent and the falcon banners fly about.
Disorder grows, and no peace can be secured.
Every State is being ruined;
There are no black heads among the people;
All are reduced to ashes, [as it were], by calamity.
Oh! alas!
The doom of the kingdom hurries on.

3. 国步蔑资，天不我将。靡所止疑，云徂何往。
君子实维，秉心无竞。谁生厉阶，至今为梗。
There is nothing to arrest the doom of the kingdom;
Heaven does not nourish us.
There is no place in which to stop securely;

There is no place to which to go.
Superior men are the bonds [of the social state],
Allowing no love of strife in their hearts.
Who reared the steps of the dissatisfaction,
Which has reached the present distress?

4. 忧心慇慇，念我土宇。我生不辰，逢天僤怒。
自西徂东，靡所定处。多我觏痻，孔棘我圉。
The grief of my heart is extreme,
And I dwell on [the condition of] our territory.
I was born at an unhappy time,
To meet with the severe anger of Heaven.
From the west to the east,
There is no quiet place of abiding.
Many are the distresses I meet with;
Very urgent is the trouble on our borders.

5. 为谋为毖，乱况斯削。告尔忧恤，诲尔序爵。
谁能执热，逝不以濯。其何能淑，载胥及溺。
You have your counsels; you employ caution;
But the disorder grows and dismemberments ensue.
I tell you the subjects for anxiety;
I instruct you how to distinguish the orders ot men.
Who can hold anything hot?
Must he not dip it [first] in water?
How can you [by your method] bring a good state of things about?
You [and your advisers] will sink together in ruin.

6. 如彼溯风，亦孔之僾。民有肃心，荓云不逮。
好是稼穑，力民代食。稼穑维宝，代食维好。

［The state of things］ is like going in the teeth of the wind.

Which makes one quite breathless.

Some have a mind to go forward,

But they are made to think it is of no use to do so.

They attach themselves to husbandry,

And labour like the people instead of eating ［the bread of office］.

Their sowing and reaping are precious to them;

They love this substitute for ［official］ emolument.

7. 天降丧乱，灭我立王。降此蟊贼，稼穑卒痒。

哀恫中国，具赘卒荒。靡有旅力，以念穹苍。

Heaven is sending down death and disorder,

And has put an end to our king.

It is sending down those devourers of the grain,

So that the husbandry is all in evil case.

All is in peril and going to ruin;

I have no strength ［to do anything］,

And think of ［the Power in］ the azure vault.

8. 维此惠君，民人所瞻。秉心宣犹，考慎其相。

维彼不顺，自独俾臧。自有肺肠，俾民卒狂。

Here is a good and righteous ruler,

Who is looked up to by the people and by all;

He keeps his heart, and his plans are formed on mature deliberation,

Searching carefully for helpers.

There is one who has no such character,

But reckons only his own views to be good;

He holds only to his own thoughts,

And causes the people to be distracted.

9. 瞻彼中林，甡甡其鹿。朋友已谮，不胥以穀。人亦有言，进退维谷。

Look into the middle of that forest,

At the herds of deer roaming together.

[But here] friends are insincere,

And do not help one another in what is good.

People have the saying,

"To go forwards or backwards is alike impracticable.

10. 维此圣人，瞻言百里。维彼愚人，覆狂以喜。匪言不能，胡斯畏忌。

Here is a wise man;

His views and words reach to a hundred li.

There is a stupid man;

He on the contrary rejoices in his madness.

It is not that I could not speak [all this] ;

How is it l was withheld by my fear?

11. 维此良人，弗求弗迪。维彼忍心，是顾是复。民之贪乱，宁为荼毒。

Here is a good man,

But he is not sought out nor employed.

There is a hard hearted man,

And he is thought of and promoted once and again.

The people [in consequence] desire disorder,

And find enjoyment in bitter, poisonous ways.

12. 大风有隧，有空大谷。维此良人，作为式穀。维彼不顺，征以中垢。

Great winds have a path;

They come from the large empty valleys.

Here is a good man,

Whose doings will be good.

There is a man unobservant of the right,

Whose goings will be according to his inward filthiness.

13. 大风有隧，贪人败类。听言则对，诵言如醉。匪用其良，覆俾我悖。

Great winds have a path;

The covetous men try to subvert their peers.

I would speak, if he would hear my words,

But I can [only] croon them over as if I were drunk.

He will not employ the good,

And on the contrary causes me [such] distress.

14. 嗟尔朋友，予岂不知而作。如彼飞虫，时亦弋获。既之阴女，反予来赫。

Ah! my friends,

Is it in ignorance that I make [this ode]?

[But it may happen] as in the case of a bird on the wing,

Which sometimes is hit and caught.

I go to do you good,

But you become the more incensed against me.

15. 民之罔极，职凉善背。为民不利，如云不克。民之回遹，职竞用力。

The unlimited disorder of the people.

Is owing to those hypocrites, skilful to prevaricate.

They work out the injury of the people,

As if their efforts were not equal to it.

The depravity of the people.

Is brought about by their strenuous endeavours.

16. 民之未戾，职盗为寇。凉曰不可，覆背善詈。虽曰匪予，既作尔歌。

That the people are unsettled.

Is owing to the robbers that prey on them.

Hypocritical, they say "These men will not do";

But when their backs are turned, they show their skill in reviling [the good].
Although you say, "We did not do this",
I have made this song about you.

厉王奔彘

厉王三十七年，奔亡矣，“厉王太子静匿召公之家，国人闻之，乃围之”。召公“以其子代王太子，太子竟得脱”。(《周本纪》，《国语·周语》同)《左传·昭公二十六年》记王子朝自周逃楚时告诸侯文，中云，“至于厉王，王心戾虐，万民弗忍，居王于彘”。对于王子朝的这种说法，即“万民弗忍”，有两种对立的见解：杜预(222—284)说是“不忍害王也”；刘炫(隋经学家)反对杜之观点，言“宣王在召公之宫，国人围之，召公知之，乃以其子代宣王，则国人谓是宣王，《国语》虽不言杀，必杀之矣”。国人“相与袭王，王既奔免，得王子而杀之，若得厉王，亦应不舍，而杜云‘不忍害王’，未必然也。当谓不忍者，不能忍王之虐也”。唐孔颖达(574—648)作《春秋正义》，站在杜氏一边，认为杜元凯“专取丘明之传，以释孔氏之经”，“今校先儒优劣，杜为甲矣”。孔反对刘炫，讥他“意在矜伐，性好非毁，规杜氏之失，凡一百五十余条，习杜义而攻杜氏，犹蠹生于木而还食其木，非其理也”。清代《四库全书总目·左传正义》提要有云：《左传》一书，“今世所传，惟杜注孔疏为最古，杜注多强经以就传，孔疏亦多左杜而右刘(注云：‘案刘炫作规过以攻杜解，几所驳正，孔疏皆以为非’)”。以上举“万民弗忍，居王于彘”之杜注为例，孔颖达录刘炫案语之后，即驳之云，“今知不然者，下云‘居王于彘’，是以理居处厉王于彘”，“若其必欲杀王，应云王奔于彘”。我们知道，《史记·周本纪》是说国人“相与畔袭厉王，厉王出奔于彘”。彘远在晋之边境，离宗周远得很。但《周语》是说“流王于彘”，“流”放也。

上举《逸周书·芮良夫解》很重要，哪里是对厉王说话，已经将当时形势同汤武革命之时相比，说当时各邦（“天下有土之君”）还未能出现如商代夏或周代殷的“代德”之君，换言之，还没有能够有吊民伐罪如汤武者的各邦首领，因此厉王之患，主要在国内，在国人，即本国人民。《芮良夫解》这些看法，也反映了一个重要的其时历史实际，当时周之天下本质是各邦联盟，周王不能直接组织或指挥各邦的人民，各邦的邦人国人，直接属于本邦。

周厉王奔彘，时在公元前842年（共和之前一年），距武王伐纣将近两个世纪。在这两世纪左右的长时期，各邦的国人邦人力量都有所发展，政治制度也在向公卿执政制转变。周之国人大暴动不是偶然发生的。

周之厉幽之际，传世有不少诗篇：据毛序，《六月》以下，除宣王有关的诗外，《小雅》自《节南山》以下，《大雅》自《民劳》以下，前者多幽王有关的诗，后者多厉王有关的诗（包括上引的《桑柔》篇）。传世的诗篇多起来，同当时的形势当然有关，而很重要的同时也反映了作诗者包括大量的士和大夫（前者［士］都包括在国人之内，一般不留名），他们地位的发展和提高，反映了公卿执政制时代的到来，古典民主政治时代的到来。

在有关幽王的多篇诗中有三篇所属时代，是幽王，还是厉王，是有争论的，这三篇是《小雅·十月之交》《小雅·雨无正》《小雅·小旻》，其《小旻》篇上文在谈及《书·洪范》篇时曾已提及。

毛序（汉初传《诗》的毛公在各篇之前所作的小序）和郑笺（东汉郑玄对于各篇诗句所作的注，谓之《诗笺》）对这三篇有截然不同的意见。毛序，“《十月之交》，大夫刺幽王也”；郑笺云：“当为刺厉王，作《诂训传》时，移其篇第，因改之耳”。

毛序，“《雨无正》，大夫刺幽王也；雨自上下者也；众多如雨，而非所以为政也”。郑笺云，“亦当为刺厉王，王之所下教令甚多，而无正也”。

毛序，“《小旻》，大夫刺幽王也”。郑笺云：“所刺，列于《十月之交》《雨无正》，为小，故曰《小旻》，亦当为刺厉王。”孔颖达《正义》云：“经言旻天，天无小义，今谓之《小旻》，明有所对也。故言所刺者，此列于《十月之交》《雨无正》，则此篇之事为小，故曰《小旻》也。”

对于《诗序》持根本否定态度者，如朱熹（1130—1200）、郑樵（1103—1162）之视为“村野妄人所作”，勿论矣，如引用以为诗之作成年代参考，则此三篇之属于幽，属于厉的时代，尚当考虑。

从历史发展的大局说，厉王（公元前878—前841）和幽王（公元前781—前771）基本上属于同一历史时代，中国史的古典时代；但具体地说，他们不仅年代有早有晚，而中间不仅隔着一个宣王（公元前827—前771），而且隔一个共和时代，古中国史上空前而亦后所未有的“共和”十四年（公元前841—前828）。

与此同时，自然界出现的日食现象，全世界历史上最早的日食记录，见于《诗·十月之交》篇首，此属何时代，用至定何年代问题，尤其不能不论。

马瑞辰《毛诗传笺通释》“十月之交”条云：“梁虞劆、唐傅仁均及［僧］一行（683—727）并推算幽王六年乙丑岁，建酉之月，辛卯朔辰时日食。《国语》‘幽王二年，西周三川皆震’，又曰，‘是岁三川竭，岐山崩’，与此诗‘百川沸腾，山冢崒崩’正合，则仍从《毛诗》刺幽王为是。”

按《诗·小雅·十月之交》云：“十月之交，朔月辛卯，日有食之”（At the conjunction［of the sun and moon］in the tenth month.On the first day of the moon，which was sin mao.The sun was eclipsed，……，James Legge，1815—1897）。据张培瑜《中国先秦史历表》，齐鲁书社，1987年版，第62页，幽王六年（乙丑岁），即公元前776年，9月6日，辛卯，朔，合朔时刻为9点43分。

如是，则毛序与郑笺的有关争论，《十月之交》是厉王时之诗，抑是幽王时之诗，可以解决了。《十月之交》应是幽王时之诗。

《十月之交》是刺幽王的政治诗，但“朔月辛卯，日有食之”却反映了当时周之邦人或周天下各邦古典时代自然科学常识、自然科学实践或古代天文学记录的水平。

同时，公元前776年在西方古希腊史也是值得重视的一年，奥林匹克（四年一度）的创始之年，这后来成为希腊历史纪元的基础。但希腊人以前迈锡尼文化的基础断了，在公元前1225—前1150年年间有一个历史中断的时刻；希腊人新来者要到大约公元前750—前700年年间才开始从腓尼基人学习字母，创造希腊字母文字。古代中国历史不存在这种所谓“黑暗时代”的问题。

在东边中国和西边希腊之间是中东地区，这时候，公元前一千年代前期，主要情况是：进入帝国时代了！公元前8—前7世纪是亚述帝国（或新亚述）的全盛时代，继之以米底帝国和波斯帝国，它们把西南亚和中亚，也把埃及和部分印度，统一在一个帝国统治之下。在这里，谈不上什么公卿执政，什么民主政治。

民主政治，古典时代的，古代世界的，这时只好落到古代中国人民的手里，这是历史的任务！全世界历史上，古典民主政治从哪里发生，从哪里开始发展？从古代中国！古典时代中国！

汤伐桀，是一次人民革命，汤是民之主，即人民首领。后来，“由汤至于武丁，贤圣之君六七作”，就是到了纣的时候，“纣之去武丁，未久也，其故家遗俗，流风善政，犹有存者，又有微子，微仲，王子比干，箕子，膠鬲，皆贤人，相与辅相之”（《孟子·公孙丑上》），要推翻殷商这样的天下，不是容易的事。所以“由汤至于文王，五百有余岁”（《尽心下》），纣虽然遇到文王这样的对手，说是“三分天下有其二”，仍然不怕，敢于自言“不有天命乎”（《周本纪》）？而武王会诸侯之师于盟津，到者“八百诸侯，诸侯皆曰纣可伐矣，武王曰，女未知天命，未可也，乃还师归”。又过两年，“闻纣昏乱暴虐滋甚，杀王子比干，囚箕子，太师疵，少师强抱其乐器而奔周，于是武王遍告诸侯曰，殷有重罪，不可以不毕伐”（《周本纪》），这样才又来一次武王伐纣的革命。这又是一次人民革命，史载周王“命召公释箕子之囚，命毕公释百姓之囚，表商容之闾，命南宫括散鹿台之财，发钜桥之粟，以振贫弱萌隶，命南宫括、史佚展［迁］九鼎保［宝］玉，命闳天封比干之墓，命宗祝享祠于军，乃罢兵西归”（《周本纪》）。就是最后迁走殷之器物，除九鼎外，还都分给参加战争的诸侯，《尚书》有《分器》篇（已亡）以记之。如《孟子》引《书》所说的，“武王之伐殷也，革车三百辆，虎贲三千人，王曰：无畏，宁尔也，非敌百姓也”！

汤武革命战争本来有个古典传统：叫作“兴灭国，继绝世，举逸民，天下之民归心焉”（《论语·尧曰》）。上面所举的这些，都在这条原则的范围。这是天下易王的大变革，即邦国联盟盟主变易的大变革，然邦国未动也。

厉幽之际，国人大暴动，限于周邦，而周为盟主之邦，就此邦而论，亦天下中心之大事，而就周天下整个形势言之，不过宗周一局部问题耳。天下除周邦之外，其他一切邦国如故也。大暴动之国人，群众也，其首领必士以下，非大夫，于史不足以举其名氏，王既远走，其子又有在国人“围之”之时而出代，而史虽未明言其结果而必为群众公愤之下已快于心而勿须记其被如何处置者矣。

第三篇　自共和讫孔子

（公元前 841—前476）

（古代中国民主政治全盛时代）

XIV. “黄帝以来讫共和”，“自共和讫孔子”（古代中国民主政治史的两大时期）

太史公曰：“五帝三代之记尚矣。自殷以前，诸侯不可得而谱；周以来，乃颇可著。孔子因史文，次《春秋》，纪元年，正时日月，盖其详哉！至于序《尚书》，则略无年月，或颇有，然多阙不可录。故疑则传疑，盖其慎也。余读谍记，黄帝以来皆有年数，稽其历谱谍、终始五德之传，古文咸不同，乖异。夫子之弗论次其年月，岂虚哉？于是以《五帝繫谍》《尚书》集世，记黄帝以来讫共和，为《世表》。”（《史记·三代世表》序）

太史公又曰：“儒者断其义，驰说者骋其辞，不务综其终始；历人取其年月，数家隆于神运，谱谍独记世谥，欲一观诸要，难。于是谱十二诸侯，自共和讫孔子，表见《春秋》《国语》学者所讥盛衰大指，著于篇，为成学治古文者要删焉。”（《史记·十二诸侯年表》序）

司马迁（公元前145—前86？）以“共和”作为政治史分期的界线，“黄帝以来讫共和”，“自共和讫孔子”，用意至深，亦符合历史实际。

太史公以传说历史应自黄帝始，其言曰：“学者多称五帝，尚矣。然《尚书》独载尧以来，而百家言黄帝，其文不雅驯，荐绅先生难言之。孔子所传宰予问《五帝德》及《帝繫姓》，儒者或不传。余尝西至空桐［登鸡头］，北过涿鹿，东渐于海，南浮江淮矣，至长老皆各往往称黄帝尧舜之处，风教固殊焉。总之，不离古文者近是。予观《春秋》《国语》其发明《五帝德》《帝繫姓》章矣，顾弟弗深考，其所表见皆不虚，《书》缺有间矣，其轶乃时时见于他说，非好学深思，心知其意，固难为浅见寡闻道也。余并论次，择其言尤雅者，故著为本纪书首。”（《史记·五帝本纪》“太史公曰”）。

这是他亲自旅行调查的结果。依史公的见解，中国古代文明史应自黄帝尧舜时代始。尧舜禹为同时代人，已到了有文字记载可考的历史时期了（参阅胡厚宣，“甲骨文土方为夏民族考”，《古代城邦史研究》，第340页以下）。

史迁所说的“自黄帝至共和”，就古典学（Classics）的意义说，我们认为可以将其内容从“汤武革命”算起，即是自“汤武革命”至“共和”，而此“共和”无宁是说共和前夕，即周之国人革命运动流厉王于彘之举，因为这是同民主政治革命运动有密切关系的。所以本书分别以“由汤武革命至国人流王于彘”，与“由共和至孔子”对举，然而不及史公“自黄帝讫共和”，“自共和讫孔子”之生动有力，不及太史公之分期用辞含义之博大矣！

共和十四年（公元前841—前827），乃宗周国人三年（公元前844—前842）武力斗争的政治革命成果，暴力统治34年的厉王被流放了，他的继位太子被包围迫交，其替代者无疑也被处置了，周王朝成为无王统治的王国，由曾经倾向国人的召公［与周公］二相行政（如依古本《竹书纪年》可能有诸侯公举的共伯［不是“共伯和”，详下文］摄位），改换年号，不用厉王（虽则他仍活着，流于彘），也不用摄政者共伯之名（详下文），而号为“共和”元年（“共”音巨用反，“共伯”之“共”则音恭），即韦昭（204—273）《国语》注所谓“彘之乱，公卿相与和而修政事，号曰共和”，或《晋世家》“正义曰”“周召和其百姓行政，号曰共和”是也。

共和十四年，是历史上第一次实行以广大国人群众为基础的民主政治，是公卿执政制（即使有摄王位的摄政者），有实际掌握行政权力的公卿，但没有在位的王。这不但在古代中国是初见，在世界古代史上也是初次看到。当时（公元前9世纪）欧洲希腊正当所谓荷马时代（黑暗时代之后），而罗马尚未出现于历史舞台，西亚和埃及则亦未尝有此共和之制（至于贵族会议、平民会议与君主共在之政治制度，则各国上古史［自苏美尔城邦以下］均有之，中国古代亦有之［《盘庚》篇就有此类会议］）。此共和制之名称，我国近代曾采用之以译西方各国的古典政制，如古代罗马的res publica，近代各种西方的共和国the Republic，包括今日我们自己的中华人民共和国the People's Republic of China。可是，当我们接触到所见所用的这些名目时，很少考虑到自己祖上早已用过、有过，而司马迁所提供的这个“共和行政”，“共和元年”，“号曰共和”等名目，不幸又被太康二年（公元281年）发现的《汲冢纪年》之“共伯［和］干王位”一条给干扰了，异说占了上风，人们花了不少工夫，献出不小本领，找到了什么《庄子·让王篇》的“共伯得乎共首”，《荀子·儒效篇》的“至共头而山隧”，《吕氏春秋·诚廉篇》的“共头”，和《开春篇》的“共伯［和］（按高诱注无和字）修其行，好贤仁”之类，都被汲冢竹书这条救活了，共同来压倒太史公著作中的“共和”，令这些在《史记》中说的共和，改为“共伯和”，是人名，而不是政治制度了！如果这样，那么《史记》中出现的这些“共和”，不过是一个人名的误写，他当了多少年的摄政官或摄政“王”，也不值得什么惊怪了！那更不值得拿来作为历史时代的标识，介于上面的黄帝、下面的孔子之间了。

本来，对于上古史的信与疑，除考古学的确证外，我们只好有条件地相信古代学者，例如司马迁，他说，“学者多称五帝尚矣，然《尚书》独载尧以来，而百家言黄帝，其言不雅驯，荐绅先生难言之”（参阅上文“太史公曰”）。因此，我们只好这样说：从黄帝到孔子，其中可信的，只是从尧舜以下到孔子，更确切地说，按考古学有确证的材料开始，从汤武革命到孔子，这个相当长的政治史可分为两大阶段：a. 自汤武革命至国人流王于彘；b. 自共和到孔子。这是文明和国家起源的信史，有考古学、甲骨学、金文学为证的信史，文献十分丰富，司马迁所说的，“总之，不离古文者近是”，这条条件也已达到。这里有一条连绵不断的人民史的线索，有一条尧舜禹汤文武周公孔子的思想文化的系统，有许许多多劳动人民出身的人民领袖，许许多多兄弟民族自古以来民族融洽的榜样传统（如：“舜东夷之人也，文王西夷之人也”），请问，这一切够不够说是一个人民史、民主史的条件？当然，在历史发展中，也会有的时候出现桀纣幽厉那样只自信“有命在天”，只会利用卫巫杀人的君主，也就是暴君，然而人民是能够起来把这些敌对的暴君打倒下去的。

有理由说，有充分条件说，古代中国是有民主政治史的，而且有这部民主政治史的两个阶段：汤武革命至［共和前夕］国人流王于彘是前一时期，古代民主政治史创始时期；次一时期则是由共和到孔子，古代民主政治的全盛时期。“共和时代”短短的十四年，也可以说就在这两时期的中间。

现在要着重说的是第二时期：“自共和至孔子——古代中国民主政治的全盛时期”。

首先要把《汲冢纪年》的“共伯［和］干王位”问题搞清楚。

XV. 释共和（共伯［和］可以休矣）

A. 共和释名，周之国人革命运动与世界史上第一共和国的诞生（《汉书》学对《史记》学之挑战）

司马迁《史记》“周本纪”暨“世表”“年表”、诸“世家”“秦纪”有“共和”，而班固（32—92）《汉书·古今人表》则有“共伯［和］”。共伯［和］与共和之正面对抗，是二千余年来未决的史学大公案。下面是几条基本材料：

1. 《史记·周本纪》：厉王即位三十年，好利，近荣夷公……以为卿士，用事。王行暴虐侈傲，国人谤王，召公谏曰：“民不堪命矣。”王怒，得卫巫，使监谤者，以告，则杀之。其谤鲜矣，诸侯不朝。三十四年，王益严，国人莫敢言，道路以目……三年（公元前842年），乃相与畔袭厉王，厉王出奔于彘。厉王太子静匿召公之家，国人闻之，乃围之……召公用以其子代王太子，太子竟得脱。召公周公二相行政，号曰共和［元年］（“元年”，据《左传·昭公二十六年》孔疏补）。

2. 《国语·周语》：厉王虐，国人谤王。邵公告曰：民不堪命矣。王怒，得卫巫，使监谤者，以告，则杀之。国人莫敢言，道路以目……三年，乃流王于彘……［厉王子］宣王在邵公之宫，国人围之……［邵公］乃以其子代宣王，宣王长而立之。

3. ［韦昭（204—273）注云：彘之乱，公卿相与和而修政事，号曰共和，凡十四年而宣王立。］

4. 班固（32—92）《汉书·古今人表》："共伯［和］"。

5. 颜师古（581—645）注云："师古曰，共，国名也；伯，爵也；和，共伯之名也；共音恭。而迁史以为周召二公行政，号曰共和，无所据也。"

共和之名，溯源于中国古典时代，初本西周纪年名号之一，以公元前841年开始，距今盖已两千八百三十三年矣。其时厉王已奔于彘（公元前842年），周邦无君，周之天下无王，《史记·周本纪》云，召公周公二相行政，号曰共和元年，故《三代世表》以"共和""二伯行政""大臣共和行政"始。召穆公，周定公，皆畿内诸侯，所谓二伯也；二相行政，号曰共和，所谓大臣共和终，而《十二诸侯年表》以"共和元年"，行政也。（按《十二诸侯年表》，在"共和元年"与"大臣共和行政"之间，有"以宣王少"四字，此恐自下文"索隐曰"，"宣王少"误补而来）。

"黄帝以来讫共和"，"自共和讫孔子"，当时历谱谍俱在，如司马贞《索隐》所言，"太史公得读焉也"。而后世不少学者对共和之说横加怀疑与非难，谓之为"无根据"，唐初颜师古（581—645）唱之于前，千有余年之下，明清之际，顾炎武（1613—1682）复和之于后，直到近代，反对之声犹未已也！

颜氏之言曰，"共，国名也；伯，爵也；和，共伯之名也，共言恭。而迁史以为周召二公行政，号曰共和，无所据也"。（《汉书·古今人表》"共伯和"条注）。

顾氏之言曰："《史记·周本纪》，厉王出奔于彘，厉王太子静匿召公之家，周公召公二相行政，号曰共和。共和十四年，厉王死于彘，二相乃共立太子静为王。"于是顾氏强调说："以二相为共和，非也。《汲家纪年》，厉王十二年，出奔彘，十三年，共伯［和］摄行天子事，号曰共和。”顾氏于此加注说，“《汉书·古今人表》有共伯［和］，师古曰，‘共国伯爵，和其名’。”（《日知录》“共和”条）至此，顾炎武与颜师古之否定《史记》所记的“共和”，已完全一致。二氏皆以“共伯［和］”否定太史公所倡导的“共和”。虽则顾氏所举之《纪年》，今本，不可信，不能用也。

“共伯［和］”与“共和”的矛盾，或者说，《汉书·古今人表》或《竹书纪年》的“共伯［和］”与《史记》的“共和”的矛盾，是两千多年来我国古代史学上尚未解决的大公案，许多大学者加入争论中来，颜师古、顾炎武而下，近代有王国维（1877—1927）和郭沫若（1892—1978）也都加入了，因为他们的研究工作牵涉及之。

“共和”出自太史公的记录，“共伯［和］”则来自《汉书·古今人表》和师古的分析，故分别以“《史记》学”和“《汉书》学”名之。是“《汉书》学”向“《史记》学”挑战，是用“共伯［和］”来否定“共和”。但“共和”不是“无所据”的，不是可以否定的。共伯［和］的共（恭），同共和的共，不是一个字。

《说文》，共，同也，从廿廾。段玉裁（1735—1815）注云，“二十人皆竦手，是为同也”。

又，恭，肃也，从心，共声，俱容切。

段注译说古“共”与“恭”的区别：《史记·卫世家》记卫厘侯之子太子余［共伯余］为君、被袭击、自杀、最后的谥，皆曰“恭伯”，唐人张守节《正义》所见本如此（见上文，Ⅰ.1.e.）。今宋本《史记》在《卫世家》《索隐》（唐人司马贞所记）所见“恭伯”亦同。

许多实例说明段注的原则，即“《史记》恭敬字无作共者”的原则，是得实的。

《周礼》《尚书》，供给、供奉，字皆借共字为之；但《尚书》《毛诗》《史记》，恭敬字皆作恭，不作共。汉石经之存者，《无逸》一篇中，“徽柔懿共”，“惟正之共”，皆作共；“严恭寅畏”，作恭。

此可以知古之字例矣。《毛诗》，“温温恭人”（《小宛》），“敬恭明祀”（《云汉》），“温恭朝夕”（《那》），皆不作共；“靖共尔位”（《小明》），笺云，共具也，则非恭字也；“虔共尔位”（《韩奕》），笺云，古之恭字或作共，云或，则仅见之事也。《史记》恭敬字亦无作共者。

由此可见，“共和”的“共”，音如字，或音巨用反，写法都作“共”；“恭伯”的“共”，必须音“恭”，古本作“恭伯”。“共和”的“共”与“恭伯”的“恭”不一样，不可混用，不得互换，音形义古皆不同。恭伯是人名、爵名，即有此爵名之人；共和则是纪年的名号，政治制度之称，在一旦无君无王之日，表现尤为明确。

由此可见，不得用“恭伯”来排挤“共和”，即不得用一个有此爵位能“人”来替换具历史意义的、一定政治制度的政治学名目“共和”。

“共和”是周邦无君，周天下无王之日的公卿执政，大臣共和，或相与和，或和其百姓而行政；传说的恭伯或共伯是制造出来的人物，自吹或被捧为“好行仁义”而来自远方，以统治周邦刚被推翻一个君王的国人群众；汤武革命是武力革命；周之国人流王于彘，也是暴力革命的群众运动；王被赶走了，王子以替身者被捕而匿于召公家不敢出来了，谁来料理这个乱局呢？召公是当时曾为国人利益骤谏厉王，临危之日又以己子代王子交出，他和周公同是畿内诸侯，在朝卿士，这时是得到国人支持的当国人物，公卿大臣相与和，公卿大臣和其百姓。当时历谱谍怎么记载的呢？后世只知道有“太史公读春秋历谱谍”，读到周厉王，“废书而叹！”这些有关的历谱谍下面怎么写的，谁也不晓得，但太史公写道，“及至厉王，以恶闻其过，公卿惧诛而祸作，厉王遂奔于彘。乱自京师始，而共和行政焉”。谁说太史公记下“共和”就无所据呢？太史公又说，“谱谍独记世谥，其辞略，欲一观诸要难”，因此，他“谱十二诸侯，自共和至孔子”。共和以前，则作世表，“纪黄帝以来，讫共和”。至于经传，共和以前，尚书集世；共和以下，春秋国语。能说都无所据吗？当然，在尚书、春秋、国语中，“共和”二字是不见经传的。但“共和”是划时代的！它见于《史记》，通过太史公，后世知“共和”在当时的历谱谍，太史公读了，也记下来了。

至于“共和”，则不外二说：其一，《国语·周语》上，韦昭（204—273）注云：“公卿相与和而修政事”（上文Ⅰ.1.a.）；其二，《史记·晋世家》张守节（唐开元时人）《正义》云，“周召和其百姓行政，号曰共和”。

或则“公卿相与和而修政事”，或则“周召和其百姓行政”，实际上都是“周召二公二相行政”，都要归结到“号曰共和之年”这个名目上来。用今天的古典政治学，韦说是贵族共和，张说则民主共和也。

共和是公卿执政，在西方古典史上，有时有君，有时无君，不拘一格。罗马共和国是无君的；雅典民主制共和则有君（basileus），但他属于次位，只管宗教传统。中国古典时代，只管宗教传统的邦君有的是，可是人们没有那种西方传统认识，一见到邦君尚在，就直觉地说是君主政治，其实如郑子产之执政，郑君有何政权可言？子产之卿相地位是子皮授予的，郑君有什么政治权力？

时至近代，19世纪后期，严复（1853—1921）等学者介绍近世西方的古典政治学的历史和学说，使用了两千多年前周之国人建立的“共和”制度名目来同西方研讨的古典时代的res publica（the republic）相对译；清帝退位之后，当初兴起的孙中山等革命家始创的“中华民国”，译为The Republic of China；而我们今天的“中华人民共和国”则译作The People’s Republic of China。这样，我们古典时代诞生的世界上最早的“共和”或“共和国”，就不仅具有古代世界古典历史上的光辉，而且这个在两千八百三十三年前曾由我们祖先创造的“共和”和“共和国”，在今天相辉映的则是世界上最富生命力、最年青、具最新、最美好政治制度的国家，我们的祖国，我们的中华人民共和国！

但古典时代共和的诞生，是当初周之国人革命运动的成果，古代君主政治，到厉幽暴君阶段崩溃了，通过短期的十四年的共和国而转入正常的公卿执政时代。

周之国人革命运动，是历史上第一共和国的诞生。

《国语·周语》和《史记·周本纪》都记载了距今两千八百多年前发生的周之国人革命运动（见上文）。这是古代世界史上第一次大规模的国人革命运动。《左传·昭公二十六年》有自周奔楚的王子朝，自楚告诸侯文，其上半（至东迁）如下：

> 昔文武克殷，成王靖四方，康王息民，并建母弟，以蕃屏周，亦曰，吾无专享文武之功，且为后人之迷败倾覆，而溺入于难，则振救之。至于夷王，王愆于厥身，诸侯莫不并走其望，以祈王身。至于厉王，王心戾虐，万民弗忍，居王于彘，诸侯释位，以间王政。宣王有志，而后效官。至于幽王，天不吊周，王昏不若，用愆厥位。携王奸命，诸侯替之，而建王嗣，用迁郏鄏。则是兄弟之能用力于王室也。

此告诸侯文中所云："至于厉王，王心戾虐，万民弗忍，居王于彘"。这"弗忍"二字如何理解？杜预（222—284）注云："不忍害王也"。后有刘炫（546？—613？）者，驳之曰："《周本纪》，民相与叛袭厉王，厉王出奔于彘。《周语》又曰，彘之乱，宣王在召公之宫，国人围之。召公知之，乃以其子代宣王。言代王，则国人谓是宣王，《国语》虽不言杀，必杀之矣。国人相与袭王，王既奔免，得王子而杀之，若得厉王，亦应不舍，而杜云'不忍害王'，未必然也。当谓不忍者，不能忍王之虐也。"按刘说是也，而孔颖达为杜氏辩护，言《周语》但云"求王子"，不云"求杀之"，以刘之规杜为非，宜其有孔疏多"左杜而右刘"之评也。（《四库全书总目·春秋左传正义》提要）

国人群众革命运动，与前此汤武革命不同。汤武革命为邦国联盟盟主［天子］之易位，国人群众革命运动则为一个邦国内部邦人国人之群起诛杀暴君。方古典城邦当盛之日，国人群众既为生产劳动者，又为武装力量之基础。王君公卿，为国人群众所敌视若仇敌，无不败者。《礼记·大学》云，“尧舜率天下以仁，而民从之；桀纣率天下以暴，而民从之。其所令反其所好，而民不从”。厉王好利，近荣夷公，又残民以逞，终于败亡，宜也，亦势也。

此时周人无君，周天下无王，次年（公元前841年），召公周公二相行政，号曰共和元年。“共和”者，此时周之纪年年号，必记之史册，藏之文献，所谓历谱谍是也。

司马迁（公元前145—前86？），将“共和”年号遍记于《史记》各个有关部分。《三代世表》云，“共和，二伯行政”，二伯者，召公、周公也。

《十二诸侯年表》云，“共和元年，［岁在庚申］（即公元前841年，距今凡两千八百多年也），大臣共和行政。

这是历史上第一个共和制国家，古代世界史之第一共和国，她出现在古代中国，而不在古代西方（《雅典执政官表》，始于公元前683年，罗马共和国传统的成立年代在公元前509年，比之周之共和元年都晚）。

这个诞生最早的共和制度，周邦共和，以本邦为限，即限于宗周与成周，不涉及周天下的其他部分。周邦此时无君，以共和［元年］纪年，周邦以外的十一邦（包括《秦纪》）记载厉王奔亡及共和行政情况如次（依《十二诸侯年表》序，去周）。

《鲁世家》：［鲁］真公十四年，周厉王无道，出奔彘，共和行政。

《齐世家》：［齐］武公十年，王室乱，大臣行政，号曰共和。

《晋世家》：［晋］靖侯十七年，周厉王迷惑暴虐，国人作乱，厉王出奔于彘，大臣行政，故曰共和。

《秦本纪》：秦仲立三年，周厉王无道，诸侯咸叛之。

《楚世家》：［楚］熊勇六年，而国人作乱，攻厉王，厉王出奔彘。

《宋世家》：［宋］厘公十七年，周厉王出奔彘。

《卫世家》：［卫］厘侯十三年，周厉王出奔于彘，共和行政焉。

《陈杞世家》：［陈］幽公十二年，周厉王奔于彘。

《管蔡世家》：［蔡］武侯之时，周厉王失国，奔彘，共和行政，诸侯多叛周。

《曹叔世家》：曰，夷伯二十三年，周厉王奔于彘。

《燕世家》：［燕］惠侯，当周厉王奔彘之时。

这些世家记厉王之奔彘与共和行政，基本相同，而互有出入，盖亦各有所据也。

厉王流放出国，一去不复返，共和国的周邦，历十四年，皆由召公周公以公卿执政。共和十四年（公元前828），厉王死于彘，周召共立其太子静为王。《周本纪》云，“太子静长于召公家，二相乃共立之为王，是为宣王”。《十二诸侯年表》记云，“宣王即位，共和罢”。《周语》云，“宣王长而立之”。立宣王者，二相也。

这个以国人为基础，由公卿执政的无君之邦，无王之天下，历史上古代世界的第一共和国，短短十四年，至是结束了。《周本纪》云，“宣王即位，二相辅之修政，法文武成康之遗风，诸侯复宗周”。这是说，周又恢复其盟主地位。

如上所述，太史公记共和十四年周邦（共和国）的兴与罢之史，是有所据呢，还是如《汉书·古今人表》“共伯［和］”条师古注之“无所据”呢？或者如顾炎武《日知录》“共和”条所说的，“以二相为共和，非也”，还是反之，应说“是也”呢？

不管怎样，这个无王无君的第一共和国虽不存在，而由这时建立起来的共和制度，却继续长成下去。国人的地位日益强固，且逐渐普及于各邦，成为春秋时代普遍存在的各邦政治制度，尤其在幽王末（公元前771年）犬戎入侵，周东迁雒邑之后。

《周本纪》云，“平王之时，周室衰微，诸侯疆并弱，齐楚秦晋始大，政由方伯”。这是说，公卿执政制时代，在各邦国，公卿执政，而在邦国联盟的天下（周天下），原来由盟主之邦的天子主管，此时也改由方伯主持，此即桓文当盛的霸政时代也。

这些是中国史上春秋时代的特点。所以，中国的春秋时代应由共和时代开其端，尽管后来又是有君有王，似乎不好称为共和时代，只好改称为公卿执政时代了。

可是，名义上的君或王，民主共和国可能也有，贵族共和更可能有，雅典的第二名执政官原是王或君，斯巴达则一直有二王。这不用说，近代的号称民主国家，不也存在王或皇的尾巴吗？

共和十四年，有其第一共和国的历史任务。宣幽复活的君主制并不能长存在或继续发展，公卿执政制来日方长，那也是共和制国家，称之为贵族共和，或贵族、民主相消长之共和国，或干脆是民主共和国，都无不可。

附注：把“恭伯”写成“共伯”，再把“共伯”加上尾巴“和”，变成“共伯［和］”，干什么呢？只有一个用处，对待史迁的“共和”。《汉书·古今人表》的“共伯［和］”，加以颜师古注的解说，“和，共伯之名也，共音恭”，这就是攻击、否定“共和”的全副武器。

这一套针对“共和”的武器，如果把它同《史记索隐》（在《周本纪》“召公周公二相行政，号曰共和”下）有关的解说（七个窜入字：“和”，“和其名”，“干篡也”）对比一下（见下文），将发见二者十分相似！或者彼此相互影响，或者有共同来源。提出这个问题，带这个问题来研究下文一个题目，“共伯考析”，或许是有益的。

B. 共伯考析
——由夏之诸侯至周之天子

公元前842年，周厉王奔彘；次年（公元前841年），大臣行政，或召公周公二相执政，号曰共和，此一说，太史公主之。

共伯干王位，亦即摄王政，此又一说，出自《汲冢纪年》。

第一说，共和国说；第二说，仍为君主政治。

讨论这个问题从共伯考析入手。

1.《庄子·让王篇》与《吕氏春秋·慎人篇》的“共伯”

传说的共伯在历史上比之共和先出台。

《庄子·让王篇》，“故许由娱于颍阳，而共伯得乎共首”。

许由、共伯，无非遁世之人，不见知于世上，而世上亦不知“共伯”为何如人。

《吕氏春秋·慎人篇》亦云，“故许由虞乎颍阳，而共伯得乎共首。高诱注云，［共伯］共、国，伯、爵也，弃其国，隐于共首山而得其志也。不知出何书也”。（高诱，东汉末人）

2.《吕氏春秋·开春论》出现“共伯［和］”

《开春论》曰：共伯［和］修其行，好贤仁，而海内皆以来为稽矣。

共伯［和］的“和”首见于此。然此篇亦有高诱注，高注不知“和”为其名，但云“共国伯爵，夏时诸侯也，以好贤仁，而人归之，皆以来附为稽迟也”。高注不知此共伯名和。这就证明，《吕氏春秋》在东汉末高诱作注时，他的所见本尚无“共伯［和］”，而只有“共伯”。

《庄子·让王篇》与《吕氏春秋·慎人篇》只有“共伯”，而未见“共伯［和］”，则其用“共伯［和］”若《吕氏春秋·开春篇》所见者，讹也，否则高注何以竟无反应也!

以《庄子》和《吕氏春秋》两书划界；以高诱注划界。则两汉之前（汉平帝元始元年为公元元年），或《竹书纪年》出世之前，古只有“共伯”，而不知“共伯［和］”。《吕氏春秋·开春论》之“共伯［和］”，表明“和”是窜入字，应删。

《吕氏春秋·慎人篇》无“共伯［和］”，只有“共伯”，而《开春论》出现。共伯［和］”；又注释不知“共伯［和］”，只知有“共伯”，而正文反有“共伯［和］”，则此［和］字为窜入字甚明显，故《开春论》之“共伯［和］”可作窜入字之典型例子，而其高诱注未被窜改，则可作无“共伯［和］”之限界也。

高诱注于《慎人篇》言共伯不知出何书，于《开春论》言共伯为夏时诸侯，高诱东汉建安十七年（公元212年）犹健在，说明公元3世纪初，人们犹不言乃至不知“共伯”为何如人，不知“共伯”与《史记》之“共和”（始于公元前841年）有何关系也。

3.《汉书·古今人表》上的“共伯［和］”问题

生在东汉末的高诱尚不知道“共伯”有尾巴“和”，即不知有“共伯［和］”，生在东汉初的班固（32—92）著《汉书》作《古今人表》，他怎么能知道有“共伯［和］”而编之于《古今人表》？故《汉书·古今人表》上的“共伯［和］”条，至少“和”字是窜入字，可能全条“共伯［和］”皆非班氏所提所编；这个问题是“共伯［和］”的中心问题。

尤要者，《汉书·地理志》，“河内郡共县”，云，“共，故国，北山淇水所出，东至黎阳入河”。《注》引孟康曰，“共伯入为三公者也”。师古曰，“共音恭”。按孟康魏人，早于颜师古。师古既能于此注意到“共伯”，当然也能发现这个共（音“恭”）之地，古只有共伯，而未有共伯［和］；他当然也能联想到《古今人表》中的“共伯”不应作“共伯［和］。”

附带说一说，郭沫若氏在《师嫠敦》一文（《两周金文辞大系图系考释》［七］，页一一四，下）中提到的“共伯［和］”，引《汉书·古今人表》注，“孟康言共伯［和］入为三公”，《古今人表》应是《地理志》之误，郭氏所说的“共伯［和］”，恰好应是“共伯”。（至于郭氏对“共伯［和］”的看法，不在本文讨论）

《庄子》《吕览》中的“共伯”，以至于《汉书》中的“共伯［和］”，包括颜师古注的“共伯［和］”以及“共伯”（《地理志》），都归之于《汲冢纪年》之前的材料范围。颜师古唐初人，他应当掌握《汲冢纪年》的竹书材料，当时古本《竹书纪年》在世，许多同时代人都读到用到。可是师古自己未提《纪年》此书。（按《汉书·地理志》京兆郑县，关于“穆王都西郑”问题，师古与臣瓒有争论，清洪颐煊（1765—1833）在《穆天子传》卷四末有注云，颜师古未检《穆传》和《纪年》两书，颜氏利用《纪年》的情况，未详。）今将师古之说（《汉书·古今人表》中的“共伯［和］”说法）列在古说与《纪年》说两说之间。但必须指出，颜师古在《古今人表》与《地理志》两处对待“共伯［和］”的思想是不一的。同时，《古今人表》中的“共伯［和］”及颜注，恐必有窜入问题。

4．《汲冢纪年》的发现与“共伯干王位”的记录

在司马迁（公元前145—前86？）著《史记》，与班固（32—92）著《汉书》（公元1世纪）之后，约又两世纪。晋太康二年（公元281年），汲郡人不准，盗发魏襄王（公元前318—前296）墓（或言安釐王［公元前276—前243］冢），得竹书数十车，其《纪年》十三篇，记夏以来至周幽王为犬戎所灭，以事接之，三家分，仍述魏事，至安釐王之二十年（公元前257年），盖魏国之史书，大略与《春秋》皆多相应，其中经传大异，则云夏年多殷，益干启位，启杀之，太甲杀伊尹，文丁杀季历，自周受命至穆王百年，非穆王寿百岁也。幽（应作“厉”）王既亡，有共伯［和］者摄行天子事，非二相共和也。这便是《汲冢纪年》发现经过和简略内容，见《晋书·束皙传》。

束皙（261？—约300）与皇甫谧（215—282）在（晋书）同传，两人都同《纪年》及其同时代的古史著述有关。皇甫谧著《帝王世纪》，今只有佚书，有“共伯［和］干王位”条，佚书乃录自《史记·三代世表》序末的《索隐》（唐司马贞著）。《索隐》曰：“厉王奔彘，周召二公共相王室，故曰共和。皇甫谧云：‘共伯［和］干王位，则以共国伯爵，和其名也，干王位，言篡也’。［皇甫说］与史迁之说不同，盖异说耳。”按，这里所录“共伯［和］干王位”，据司马贞《史记索隐》，无“和”字，只有“共伯干王位”，其他记录亦有出入，详下文。

又，上文所引《束皙传》记“厉王既亡，有共伯［和］者摄行天子事，非二相共和也”，一共二十字，常被引用，视若经典语言，然此乃说明的话语，非《纪年》原文也。

又，皇甫谧于《汲冢纪年》发现后一年即已去世，他能否见到《纪年》的全部整理工作，大可怀疑。

《汲冢纪年》原文，古本的，宋代亦已遗亡，今传世本今文本，不可信，不能用。唐人司马贞（唐初开元前后人）著《史记索隐》，他这时代人在唐初是能亲见《竹书纪年》原本的。在《史记·周本纪》“召公周公二相行政号曰共和［元年］”下，有注，但注的内容，在两种不同的版本，记录不一样。如下：

①通用本，包括《会注考证》本，《史记》

唐司马贞《史记索隐》云：

共，音如字；若《汲冢纪年》则云：“共伯和干王位”，共音恭，共国伯爵，和其名，干篡也，言共伯摄王政，故云干王位也。

（共42字，有7个窜入字，包括“和”，“和其名干篡也”）

②宋本及殿本《史记》

唐司马贞《史记索隐》云共，音如字；若《汲冢纪年》则云“共伯干王位”，共音恭，共国伯爵，言共伯摄王政，故云干王位也。

（共35字，少7字：“和”，“和其名，干篡也”，无窜入字）

从上面两种版本对比结果看到，宋本及殿本所保存下的《纪年》原文是正确的，“共伯干王位”五个字。其他版本，包括《史记会注考证》本，作“共伯［和］干王位”，多个“和”字，不是纪年原文，是窜入字。又，在这五个字的《纪年》原文之外，司马贞所作解说，其他版本还多了，“和其名，干篡也”六字，也是窜入字。

司马贞是亲见《汲冢纪年》古本原文的。时当唐朝初期，此书肯定还保存于世。司马贞将所见《纪年》原文“共伯干王位”录下，同《史记》的“共和”作对比，并加以说明云，“共音恭”（“共和”则“共音如字”），“干王位”即是“摄王政”（“共伯干王位”，即是“共伯摄王政”），话说完了。窜入字增加了解说，“和其名”，根本没有“和”字，这三个解说字就自我暴露了；又增加“干篡也”，恰好与“摄王政”对立起来。所以说，任意增加《纪年》正文“和”字作“共伯［和］”，又在司马贞说明文字增加了“和其名，干篡也”，反而表现矛盾，授人以柄，把作伪妄增的诡计完全暴露于世了！

把上文“共伯干王位”这条《纪年》原文搞清楚，进一步可以得出结论：《汲冢纪年》这条原文是“共伯干王位”，《纪年》只有“共伯”，没有“共伯［和］”，“和”是窜入字。

得到这样好的结果，当然应当感谢好版本，宋本和殿本《史记》，这些版本为我们保存下正确的《纪年》原文。

可是，也不是一切复杂的内容，宋本、殿本都能一样保存原样，宋本、殿本也会有被妄人妄窜入的内容。例如，在《史记·三代世表》，有《索隐》引用“皇甫谧云”的注，宋本和殿本，放在《世表》序末，《史记会注考证》本则在《世表》末“共和”栏内，注的内容两种版本都一样（只是宋本和殿本开始多“厉王奔彘”四字，《会注考证》本无），如下：

> 厉王奔彘，周召二公共相王室，故曰共和。皇甫谧云，共伯［和］干王位，则以共国伯爵，［和其名也，干王位，言篡也。］与史迁之说不同，盖异说耳。

这里，引文“共伯［和］干王位”，多个“和”字；其后自“和其名也，干王位”，至“言篡也”，共十字，都是窜入字。这就说明，妄增妄窜，无孔不入，古书考订功夫，应当说，还差得很远很远，未达标准也。（据《史记会注考证附校补》，上海古籍出版社，页三五〇，上，“共伯和干王位”条，明白标出，《索隐》本无“和”字。这就是说，据《史记索隐》本，应是“共伯干王位”，而不是“共伯［和］干王位”）

到这里，可以说，《汲冢纪年》的材料，惟一的一条，已经查到，并搞清楚了：“共伯干王位，”唐初人，司马贞《史记索隐》提供的。因此：

①“共伯干王位”应当确立，“共伯［和］”不应存在。可以说古有共伯，也有共和，但无共伯［和］，共伯［和］的“和”是窜入字。

②一切“共伯名和”的材料都没有可靠的来源。加个“和”，为的便于与“共和”对抗，取消“共和”！不管什么动机，作用和目的是如此。

③《吕氏春秋》在《慎人》篇只有“共伯得乎共首”，与“许由虞乎颍阳”相对；《庄子·让王篇》也是如此。提出这个“共伯”，与周之“共和”毫无关系。共伯是“恭伯”，共和是“共和”，两不相干。

④但《吕氏春秋》在《开春篇》出现“共伯［和］”，这“和”应删，只留“共伯修其行，好贤仁，而海内皆以来为稽矣”，至此为止，独立的一条。紧接着下面另起一条，“周厉之难，天子旷绝，而天下皆来谓矣”，这一条和上一条，各自独立，这是说，共伯（或恭伯）与厉王出奔，周无天子，本不相干。这同上文说的恭伯与共和无关，是同一道理。

C. 唐初亲见《竹书纪年》的三学者
——孔颖达、司马贞、张守节对共和、共伯的见解

古本《汲冢纪年》散失已不只千年了，唐代初期犹及见《竹书纪年》的学者所提供的材料和见解，当然极为难得，这里选取三位：一位是为群经（《周易》，《书》，《毛诗》，《礼记》，《左传》）作疏的孔颖达（仲达），一位是《史记索隐》的作者司马贞，还有一位是《史记正义》的作者张守节。他们生当公元7—8世纪，亲自见过而且用过《竹书纪年》，而又博识多闻，既知“共和”，又知“共伯”。当然，他们除反驳他人外，自己是没有用过“共伯和”，也不知道“共伯和”的，因为古无“共伯和”，“和”乃是窜入字。

先说孔颖达。《左传·昭公二十六年》，王子朝奉周之典籍以奔楚［自楚］使告于诸侯曰：“昔武王克殷，成王靖四方，康王息民……至于厉王，王心戾虐，万民弗忍，居王于彘，诸侯释位，以间王政。宣王有志，而后效官。至于幽王，天不吊周，王昏不若，用愆厥位。携王奸命，诸侯替之。而建王嗣，用迁郏鄏……”。这一大段是西周自克殷至东迁的简史。孔颖达的《正义》是如何处理这些有关问题的？

他很平均，用《史记》的材料来解说“诸侯释位，以间王政”；在这里，他一边倒只用（史记），肯定“共和”说，不用《汲冢纪年》，不涉及“共伯干王位”，一点也不触及。可是，对于“携王奸命，诸侯替之”，他则大量地、集中地利用《纪年》的材料，而且还用了皇甫谧和束皙的有关材料。

如孔颖达《疏》中写道：《汲冢书·纪年》云，“平王奔西申，而立伯盘以为太子，与幽王俱死于戏。先是，申侯、鲁侯及许文公立平王于申，以本太子，故称天王。幽王既死，而虢公翰又立王子余臣于携，周二王并立。二十一年，携王为晋文公所杀，以本非嫡，故称携王。”

孔氏又引：“束皙云，案《左传》，携王奸命，旧说携王为伯服，伯服古文作伯盘，非携王。伯服立为王，积年，诸侯始替之，而立平王。其事或当然。”这些都是从《竹书纪年》直接或间接［据束皙］得到的材料。

《纪年》的材料，在“携王奸命”问题上，孔氏用了这么充分，而“诸侯释位，以间王政”问题，他却不那么注意《纪年》的有关竹书，至少“共伯干王位”，《索隐》引用的，孔颖达总当看到，为什么孔氏对这方面材料那么不关心，不引用，也不交代？

在《左传·昭公二十六年》，王子朝自楚告诸侯文，“诸侯释位，以间王政”下，杜预注云：“间犹与［预］也，去其位，与［预］治王之政事。”孔颖达《疏》云，“正义曰，‘《周本纪》云，彘之乱，宣王在召公之宫，国人围之，召公以其子代太子，太子竟得脱。周召二公二相行政，号曰共和元年。’是其释位与［预］治王政之事也”。

按孔颖达对“诸侯释位，以间王政”的理解，第一，依杜注，即是说，当时是由“诸侯”去其位，而参与管理（与治）王之政事；第二，这些“诸侯”是谁呢？孔颖达全引《史记·周本纪》这一段，而后用结语指出，这便是“诸侯释位，以间王政”了，这等于说，“诸侯”者，周召二公二相是也。这就是说，周召二公二相之外，并无《纪年》所说的“共伯”参加，“共伯干王位”，如果孔颖达看到了（他必定看到，因为如上文说的“携王”问题，孔氏是那么详细地读和引用《纪年》的），孔氏也是认为与“共和”问题完全无关（“共和”是“共”音如字，或“巨用反”；“共伯”之共则音“恭”，两个不同的词）。

王子朝自楚告诸侯文，在“诸侯释位，以间王政”之下，是“宣王有志，而后效官”。杜注云，“宣王厉王子。彘之乱，宣王尚少，召公虎取而长之。效、授也。”孔颖达疏云“正义曰，《周语》云，召公‘以其子代宣王，宣王长而立之’。《周本纪》云，‘共和十四年，厉王死于彘，太子靖长于召公家，二相乃共立之为王，是为宣王’。是召公长之也。共和之年，官之政事皆决于二相。宣王长而有志，堪为人主，二相乃致其官政于王也。效者致与之义，故注云，‘效、授也’。”

这一段，孔疏又是全据《周语》和《周本纪》以释杜注。杜在为《左传》作注时，未见《纪年》之文（时犹未出），而孔作疏时，《纪年》内容他全知道，可见孔颖达态度是完全肯定《史记》，而否定《纪年》这些有关材料了。

为什么孔颖达不理睬《汲冢纪年》关于“共伯干王位”的材料呢？这不用多说，因为事实如此，说少说多，当我们还没有更多更新的证据时，却只能是软弱的推测，而这是没有意义的！总之，从上举孔疏所表示的情况看来，“共和”是“共和”，“共［恭］伯”是“共［恭］伯”，“共伯干王位”属于另一个某种问题，与“共和”毫不相干，就像“夏时诸侯”那样！

第二位亲见《汲冢纪年》的学者，《史记索隐》的作者司马贞，上文已经指出，他的有关材料，一是在《周本纪》“号曰共和”下，以“共伯干王位”与“召公周公二相行政，号曰共和［元年］”并列，即“共伯摄王政”与二公二相行政的“共和”并在；二是在《三代世表》序末或表初，也是二公共相王室与共伯干王位并见共在。这两条材料要严重注意排除窜入字“和”的干扰和破坏，只有共伯，没有共伯［和］。至于周召二公二相，无王无君执国政十四年，抑或周邦本身有人执政曰共和，而他邦他国另有执政官之外在周或在周以外之某邦某地曰共伯者被视若王若君之人，二者必居一，如何断定，则有待更多之证据！

这是第二位学者司马贞之见地，或则周既有“共和”，而他地又有“共伯”；或则“共和”“共伯”俱在于周。

第三位是《史记正义》作者张守节，他历叙：1. 韦昭说（亦即《史记》之《周本纪》共和说）；2. 《鲁连子》说，“卫州共城县本周共伯之国，共伯名和，好行仁义，诸侯贤之，周厉王无道，国人作难，王奔于彘，诸侯奉和以行天子事，号曰共和元年。十四年，厉王死于彘，共伯使诸侯奉王子靖为宣王，而共伯复归国于卫也”。此说不提《竹书纪年》，而其实为《纪年》之世俗化，演为故事。《正义》之特点在于转载此说，而以《史记・卫世家》所记卫釐侯太子共伯与其弟和争立之事以否定之，同时亦否定《鲁连子》之传说，是为第三说，如次：“《世家》云：釐侯十三年，周厉王出奔于彘，共和行政焉。二十八年，周宣王立，四十二年，釐侯卒，太子共伯馀立为君，恭伯弟和袭攻恭伯于墓上，恭伯入釐侯羡自杀，卫人因葬釐侯旁，谥曰恭伯，而立和为卫侯，是为武公。”《正义》结语云，“按此文，共伯不得立，而和立为武公，武公之立在恭伯卒后，年岁又不相当，年表亦同，明《纪年》及《鲁连子》非也。”《正义》主《史记・周本纪》与《卫世家》，不多言《纪年》，以《纪年》仅五个字，“共伯干王位”，无甚可言者。引《鲁连子》，举之以为否定对象。《史记会注考证》引“崔述（1740—1816）曰”，责《正义》误认卫州共城县为卫国，然《正义》此注的任务在于将《纪年》之说与《鲁连子》之说（二说一个主张，所谓“共和”者，“共伯［和］”也）并举而一起否定之，这一点，《正义》是达到了。

应当指出，鲁仲连这个人虽是战国后期人，他的《鲁连子》写的“共伯［和］”是西周后期的事，但这故事传到我们却是晚在《汲冢纪年》被发现、记载和传播之后（现存的《鲁连子》有关的佚文，见《玉函山房辑佚书》，是从《史记·周本纪》张守节《正义》抄录来的，但此辑佚书却误作从司马贞《索隐》抄来），用《鲁连子》的“共伯［和］”来提高《纪年》（共伯干王位）的价值，反之，《纪年》的这一条也被用来提高《鲁连子》的声价了。我们在这里引用它，不仅在于同意张守节之否定《纪年》与《鲁连子》，而且同时是要指出这么晚才与读者见面（经唐人之手）的“共伯［和］”，同《纪年》中的“共伯［和］”一样，“和”也是窜入的字！

《鲁连子》的“共伯［和］”记载，由《路史》转来的似乎更详些，但那也就更晚些，还是用张守节《正义》传的好。

总括孔颖达、司马贞和张守节三唐人的“共和”与“共伯”的材料，第一，太史公提供的“共和”是不可破弃，不可取消的，这是三唐人投一致的赞同票的。

第二，关于“共和”与“共伯”，共和无疑只限于文化经济较为发达的地区，如宗周、成周；共伯或许只是王霸或盟主之邦所特有。共和为春秋各邦共通的政治制度，发展下去，发达起来；共伯则只限于霸者盟主之邦。

第三，“共伯［和］”还是不存在的！这是三唐人共通的肯定和否定的方面；肯定了“共和”与“共伯”，否定了“共伯和”。司马迁编写了《卫世家》，“共伯”是一个人物，“和”是又一个人物；他们两人与共和时代没有关系，“共和”之“共”音巨用反，“共伯”之“共”音“恭”。人物的专有名词二：“共伯”与“和”；政治制度公有的名词一：“共和”。二者没有亲戚关系，不是历史过程中的什么问题，只是偶尔碰到一起，而引起某些作者的兴趣而已。

D. 太史公“自黄帝讫共和”，“自共和讫孔子”的历史意义；论“共和”为《春秋》时代之始

太史公序《三代世表》云：“以《五帝繫谍》，《尚书》集世，纪黄帝以来，讫共和。”其序《十二诸侯年表》云：“谱十二诸侯，自共和，讫孔子。”

黄帝—共和—孔子，共和是一个时代，它介于黄帝和孔子两大时代之间。所言黄帝，指五帝三代，王者之迹的时代；所言孔子，指王者之迹熄的时代，春秋时代也。

“王者之迹熄而《诗》亡，《诗》亡然后《春秋》作，晋之《乘》，楚之《梼杌》，鲁之《春秋》，一也，其事则齐桓晋文，其文则史，孔子曰，其义则丘窃取之矣。”（《孟子·离娄》）

这是由黄帝创始、三王世传、王迹递嬗的《诗》《书》时日，至孔子制作、百家继起、其事齐桓晋文的《春秋》纪年这样两个时期的过渡，文化由青铜时代进入铁器时代，文明由汤武革命转入管仲为仁、赵盾专政，子产乡校、魏绛和戎的古典民主当盛之日。秦晋西北，吴楚东南，东迁实扩展华夏文物领域之规模；由君主而公卿，由王而霸，共和则奠定历史进步之基础。

这就是共和，这就是共和的历史时代，哪怕它只是短短的十四年。

这十四年无王无君。公卿执政，号为共和时代；其末年（公元前828年），厉王死于彘。次年（公元前827年），太子静（他以召公之子代，当初未死）长于召公家，二相乃共立之为王，然王位已断，立之者公卿，非以太子继王位也。宣王既立，二相辅政，《周本纪》云，“诸侯复宗周”，是前此之十四年，诸侯不宗周，或“诸侯多叛周”（《管蔡世家》）也，当初周已非天子之邦矣。宣王在位四十六年（公元前827—

前782），大部时间忙于对外，西北有玁狁，东南有淮夷，败绩于姜氏之戎，而内事仅仅干预鲁之立君，鲁之国人不从，竟须动干戈，《国语》言“诸侯从是而不睦”。号为中兴之主，而末年乃以相传鬼事而被射而死于鄗。

幽王共十一年（公元前781—前771），虽云以褒姒及太子故，实则内遭国人之怨，外败于戎夷，宗周不复能立足，号为东迁，实则亡矣。三代君主政治初亡于厉王之奔彘，终结束于平王之东迁，共和十四年予国人以兴起之教育，由宗周而遍及周之天下各国，公卿执政时代继之而确立，霸者之地位代之而兴，霸者者，从政治上攘夺天子为盟主之地位，而仅留宗教上、血缘关系上之首领地位于周天子而已。

故曰，由黄帝讫共和，由共和讫孔子，孔子为春秋时代之代表人物，而共和则由王迹转入公卿执政，三代转入春秋时日之历史转折点也。

春秋时代为国人在政治上全盛之时代，春秋时代为国人的历史时代，公卿执政只是以国人之政治地位为基础而后可能，春秋时代应从共和时代算起。

共和，第一共和，大体就是这样；共伯呢？

当共和十四年，据可信的《汲冢纪年》由《史记索隐》所保存的记录，“共伯干王位”，司马贞的解释，这是说：“共伯摄王政。”这是传世惟一可信的有关材料。

皇甫谧的《帝王世纪》，现存的有关材料只一条，是由《史记·三代世表》的《索隐》转抄来的，也是“共伯［和］干王位”，［和］字也是被窜入的。

这些上文都已讨论过了。这个共伯在哪里？《汉书·地理志》注转引孟康说法，“入为三公”；《吕氏春秋·开春论》说是“海内皆以来为稽”（高诱注：“以来附为稽迟”），一是入朝，到周天子那边去；一是来附，诸侯到共伯国中来。前者是西周王迹之世（《庄子·让王篇》说是许由式人物；《吕氏春秋·慎人篇》亦同，而《慎人篇》高诱注以为夏时诸侯）；后者则是周末厉王之时，然而都渺茫！

入周为三公，则不可能从召公周公夺去行政之权以摄王政，干王位，因为召公周公始终在位是公认的，因此，为三公说，与摄王政，干王位说，有矛盾。同时，周人（周之国人）不会允许别国的邦君来统治周邦，因为这等于周邦的灭亡。

惟一可能的是共伯管天子事，有如霸者，桓文之事，但这是史无前例的；而共国小得很，霸者不可能不以力，“以力假仁者霸”，如《孟子·公孙丑》说的，“霸必有大国”；孟子认为“仁”有那么大的力量，“以德行仁者王”，“王不待大”，这没有例子，而且周人不会服属于小小的“共”国之伯的。或许如宋襄那样，自吹自夸，但宋也比共国大得多，而且宋是殷之后，《商颂》的老家，“共”有什么？《日知录》的“共和”条似乎曾在这方面想一想，但落空了！

《汲冢纪年》中有关的材料，今天尚能从古籍中找到的，惟此一条而已！“共伯干王位”，或许只是传说的乌托邦，或许只能如《史记正义》所指出的：“《纪年》及《鲁连子》非也！”张守节是掌握当时最充分的材料而作此结论的。

总而言之，惟一可信的，还是“共和”说；“共伯［和］”无据，“共伯”则无能为！

XVI. 宣王中兴

A. 西北、东南之经略

但周召执政的共和国，也只有14年，到公元前827年为止。前一年厉王没于彘，二相还政，宣王复王位，共和罢；这一年是宣王元年。宣王中兴之始。

宣王在位46年（公元前827—前782），继共和十四年少事［见于史者］之后，号称："中兴"（《诗·大雅·烝民》序）。《史记·周本纪》叙宣王事仍甚罕，初云："宣王即位，二相［周召］辅之修政，法文武成康之遗风，诸侯复宗周"，概括如此而已。然此时期《诗》所反映者甚富，且皆经营四方之大事。如《小雅·六月》篇，毛传云，"宣王北伐也"。郑笺云，"北狄来侵甚炽"，"出征玁狁（xiǎn yǔn），以正王国之封畿"。

《诗·采薇》（毛序定为文王时诗）已提文王以天子殷王之命，命将率，遣戍役，守卫中国，故"玁狁孔棘"，早见于殷周之际。到了《六月》之篇，"玁狁孔炽"，侵入内地，"侵镐及方，至于泾阳"。郑玄（127—200）说宣王遣尹吉甫出征，王肃（195—256）则说宣王亲征，出镐京而远，遣尹吉甫追至大原。《诗·六月》篇云："薄伐玁狁，至于大原。文武吉甫，万邦为宪。"

文武吉甫，毛传谓其有文有武，可为万邦之法；郑笺则直谓“此时大将也”。

吉甫留有青铜遗物，宋代出土，曰“兮甲盘”或“兮伯吉父盘”，铭文为33字，首云“维五年三月”，知此次战争发生于宣王五年（公元前823年）六月，作器之三月为准备之时。

下面附《诗·六月》及其英译文，以及《兮甲盘》铭文。

《六月》中英对照

LIU YUE

1. 六月栖栖，戎车既饬。四牡骙骙，载是常服。玁狁孔炽，我是用急。王于出征，以匡王国。

   In the sixth month all was bustle and excitement.

   The war carriages had been made ready,

   With the four steeds ［of each］, strong and eager;

   And the regular accoutrements had been placed in the carriages.

   The Xian-yun were in blazing force,

   And thence was the urgency.

   The King had ordered the expedition,

   To deliver the royal kingdom.

2. 比物四骊，闲之维则。维此六月，既成我服。我服既成，于三十里。王于出征，以佐天子。

   Matched in strength were the four black steeds,

   Well trained to observe everv rule.

   On this sixth month,

   We completed our accoutrements.

   Our accoutrements were completed,

   And we marched thirty *li* ［every day］.

The King had ordered the expedition,

To help the son of Heaven.

3. 四牡修广，其大有颙。薄伐獫狁，以奏肤公。有严有翼，共武之服。共武之服，以定王国。

The four steeds were long, and stout,

And large headed.

We smote the Xian yun,

And achieved great merit.

Severely strict and careful [was our leader],

Discharging his military service, ——

Discharging his military service,

And settling there by the royal kingdom.

4. 獫狁匪茹，整居焦获。侵镐及方，至于泾阳。织文鸟章，白旆央央。元戎十乘，以先启行。

Badly reckoned the Xian yun,

When they confidently occupied Jiao and Huo,

And overran Gao and Fang,

As far as to the north of the King.

On our flags was their blazonry of birds,

While their white streamers fluttered brightly.

Ten large war chariots.

Led the way in front.

5. 戎车既安，如轾如轩。四牡既佶，既佶且闲。薄伐獫狁，至于大原。文武吉甫，万邦为宪。

The war carriages were well made,

Nicely balanced, before and behind.

Their four steeds were strong,

Both strong and well trained.

We smote the Xian yun,

As far as Tai Yuan,

For peace or for war fit is Ji fu,

A pattern to all the States.

6. 吉甫燕喜，既多受祉。来归自镐，我行永久。饮御诸友，炰鳖脍鲤。侯谁在矣，张仲孝友。

Ji fu feasts and is glad;

Great happiness is his.

In returning from Gao,

Distant and long had been our march.

He entertains and feasts his friends,

With roast turtle and minced carp.

And who are there?

There is Zhang Zhong, the filial and brotherly.

《诗·小雅·出车》篇亦曾被视为宣王时代的事（《史记会注考证》）。《周本纪》引“崔述（1740—1816）”谓《出车》篇为“咏宣王征西北之事”，但据毛传郑笺传统，“王命南仲”，王殷王也，南仲文王之属；“我出我车”，我殷王也。马瑞辰（《毛诗传笺通释》十七）云“《汉书·古今人表》宣王时有南中，与此诗南仲自为二人；《汉书·匈奴列传》引《诗》‘出舆彭彭’，‘城彼朔方’，以为宣王兴师，命将征伐，盖本三家诗误以此南仲为宣王时人，遂以此诗为宣王时诗。”

《诗·出车》所记之玁狁，与《采薇》篇的同，为殷周之际之玁狁。玁狁盖自古为我北方之兄弟民族，即后来之匈奴也。

《史记·匈奴列传》，“匈奴，其先祖夏后氏之苗裔也，曰淳维；唐虞以上有山戎、玁狁、荤粥，居于北蛮，随畜牧而转移。”淳维，《集解》引《汉书音义》曰，匈奴始祖名；《索隐》引张晏曰：“淳维以殷时奔北边。”又乐产《括地谱》曰：“夏桀无道，汤放之鸣条，三年而死，其子獯粥，妻桀之众妾，避居北野，随畜移徙，中国谓之匈奴”，“其言夏后苗裔，或当然也。”“故应劭《风俗通》云，‘殷时曰獯粥，改曰匈奴。’”又服虔（东汉时人）云：“尧时曰荤粥，周曰玁狁，秦曰匈奴。”韦昭云，“汉曰匈奴，荤粥其别名”，“则淳维是其始祖，盖与獯粥是一也。”《正义》又引杜预云，“山戎、北戎、无终三名也”。

按：“无终”即“戎”之拼音；玁狁，荤粥，獯粥，匈，又皆戎之拼音或同音符号，淳维恐亦然，而“匈奴”又“胡”之拼音也。兄弟民族，历史渊源数千载，本是同根，故曰“其先祖夏后氏之苗裔也”。

宣王之经营北方或西北，以《诗·小雅·六月》篇为准，时在公元前823年，金文《兮甲盘》铭可证。

图3-1 《兮甲盘》铭文

《六月》诗云，“薄伐玁狁，至于大原”，大原（太原）者，西北陕甘一带。把匈奴（玁狁）赶出西北方，赶出今陕甘边境以外，这在历史上引起什么后果呢？

被赶向西北方的匈奴人（玁狁），逼迫着在其前面的塞种人（Scythians，中译西徐亚人）。那是约公元前9世纪末。到公元前约8—前7世纪，这些西徐亚人由中亚向南部俄罗斯移徙，但有一部分留在东边，例如阿尔泰山区，那里到后来（公元前5—前2世纪）还留下那些居民的贵族坟墓。[①]

此外，宣王还经营东南方，此亦见于《诗》。

《诗·小雅·采芑》序云，“宣王南征也”。这篇诗的中心人物是方叔。毛传云，“方叔卿士也，受命而为将也”。

《诗》云，“方叔涖止，其车三千；师干之试，方叔率止”。郑笺云：“方叔临视此戎车三千乘，其士卒皆有佐师杆敌之用”。“率”者，“率此戎车士卒而行也”。

《诗》又云，“蠢尔蛮荆，大邦为仇。方叔元老，克壮其犹”。毛传云，“蠢，动也；蛮荆，荆州之蛮也”。又云：“元大也。五官之长，出于诸侯，曰天子之大老，能壮大其兵谋”；［郑笺云］“犹，谋也；谋，兵谋也。”

《诗》末云：“显允方叔，征伐玁狁，蛮荆来威。”郑笺云：“方叔先与吉甫征伐玁狁，今特往伐蛮荆，皆使来服于宣王之威，美其功之多也。”马瑞辰《毛诗传笺通释》云：蛮荆来威，“来犹是也，威犹畏也。‘蛮荆来威’，犹云‘蛮荆是畏’。《笺》读来如往来之来，又以威为宣王之威，失之。”

“蛮荆”，这是楚。《采芑》是伐楚的诗。“征伐玁狁，蛮荆来威”，说明伐玁狁在前，伐楚在后，所以《采芑》诗应在公元前823年之后，但与《六月》之诗的作成，相距又不能太远，才能够当北方征伐玁狁之时，南方就发生了“蛮荆是畏”的反应的局势。

但周与楚的关系远比《六月》《采芑》之诗为早。[②]《史记·楚世家》，“楚之先［祖］出自帝颛顼高阳”，此为黄帝的一支（舜禹之一支）；黄帝之另一支为玄嚣之后，曰尧，曰契（其后为殷汤），曰稷（其后为周文武）。此为黄帝之后的两大支，以《史记》诸世家为例，在《陈

① 参阅本书绪论篇“丝绸之路——中西古典文明交往的物质象征”。

② 参阅《古代城邦史研究》（人民出版社1989年版）第十三章，“楚邦的发生和发展”（刘家和）。

涉世家》之前（不计《陈涉世家》），凡十七世家，属于第一支（舜禹，来自颛顼者）凡六，第二支（玄嚣，来自契稷者）凡十一，不出于此，则出于彼。吴、鲁、燕、管蔡、卫、晋、郑、魏、韩皆姬姓，宋及孔子则子姓；齐、陈杞、楚、越、赵、周，则异姓。周成王之时，楚自称王，而周公曾奔楚（《鲁世家》及《蒙恬传》）。《周本纪》记周公“东伐［代］淮夷残［践］奄”，而传世之《作册夨［zè］令毁》（二器，据《殷周金文集成》）铭文作“伐楚伯”，其时，依《书·多方》（“奔走臣我监五祀”）计之，可能在公元前1020年。（附《诗·采芑》及英译，及金文《作册夨令毁》［二器］铭文）

《采芑》中英对照

CAI QI

1. 薄言采芑，于彼新田，于此菑亩。方叔涖止，其车三千，师干之试。方叔率止，乘其四骐，四骐翼翼。路车有奭，簟茀鱼服，钩膺鞗革。

   They were gathering the white millet,
   In those new fields,
   And in these acres brought only one year under cultivation,
   When Fang Shu came to take the command.
   His chariots were three thousand,
   With a host of well disciplined warriors.
   Fang Shu led them on,
   In his carriage drawn by four piebalds,
   Four piebalds orderly moving.
   Red shone his grand carriage,
   With its chequered bamboo screen, and seal skin quivers,
   With the hooks for the trappings of the breast bands, and the reinends.

2. 薄言采芑，于彼新田，于此中乡。方叔涖止，其车三千，旂旐央央。

方叔率止，约軝错衡，八鸾玱玱。服其命服，朱芾斯皇，有玱葱珩。

They were gathering the white millet,

In those new fields,

And all about these villages,

When Fang Shu came to take the command.

His chariots were three thousand;

His banners, with their blazonry of dragons, and of serpents and tortoises, fluttered gaily.

Fang Shu led them on,

The naves of his wheels bound with leather, and his yoke ornamented.

Tinkle tinkle went the eight bells at the horses bits.

He wore the robes conferred [by the King];

His red knee covers were resplendent,

And the gems of his girdle pendant sounding.

3. 鴥彼飞隼，其飞戾天，亦集爰止。方叔涖止，其车三千，师干之试。方叔率止，钲人伐鼓，陈师鞠旅。显允方叔，伐鼓渊渊，振旅阗阗。

Rapid is the flight of the hawk,

Soaring to the heavens,

And again descending and settling in its place.

Fang Shu came to take the command.

His chariots were three thousand,

With a host of well disciplined warriors.

Fang Shu led them on.

With his jinglers and drummers,

He marshalled his hosts and addressed them.

Intelligent and true is Fang Shu,

Deep rolled the sound of his drums;

With a lighter sound he led the troops back.

4. 蠢尔蛮荆，大邦为雠。方叔元老，克壮其犹。方叔率止，执讯获丑。戎车啴啴，啴啴焞焞，如霆如雷。显允方叔，征伐玁狁，蛮荆来威。

Foolish were the savage tribes of Jing.

Presuming to oppose our great region.

Fang Shu is of great age,

But full of vigour were his plans.

He led his army on,

Seized [the chiefs] for the question, and made captives of a crowd [besides].

Numerous were his war chariots,

Numerous and in grand array,

Like the clap or the roll of thunder their onset.

Intelligent and true is Fang Shu.

He had gonc and smitten the Xian yun,

And the tribes of Jing came, awed by his majesty

宣王南征，历史上是上继成王周公时代之伐淮夷残奄（《作册夨令敃》铭之“伐楚伯”及《书·多方》反映的成王自奄归［见《周本纪》］），以及昭王时代之“南巡狩”没于汉水（见《周本纪》）不返的故事。宣王之经营南方，于《诗》则为《小雅·采芑》所记的“方叔元老”之篇，而在《大雅》，尚有《江汉》篇，毛序云，“《江汉》，尹吉甫美宣王也”，尹吉甫即上文宣王五年伐玁狁之兮伯去父（《兮甲盤》铭），而诗中之召虎即召穆公（召公非指召虎者则为召康公，《毛传》作区别）。

《诗·大雅·常武》则记南方已经略定，“四方既平，徐方来庭”。据毛序，这是“召穆公美宣王”之诗。（附《诗·大雅·江汉》和《常武》及英译）

图3-2　作册夨令𣪘

《江汉》中英对照

JIANG HAN

1. 江汉浮浮，武夫滔滔。匪安匪游，淮夷来求。既出我车，既设我旟，匪安匪舒，淮夷来铺。

Large was the volume of the Jiang and the Han,

And the troops advanced like a flowing current.

There was no resting, no idle wandering;

We were seeking for the tribes of the Huai.

We had sent forth our chariots;

We had displayed our falcon banners.

There was no resting, no remissness;

Against the tribes of the Huai were we marshalled.

2. 江汉汤汤，武夫洸洸。经营四方，告成于王。四方既平，王国庶定，时靡有争，王心载宁。

Large flowed the Jiang and the Han,

And grandly martial looked the troops.

The whole country had been reduced to order,

And an announcement of our success had been made to the king.

When the whole country was pacified,

The King’s State began to feel settled.

There was then an end of strife,

And the King’s heart was composed.

3. 江汉之浒，王命召虎。式辟四方，彻我疆土。匪疚匪棘，王国来极。于疆于理，至于南海。

On the banks of the Jiang and the Han,

The King had given charge to Hu of Zhao:

Open up the whole of the country;

Make the statutory division of my lands there;

Not to distress the people, nor with urgency,

But making them conform to the royal state.

Make the larger and the smaller divisions of the ground,

As far as the southern sea.

4. 王命召虎，来旬来宣。文武受命，召公维翰。无曰予小子，召公是似，肇敏戎公，用锡尔祉。

The King gave charge to Hu of Zhao:

You have everywhere diffused [and carried out my orders].

When Wen and Wu received their appointment,

The Duke of Zhao was their strong support.

You do not [only] have a regard to me the little child,

But you try to resemble that Duke of Zhao.

You have commenced and earnestly displayed your merit;

And I will make you happy.

5. 釐尔圭瓒，秬鬯一卣。告于文人，锡山土田。于周受命，自召祖命。虎拜稽首，天子万年。

I give you a large libation cup of jade,

And a jar of herb flavoured spirits from the black millet.

I have made announcement to the accomplished one,

And confer on you hills, lands, and fields.

In [Qi] Zhou shall you receive investiture.

According as your ancestor received his.

Hoo bowed with his head to the ground, [and said],

"May the Son of Heaven live forever!"

6. 虎拜稽首，对扬王休。作召公考，天子万寿。明明天子，令闻不已。矢其文德，洽此四国。

Hoo bowed with his head to the ground,

And in response displayed the goodness of the King,

And roused himself to maintain the fame of his ancestor.

May the Son of Heaven live forever!

Very intelligent is the Son of Heaven;

His good fame shall be without end.

Let him display his civil virtues,

Till they permeate all quarters of the kingdom.

《常武》中英对照

CHANG WU

1. 赫赫明明，王命卿士，南仲大祖，大师皇父。整我六师，以修我戎，既敬既戒，惠此南国。

Grandly and clearly,

The King gave charge to his minister,

A descendant of Nan Zhong,
The Grand master Huang fu:
Put my six armies in order,
And get ready all my apparatus of war.
Be reverent, be cautious,
That we may give comfort to the States of the south.

2. 王谓尹氏，命程伯休父，左右陈行，戒我师旅。率彼淮浦，省此徐土，不留不处，三事就绪。

The King said to the Head of the Yin clan,
Give a charge to Xiu fu, earl of Cheng,
To undertake the arrangement of the ranks,
And to warn all my troops.
Along the bank of the Huai,
[We go] to see the land of Xu,
Not delaying [our march], not occupying [the territory],
That the threefold labours [of husbandry] may proceed in order.

3. 赫赫业业，有严天子，王舒保作，匪绍匪游。徐方绎骚，震惊徐方，如雷如霆，徐方震惊。

Full of grandeur and strength,
The Son of Heaven looked majestic.
Leisurely and calmly the king advanced,
Not with his troops in masses, nor in broken lines.
The region of Xu from stage to stage was moved;
It shook and was terrified, —the region of Xu.
As by the roll of thunder or its sudden crash,
The region of Xu shook and was terrified.

4. 王奋厥武，如震如怒，进厥虎臣，阚如虓虎。铺敦淮濆，仍执丑虏，截彼淮浦，王师之所。

The King aroused his warlike energy,

As if he were moved with anger.

He advanced his tiger like officers,

Looking fierce like raging tigers.

He displayed his masses along the bank of the Huai,

And forthwith seized a crowd of captives.

securely kept was the country about the bank of the Huai,

Occupied by the royal armies.

5. 王旅啴啴，如飞如翰，如江如汉，如山之苞。如川之流，绵绵翼翼，不测不克，濯征徐国。

The royal legions were numerous;

[Swift] as if they flew on wings,

[Imposing] as the current of the Jiang and the Han:

Firm as a mountain;

Rolling on like a stream;

Continuous and orderly;

Inscrutable, invincible;

Grandly proceeding to set in order the State of Xu.

6. 王犹允塞，徐方既来，徐方既同，天子之功。四方既平，徐方来庭，徐方不回，王曰还归。

The King's plans were directed in truth and sincerity,

And the region of Xu came [at once to terms];

Its [chiefs] were all collected together; —

Through the merit of the Son of Heaven.

The country was all reduced to order;

Its [chiefs] appeared before the King.

They would not again change their minds,

And the King said, let us return.

宣王西北伐玁狁之诗，有《小雅·六月》之篇，其经营东南则有《小雅·采芑》和《大雅·江汉》《常武》诸篇，此周宣武功之两大方面。而《大雅·崧高》《烝民》《韩奕》三篇，毛序云，亦皆尹吉甫（兮伯吉甫）所为，毛序云"美宣王"，如崔述（1740—1816）《考信录》所云，则为"咏经略中原之事"。"美宣王"什么呢？《崧高》序云："天下复平，能建国，亲诸侯，褒赏申伯焉"，诗曰：

维申及甫　《笺》云：申申伯也，甫甫侯也，皆以贤知入为周之桢榦之臣，

维周之翰　四国有难，则往扞御之，为之蕃屏；四方恩泽不至，则往宣畅之。［甫侯相穆王，训夏赎刑美，此俱出四岳，故连言之。］

四国于蕃　马瑞辰云：于当读为，于蕃，于宣，应读"为蕃，为垣"，犹《板》之诗，"价人维藩，大师维垣"也。古于为同音通用。

四方于宣　（《毛诗传笺通释》）

《烝民》序云：美宣王"任贤使能，周室中兴焉"。诗曰：

天生烝民　毛《传》：烝众，物事，则法，彝常，懿美也。郑《笺》：秉执也，天之生众民，其性有物象，谓五行仁义礼智信也，其情有所法，谓喜怒哀乐好恶也。然而，民之所持有常道，莫不好有美德之人。

有物有则　马瑞辰云：古以射者画地立处为物，《仪礼》郑注，"物谓射时所立处也"。《大射礼》，"若丹若墨，度尺而午"。郑注："一从一横曰午，谓画物也。"《说文》，"则，等画物也。"段

玉裁注“等画物者，定其差等而各为介画也。”

民之秉彝　凡定物之差等，则介画之，为则；画射物有从横长短、亦为则。《大学》，“致知在格物”。孔广森曰：“物如射之有物。”窃谓《诗》言“有物”，亦可以射物为喻；“有则”即谓如画物之有则也。引申之，凡以类相从者皆谓之物。《系辞》，“爻有等，

好是懿德　故曰物”。韩康伯注曰，“等，类也”。（节录《毛诗传笺通释》）

《孟子·告子》上引此诗云：“孔子曰，为此诗者，其知道乎！故有物必有则，民之秉彝也，故好是懿德。”孟子以此论性善。

“诗言衮职有阙，维仲山甫补之”。按此时继共和行政十四年之后，虽宣王立，仍公卿执政。

“天生烝民”，如郑笺所云：“即生众民”；“有物有则”，物即人（众民）之等类，就邦国言之，古希腊人以邦民为邦之动物 ζῷον πολιτικόν，古典中国则云“邦畿千里，惟民所止”（《大学》引《商颂》），民有君臣、父子、朋友（国人）三类；“有物必有则”（《孟子·告子》引《孔子》，上文），邦民之所止，即以“则”为根据，即所要求之最高目标也：“为人君止于仁，为人臣止于敬，为人子止于孝，为人父止于慈，与国人交（朋友之交也，见《中庸》）止于信。”（《大学》）

“物”与“则”相表里，相统一，有物必有则。马瑞辰《毛诗传笺通释》解说云：“物各以类相从，《方言》，‘类，法也’，故又有法则之义。人有君臣父子朋友，有物也；止仁、止敬、止慈、止孝、止信，有则也；人有视、听、言、貌、思，有物也。思明、思聪、思温、思恭、思睿，有则也。则从物生，即画物之有定则。故孔子释此诗曰：‘有物必有则’。”

邦国以民为其成分，邦国由邦民组成，由邦民（国人）作主（即治理）。天生众民（烝民），不生邦国。天以民为代表，“民之所欲，天必从之”（《左传·襄公三十一年》）。从血缘关系、宗教关系言，邦君是世袭的，从政治关系言，邦君是民选的，由邦民产生的。残暴的邦君，将为邦人所弃、所诛、所流放，桀纣幽厉是也。

邦君没有天命，天子（邦之联盟盟主的邦君）才有天命（或者换言之，有了天命才可以当天子），然而天命是来自各邦的邦民，“天视自我民视，天听自我民听”（《书·泰誓》，据《孟子》引），“天聪明自我民聪明，天明威自我民明威”（《书·皋陶谟》）。

这类思想在《诗·大雅·烝民》中有所透露。诗曰：

天监有周　毛《传》：仲山甫，樊侯也。郑《笺》：监视；假，至也。天视

昭假于下　周王之政教，其光明乃至于下，谓及众民也。天安爱此天子

保兹天子　宣王，故生樊侯仲山甫，使佐之。天亦好是懿德也。《书》曰：

生仲山甫　“天聪明自我民聪明”。

《韩奕》序云，“美宣王”能“锡命诸侯”，而其实例则韩侯一个。诗曰：

奕奕梁山

维禹甸之

有倬（zhuō）

其道

韩侯受命

溥彼韩城

《序笺》言梁山在“今左冯翊夏阳西北”，马瑞辰云“误也”。然《序笺》是说往事，下文郑《笺》云，“梁山之野，尧时俱遭洪水，禹甸之者，决除其灾，使成平田，定贡赋于天子。周有厉王之乱，天下失职”，至此，皆言往事，指左冯翊夏阳西北那个梁山。郑《笺》的上文，毛《传》说的“禹治梁山，除水灾”，也是如此。毛《传》自“宣王平大乱，命诸侯”。开始，郑《笺》自“今有倬然者明后禹之功者韩侯，受王命为侯伯”开始才是说到本

先祖受命
因时百蛮
王锡韩侯
其追其貊
奄受北国
因以其伯

诗主题，是宣王时新任命的。毛《传》云："韩侯之先祖，武王之子也"。（《左传·僖二十四年》，"邗晋应韩，武之穆也"）。韩灭于晋（见《左传·以襄公二十九年》），宣王时，韩侯新受命，为侯伯其地，郑《笺》仅云"为玁狁所逼，稍稍东迁"。马瑞辰则认为，始封在同州韩城，至宣王时，徙封于燕之方城"，此即《诗》所叙"溥彼韩城，燕师所完"（郑以"燕"为"安"，言韩国之城乃古平安时众民之所筑完），马云："北燕之君入为［宣］王卿士者，以女妻韩侯，因为韩侯完其城。"

《韩奕》篇说明宣王之时，周人仍在封邦建国，且扩及边疆（虽则不可能是周初那样大的规模）。

（《崧高》《烝民》《韩奕》三篇及英译文附后。）

《崧高》中英对照

SONGGAO

1. 崧高维岳，骏极于天。维岳降神，生甫及申。维申及甫，维周之翰。四国于蕃，四方于宣。

   Grandly lofty are the mountains,

   With their large masses reaching to the heavens.

   From these mountains was sent down a Spirit,

   Who gave birth to ［the princes of］ Fu and Shen.

   Fu and Shen，Are the support of Zhou，

   Screens to all the States，

   Diffusing ［their influence］ over the four quarters of the kingdom.

2. 亹亹申伯，王缵之事。于邑于谢，南国是式。王命召伯，定申伯之宅。登是南邦，世执其功。

   Full of activity is the Chief of Shen，

And the King would employ him to continue the services [of his fathers],
With his capital in Xie,
Where he should be a pattern to the States ofthe south.
The King gave charge to the earl of Zhao,
To arrange all about the residence of the Chief of Shen,
Where he should do what was necessary for the regions of the south,
And where his posterity might maintain his merit.

3. 王命申伯，式是南邦。因是谢人，以作尔庸。王命召伯，彻申伯土田。王命傅御，迁其私人。

The King gave charge to the Chief of Shen,
Be a pattern to the regions of the south,
And by means of those people of Xie,
Proceed to display your merit.
The King gave charge to the earl of Zhao,
To make the statutory definition of the territory and fields of the Chief of Shen.
The King gave charge to the Chief's steward.
To remove the members of his family to the spot.

4. 申伯之功，召伯是营。有俶其城，寝庙既成。既成藐藐，王锡申伯。四牡蹻蹻，钩膺濯濯。

Of the services of the Chief of Shen,
The foundation was laid by the earl of Zhao,
Who built first the wails [of his city],
And then completed his ancestral temple.
When the temple was completed, wide and grand,
The King conferred on the chief of Shen.
Four noble steeds,

With their hooks for the trappings of the breast bands，glittering bright.

5. 王遣申伯，路车乘马。我图尔居，莫如南土。锡尔介圭，以作尔宝。往近王舅，南土是保。

The King sent away the Chief of Shen,

With a carriage of state and its team of horses.

I have consulted about your residence,

That it had best be fixed in the South.

I confer on you a great scepter,

As the symbol of your dignity.

Go，my uncle,

And protect the country of the South.

6. 申伯信迈，王饯于郿。申伯还南，谢于诚归。王命召伯，彻申伯土疆。以峙其粻，式遄其行。

The Chief of Shen took his departure,

And the king gave him a parting feast in Mei.

Then the Chief of Shen returned，［and proceeded］to the south,

And found himself at last in Xie.

The King had given charge to the Earl of Zhao,

To make the statutory division of the lands,

And to lay up stores of provisions,

That the progress of the Chief might be accelerated.

7. 申伯番番，既入于谢，徒御啴啴。周邦咸喜，戎有良翰。不显申伯，王之元舅，文武是宪。

Martial like，the Chief of Shen.

Entered into Xie.

His footmen and charioteers were numerous,

And throughout the regions of Zhon all rejoiced.

You have got a good support: —

Very distinguished is the Chief of Shen,

The great uncle of the King,

The pattern of the officers, both civil and military.

8. 申伯之德，柔惠且直。揉此万邦，闻于四国。吉甫作诵，其诗孔硕。其风肆好，以赠申伯。

The virtue of the Chief of Shen.

Is mild, and regulated, and upright.

He will keep all these countries in order,

And be famed throughout the kingdom.

[I], Ji fu, made this song,

An ode of great excellence,

Of influence good,

To present to the Chief of Shen.

《烝民》中英对照

ZHENG MIN

1. 天生烝民，有物有则。民之秉彝，好是懿德。天监有周，昭假于下。保兹天子，生仲山甫。

Heaven, in giving birth to the multitudes of the people,

To every faculty and relationship annexed its law.

The people possess this normal nature.

And they [consequently] love its normal virtue.

Heaven beheld the ruler of Zhou,

Brilliantly affecting it by his conduct below;

And to maintain him, its son,

Gave birth to ZhongShan fu.

2. 仲山甫之德，柔嘉维则。令仪令色，小心翼翼。古训是式，威仪是力。天子是若，明命使赋。

The virtue of Zhong Shan fu,

Is mild and admirable，according as it ought to be.

Good is his deportment；good his looks；

The lessons of antiquity are his law；

He is strenuously attentive to his deportment.

In full accord with the Son of Heaven，

He is employed to spread abroad his bright decrees.

3. 王命仲山甫，式是百辟。缵戎祖考，王躬是保。出纳王命，王之喉舌。赋政于外，四方爰发。

The King gave charge to Zhong Shan fu：

Be a pattern to all the princes；

Continue ［the services of］your ancestors.

You have to protect the royal person；

Give out the royal decrees，and report on them.

Be the King’s throat and tongue；

Spread his government abroad，

So that in all quarters it shall be responded to.

4. 肃肃王命，仲山甫将之。邦国若否，仲山甫明之。既明且哲，以保其身。夙夜匪解，以事一人。

Most dignified was the King’s charge，

And Zhong Shan fu carries it into execution.

In the States，the princes，be they good or bad，

Are clearly distinguished by Zhong Shan fu.

Intelligent is he and wise，

Protecting his own person；

Never idle, day or night,

In the service of the One Man.

5. 人亦有言，柔则茹之，刚则吐之。维仲山甫。柔亦不茹，刚亦不吐。不侮矜寡，不畏强御。

The people have a saying:

The soft is devoured,

And the hard is ejected from the mouth.

But Zhong Shan fu.

Does not devour the soft,

Nor eject the powerful.

He does not insult the poor or the widow;

He does not fear the strong or the oppressive.

6. 人亦有言，德輶如毛，民鲜克举之。我仪图之，维仲山甫举之，爱莫助之。衮职有阙，维仲山甫补之。

The people have a saying:

Virtue is light as a hair,

But few are able to lift it.

When I think of the matter,

It is only Zhong Shan fu that can lift it.

I love him, but can do nothing to help him.

Any defects in the King' s duties.

Are supplied by Zhong Shan fu.

7. 仲山甫出祖，四牡业业。征夫捷捷，每怀靡及。四牡彭彭，八鸾锵锵。王命仲山甫，城彼东方。

Zhong Shan fu went forth, having sacrificed to the Spirit of the road.

His four steeds were strong;

His men were alert;

He was always anxious lest he should not be equal to his commission;

His steeds went on without stopping,

To the tinkling of their eight bells.

The King had given charge to Zhong Shanfu,

To fortify the city there in the east.

8. 四牡骙骙，八鸾喈喈。仲山甫徂齐，式遄其归。吉甫作诵，穆如清风。仲山甫永怀，以慰其心。

With his four steeds so strong,

And their eight bells, all tinkling,

Zhong Shan fu proceeded to Qi;

And he will soon return.

I, YinJi fu, have made this song;

May it enter like a quiet wind,

Among the constant anxieties of Zhong Shan fu,

To soothe his mind!

《韩奕》中英对照

HAN YI

1. 奕奕梁山，维禹甸之，有倬其道。韩侯受命，王亲命之。缵戎祖考，无废朕命。夙夜匪解，虔共尔位，朕命不易。榦不庭方，以佐戎辟。

Very grand is the mountain of Liang,

Which was made cultivable by Yu.

Bright is the way from it,

[Along which came] the marquis of Han to receive investiture.

The King himself gave the charge:

Continue the services of your ancestors;

Let not my charge to you come to nought.

Be diligent, early and late,

And reverently discharge your duties;

So shall my appointment of you not change.

Be a support against those princes who do not come to court,

Thus assisting your sovereign.

2. 四牡奕奕，孔修且张。韩侯入觐，以其介圭，入觐于王。王锡韩侯，淑旂绥章，簟茀错衡。玄衮赤舄，钩膺镂钖。鞹鞃浅幭，鞗革金厄。

With his four steeds, all noble,

Very long, and large,

The marquis of Han came to court,

With the large sceptre of his rank;

He entered and appeared before the King.

The King gave him.

A fine dragon flag, with its feathery ornaments;

A chequered bamboo screen, and an ornamented yoke:

A dark coloured robe with the dragons on it, and the red slippers;

The hooks for the trappings of the breast bands, and the carved frontlets;

The leaning board bound with leather, and a tiger's skin to cover it,

The ends of the reins, with their metal rings.

3. 韩侯出祖，出宿于屠。显父饯之，清酒百壶。其殽维何，炰鳖鲜鱼。其蔌维何，维笋及蒲。其赠维何，乘马路车。笾豆有且，侯氏燕胥。

When the marquis of Han left the court, he sacrificed to the Spirit of the road;

He went forth, and lodged for the night in Tu.

There Xian fu gave him the parting feast;

With a hundred vases of clear spirits.

And what were the viands?

Roast turtle and flesh fish,

And what were the vegetables?

Bamboo sprouts and *pu*.

And what were the gifts?

A carriage of state with its team.

Many were the vessels of sauces and fruits;

And the other princes [at court] joined in the feast.

4. 韩侯取妻，汾王之甥，蹶父之子。韩侯迎止，于蹶之里。百两彭彭，八鸾锵锵，不显其光。诸娣从之，祁祁如云。韩侯顾之，烂其盈门。

The marquis of Han took to himself a wife,

A niece of King Fen,

The daughter of Jue fu.

The marquis of Han went to receive her,

To the residence of Jue.

His hundred chariots were in grand array,

The eight bells of each emitting their tinkling;

Illustrious was the glory [of the occasion].

The virgins, her companions, followed the lady,

Leisurely like a beautiful cloud.

The marquis of Han looked round at them,

Filling the gate with their splendour.

5. 蹶父孔武，靡国不到。为韩姞相攸，莫如韩乐。孔乐韩土，川泽訏訏。鲂鱮甫甫，麀鹿噳噳。有熊有罴，有猫有虎。庆既令居，韩姞燕誉。

Jue fu is very martial,

And there is no state which he had not visited.

When he would select a home for Han ji,

There seemed none so pleasant as Han.
Very pleasant is the territory of Han,
With its large streams and meres,
Full of big bream and tench;
With its multitudes of deer,
With its bears and grisly bears;
With its wild cats and tigers.
Glad was he of so admirable a situation.
And here Han ji found rest and joy.

6. 溥彼韩城，燕师所完。以先祖受命，因时百蛮。王锡韩侯，其追其貊。奄受北国，因以其伯。实墉实壑，实亩实籍。献其貔皮，赤豹黄罴。

Large is the wall of [the city of] Han,
Built by the multitudes of Yan.
As his ancestor had received charge.
To preside over all the wild tribes [of that quarter],
The King [now] gave to the marquis of Han.
The Zhui and the Mo,
Forthwith to hold the States of the north,
And to preside over them as their Chief;
Making strong his walls, and deep his moats,
Laying out his fields, regulating his revenues,
Presenting his skins of the white fox,
With those of the red panther and the yellow grisly bear.

B. 宣王时代的几篇诗

《诗·小大雅谱》云，《大雅·民劳》《小雅·六月》之后，皆谓之变雅，宣王时代之诗皆属变雅之篇，今再附录数篇：

其一为《大雅·云汉》，序云，“仍叔美宣王也，宣王承厉王之烈，内有拨乱之志，遇灾而惧，侧身修行，欲销去之。天下喜于王化复行，百姓见忧，故作是诗也”。毛传：“仍叔，周大夫也；《春秋》鲁桓公五年（公元前707年）‘夏，天王使仍叔之子来聘’”，故诗之时代可以确定。诗历叙“旱既太甚”，“旱魃为虐”，乃至于“周余黎民，靡有孑遗”。

其次为《小雅》各篇，序云：“《车攻》，宣王复古也，宣王能内修政事。外攘夷狄，复文武之境土，修车马，备器械，复会诸侯于东都，因田猎而选车徒焉”。又“《吉日》，美宣王田也，能慎微接下，无不自尽，以奉其上焉”。又“《鸿雁》，美宣王也，万民离散，不安其居，而能劳来还定，安集之，至于矜寡，无不得其所焉”。又“《沔水》，规宣王也”。又“《庭燎》，美宣王也，固以箴之”。又“《鹤鸣》，诲宣王也”。又“《祈父》，刺宣王也”。又“《白驹》《黄鸟》《我行其野》，［皆］刺宣王也”。

最后，尚有“《斯干》，宣王考室也”；传云：“考成也，德行国富，人民殷众，而皆佼好，骨肉和亲，宣王于是筑宫庙群寝，既成而衅之，歌斯干之诗以落之。此谓之成宝，宗庙。成则又祭祀先祖。”

以及“《无羊》，宣王考牧也”。

以上大雅、小雅各篇，中英对照，均附于下。

《云汉》中英对照

YUN HAN

1. 倬彼云汉，昭回于天。王曰：于乎，何辜今之人，天降丧乱，饥馑荐臻，靡神不举，靡爱斯牲。圭璧既卒，宁莫我听。

Bright was that milky way,

Shining and revolving in the sky.

The King said，Oh！ What crime is chargeable on us now，
That Heaven ［thus］ sends down death and disorder?
Famine comes again and again.
There is no victim I have grudged；
Our maces and other tokens are exhausted：
How is it that I am not heard?

2. 旱既大甚，蕴隆虫虫。不殄禋祀，自郊徂宫。上下奠瘗，靡神不宗。后稷不克，上帝不临。耗斁下土，宁丁我躬。

The drought is excessive；
Its fervours become more and more tormenting.
I have not ceased offering pure sacrifices；
From the border altars I have gone to the ancestral temple.
To the ［Powers］ above and below I have presented my offerings and then buned them：
There is no Spirit whom I have not honoured.
How tseih is not equal to the occasion：
God does not come to us.
This wasting and ruin of our country，
Would that it fell ［only］ on me!

3. 旱既大甚，则不可推。兢兢业业，如霆如雷。周余黎民，靡有孑遗。昊天上帝，则不我遗。胡不相畏，先祖于摧。

The drought is excessive，
And I may not try to excuse myself.
I am full of terror and feel the peril，
Like the clap of thunder or the roll.
Of the remnant of Zhou，among the black haired people，
There will not be half a man left；

Nor will God from His great heaven.

Exempt ［even］ me.

Shall we not mingle our fears together?

［The sacrifices to］ my ancestors will be extinguished.

4. 旱既大甚，则不可沮。赫赫炎炎，云我无所。大命近止，靡瞻靡顾。群公先正，则不我助。父母先祖，胡宁忍予。

The drought is excessive,

And it cannot be stopped.

More fierce and fiery,

It is leaving me no place.

My end is near:

I have none to look up to，none to look round to.

The many dukes and their ministers of the past.

Give me no help.

O ye parents and ［nearer］ ancestors,

How can ye bear to see us thus?

5. 旱既大甚，涤涤山川。旱魃为虐，如惔如焚。我心惮暑，忧心如熏。群公先正，则不我闻。昊天上帝，宁俾我遯。

The drought is excessive;

Parched are the hills，and the streams are dried.

The demon of drought exercises his oppression,

As if scattering flames and fire.

My heart is terrified with the heat;

My sorrowing heart is as if on fire.

The many dukes and their ministers of the past.

Do not hear me.

O God，from thy great heaven,

Grant me the liberty to withdraw ［into retirement］！

6．旱既大甚，黾勉畏去。胡宁瘨我以旱，僭不知其故。祈年孔夙，方社不莫。昊天上帝，则不我虞。敬恭明神，宜无悔怒。

The drought is excessive；

I struggle，and fear to go away.

How is it I am afflicted with this drought?

I cannot ascertain the cause of it.

In praying for a good year I was abundantly early；

I was not late ［in sacrificing］ to ［the Spirits］ of the four quarters and of the land.

God in the great heaven，

Does not consider me.

Reverent to the intelligent Spirits，

I ought not to be thus the object of their anger.

7．旱既大甚，散无友纪。鞫哉庶正，疚哉冢宰。趣马师氏，膳夫左右。靡人不周，无不能止。瞻卬昊天，云如何里。

The drought is excessive；

All is dispersion，and the bonds of government are relaxed.

Reduced to extremities are the Heads of departments：

Full of distress are my chiefminister，

The master of the horse，the commander of the guards，

The chief cook，and my attendants.

There is no one who has not ［tried to］ help ［the people］；

They have not refrained on the ground of being unable.

I look up to the great heaven：

Why am I plunged in this sorrow?

8．瞻卬昊天，有嘒其星。大夫君子，昭假无赢。大命近止，无弃尔成。

何求为我，以戾庶正。瞻卬昊天，曷惠其宁。

I look up to the great heaven,

But its stars sparlde bright.

My great officers and excellent men,

Ye have drawn near ［to Heaven］ with reverence with all your powers.

Death is approaching,

But do not cast away what you have done.

You are seeking not for me only,

But to give rest to all our departments.

I look up to the great heaven;

When shall I be favoured with repose?

《车攻》中英对照

JU GONG

1. 我车既攻，我马既同。四牡庞庞，驾言徂东。

   Our chariots were strong,

   Our horses were well matched;

   And with four steeds ［for each］, sleek and large,

   We yoked and proceeded to the east.

2. 田车既好，四牡孔阜。东有甫草，驾言行狩。

   Our hunting carriages were good.

   And their four steeds in fine condition.

   Eastwards were the grassy plains of Fu;

   We yoked and went there to hunt.

3. 之子于苗，选徒嚣嚣。建旐设旄，搏兽于敖。

   Of the officers in charge of the hunt,

   The voices resounded as they told off the men.

They set up the banners, with ox tails displayed,
And we proceeded to pursue the chase in Ao.

4. 驾彼四牡，四牡奕奕。赤芾金舄，会同有绎。
With their four horsed chariots [they came],
Forming a long train,
In their red knee covers and gold adorned slippers,
Like the crowd of an occasional or a general audience.

5. 决拾既佽，弓矢既调。射夫既同，助我举柴。
The bowstring thimbles and armlets were fitted on;
The bows and arrows were adjusted to one another;
The archers acted in unison,
Helping us to rear a pile of game.

6. 四黄既驾，两骖不猗。不失其驰，舍矢如破。
Of the four yellow horses of each chariot,
The two outsiders inclined not to either side.
No error in driving was committed,
And the arrows went forth like downright blows.

7. 萧萧马鸣，悠悠旆旌。徒御不惊，大庖不盈。
As if at their ease, the horses neighed,
Long and slow moved the line of pennons and banners:
The footmen and charioteers created no alarms:
The great kitchen did not claim its full complement.

8. 之子于征，有闻无声。允矣君子，展也大成。
So did the officers conduct this expedition.
Without any clamour in the noise of it.
Truly a princely man is [the King];
Great indeed are his achievements!

《吉日》中英对照

JI RI

1. 吉日维戊，既伯既祷。田车既好，四牡孔阜。升彼大阜，从其群丑。

A lucky day was *wu*,

And we sacrificed on it to the Ruler ［of horses］，and Prayed.

Our hunting carriages were good;

The team for each was in fine condition.

We would ascend the greatest heights,

And pursue the herds ［of the game］.

2. 吉日庚午，既差我马。兽之所同，麀鹿麌麌。漆沮之从，天子之所。

A lucky day was *geng-wu*.

We had selected our horses;

The haunts of the animals,

Where the does and stags lay numerous,

The grounds by the Qi and the Ju,

That was the place for the son of Heaven ［to hunt］.

3. 瞻彼中原，其祁孔有。儦儦俟俟，或群或友。悉率左右，以燕天子。

We looked to the midst of the plain,

Where the animals were large and abundant,

Now rushing about，now waiting together,

Here in threes，there in twos.

Weled on all our attendants.

To give pleasure to the son of Heaven.

4. 既张我弓，既挟我矢。发彼小豝，殪此大兕。以御宾客，且以酌醴。

We have bent our bows;

We have our arrows on the string.

Here is a small boar transfixed;

There is a large rhinoceros killed.

The spoil will be presented to the visitors and guests,

Along with the cup of sweet wine.

《鸿雁》中英对照

HONG YAN

1. 鸿雁于飞，肃肃其羽。之子于征，劬劳于野。爰及矜人，哀此鳏寡。

The wild geese are flying about;

Su-su goes the rustle of their wings.

［There were］ those officers engaged on the commission.

Pained were we and toiled in the open fields:

All were objects of pity,

But alas for those wifeless and widow!

2. 鸿雁于飞，集于中泽。之子于垣，百堵皆作。虽则劬劳，其究安宅。

The wild geese are flying about,

And they settle in the midst of the marsh.

［There were］ those officers directing the rearing of the walls;

Five thousand cubits of them arose at once.

Though there was pain and toil,

In the end we had rest in our dwellings.

3. 鸿雁于飞，哀鸣嗷嗷。维此哲人，谓我劬劳。维彼愚人，谓我宣骄。

The wild geese are flying about,

And melancholy is their cry of ao ao.

There were they, wise men,

Who recognized our pain and toil:

If they had been stupid men.

They would have said we were proclaiming our insolence.

《庭燎》中英对照

TING LIAO

1. 夜如何其。夜未央，庭燎之光。君子至止，鸾声将将。

How goes the night?

It is not yet midnight.

The torch is blazing in the cour yard.

My princely men are arriving;

There is the tinkling of their bells.

2. 夜如何其。夜未艾，庭燎晣晣。君子至止，鸾声哕哕。

How goes the night?

The night is not yet through.

The torch is growing pale in the court yard.

My princely men are arriving;

There is the sound of their bells，regular and near.

3. 夜如何其。夜乡晨，庭燎有煇。君子至止，言观其旂。

How goes the night?

It is getting towards morning.

The torch is smoking in the court yard.

My princely men are arriving;

I see their banners

《沔水》中英对照

MIAN SHUI

1. 沔彼流水，朝宗于海。鴥彼飞隼，载飞载止。嗟我兄弟，邦人诸友。莫肯念乱，谁无父母。

In large volume, those flowing waters.

Go to the court of the sea.

Rapid is that flying falcon,

Now soaring, now resting.

Alas! among my brethren,

My countrymen, my friends,

No one is willing to think of the prevailing disorder;

[But] who has not parents [to suffer from it]?

2. 沔彼流水，其流汤汤。鴥彼飞隼，载飞载扬。念彼不迹，载起载行。心之忧矣，不可弭忘。

In large volume, those flowing waters.

Roll on their swollen flood.

Rapid is that flying falcon,

Now soaring, now rising higher.

When I think of those lawless men.

Now I rise up, now l walk about.

The sorrow of my heart.

Cannot be repressed nor forgotten.

3. 鴥彼飞隼，率彼中陵。民之讹言，宁莫之惩。我友敬矣，谗言其兴。

Rapid is that flying falcon,

Yet he keeps along the middle of the height.

The talk of the people,

Is there no means of stopping it?

If my friends would reverently [watch over themselves],

Would slanderous speeches be made?

《鹤鸣》中英对照

HE MING

1．鹤鸣于九皋，声闻于野。鱼潜在渊，或在于渚。乐彼之园，爰有树檀，其下维萚。它山之石，可以为错。

The crane cries in the ninth pool of the marsh,
And her voice is heard in the ［distant］ wilds.
The fish lies in the deep,
And now is by the islet.
Pleasant is that garden,
In which are the sandal trees;
But beneath them are only withered leaves.
The stones of those hills,
May be made into grind stones.

2．鹤鸣于九皋，声闻于天。鱼在于渚，或潜在渊。乐彼之园，爰有树檀，其下维榖。它山之石，可以攻玉。

The crane cries in the ninth pool of the marsh,
And her voice is heard in the sky.
The fish is by the islet,
And now it lies hid in the deep.
Pleasant is that garden,
In which are the sandal trees;
But beneath them is the paper mulberry tree.
The stones of those hills,
May be used to polish gems.

《祈父》中英对照

QI FU

1. 祈父，予王之爪牙，胡转予于恤，靡所止居。

Minister of War,

We are the claws and teeth of the king.

Why have you rolled us into this sorrow,

So that we have no abiding place?

2. 祈父，予王之爪士，胡转予于恤，靡所厎止。

Minister of War,

We are the taloned soldiers of the King.

Why have you rolled us into this sorrow,

So that there is no end [of our toils]?

3. 祈父，亶不聪，胡转予于恤，有母之尸饔。

Minister of War,

You have indeed acted without discrimination.

why have you rolled us into this sorrow,

So that our mothers have to do all the labour of cooking?

《白驹》中英对照

BAI JU

1. 皎皎白驹，食我场苗。絷之维之，以永今朝。所谓伊人，于焉逍遥。

Let the brilliant white colt.

Feed on the young growth of my vegetable garden.

Tether it by the foot，tie it by the collar;

To prolong this morning.

So may its owner of whom I think.

Spend his time here at his ease!

2. 皎皎白驹，食我场藿。絷之维之，以永今夕。所谓伊人，于焉嘉客。

Let the brilliant white colt.

Feed on the bean sprouts of my vegetable garden.

Tether it by the foot，tie it by the collar,

To prolong this evening.

So may its owner of whom I think.

Be here，an admired guest!

3. 皎皎白驹，贲然来思。尔公尔侯，逸豫无期。慎尔优游，勉尔遁思。

If［you with］the brilliant white colt.

Would brightly come to me,

You should be a duke，you should be a maquis,

Enjoying yourself without end.

Be on your guard against idly wandering;

Deal vigorously with your thoughts of retirement.

4. 皎皎白驹，在彼空谷。生刍一束，其人如玉。毋金玉尔音，而有遐心。

The brilliant white colt.

Is there in that empty valley,

With a bundle of fresh grass.

Its owner is like a gem.

Do not make the news of you rare as gold and gems,

Indulging your purpose to abandon me.

《黄鸟》中英对照

HUANG NIAO

1. 黄鸟黄鸟，无集于榖，无啄我粟。此邦之人，不我肯榖。言旋言归，复我邦族。

Yellow bird，yellow bird，

Do not settle on the *broussonetias*，

Do not eat my paddy.

The people of this country.

Are not willing to treat me well.

I will return，I will go back，

Back to my country and kin.

2. 黄鸟黄鸟，无集于桑，无啄我粱。此邦之人，不可与明。言旋言归，复我诸兄。

Yellow bird，yellow bird.

Do not settle on the mulberry trees，

Do not eat my maize.

The people of this country.

Will not let me come to an understanding with them.

I will return，I will go back，

Back to my brethren.

3. 黄鸟黄鸟，无集于栩，无啄我黍。此邦之人，不可与处。言旋言归，复我诸父。

Yellow bird，yellow bird，

Do not settle on the oaks，

Do not eat my grand millet.

The people of this country.

I cannot dwell with.

I will return，I will go back，

Back to my uncles.

《我行其野》中英对照

WO XING QI YE

1. 我行其野，蔽芾其樗。昏姻之故，言就尔居。尔不我畜，复我邦家。

I travelled through the country,

Where the Fetid tree grew luxuriant.

Because of our affinity by marriage,

I went to reside with you.

But you do not entertain me;

And I go back to my country and clan.

2. 我行其野，言采其蓫。昏姻之故，言就尔宿。尔不我畜，言归斯复。

I travelled through the Country,

Gathering the sheep's-foot.

Because of our affinity by marriage,

I came to lodge with you.

But you do not entertain me;

And l will return，I will go back.

3. 我行其野，言采其葍。不思旧姻，求尔新特。成不以富，亦祇以异。

I travelled through the country,

Gathering the pokeweed.

You do not think of our old affinity,

And seek to please your new relative.

If indeed you are not influenced by her riches,

You still are so by the difference ［between the new and the old］.

《斯干》中英对照

SI GAN

1. 秩秩斯干，幽幽南山。如竹苞矣，如松茂矣。兄及弟矣，式相好矣，无相犹矣。

By the graceful sweep of these banks,

With the southern hill, so calm in the distance,

[Has the palace arisen], firm as the roots of a clump of bamboos,

[With its roof] like the luxuriant head of a pine tree.

May the brothers [here].

Be loving among themselves,

And have no schemings against one another!

2. 似续妣祖，筑室百堵。西南其户，爰居爰处，爰笑爰语。

Having entered into the inheritance of his ancestors,

He has built his chambers, five thousand cubits of walls,

With their doors to the west and to the south.

Here will he reside; here will he sit;

Here will he laugh; here will he talk.

3. 约之阁阁，椓之橐橐。风雨攸除，鸟鼠攸去，君子攸芋。

They bound the frames for the earth, exactly over one another;

Tuo-tuo went on the pounding;

Impervious [the walls] to wind and rain,

Offering no cranny to bird or rat.

A grand dwelling is it for our noble lord.

4. 如跂斯翼，如矢斯棘。如鸟斯革，如翚斯飞，君子攸跻。

Like a man on tip-toe, in reverent expectation;

Like an arrow, flying rapidly;

Like a bird which has changed its feathers;

Like a pheasant on flying wings;

Is the [hall] which our noble lord will ascend.

5. 殖殖其庭，有觉其楹。哙哙其正，哕哕其冥，君子攸宁。

Level and smooth is the court-yard,

And lofty are the pillars around it.

Pleasant is the exposure of the chamber to the light,

And deep and wide are its recesses;

Here will our noble lord repose.

6. 下莞上簟，乃安斯寝，乃寝乃兴，乃占我梦。吉梦维何，维熊维罴，维虺维蛇。

On the rush-mat below, and that of fine bamboos above it,

Here may he repose in slumber!

May he sleep and awake,

[Saying] Divine for me my dreams.

What dreams are lucky?

They have been of bears and grisly bears;

They have been of cobras and [other] serpents.

7. 大人占之，维熊维罴，男子之祥。维虺维蛇，女子之祥。

The chief diviner will divine them.

The bears and grisly bears.

Are the auspicious intimations of sons.

The cobras and [other] serpents.

Are the auspicious intimations of daughters.

8. 乃生男子，载寝之床，载衣之裳，载弄之璋。其泣喤喤，朱芾斯皇，室家君王。

Sons shall be born to him:

They will be put to sleep on couches;

They will be clothed in robes;

They will have sceptres to play with;

Their cry will be loud.

They will be [hereafter] resplendent with red knee-covers,

The [future] king; the princes of the land.

9. 乃生女子，载寝之地，载衣之裼，载弄之瓦。无非无仪，惟酒食是议，无父母诒罹。

Daughters shall be born to him:

They will be put to sleep on the ground;

They will be clothed with wrappers;

They will have tiles to play with.

It will be theirs neither to do wrong nor to do good.

Only about the spirits and the food will they have to think,

And to cause no sorrow to their parents.

《无羊》中英对照

WU YANG

1. 谁谓尔无羊，三百维群。谁谓尔无牛，九十其犉。尔羊来思，其角濈濈。尔牛来思，其耳湿湿。

Who can say that you have no sheep?

There are three hundred in [each] herd:

Who says that you have no cattle?

There are ninety, which are black-lipped.

Your sheep came,

Horned, but all agreeing.

Your cattle come,

Flapping their ears.

2. 或降于阿，或饮于池，或寝或讹。尔牧来思，何蓑何笠，或负其餱，三十维物，尔牲则具。

Some are descending among the mounds;

Some are drinking at the pools;

Some are lying down，some are moving about.

Your herdsmen come,

Bearing their rain-coats and bamboo-hats,

Or carrying on their backs their provisions.

In thirties are the creatures arranged according to their colour;

For your victims there is abundant provision.

3. 尔牧来思，以薪以蒸。以雌以雄，尔羊来思。矜矜兢兢，不骞不崩。麾之以肱，毕来既升。

Your herdsmen come,

With their large faggots，and smaller branches,

And with their prey of birds and beasts.

Your sheep come,

Vigorous and strong,

None injured，no infection in the herd.

At the wave of the [herdsman's] arm,

All come，all go up [into the fold].

4. 牧人乃梦，众维鱼矣。旐维旟矣，大人占之。众维鱼矣，实维丰年。旐维旟矣，室家溱溱。

Your herdsmen shall dream,

Ofmultitudes and then of fishes:

Of the tortoise-and-serpent；and then of the falcon banners.

The chiefdiviner will divine the dreams.

How the multitudes dissolving into flshes,

Betoken plentiful years;

How the tortoise—and—serpent dissolving into the falcon banners,

Betoken the increasing population of the kingdom.

XVII. 周室东迁与国人阶级之壮大

A. 周室东迁

共和行政至第十四年（公元前841—前828）结束，宣王是由召公、周公二相以行政人员身份共立的。厉王是死了（公元前842年），但宣王不算是以太子身份继位，而是在二相辅助下新立而即位的，[①]对于广大的国人群众来说，这个厉王的儿子当初是在国人包围下，算是早已经交了出来，而且一定认为已被处置了（虽则实际上死的是召公之子）。《国语·周语》是这样写的：

> 彘之乱，宣王在召公之宫，国人围之，召公曰，“昔吾骤谏王，王不从，是以及此难，今杀王子，王其以我为怼而怒乎！夫事君者，险而不怼，怨而不怒，况事王乎”！乃以其子代宣王，宣王长而立之。

召公这种以己子代太子的秘密，一定保持得很长久，或许直到厉王

---

① 《周本纪》，武王崩，太子诵代立；成王崩，召公毕公率诸侯以太子钊见于先王庙，太子钊遂立；康王卒，子昭王瑕立；昭王卒于江上，立子满，是为穆王；穆王崩，子共王繄扈立；共王崩，子懿王囏立；懿王崩，共王弟辟方立，是为孝王；孝王崩，诸侯复立懿王太子燮，是为夷王；夷王崩，子厉王胡立。厉王死于彘，太子静长于召公家，二相乃共立之为王，是为宣王，宣王即位，二相辅之修政。

死后才公布，甚至干脆没有公布，以免国人对厉王怨怒仇视之心再起。十分可能，宣王是以新人物出现和登台为王的。根据《汲冢纪年》，当初不是还搞一名“干王位”的“共伯”吗？张守节《正义》引《鲁连子》云，“卫州共城县，本周共伯之国也。共伯名和，好行仁义，诸侯贤之。周厉王无道，国人作难，王奔于彘，诸侯奉和以行天子事，号曰共和元年。十四年，厉王死于彘，共伯使诸侯奉王子靖为宣王，而共伯复归国于卫也”。不管怎么说，宣王为王太子的真身份，最初总是长期瞒着国人的，没有对群众公布的。

宣王即位之后，长期经略西北东南，讨伐玁狁蛮荆，公认为能复更武成康旧业，周室中兴之主，上文已言之矣。《国语·周语》还记宣王数事，一是不籍千亩，就是不行亲耕籍田之典，不对国人提倡农耕事业，后来三十九年（公元前789年）有千亩之战，王师败绩于姜氏之戎；二是在“既丧南国之师”之后，又“料民于太原”，就是在今陕甘宁一带（太原）举行周人户口调查，当时边疆戎事紧张，这会暴露自己弱点，“示天下以寡弱”。三是在东方干涉鲁邦立君之事，使鲁君废长立少，而所立之君却被鲁人杀了，因之三十二年（公元前796年）动兵伐鲁，以立孝公，《鲁世家》说，“自是后诸侯多畔王命”。

《墨子·明鬼》下还转记《周春秋》说的，大约当四十四年（公元前784年），宣王杀一个叫杜伯的臣下而不辜，后来（四十六年，公元前782年）在一次田猎中，在徒数千人满野的环境中，王中射折脊而死了，说是杜伯的鬼魂作怪，大概是被刺了。说明周王朝当初厉王的虐政余风此时还未尽改。

宣王子幽王（公元前781—前771年）时期，又是天灾人祸多事之秋。上文已经说过，幽王六年（公元前776年）有过一度日食，《诗》“十月之交，朔月辛卯，日有食之”，这原是天文现象，但诗人却用来讽刺幽王，加一句：“亦孔之丑！”说这是“不祥之兆，大大坏事”。《十月之交》共八章，下面录前三章和Legge的英译：

1. 十月之交，朔日辛卯。日有食之，亦孔之丑。彼月而微，此日而微。今此下民，亦孔之哀。

At the conjunction [of the sun and moon] in the tenth month,
On the first day of the moon, which was xin-mao.
The sun was eclipsed,
A thing of very evil omen.
Then the moon became small,
And now the sun became small.
Henceforth the lower people
Will be in a very deplorable case.

2. 日月告凶，不用其行。四国无政，不用其良。彼月而食，则维其常。此日而食，于何不臧。

The sun and moon announce evil,
Not keeping to their proper paths.
All through the kingdom there is no [proper] government,
Because the good are not employed.
For the moon to be eclipsed
Is but an ordinary matter.
Now that the sun has been eclipsed,
How bad it is!

3. 烨烨震电，不宁不令。百川沸腾，山冢崒崩。高岸为谷，深谷为陵。哀今之人，胡憯莫惩。

Grandly flashes the lighthing of the thunder;
There is a want of rest, a want of good.
The streams all bubble up and overflow.
The crags on the hill-tops fall down.
High banks become valleys;

Deep valleys became hills.

Alas for the men of this time!

How does ［the King］ not stop these things?

这是讽刺幽王的诗。《国语·周语》又说，幽王二年（公元前780年），“西周三川皆震”（泾、渭、洛）。又说，“是岁也，三川竭，岐山崩”。

《周本纪》则描述幽王三年（公元前779年），爱褒姒，生子伯服，废申后及太子，以褒姒为后，服为太子的故事。《周本纪》还说，幽王以好利的虢石父为卿，用事。这使人想起厉王时用荣夷公，好利的荣夷公。厉幽何其相似。

《周本纪》说，“褒姒不好笑，幽王欲其笑，万方故不笑。幽王为烽燧大鼓，有寇至则举烽火，诸侯悉至，至而无寇，褒姒乃大笑。幽王悦之，为数举烽火，其后不信，诸侯益亦不至”。

《吕氏春秋·疑似篇》说，“周宅酆镐，近戎人，与诸侯约，为高葆祷于王路，置鼓其上，远近相闻，即戎寇至，传鼓相告，诸侯之兵皆至救天子。戎寇当至，幽王击鼓，诸侯之兵皆至，褒姒大悦喜之。幽王欲褒姒之笑也，因数击鼓，诸侯之兵数至，而无寇至。于后戎寇真至，幽王击鼓，诸侯兵不至，幽王之身乃死于丽山之下，为天下笑”。

《周本纪》又云，“幽王之废申后去太子也，申侯怒，与缯、西夷、犬戎攻幽王。幽王举烽火征兵，兵莫至，遂杀幽王骊山下，虏褒姒，尽取周赂而去。于是诸侯乃即申侯而共立故幽王太子宜臼，是为平王，以奉周祀。平王立，东迁于洛邑，避戎寇”。

《左传·昭公二十六年》，周王子朝逃楚，告诸侯书有云：“至于幽王，天不吊周，王昏不若，用愆厥位。携王奸命，诸侯替之，而建王嗣，用迁郏鄏。”（王城，在今洛阳）。《汲冢书纪年》则云：“平王奔西申，而［幽王］立伯盘［伯服］以为太子，与幽王俱死于戏。先是，申侯、鲁侯及许文公立平王于申，以本太子，故称天王。幽王既死，而虢公翰又立王子余臣于携。周二王并立。二十一年（公元前750年），携王为晋文公［侯］所杀，以本非適，故称携王。”

“平王之时，周室衰微，诸侯强并弱，齐楚秦晋始大，政由方伯。”（《周本纪》）

这是周室东迁的一些故事。但周之东迁，有更多的背景。

其一，周人经营东方的传统，自克殷，营洛，封建兄弟亲戚，伐淮夷，残奄，南巡狩……东方并没有稳定下来，“武王至于周，自夜不寐”，告周公，“未定天保”（《诗·小雅·鹿鸣·天保》云：“天保定尔，亦孔之固”）。

其二，西方问题日益增多，穆王征犬戎，作吕刑［甫刑］；共王灭密；懿王之时，诗人作刺，“靡室靡家，玁狁之故”（《诗·小雅·鹿鸣·采薇》见《汉书·匈奴列传》）；降至宣王，命将兴师，“薄伐玁狁，至于太原”，“出车彭彭，城彼朔方”；至于幽王，宠褒姒，废申后，去太子，申侯与畎戎共攻杀幽王骊山下，而西周亡矣。

其三，内忧外患，人事天时，厉宣幽之世，“天降丧乱，饥馑荐臻”，“旱既大甚，涤涤山川”（《诗·大雅·云汉》）；“旻天疾威，天笃降丧；瘨我饥馑，民卒流亡”（《诗·大雅·召旻》）。

（附《瞻卬》及英译，毛《序》云：《瞻卬》，凡伯刺幽王大坏也）

《瞻卬》中英对照

ZHAN YANG

1. 瞻卬昊天，则不我惠。孔填不宁，降此大厉。邦靡有定，士民其瘵。蟊贼蟊疾，靡有夷届。罪罟不收，靡有夷瘳。

I look up to great Heaven,

But it shows us no kindness.

Very long have we been disquieted,

And these great calamities are sent down ［upon us］.

There is nothing settled in the country;

Officers and people are in distress.

Through the insects from without and from within,

There is no peace or limit [to our misery].

The net of crime is not taken up,

And there is no peace nor cure [for our state].

2. 人有土田，女反有之。人有民人，女覆夺之。此宜无罪，女反收之。彼宜有罪，女覆说之。

Men had their ground and fields,

But you have them [now].

Men had their people and followers,

But you have violently taken them from them.

Here is one who ought to be held guiltless,

But you snare him [in the net of crime].

There is one who ought to be held guilty,

But you let him escape [from it].

3. 哲夫成城，哲妇倾城。懿厥哲妇，为枭为鸱。妇有长舌，维厉之阶。乱匪降自天，生自妇人。匪教匪诲，时维妇寺。

A wise man builds up the wall [of a city],

But a wise woman overthrows it.

Admirable may be the wise woman,

But she is [no better than] an owl.

A woman with a long tongue.

Is [like] a stepping-stone to disorder.

[Disorder] does not come down from heaven;

It is produced by the woman.

Those from whom come no lessons, no instruction,

Are women and eunuchs.

4. 鞫人忮忒，谮始竟背。岂曰不极，伊胡为慝。如贾三倍，君子是识。妇无公事，休其蚕织。

They beat men down, hurtful, deceitful.

Their slanders in the beginning may be falsified in the end,

But they do not say [that their words were] very wrong;

[They say] What evil was there in them?

As if in the three times cent per cent of traffic.

A superior man should have any knowledge of it,

So a woman who has nothing to do with public affairs,

Leaves her silk-worms and weaving.

5. 天何以刺，何神不富。舍尔介狄，维予胥忌。不吊不祥，威仪不类。人之云亡，邦国殄瘁。

Why is it that Heaven is [thus] reproving [you] ?

Why is it that the Spirits are not blessing [you] ?

You neglect your great barbarian [foes] ,

And regard me with hatred.

You are regardless of the evil omens [that abound] ,

And your demeanour is all-unseemly;

[Good] men are going away,

And the country is sure to go to ruin.

6. 天之降罔，维其优矣。人之云亡，心之忧矣。天之降罔，维其几矣。人之云亡，心之悲矣。

Heaven is letting down its net,

And many are the calamities in it.

[Good] men are going away,

And my heart is sorrowful.

Heaven is letting down its net,

And soon [will all be caught in it] .

Good men are going away.

And my heart is sad.

7. 觱沸槛泉，维其深矣。心之忧矣，宁自今矣。不自我先，不自我后。藐藐昊天，无不克鞏。无忝皇祖，式救尔后。

Right from the spring comes the water bubbling,

Revealing its depth.

The sorrow of my heart,

Is it [only] of to-day?

Why were these things not before me?

Or why were they not after me?

But mysteriously Great Heaven

Is able to strengthen anything;

Do not disgrace your great ancestors,

And it will save your posterity.

周室东迁是很早就有准备的。《国语·郑语》记厉王之少子，宣王之弟桓公友向东方迁移的故事："桓公为司徒，甚得周众与东土之人，问于史伯曰：王室多故，余惧及焉，其何所可以逃死？史伯对曰：王室将卑，戎狄必昌，不可逼也。当成周者，南有荆蛮、申、吕、应、邓、陈、蔡、隋、唐，北有卫、燕、狄、鲜虞、潞、洛泉、徐、蒲，西有虞、虢、晋、隗、霍、杨、魏、芮，东有齐、鲁、曹、宋、滕、薛、邹、莒，是非王之支子母弟甥舅也，则皆蛮荆戎狄之人也，非亲则顽，不可入也。其济洛河颍之间乎，是其子男之国，虢郐为大。虢叔恃势，郐仲恃险，是皆有骄侈怠慢之心，而加之以贪冒，君若以周难之故，寄孥与贿焉，不敢不评。周乱而弊，是骄而贪，必将背君。君若以成周之众，奉辞伐罪，无不克矣。若克二邑，邬、弊、补、舟、依、鞣、历、华，君之土也。"

《国语·郑语》说，“幽王八年（公元前774年）桓公为司徒”。有经营东方的想法，也开始进行了，但他在幽王十一年（公元前771年）死于骊山之难，经营东方是由其子武公继之。《史记·郑世家》说“郑桓公友”；又说“宣王二十二年（公元前806年），友初封于郑”。按桓公无封郑之事，《左传》和《国语》不称“郑”桓公。《郑世家》《索隐》说，“秦武公十一年（公元前687年）初县杜郑”。又据“《系本》云，桓公居棫林，徙拾”，“皆旧地名”。秦之县郑盖是郑武公东徙新郑之后，其旧郑乃是故都，故秦始县之。《索隐》此说十分重要：京兆之郑，秦武公十一年初县，此地原以棫林及拾为名，不名为郑。郑之名起于东方，在桓公之子武公灭郐之后，那里有郑父之丘，郑国之名起于此，时在公元前8世纪。秦武公之县郑，是在公元前7世纪，其所以以此京兆之地称为郑，是因此地过去曾被桓公武公（未东迁时）住过，那时本不名为郑，秦武公初县之时才用郑之名。（参阅《古籍整理研究学刊》1989年第1期，日知文，“《水经·洧水注》引《竹书纪年》一条千年来误读悬案”，二，“桓公与郑之起源”。见后文附录）

附：

《水经·洧水注》引《竹书纪年》一条千年来误读悬案

一、问题的提起

郦道元（466／472？—527）《水经注》，永乐大典本（1403—1408），其“洧水注”引《竹书纪年》条云：

> 竹书纪年晋文侯二年同惠王子多父伐郐克之乃居郑父之丘名之曰郑是曰桓公

《水经·洧水注》这条《纪年》引文，问题很多。约而计之，已被提出且问题基本解决者一；已被提出而解决不得其法，问题越来越复杂者又一；虽已提出而犹不以为事，不被视为问题者又其一；本属此条最根本问题，十分严重而至今尚未被提出，千年来不曾视为问题的问题者又其一（此即本文所谓误读悬案是也）。

第一，所谓已被提出且已基本解决的问题，即晋文侯二年或伐郐之年的问题。王国维（1877—1927）《古本竹书纪年辑校》（1917）谓《汉书·地理志》注引臣瓒（薛瓒，傅瓒）说，以伐郐在幽王既败二年，《水经注》以为晋文侯二年，未知孰是？近方诗铭、王修龄《古本竹书纪年辑证》（1981）定之为晋文侯十二年（周平王二年，公元前769年），认为《水经·洧水注》引文脱一“十”字，这个问题可谓解决；但此年桓公已死，何能尚有桓公？是谁伐郐？问题相关者多，故只能说已基本解决。

第二，“同惠王子多父”之“惠”，本是某一时期某一版本窜入之字，多余之字，当初早有并无此字的版本与之并见。清人雷学淇《考订竹书纪年》云“近本《水经注》”“同惠”或“脱惠字”（参阅上举方、王著《辑证》第66页），洪颐煊《校正竹书纪年》（1802）云“洧水注”“一本同下有惠字”，洪氏不取。故脱惠字之本正确，而有惠字之本误，“惠”字应删。不幸历来笃实学者自清戴震（1723—1777）至近人王国维，不此之图，而牵掣于引文末有“桓公”，不敢删多余之“惠”，纷纷致力于改动“同惠”，以符“桓公”为“周某王”之子之错误见解，由是越改越令问题复杂化。戴震校刊本之《水经注》，首先改“同”为“周”，不能道出有何所据，反以意加注，言“周近刻讹作同”（1774年校刊），而所谓“近刻”实即永乐大典本也。自是之后，杨守敬（1839—1915）著《水经注疏》，据雷学淇《考订竹书纪年》，又改“同惠”为“周宣”，而清人朱右曾之《汲冢纪年存真》与近人王国维之《古本竹书纪年辑校》则主张改“同惠”为“周厉”矣（见上举方、王二氏《辑证》第66页）。凡此种种，都由此条引文末有“桓公”二字作怪，“周宣”为“桓公”之兄，“周厉”为“桓公”之父也。

第三，“王子多父”因此成为“周某王”之子“多父”，他被视为“桓公”，而论者毋视伐郐之时桓公已死之事实，坚执其说，轻描淡写，谓“桓公友”之“友”与“多父”之“多”古文形近，着重寻求二者关系（上引方、王著《辑证》，第67页；又见范祥雍《古本竹书纪年辑校订补》，1962年版，第34页），于是问题越走越远了。

第四，这条《纪年》引文的最根本问题是末后四字“是曰桓公”的问题。上面几个问题所以发生，都同这个问题有关：如果是“桓公”，晋文侯在位的年次就不能是“十二年”，而应当依旧用“二”年来迁就了；如果是“桓公”，“同惠”就不得不改为“周宣”乃至“周厉”了；如果是“桓公”，“多父”就要读为“友”父，以适应桓公“友”之名了！然而这一切都不符历史事实。实际的情况是这里并没有“桓公”，而“是曰桓公”四字是误读所造成的，是画蛇添足，应当全部删去。

以永乐大典本为基础，《水经·洧水注》引《竹书纪年》的这一条，可以加以简单校正，补一个“十”字成为“晋文侯十二年”；删去“惠”字成为“同王子多父伐郐”，最后，再删去由误读作成的“是曰桓公”，一切恢复正常，然后这条《纪年》引文就可以加标点，读下去，符合历史实际了。如下：

> 《竹书纪年》：晋文侯，［十］二年，同（惠）王子多父伐郐，克之。乃居郑父之丘，名之曰郑。（是曰桓公）

二、“是曰桓公”误读由来的追踪

证明“是曰桓公”这四字是由误读造成的，并不难，只要按有关材料追根溯源，就可以看清楚这四字是出自误读的痕迹，而证明“是曰桓公”完全是画蛇添足。

首先从《水经·洧水注》上溯到《水经·渭水注》，那里有十分清楚的有关记录：

> 汉书薛瓒注言周自穆王已下都于西郑不得以封桓公也幽王既败虢侩又灭迁居其地国于郑父之丘是为郑桓公无封京兆之文

然后再看《汉书·地理志》“京兆尹·郑”注引“臣瓒曰”的原文：

> 臣瓒曰周自穆王已下都于西郑不得以封桓公也初桓公为周司徒王室将乱故谋于史伯而寄帑与贿于虢会之间幽王既败二年而灭会四年而灭虢居于郑父之丘是以为郑桓公无封京兆之文也

臣瓒，薛瓒，又作傅瓒，如王国维《古书竹书纪年辑校》所指出的，他“新校竹书，其言又与《洧水注》所引《纪年》略同，盖亦本《纪年》”。所以，用“洧水注”引《纪年》此条之文，与上引臣瓒说的内容对读，可以立即看出，臣瓒所说，哪些是出自《纪年》，哪些不是。

臣瓒在这里是同《汉书·地理志》注在“京兆尹·郑”下称“周宣王弟郑桓公邑”之说，以及应劭的“宣王母弟友所封也”之说，进行论争。他一则说，“周自穆王已下都于西郑，不得以封桓公也”；再则说，“桓公无封京兆之文也”。这些是臣瓒自己的见解和说明，当然不能出自《纪年》。引自《郑语》的一段，“初桓公为周司徒”，至“寄帑与贿于虢郐之间”，当然也与《纪年》无关。那么，臣瓒所说，见于

《地理志》注者，就只有“幽王既败，二年而灭郐，四年而灭虢，居于郑父之丘，是以为郑”这些句子，方是出自《纪年》，属于《纪年》的了。

这样，完全明确，臣瓒在《地理志》注引的《纪年》原文，到“居于郑父之丘，是以为郑”，就断句终止了；在《水经·渭水注》所引的相似内容，也是到“国于郑父之丘，是为郑”，就断句终止了。“是为郑”或“是以为郑”之下，“桓公”……云云，是另一句子，不应连接，读成“是为郑桓公”，或“是以为郑桓公”，否则就是误读。

而《水经·洧水注》的“名之曰郑”，也就是“渭水注”的“是为郑”，《地理志》注的“是以为郑”，至此断句，《纪年》引文结束，没有了。以下的“是曰桓公”不过是把臣瓒自己的话，“桓公无封京兆之文”的“桓公”，割裂出来，以续《纪年》，是误读。

因此，《水经·洧水注》引《纪年》的文，在“名之曰郑”下四个字，“是曰桓公”，是应删的。

问题还不只此。《汉书·地埋志》注引臣瓒说的内容，出自《纪年》部分的原文，是“居于郑父之丘，是以为郑”；“渭水注”所转引的这一部分是“国于郑父之丘，是为郑”，二者几乎完全相同；那么，为什么“洧水注”引《竹书纪年》，在“乃居郑父之丘”之后，不作“是为郑”或“是以为郑”，而作“名之曰郑”呢？这里还有问题。“是以为郑”或“是为郑”似乎更古朴些，臣瓒所说，大概是《纪年》原有的用语；而“名之曰郑”，虽然说得更为明确，但有第二手之嫌，似乎是出自后人之手，由于不满足“是为郑”或“是以为郑”，或对此原文有何戒心，恐后人读时误解（例如把“桓公”连上读了），因而不取，而改作“名之曰郑”。如果这样，“洧水注”引《纪年》所用的“名之曰郑”，尽管意思与“是以为郑”基本一样，形式却完全不同，恐怕是曾被改动，不是原样的了！

把“桓公”强续于“是为郑”或“是以为郑”之后，变成“是为郑桓公”，或“是以为郑桓公”，或增加一句变成“名之曰郑，是为［曰］桓公”，这是什么时候发生的？什么人干的？

《水注经》清代校刊（1774）纂修官戴震言，此书永乐大典本“所据犹属宋椠善本”。很可能《水经·洧水注》引《纪年》中所见的“名之曰郑，是曰桓公”的记录不仅见于永乐大典本，而且更早见于宋椠本。另一方面，《今本竹书纪年》，明范钦订，天一阁刊本（属16世纪），已出现如下的条文，而这或者在更早的今本中就是这样了：

晋文侯同王子多父伐鄫［郐］克之乃居郑父之丘是为郑（桓公）

由此可见，“是为郑桓公”的误读，很早也就已定型了。《今本竹书纪年》所见的这一条，无疑地是从《水经注》抄来的，因为《纪年》原本（古本）早已亡佚了。那么，当《今本竹书纪年》从《水经·洧水注》抄下此条时，《水经注》此条必然还不是作“名之曰郑”，也没有“是为［曰］桓公”，而是“是为郑”或“是为郑桓公”。这就是说，在《水经·洧水注》此条出现“名之曰郑”之前，必定有过使用“是为郑”或“是以为郑”的原文的时候，它后来被误读成“是［以］为郑桓公”，不知什么时候得到矫正，改成“名之曰郑”；最后又被误加“是曰桓公”，等于“是为郑桓公”了。这里有个材料失落的环节，从“是以为郑”或“是为郑桓公”改成“名之曰郑”，乃至：“是曰桓公。”

让我们把这些事实十分简单，而过程却异常复杂的层次制成下表（以“是以为郑”，“是以为郑桓公”，与“名之曰郑”，“是曰桓公”之发展为标识）：

《水经·洧水注》引《竹书纪年》千年来传抄程序表

Ⅰ.《古本竹书纪年》（已失传，据《水经·洧水注》） Ⅰa.《汉书·地理志》注引“臣瓒曰”	晋文侯［十］二年，同王子多父伐郐，克之。乃居郑父之丘，是［以］为郑。（桓公无封京兆之文也）	末为臣瓒说明，非《纪年》原文

Ⅱ.《水经·洧水注》A.（已失传，据上条复原）	晋文侯［十］二年，同王子多父伐郐，克之。乃居郑父之丘，是［以］为郑。	末用“是［以］为郑”，尚未出现“名之曰郑”。
Ⅲ.《水经·洧水注》Aa.（失落的环节，可以想象补）	晋文侯［十］二年，同王子多父伐郐，克之。乃居郑父之丘，名之曰郑。	可能因出现误读“是以为郑桓公”有人将“是以为郑”改作“名之曰郑”，以订正之。
Ⅳ.《水经·洧水注》B.（今传，由宋椠至《永乐大典》本）	晋文侯［十］二年，同［惠］王子多父伐郐，克之。乃居郑父之丘，名之曰郑。［是曰桓公］	窜入［惠］字。出现误读“是曰桓公”。
Ⅴ.《水经·渭水注》（今传，由宋椠至《永乐大典》本）	［幽王既败，虢侩又灭，迁居其地，］国于郑父之丘，是为郑，［桓公无封京兆之文］	引自《汉书·地理志》薛瓒注。末为薛瓒说明，非《纪年》文。
Ⅵ.《今本竹书纪年》（今传，南宋或元以来，至明天一阁本）	晋文侯，同王子多父伐鄫［郐］克之。用居郑父之丘，是为郑。［桓公］	“郐”误作“鄫”窜入“桓公”，误读。

传抄线路

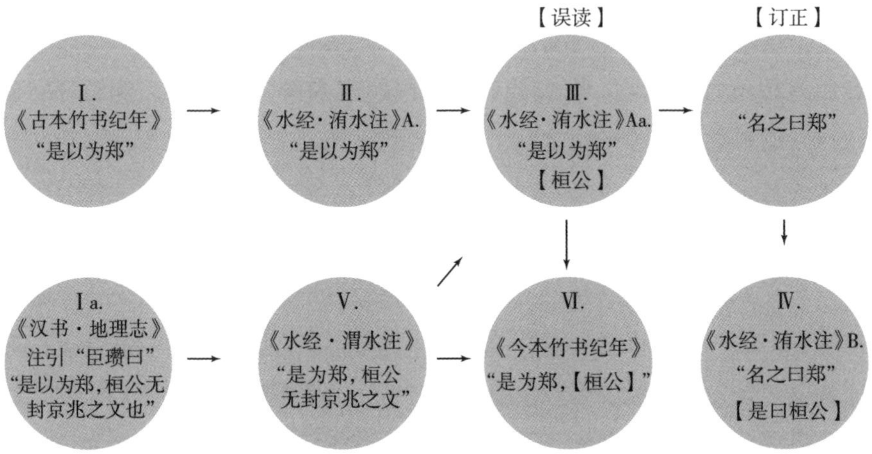

三、桓公与郑之起源

把《纪年》的“是为郑”或“是以为郑”，同臣瓒说的：“桓公无封京兆之文”的“桓公”，连读成“是为郑桓公”，这不仅是误读的问题，而且在史学上，由于把“郑桓公”强加给先秦官史著作《纪年》，造成一种很大误解，人为地制造出一个“郑桓公”。

不仅《纪年》没有“郑桓公”，而且先秦的《国语》《左传》等也没有“郑桓公”。《国语・郑语》以“桓公为司徒”开篇，以“桓公为司徒”结束，有“桓公”，没有“郑桓公”。颜师古于《地理志》注同臣瓒辩论，说“《春秋外传》云，幽王既败，郑桓公死之”，这是颜注的不谨严。这不是《国语》原文，“桓公死之”，见于《郑语》末韦氏解，也不是“郑桓公”，“郑”是颜注自加的。《郑语》只一篇，历叙桓公经营东方的策略，那时提及的虢郐十邑，都是小邦（所谓子男之国）。郑是东迁之后新兴的。桓公是当时周人向东方殖民的领导者，《郑语》所谓“甚得周众与东土之人”。这样，当其子武公后来立国于郑时，桓公当然是郑的先君。《左传》中（庄公十四年，昭公十六年）郑人两称桓公为先君，但《左传》从不称“郑桓公”。郑之著名政治家子产说过，“昔我先君桓公，与商人皆出自周，庸次比耦，以艾杀此地，斩之蓬蒿藜藿而共处之”。这就是桓公领导的周人的东方的殖民运动，寄帑与贿的具体过程，参加这种殖民运动的，有贵族，有平民，有农民，有商人，他们订立盟约，一道东进。到了东迁之后，武公灭郐灭虢，立国于郐之郑父之丘，郑以此得名，故云“是为郑”，“名之曰郑”，至此，话说完了，桓公已死数年，何能说“是曰桓公”？

对于武公，就不一样。“郑武公、庄公为平王卿士”（《左传・隐公三年》，《诗・郑风》毛序所谓父子并为周司徒，则指桓公、武公）；郑庄公言“吾先君新邑于此”（隐公十一年），即指武公始国于郑；周人言“我周之东迁，晋郑焉依”（隐公六年），亦以晋文侯与郑武公为言，二人左右王室。凡此皆说明郑武公之地位，与东迁初年郑在周室政治形势中的重要性。这些情况远非桓公时日所可比拟。

《公羊传·桓公十一年》追记一段灭郐的故事："古者郑国处于留。先郑伯有善于郐公者，通乎夫人，以取其国（按《韩非子·内储说》下记"郑桓公袭郐"的故事，云"桓公袭郐，遂取之"，疑亦郑武公时事。倘桓公已取于前，此次武公何必多此一举？），而迁郑焉，而野留"。这事记载于庄公死后，大概发生于武公在世之日。可见灭郐也不是一朝一夕，也有一个不太短的过程。自桓公经营东方，寄帑与贿，武公灭郐灭虢，又自留迁郐，奠定郑都，而后郑庄公有一个开始强盛一时的局面。

《史记·郑世家》与《郑语》不同，称"郑桓公友。"然"世家"体例，可用其后人之国号以称其第一代，如《晋世家》称"晋唐叔虞"，而晋侯之称，始于下一代。至于桓公友曾否"初封于郑"，《郑世家》所载未必可信。《穆天子传》载"天子入于南郑"，郭璞注引《纪年》云，"穆王元年，筑祇京于南郑"。洪颐煊校注言，傅瓒所云"周自穆王以下都于西郑，不得以封桓公"，其说与《纪年》及《穆天子传》合。颜注反对臣瓒之说，谓"穆王以下无都西郑之事"，正未检及此两书耳。

《郑世家》又言，桓公东徙其民雒东，虢郐献十邑，"竟国之"，亦非事实。后桓公为犬戎所杀时，"郑人共立其子掘突，是为武公"。此所谓"郑人"，是西郑之"郑人"，抑东徙雒东之"郑人"？实则立武公者，周人而非郑人。《郑语》所谓桓公"甚得周众与东土之人"，周众者周人，东土之人即周之移民，亦周人（见上文），郑人要在武公始国之后始有之。

最后，《纪年》言"晋文侯同王子多父伐会郐"（《水经·洧水注》引），此王子多父正是桓公之子武公，而绝不能是桓公。武公之名，《郑世家》作掘突，《十二诸侯年表》作滑突，《索隐》引谯周云，"名突滑"。按"突滑"与"多父"音近，《说文》，"多得何切，十七部"；"突，徒骨切，十五部"。"滑，户八切，十五部"；"父，扶雨切，五部”。然古音如参考闽音，则“多与突”，“父与滑”，皆双声（多dō，突dōu；滑huā，父hù），恐王子“多父”即武公名号。《白虎通·姓名篇》，“王者之子称王子，王者之孙称王孙，故《春秋》有王子瑕，《论语》有王孙贾”。桓公为厉王少子“王子多父”之名当由桓公起源。桓公新死，武公未立之际，以“王子多父”称之，于晋记入《纪年》，亦贵之也。

《国语·郑语》这篇是西周临亡前夕周人东迁谋划的典型文献。桓公问史伯说：“周其弊乎？”史伯对曰：“殆于必弊者也。《泰誓》曰：民之所欲，天必从之。”“申缯西戎方强，王室方骚。”“王［幽王］欲杀太子以成伯服（褒姒所生），必求之申，申人弗畀，必伐之，若伐申而缯与西戎会以伐周，周不守矣。”“凡周存亡，不三稔矣。”桓公接受史伯的建议，“东寄帑与贿，虢郐受之，十邑皆有寄地”。

幽王十一年（公元前771年），“幽王伐申，申缯召西戎以伐周，杀幽王于骊山戏下，桓公死之”。

《周本纪》云，“于是诸侯乃即申侯而共立故幽王太子宜臼，是为平王，以奉周祀。平王立（公元前770年），东迁于洛邑，辟戎寇”。平王四十九年，即鲁隐公元年，传世本之鲁《春秋》由此开始。通常所说春秋时代亦始于此年。

然春秋时代是一个历史时代，它应从共和开始之年开始，《春秋》《国语》亦应以《十二诸侯年表》为其规模，盖东迁为整个中华民族大家庭历史文化大事，非仅周室东迁而已。

郑子产有言，“昔我先君桓公，与商人皆出自周”。就是说，桓公东迁帑贿之时，并与商人俱来也。他们“庸次比耦，以艾杀此地，斩之蓬蒿藜藋，而共处之，世有盟誓，以相信也”（《左传·昭公十六年》）。可见殖民者不分贵族平民，开发之日，是平等共处的。平王东迁正是当戎马倥偬之时，贵族平民也是互相合作，后来他们在特殊法庭（坐狱于王庭，由霸者晋国派大员听讼）诉讼时回忆说：“昔平王东迁，吾七姓从王，牲用备具，王赖之，而赐之骍旄之盟（贵重之盟），不以犬鸡，曰世世无失职，若筚门闺窦，其能来东底乎，且王何赖焉？”（《左传·襄公十年》）

正因为有此国人阶级地位提高的基础，周郑之农民、商人，一切平民，对于本邦政治任务，是同从政者一样关心的。著名的郑商人弦高犒师故事是好例子（《左传·僖公三十三年》［公元前627年］：秦师入滑［河南周郑之间］，“郑商人弦高，将市于周，遇之，以乘韦先牛十二犒师，曰：寡君闻吾子将步师出于敝邑，敢犒从者，不腆。敝邑为从者之淹，居则具一日之积，行则备一夕之卫。且使遽［快速传车］告于郑”）。

又一次，《左传·成公三年》（公元前588年），记晋“荀莹（知莹）之在楚也，郑贾人有将寘诸褚中以出，既谋之，未行，而楚人归之。贾人如晋，荀莹善视之，如实出己。贾人曰：吾无其功，敢有其实乎？吾小人不可以厚诬君子，遂适齐”。知莹是邲之战（公元前597年）被俘于楚的。

国人（邦人，《左传》未用），民、众、庶，乃至于士，是这时社会的人民基础，这叫国人阶级；从中产出大夫或诸大夫阶级或阶层。以国名冠于人之上如宋人，亦国人。士是介于国人（庶民）和诸大夫之间的政治阶层。血缘关系上层是君，君之家族是贵族阶层。介于血缘关系和政治关系之间的有各种的史、师、巫等人物。早已存在的“民主”，曾是邦君而最后落实到人民首领。贫富分化是存在的现象，自由民和臣仆奴婢阶级也是存在的，但后者人数在古典时代是有限度的。（附录完）

B. 国人阶级之普遍壮大（至“东门遂杀嫡立庶”）

1. 民与神

（共和之前，血缘关系［宗教关系］和政治关系［军事关系］基本上都归国君［邦君］管；共和之后，国人［邦人，民、众，但三传不用邦人］地位提高了，公卿执政从国君分出来了［共和十四年无君，只有摄{干}王位者，政在二相之手］，基本上国君管宗教关系，公卿管政治关系，主管神的事务的同主管民的事务的分开。）

《左传·桓公六年》（公元前706年），随季梁说，“所谓道（治民事臣，人君之道）忠于民而信于神也。上思利民，忠也；祝史正辞，信也”（对民忠，对神信）。季梁又说，“夫民，神之主也（杜注：‘言鬼神之情，依民而行’），是以圣王先成［于］民，而后致力于神”，“于是乎民和而神降之福，故动则有成”。（随在楚旁，说明忠于民的思想已遍及南方）

《左传·庄公三十二年》（公元前662年），虢之史嚚说，“国将兴，听于民；将亡，听于神”。

《左传·僖公十九年》（公元前641年），宋司马子鱼说，“民，神之主也”。又，同年《春秋》，“梁亡”。传曰：“梁亡，不书其主，自取之也。初梁伯好土功，亟城而弗处，民疲而弗堪，则曰某寇将至，乃沟公宫，曰秦将袭我，民惧而溃，秦遂取梁。”

《左传·僖公五年》（公元前655年），虞宫之奇说，“鬼神非人实亲，惟德是依”，“如是，则非德，民不和，神不享矣”。

《左传·襄公三十一年》（公元前542年）和昭公元年（公元前541年），［两次引用］《书·太誓》云：“民之所欲，天必从之”（杜注：“今［魏晋时代］《尚书·大誓》亦无此文”）。《左传》时日，民与神的关系已经代替了民与天的关系。只有周天子是有天命的，“周德虽衰，天命未改”（《左传·宣公三年》［公元前606年］）是也。霸者替代了周天子，承担管领天下政治关系的任务，但霸者与天命无关，“齐桓欲封禅”，管仲阻之。《封禅书》云，“自古受命帝王曷尝不封禅”，霸者已过此时代，不是古之帝王了！民属于邦国，不属于天下；“民与神”不过是邦人之国人与社稷之神而已！

2．国聊，民之主也

（共和之前，在整个汤武革命时代，“民主”一词早已出现和存在，《尚书·多方》有三处提及“民主”；可是，那个时候，汤［武］革命的首领是“民主”，而商纣，人民所反对的，也曾用几年时间看看他可以不可以作民主，因此“民主”一词在当时有的被视为“天子”“君王”的同义语，这当然无损于此词的“民主”本义。后来国人阶级壮大了，特别到了流厉王于彘，共和时代出现之后，“民主”的承担者基本上从一切君主身上卸下来，换给公卿执政者去承担了，现在，民主不是指君主，不让君主有此名，民主只许用之于公卿执政者，由群众从公卿执政这一阶层来选择民主了。）

《左传·宣公二年》（公元前607年）。“晋灵公不君”，“［赵盾］宣子骤谏，公患之，使鉏麑贼之。晨往，寝门辟矣，盛服将朝，尚早，坐而假寐。麑退，叹而言曰：不忘恭敬，民之主也！贼民之主不忠，弃君之命不信，有一于此，不如死也，触槐而死”。赵盾是执政的正卿，群众称之为“民主”，在《公羊传》中作“仁人”（“了诚仁人也”），也一样，但在《穀梁传》和《史记·晋世家》中改“民主”为“忠臣”（《穀梁》云：“于盾也，见忠臣之至”；《晋世家》云：“鉏麑退叹曰：杀忠臣，弃君命，罪一也”）则完全不合时代本色，这是汉人以后的忠君思想（《穀梁》也是汉代写成的），《春秋》之时，包括赵盾当政时代，“忠”是对“民”说的，不是对“君”说的，先秦无此忠君思想，那时对主忠，对君信。对“主”忠，即对“民”忠，“忠于民而信于神也”（上文），国君自己要“忠于民”。甚至可以忠于国（《左传·昭公元年》［公元前541年］，［赵孟说］“临患不忘国，忠也；思难不越官，信也；图国忘死，贞也”），就是不必忠于君。

《左传·宣公十五年》（公元前594年），楚围宋，晋不能救，“使解扬如宋，使无降楚，曰晋师悉起，将至矣。郑人囚而献诸楚，楚子厚赂之，使反其言，不许，三而许之，登诸楼车，使呼宋而告之，遂致其君命。楚子将杀之”，解扬曰；“君能制命为义，臣能承命为信，信载义而行之为利，谋不失利，以卫社稷，民之主也”，“有死无實，又可赂乎？”“楚子舍之以归”（注意：这里是说“臣能承命为信”，是对君信，不是对君忠）。

《左传·襄公二十二年》（公元前551年，郑子展将立游贩之子良为卿，游贩夺人之妻，其夫杀之），“子展废良而立太叔［游贩之弟］，曰，国卿，君之贰也，民之主也，不可以苟”。

《左传·襄公二十七年》（公元前546年），“郑伯享赵孟于垂陇，子展、伯有、子西、子产、子太叔、二子石［印段、公孙段］从”，“子展赋《草虫》，赵孟曰：善哉！民之主也，抑武也不足以当之。”又襄公三十一年（公元前542年），［穆叔见孟孝伯］“语之曰，赵孟将死矣，其语偷，不似民主”。

《左传·昭公五年》（公元前537年），“郑罕虎［子皮，子展之子］如齐，晏子骤见之，陈桓子问其故，对曰：能用善人［指子皮授子产政］，民之主也。”

（从上举例子，可见春秋时代，民主，或民之主，或主，已成公卿执政阶层之美称，反映公卿执政者之地位，他们实际的地位高于国君，邦君只剩下宗教关系的荣誉而已，如《左传·襄公二十六年》［公元前547年］，卫献公使人求助于宁喜，争取复国时之言云，“苟反，政由宁氏，祭则寡人”，他［国君］只要求宗教权，不要政治权了。当然，实际上君与卿的严重斗争也是常有的。）

3．当国[①]

（《左传·襄公二年》［公元前571年］，“于是子罕当国”，杜预（222—284）云：“摄君事”，时子驷为政，故以当国为“摄君事”，但“当国”之义不一，非必如此也。详下各条。

---

① 《史记·卫康叔世家》，“武王既崩，成王少，周公且代成王治，当国”。司马迁以《春秋》时代名目用之于周初之史。

《公羊传·隐公元年》（公元前722年），［《春秋》］“夏五月，郑伯克段于鄢……段者何？郑伯之弟也。何以不称弟？当国也；其地何？当国也”。何休（129—182）云，“欲当国为之君，故如其意，使如国君，氏上郑，所以见段之逆”。陈立（1809—1869）《公羊义疏》云：“当，敌也”，“《左传》所谓如二君”。

《公羊传·隐公四年》（公元前719年），“春王二月戊申，卫州吁弑其君完”。“曷为以国氏。当国也”。何注：“与段同义。”

《公羊传·庄公九年》（公元前685年），“夏，齐小白入于齐”，“曷为以国氏？当国也”。何注：“当国故先氏国也”。“其言入何？篡辞也。”

《公羊传·昭公二十二年》（公元前520年），“王室乱”，“刘子单子以王猛居于皇。其称王猛何？当国也”。

《左传·襄公二年》（公元前571年）：“秋七月庚辰，郑伯睔卒，于是子罕当国，子驷为政，子国为司马。”杜注：当国“摄君事”。孔颖达（574—648）《正义》曰：“礼，君薨，听于冢宰，不须摄行君事。此令子罕当国者，郑国闻于晋楚，国家多难，丧代之际，或致倾危。盖成公顾命，使之当国，非常法也。子驷为政，已是正卿，知当国者为摄君事矣。”

《左传·襄公十年》（公元前563年），［《春秋》冬，盗杀郑公子腓、公子发、公孙辄。］“初，子驷与尉止有争……子驷为田洫，司氏、堵氏、侯氏、子师氏皆丧田焉。故五族聚群不逞之人，因公子之徒以作乱。于是子驷当国，子国为司马，子耳为司空，子孔为司徒。冬十月，戊辰，尉止、司臣、侯晋、堵女父、子师仆帅贼以入，晨攻执政于西宫之朝，杀子驷、子国、子耳，劫郑伯以如北宫。子孔知之，故不死。书曰盗，言无大夫焉。子西闻盗，不儆而出，尸而追盗，盗入于北宫，乃归授甲，臣妾多逃，器用多丧。子产闻盗，为门者，庀群司，闭府库，慎闭藏，完守备，成列而后出，兵车十七乘，尸而攻盗于北宫，子蟜帅国人助之，杀尉止，子师仆，盗众尽死，侯晋奔晋，堵女父、司臣、尉翩、司齐奔宋。子孔当国，为载书，以位序听政辟，大夫诸司门子弗顺，将诛之。子产止之，请为之焚书，子孔不可，曰：为书以定国，众怒而焚之，是众为政也，国不亦难乎？子产曰：众怒难犯，专欲难成，合二难以安国，危之道也。不如焚书以安众，子得所欲，众亦得安，不亦可乎？专欲无成，犯众兴祸，子必从之。乃焚书于仓门之外，众而后定。”（按：本条有两当国，先为子驷，后为子孔，经过一次内乱，动员了国人，子产参加了恢复秩序的工作。当国地位的重要性，在于非常时，于此例可见）。

《左传·襄公十九年》（公元前554年），“郑子孔之为政也专，国人患之，乃讨西宫之难，与纯门之师（杜注：前年，子孔召楚师至纯门），子孔当罪，以其甲及子革、子良氏之甲守。甲辰，子展、子西率国人伐之，杀子孔而分其室。书曰：郑杀其大夫，专也……子革、子良出奔楚……郑人使子展当国，子西听政，立子产为卿”。（杜注：“简公犹幼，故大夫当国。”）

《左传·襄公二十七年》（公元前546年），［齐崔杼家乱］“九月庚辰，崔成崔强杀东郭偃、棠无咎于崔氏之朝，崔子怒而出，其众皆逃，求人使驾，不得，使圉人驾，寺人御而出……遂见庆封［其仇也］，庆封曰，‘……请为子讨之’。使卢蒲嫳帅甲以攻崔氏，崔氏堞其宫而守之，弗克，使国人助之，遂灭崔氏，杀［崔杼之子］成与强，而尽俘其家，其妻缢。嫳复命于崔子，且御而归之，至则无归矣，乃缢……庆封当国”（杜云，当国秉政）。

《春秋·哀公六年》（公元前489年），“齐阳生入于齐。齐陈乞弑其君荼［舍］”。《公羊传》，“弑而立者，不以当国之辞言之。此其以当国之辞（指齐阳生入于齐）言之何？为谖（xuān）也。此其为谖奈何？景公谓陈乞曰：‘吾欲立舍何如？’陈乞曰：‘所乐乎为君者，欲立之则立之，不欲立则不立。君如欲立之，则臣请立之’。阳生谓陈乞曰：‘吾闻子盖将不欲立我也。’陈乞曰：‘夫千乘之主，将废正而立不正，必杀正者，吾不立子者，所以生子者也。走矣！’与之玉节而走之。景公死而舍立。陈乞使人迎阳生于诸其家，除景公之丧，诸大夫皆在朝，陈乞曰：‘常之母有鱼菽之祭，愿诸大夫之化［过］我也’。诸大夫皆曰‘诺’。于是皆之陈乞之家坐。陈乞曰：‘吾有所为甲，请以示焉’。诸大夫皆曰‘诺’。于是使力士举巨囊而至于中霤，诸大夫见之，皆色然而骇，开之，则闯然公子阳生也！陈乞曰：‘此君也已！’诸大夫不得已皆逡巡北面，再拜稽首而君之尔，自是往弑舍”。

（按：“当国”，事实上是君外之君，“如二君”，它证明春秋时代邦君权力的缩小与公卿权力的扩大。）

4．国人与诸大夫

a．隐公元年（公元前722年）《公羊传》：“桓幼而贵，隐长而卑，其为尊卑也微，国人莫知。隐长又贤，诸大夫扳隐而立之，隐于是焉而辞立，则未知桓之将必得立也；且如桓立，则恐诸大夫之不能相幼君也。故凡隐之立，为桓立也。”（Huan was younger，but nobler ［than the Duke by birth］；Yin was grown up，but lower ［than Huan by birth］. The difference between them in these respects，however，was small，and the people of the State did not know ［their father’s intention about the succession］. Yin being grown up and a man of worth，the great officers insisted on his being made marquis. If he had refused to be made so，he did not know for certain that Huan would be raised to the dignity；and supposing that he were raised to it，he was afraid that the great officers might not give their assistance to so young a ruler. Therefore the whole transaction of Yin’s elevation was with a view ［in his mind］ to the elevation of Huan. ——19世纪［1872］James Legge的译文。）何休注云：“国人谓国中凡人”。何注又云：“诸大夫立隐，不起者，在春秋前。”陈立疏云：“《史记·鲁世家》，‘及惠公卒，为允［桓公］少，故鲁人共令息［隐公］摄政。不言即位’，是隐之立，为诸大夫所立，在春秋前也”。何注又云：“隐见诸大夫背正而立己不正，恐其不能相之”。陈疏

云："何意以国人既可背正立己，则亦可背正立群公子，故权行即位之礼，以靖乱阶也。"此公羊家对《春秋》元年（公元前722年）之见解，提出了国人和诸大夫立君的大问题。何休（129—182）东汉经学家，著《春秋公羊解诂》；陈立（1809—1869）清经学家，著《公羊义疏》。何休认为立隐公者，诸大夫；陈立疏则引司马迁"鲁人共令息摄政"说，以加强何氏之说。"鲁人"者鲁之国人也，当然也可包括诸大夫在内。

"立君"是国人活动的大事之一。《周礼·小司寇》，小司寇之职，掌外朝之政，以致万民而询焉："一曰询国危，二曰询国迁，三曰询立君。""致万民"就是开国人大会。立君，如果没有问题，父子世袭，当然不用开国人大会。有问题就得开，由全体公民公决。开国人大会是邦国的事，周邦是邦国联盟的首领之邦，天子所在，天下共理。可是，国人大会也只是周邦一个邦的邦人会议。

周邦的邦人会议当然不能管到别邦别国的国人邦人，周天子也不能直接干涉各邦的立君问题，因为第一代的建邦的邦君可能由邦国联盟的天子那里分封而出，但以后邦君世袭基本上是由各邦自管了。

《国语·周语》记鲁武公以其二子括与戏见宣王，宣王要立年少的一个，这就要打破立长的传统，结果引起了鲁国长期对立君问题的几代斗争：

> 公元前817年（周宣王十一年，鲁武公九年）宣王立武公少子戏为鲁太子，仲山父谏，不听。鲁武公卒（公元前816年）。
>
> 公元前815年，戏立为鲁懿公。懿公九年（公元前807年），鲁人杀懿公，立括之子伯御，公元前806年起，鲁伯御为君。
>
> 公元前796年，周宣王三十二年，鲁伯御十一年，宣王伐鲁，杀伯御而立鲁懿公弟孝公。《周语》云，"诸侯从是而不睦"；《鲁周公世家》云，"自是后，诸侯多畔王命"。
>
> 公元前771年，周幽王十一年，鲁孝公二十五年，"诸侯畔周，犬戎杀幽王"（《鲁世家》）。"周乃东迁"（《国语·周

语》）。公元前770年，周平王元年。公元前769年，鲁孝公卒。

公元前768年，鲁惠公立。

公元前723年，周平王四十八年，鲁惠公四十六年，“惠公卒，长庶子息［姑］摄当国，行君事，是为隐公”（《鲁世家》）。

公元前722年，周平王四十九年，鲁隐公元年，《春秋》，“元年，春，王正月”。

《左传》，“元年，春，王周正月，不书即位，摄也”。

《公羊传》，元年者何？君之始年也。春者何？岁之始也。王者孰谓？谓文王也。曷为先言王而后言正月？王正月也。何言乎王正月？大一统也。公何以不言即位？成公意也。何成乎公之意？公将平国而反之桓。曷为反之桓……（接上文“桓幼而贵”）。

《穀梁传》，“虽无事必举正月，谨始也。公何以不言即位？成公志也。焉成之？言君之不取为公也。君之不取为公何也？将以让桓也。让桓正乎？曰不正。《春秋》成人之美，不成人之恶，隐不正而成之何也？将以恶桓也。其恶桓何也？隐将让而桓弑之，则桓恶矣；桓弑而隐让，则隐善矣。善则其不正焉何也？《春秋》贵义而不贵惠，信道而不信邪。孝子扬父之美，不扬父之恶，先君之欲與桓，非正也，邪也。虽然，既胜其邪心以与隐矣，已探先君之邪志而遂以与桓，则是成父之恶也。兄弟天伦也，为子受之父，为诸侯受之君，已废天伦，而忘君父以行小惠，曰小道也。若隐者，可谓轻千乘之国，蹈道则未也”。

鲁之立君问题，自周宣王和鲁武公以来，存在着前后两大方面对立的局面：先是周天子干预鲁邦内政（立戏，立少）与鲁之国人反对周天子干预（立括之子伯御）的两方面，戏之被杀与伯御之立，说明了当时邦国立君的传统仍在，虽天子立诸侯之邦君，而民不从则不可；周宣之伐鲁引起了“诸侯从是而不睦”，甚至“自是诸侯多畔王命”的史书记录，也说明了当时天下诸邦的风气和舆论，然后是隐公桓公之摄与立的两方面，隐是国人（诸大夫）所立的，国人立君的传统，当君位有问题时就能表现出来，而桓是先君惠公所欲立的，而惠公上承孝公，前此周宣以武力强加于鲁的结果所留下的又一个太子，国人所不欲，隐公让立而不讨好舆论（“非正也”），都说明国人（及诸大夫）对于立君权力之不轻易放弃。这种传统或风尚在汉代初期仍在，《公羊》《穀梁》二传的见解是个很好证明。

春秋时代是国人政治地位提高和公卿执政当国的时代，这是远承汤武革命、近接国人流放厉王运动的必然后果，春秋时代是古典中国民主政治的全盛时代。按，国人，应包括邦国之名冠于“人”字之上之具体的国人，如：

［1］《左传》隐元年（公元前722年）八月，“纪人伐夷，夷不告，故不书”。（杜注：夷国在城阳庄武县，杞国在东莞剧县。）按此《春秋》及三传第一次记以国名开始的国人：“纪人”，纪国之人，纪之国人也。《春秋》不书，因夷国被伐，不告鲁，故鲁春秋不书。（传例在隐公十一年）

［2］《春秋》隐元年（公元前722年）“九月，及宋人盟于宿”。杜注：“客主无名，皆微者也。”《公羊传》：“孰及之内之微者也”，《穀梁传》“及者何，内卑者也；宋人，外卑者也”。《左传》：“惠公之季年，败宋师于黄，公立而求成焉。九月，及宋人盟于宿，始通也。”刘文淇《春秋左氏传旧注疏证》：“所谓微者，莒谓士也。”

［3］《春秋》隐二年（公元前721年）“夏五月，莒人入向”。《左传》：“莒子娶于向，向姜不安莒而归。夏，莒人入向，以姜氏还。”

［4］《春秋》隐二年（公元前721年）“郑人伐卫”，《左传》“讨公孙滑之乱也”（公孙滑，共叔段之子）。补《左传》隐元年（公元前722年），“郑共叔之乱，公孙滑出奔卫，卫人为之伐郑，取廪延，郑人

以王师、虢师伐卫南鄙，请师于邾，邾子使私于公子豫，豫请往。公弗许。遂行，及邾人、郑人盟于翼，不书，非公命也”。

b. 桓公五年（公元前707年）《春秋》：“五年，春正月，甲戌、己丑，陈侯鲍卒。”“六年，蔡人杀陈佗。”

《左传》：“五年，春正月，甲戌、己丑，陈侯鲍卒，再赴也。于是陈乱，文公子佗杀大子免而代之。公疾病而乱作，国人分散，故再赴。”

按：《左传·襄公二十五年》（公元前548年），郑子产献捷于晋，晋人问陈之罪，子产答辞有云：“桓公之乱，蔡人欲立其出，我先君庄公奉五父［佗］而立之，蔡人杀之……”云云，可作上文部分解说，“乱作”故“国人分散”，亦立君有关问题。

c. 闵公二年（公元前660年）《春秋》：“二年，十有二月，狄入卫。”

《左传》：“冬，十有二月，狄人伐卫。卫懿公好鹤，鹤有乘轩者。将战，国人受甲者[①]皆曰使鹤，鹤实有禄位，余焉能战？公与石祁子玦，与宁庄子矢，使守，曰，以此赞国，择利而为之；与夫人绣衣，曰，听于二子。渠孔御戎，子伯为右，黄夷前驱，孔婴齐殿，及狄人战于荧泽，卫师败绩，遂灭卫。卫侯不去其旗，是以甚败。狄人囚史华龙滑与礼孔，以逐卫人，二人曰，我大史也，实掌其祭，不先，国不可得也。乃先之，至则告守曰：不可待也。夜与国人出。狄入卫，又从之，又败诸河……文公为卫之多患也，先适齐；及败，宋桓公逆诸河，宵济卫之遗民男女七百有三十人，益之以共滕之民为五千人，立戴公，以庐于曹。许穆夫人赋《载驰》。齐侯使公无亏帅车三百乘，甲士三千人以戍曹，归公乘马祭服五称，牛羊豕鸡狗皆三百，与门材，归夫人鱼轩，重锦三十两。”

d. 僖公二年（公元前658年）《春秋》：“虞师晋师灭夏阳。”

《公羊传》：“虞微国也，曷为序乎大国之上？使虞首恶也。曷为使虞

① 《史记·卫世家》，“国人”作“大臣”或“百姓大臣”。

首恶？虞受赂，假灭国者道，以取亡焉。其受贿奈何？献公朝诸大夫[①]而问焉，曰：寡人夜者寝而不寐，其意也何？诸大夫有进对者曰：寝不安与？其诸侍御有不在侧者与？献公不应。荀息进曰：虞郭见与？献公揖而进之，遂与之入而谋曰：吾欲攻郭，而虞救之；攻虞，则郭救之，如之何？愿与子虑之。荀息对曰：君若用臣之谋，则今日取郭而明日取虞尔，君何忧焉？献公曰：然则奈何？荀息曰：请以屈产之乘与垂棘之白璧往，必可得也。则宝出之内藏，藏之外府；马出之内厩，系之外厩尔，君何丧焉？……”

e．僖公九年（公元前651年）《春秋》，“冬，晋里克杀其君之子奚齐”。

《穀梁传》，“其君之子云者，国人不子也。国人不子何也？不正其杀世子申生而立之也。”

f．僖公十五年（公元前645年）《左传》，“晋侯［惠公］[②]使郤乞［返晋］告瑕吕饴甥［子金］，且召之。子金教之言曰：朝国人[③]而以君命赏，且告之曰：孤虽归，辱社稷矣，其人贰圉也。众[④]皆哭，晋于是乎作爰田。吕甥曰：君亡之不恤，而群臣是忧，惠之至也！将若君何？众曰：何为而可？对曰：征缮以辅孺子，诸侯闻之，丧君有君，群臣辑睦，甲兵益多，好我者劝，恶我者惧，庶有益乎！众说，晋于是作州兵”。

这一段不长，但有关国人的内容很丰富。

其一是国人会议，“朝国人”就是召开国人会议。这次晋惠公与秦作战，僖公十五年（公元前645年）九月十三日壬戌“战于韩原（山西省河津与稷山之间）”。本来，晋将迎战秦穆公，就要把他抓住了，可是晋军戎马陷于泥中，晋惠公在那边呼救，晋将庆郑忙着救晋君，秦伯得以脱身，而晋侯却被秦人俘获了。《春秋》写道：

---

① “朝诸大夫”者召开贵族或大臣会议也。

② 时被俘在秦。

③ 召开晋之国人［公民］大会。

④ 众即国人。

“十有一月，壬戌，晋侯及秦伯战于韩，获晋侯。”本是“十一月壬戌，十四日”，杜注：“九月十三日”。九月与十一月，是历法不同，夏历与周历；十四与十三则为史书根据战报相差一天。

被俘的晋惠公被送走。秦将在讨论，怎么处理，有主张杀掉，有主张放还，也有说“归之而质其大子”。但晋惠公的姊姊穆姬，是秦穆夫人，听说晋君要被送往秦国，就把男女儿（男是太子）同自己一起，穿了丧服，在台上等着，台下堆了薪草，准备被俘的晋君如送入秦境，就点把火把母子一齐烧死。秦穆公只好允许同晋讲和。

这样，就像上文说的，晋惠公就派了在被俘人中的郤乞返回晋国，找一个能干的瑕吕饴甥（吕甥，阴饴甥，吕甥，子金），请他出主意。吕甥为之“朝国人而以君命赏”，在会上宣布，“作爰田”（亦作“辕田”［《国语·晋语》］），爰田即易田，《国语·周语》何休注引汉人贾逵（贾侍中，30—101）云：“为易田之法，赏众以田。易者易疆界。”杜预（《左传》注）则认为“分公田之税，应入公者，爰之于所赏之众”。说法甚多（参阅刘文淇《春秋左氏传旧注疏证》第322页）。在国人会议上，用晋惠公命令赏众，讨好国人。

在国人会议上，子金（吕饴甥）还代表晋惠公说，他这次即使能回来，也已经玷辱社稷（国家）了，所以他要国人会上讨论，“其卜贰圉”。圉是他的儿子，后来的晋怀“贰”是说让太子圉代替他自己为君，为此举行一次问卜。清人王引之（1766—1834）认为“贰”不能说为代，应是貣字，貣与代古同声。《国语·晋语》干脆代为“秦将归寡人，寡人不足以辱社稷，二三子（指会上群众，国人）其改置以代圉也”，这又进一步刺激群众，不但自己不行，儿子也要退出太子之位，何休注所谓“父子避位”。惠栋（1697—1785）则说贰副也，以世子（太子圉）为副贰。上引刘文淇疏证同意此说（这也是“卜立君”，国人会议的大事）。正是这些话激动了国人大会，会上“众皆哭”，并通过了“爰田”法。

吕甥在会上还建议“征缮以辅孺子”，征是收赋税，缮是治甲兵，来帮助新上来的小君（孺子）。这样又在国人会上通过了“州兵”法，改易兵制，“二千五百家为州”，以州为单位把国人的军队组织起来。

爰田、州兵，田制和兵制的改革，是这次国人大会上的巨大成就，也为随后晋国的强大打了基础。

这样，吕甥应晋惠公之召，到前方，会见秦穆公，订了秦晋的新盟约。《左传》写道：“十月，晋阴饴甥会秦伯，盟于王城。”（在今陕西大荔，属秦）。

晋侯回去了。

这次公元前645年晋的“朝国人”或国人大会是古典民主政治史一个典型的历史大事，国君不在场的国人会议。

其二，如果把上面所引的鲁国、郑国的这些政治生活和文化水平，来同大约两个世纪前周之国人大暴动，流厉王于彘的情况，作个前后对比，能不能和应不应看出历史的前进和发展，看出古典民主政治在古代中国是已由创始时代（由汤武革命之时开始）发展或进入全盛时代呢？读史者是不是已能看到一些古典民主政治的方面呢？邦国机构，政治组织，是只有邦君（经常被视为专制君主统治的主宰）一人作主呢，还是也有古代人民会议，乃至贵族会议这些一向被认为只有古希腊、罗马才存在，而古代东方和中国从来不存在的情况呢？在共和时代（只有十四年）之后，是君主专制政治，是封建主义政治，还是公卿执政的时日呢？特别要初步看一看，国人，民，众，这些自由民，自由公民阶层在邦国中的地位到底怎么样？是举足轻重呢？还是毫无用处或根本没有地位可言呢？

其三，经过很大规模的国人暴动和最短的共和时日（十四年而已）之后，社会道德、思想，人们关系、习尚，血缘的和政治的对比，有没有发展或前进？古典中国本来就没有忠君思想，“所谓道，忠于民而信于神也”，（《左传·桓公六年》，随季梁语）“上思利民忠也，祝史正辞信也”；“夫民，神之主也，是以圣王先成民而后致力于神”。而这不是空话，是要在政治生活实践中被千千万万人民眼睛看出的，鲁隐公回答曹刿问题，只有“小大之狱，虽不能察，必以情”，才被视为“忠［于民］之属也，可以一战”！孔子说，“听讼吾犹人也”，这不是当了法官，才去听讼，而是国人，古代中国也有陪审制度，《礼记·大学》，“与国人交止于信”，下面紧接着是子曰：“听讼吾犹人也。”郑玄注云：“圣人之听讼与人同耳。”听讼就是最好的“与国人交”，这是信，也是“忠之属”，“忠于民”！顾炎武《日知录》“致知”条云：“听讼者，与国人交之一事也。”陪审者，自己是国人，同时听国人之讼，“听讼吾犹人也”，就是说“犹国人也”。

g．僖公二十四年（公元前636年）《左传》，“［颓叔、桃子］奉大叔以狄师攻王……王遂出，及坎欿（kān，河南巩县东，周地），国人纳之。秋，颓叔桃子奉大叔以狄师伐周，大败周师……王出适郑，处于氾（襄城）。大叔以隗氏居于温。”

这是关于周王室内乱的记录，“国人纳之”，说明周之国人是站在周王这边，反对狄师入侵的。

h．僖公二十八年（公元前632年）《左传》，“……晋侯、齐侯盟于敛盂（濮阳东），卫侯请盟，晋人弗许。卫侯欲与楚，国人不欲，故出其君以说于晋。卫侯出居于襄牛（杜注，卫地）”。

国人和君同是邦国组织的主体，国人行动可以不同于君。

i．僖公二十八年（公元前632年）《左传》，“六月，晋人复卫侯。宁武子与卫人（国人）盟于宛濮（漆黑，河南长垣西），曰：天祸卫国，君臣不协，以及此忧也。今天诱其衷，使皆降心以相从也。不有居者，谁守社稷？不有行者，谁扞牧圉？不协之故，用昭乞盟于尔大神，以诱天衷。自今日以往，既盟之后，行者无保其力，居者无惧其罪，有渝此盟以相及（王引之云，当作“反”）也，明神先君是纠是殛。国人闻此盟也，而后不贰。”（国人与君复归于一。）

j．僖公二十二年（公元前638年）《左传》，“冬十一月，己巳，朔，宋公及楚人战于泓。宋人既成列，楚人未既济，司马曰：彼众我寡，及其未既济也，请击之；公曰不可。既济而未成列，又以告，公曰未可。既陈而后击之，宋师败绩，公伤股，门官歼马。国人皆咎公，公曰：君子不重伤，不禽二毛。古之为也，不以阻隘也，寡人虽亡国之馀，不鼓不成列……”

按：古典时日，参加战争者主要是国人。上文除“国人皆咎公”句中的“国人”外，“宋人既成列”和“楚人未既济”之“宋人”“楚人”亦皆（或主要）是国人。但指挥作战者往往不是普通的国人，而是有地位者或贵族，成败居多出于这些“肉食者”之手。但也有例外，“曹刿论战”是好例子，如下：

［附］庄公十年（公元前683年）《左传》，“春、齐师伐我，公将战，曹刿请见，其乡人曰，肉食者谋之，又何间焉？刿曰：肉食者鄙，未能远谋。乃入见，问何以战。公曰：衣食所安，弗敢专也，必以分人。对曰，小惠未偏，民弗从也。公曰：牺牲玉帛，弗敢加也，必以信。对曰：小信未孚，神弗福也。公曰：小大之狱，虽不能察，必以情。对曰：忠（‘忠于民’，古不言忠于君）之属也，可以一战，战则请从。公与之乘（同乘一战车）。战于长勺（山东莱芜附近）。公将鼓之，刿曰未可。齐人三鼓，刿曰可矣。齐师败绩，公将驰之，刿曰未可。下视其辙，登轼而望之，曰可矣。遂逐齐师。既克，公问其故。对曰：夫战勇气也，一鼓作气，再而衰，三而竭，彼竭我盈，故克之。夫大国难测也，惧有伏焉。吾视其辙乱，望其旗靡，故逐之”。

这段古代战争故事说明很多问题。其一，一个乡人，不是肉食者，可以随便见邦君论事，可以同邦君一个战车主战，而他（这个非肉食者）却敢于说“肉食者鄙，未能远谋”，在论谈过程，的确也见到他是有知识的战士，是有经验的老兵或胜任的将领。他就是一个“鲁人”，而鲁之国人，没有说当过什么官。这些说明当时的乡人野人的地位和文化水平“先进于礼乐，野人也；后进于礼乐君子也。如用，则吾从先进”。孔子没有欺骗我们。在郑国，“子产之从政也，择能而使之……裨谌能谋，谋于野则获，谋于邑则否。郑国将有诸侯之事，子产乃问四国之为于子羽，且使多为辞令，与裨谌乘以适野，使谋可否，而告冯简子，使断之，事成，乃授子太叔，使行之，以应对宾客，是以鲜有败事。北宫文子所谓有礼也”。也就在这个时候，“郑人游于乡校（乡之学校），以论执政。然明谓子产曰：‘毁乡校何如？’子产曰，‘何为？夫人朝夕退而游焉，以议执政之善否，其所善者，吾则行之，其所恶者，吾则改之，是吾师也！若之何毁之？’”

k. 文公二年（公元前625年）《左传》，“二年，春，秦孟明视帅师伐晋，以报殽之役。二月，晋侯御之……大败秦师……秦伯犹用孟明。孟明增修国政，重施于民。赵成子（赵衰）言于诸大夫曰：秦师又至，将必辟之，惧而增德，不可当也”。……

按：这条“诸大夫”，当是诸大夫会议（贵族会议，大臣会议）之机会，赵衰在会上提出这种意见。

文公六年（公元前621年）《左传》，“秦伯任好卒，以子车氏之三子，奄息、仲行、鍼虎为殉，皆秦之良也。国人哀之，为之赋《黄鸟》”。这是罕有的国人哀歌，录下：

1. 交交黄鸟，止于棘。谁从穆公，子车奄息。维此奄息，百夫之特。临其穴，惴惴其慄。彼苍者天，歼我良人。如可赎兮，人百其身。

They flit about，the yellow birds，

And rest upon the jujube trees.

Who followed Duke Mu [to the grave] ?

Zi-che Yan-xi

And this Yan-xi

Was a man above a hundred.

When he came to the grave，

He looked terrified and trembled.

Thou azure Heaven there！

Thou art destroying our good men.
Could he have been redeemed,
We should have given a hundred lives for him.

2. 交交黄鸟，止于桑。谁从穆公，子车仲行。维此仲行，百夫之防。临其穴，惴惴其慄。彼苍者天，歼我良人。如可赎兮，人百其身。

They flit about，the yellow birds,
And rest upon the mulberry trees.
Who followed Duke Mu [to the grave] ?
Zi-che Zhong-hang.
And this Zhong-hang
Was a match for a hundred.
When he came to the grave,
He looked terrified and trembled,
Thou azure Heaven there!
Thou art destroying our good men.
Could he have been redeemed,
We should have given a hundred lives for him.

3. 交交黄鸟，止于楚。谁从穆公，子车鍼虎。维此鍼虎，百夫之御。临其穴，惴惴其慄。彼苍者天，歼我良人。如可赎兮，人百其身。

They flit about，the yellow birds,
And rest upon the thorn trees.
Who followed Duke Mu [to the grave] ?
Zi-che Qian-hu.
And this Qian-hu
Could withstand a hundred men.
When he came to the grave.
He looked terrified and trembled.

Thou azure Heaven there!

Thou art destroying our good men.

Could he have been redeemed,

We should have given a hundred lives for him.

（据James Legge英译）

m. 文公七年（公元前620年）《春秋》，“宋人杀其大夫”。《左传》，“七年夏四月，宋成公卒。于是公子成为右师（庄公子），公孙友为左师（目夷，司马子鱼），乐豫为司马（戴公玄孙），鳞矔为司徒（桓公孙，公子荡为司城（桓公子），华御事为司寇（华元父）昭公将去群公子，乐豫曰不可，公族，公室之枝叶也……不听，穆襄之族率国人以攻公，杀公孙固、公孙郑于公宫（二子在公宫，为乱兵所杀）六卿和公室，乐豫舍司马，以让公子印（昭公弟）昭公即位而葬。书曰：宋人杀其大夫，不称名，众也，且言非其罪也”。

按：宋人即宋之国人。国人与公族，为平民与贵族。宋六卿时皆公族。公族执政，公卿执政制中常有现象。

n. 文公七年（公元前620年）《左传》，“宣子与诸大夫皆患穆嬴，且畏偪”（杜云：“畏国人以大义来偪已。”服虔云：“言诸大夫患穆嬴以君顾命之言占责己也；畏逼迫无置太子；一云，畏他公子徒来相迫矣”）。

按：此诸大夫皆贵族会议成员有不具名者有知名者。

o. 文公十一年（公元前616年）《左传》，“郕太子朱儒自安于夫鍾，国人弗徇（郕姬姓国，在今山东宁阳东北）”。《春秋》“十有二年，春王正月，郕伯来奔（杜：称爵、公以诸侯礼迎之）”。《左传》“十二年（公元前615年）春，郕伯卒，郕人立君。（服曰：改立君，不命于天子。）太子以夫鍾与郕邽（邑）来奔，公以诸侯逆之，非礼也。故书曰，郕伯来奔，不书地，尊诸侯也”。

此国人可能即成之国人会议。郕人，亦即郕之国人。

p. 文公十六年（公元前611年）《春秋》，“冬十有一月，宋人弑其君杵臼”。《宋世家》，“昭公无道，国人不附”。《左传》，“宋公子鲍礼于国人”。“昭公无道，国人奉公子鲍以固夫人”。“既夫人将使公田孟诸而杀之，公知之”，荡意诸曰：“盍适诸侯？”公曰：“不能其大夫，至于君祖母，以及国人，诸侯谁纳我？”冬十一月，甲寅，宋昭公将田孟诸，未至，夫人王姬使帅甸攻而杀之，荡意诸死之。书曰：“宋人弑其君杵臼，君无道也。”“十七年春，晋荀林父、卫孔达、陈公孙宁、郑石楚伐宋讨曰：何故弑君，犹立文公而还。”（书“晋人、卫人、陈人、郑人代宋”，传云：卿不书，失其所也）

q．文公十八年（公元前609年）《春秋》，“十有八年，夏五月，戊戌，齐人弑其君商人”。“冬，莒弑其君庶其”。《左传》，“莒纪公生大子仆，又生季佗，爱季佗而黜仆，且多行无礼于国。仆因国人以弑纪公”。（《释例》云：刘、贾、许、颍以为君惠及国朝，则称国以弑；君恶及国人，则称人以弑）

r．文公十八年（公元前609年）《春秋》，“十有八年，春，王二月，丁丑，公薨于台下”。“六月癸酉，葬我君文公”。“秋，公子遂、叔孙得臣如齐”。

“冬十日子卒”。“夫人姜氏归于齐”。“季孙行父如齐”。

《左传》，昭公三十二年，晋史墨答赵简子问：“鲁文公薨，而东门遂杀嫡立庶，鲁君于是乎失国，政在季氏，于此君也，四公矣，民不知君，何以得国？”

s．文公十八年（公元前609年）《左传》，“宋武氏之族道昭公子，将奉司城须以作乱。十二月，宋公杀母弟须及昭公子，使戴庄桓之族攻武氏于司马子伯之馆，遂出武穆之族，使公孙师为司城。公子朝卒，使乐吕为司寇，以靖国人”。

t．宣公元年（公元前608年）《周本纪》，匡王班五年。

《鲁周公世家》，（文公）十八年二月，文公卒。文公有二妃，长妃齐女，为哀姜，生子恶及视；次妃敬嬴嬖爱，生子俀。俀私事襄仲（《左传》文十八：敬嬴嬖，而私事襄仲，宣公长，而属诸襄仲），襄仲欲立之，叔仲（惠伯）曰不可。襄仲请齐惠公，惠公新立，欲亲鲁，许之（鲁齐勾结，杀齐姜二子）。冬十月，襄仲杀子恶及视，而立倭，是为宣公（公元前609—前591年，十八年）。［《左传》，惠伯死之。夫人姜氏归于齐，大归也。将行，哭而过市，曰：天乎！仲为不道，杀嫡立庶！市人皆哭；鲁人谓之哀姜。］（此时鲁之国人亦屈服于鲁齐勾结之形势，鲁若无事焉。）《鲁世家》，“鲁由此公室卑，三桓强”。“宣公倭二年，楚庄王强，围郑，郑伯降，复国之”。“十八年，宣公卒，子成公黑肱立。”

5．关于春秋弑君问题和出君问题——师旷、史墨的言论分析

a．《春秋》弑君表

隐公四年，春王二月，戊申卫州吁弑其君完。

隐公十一年，冬十有一月壬辰公薨（羽父使贼弑［隐］公于寫氏，立桓公）。

桓公二年，春王正月戊申宋督弑君与夷及其大夫孔父。

桓公五年，陈侯鲍卒，陈乱，文公子佗杀太子免而代之。

桓公十八年，夏四月丙子，［桓］公薨于齐。

庄公八年，冬十有一月，癸未，齐无知弑其君诸儿。

庄公十二年，夏四月，秋八月，甲午，宋万弑其君捷及其大夫仇牧。

闵公二年，秋八月辛丑，［闵］公薨（实弑书薨）。

僖公九年冬，晋里克杀其君之子奚齐。

僖公十年春，晋里克弑其君卓子及其大夫荀息。

文公元年，冬十月丁未，楚世子商臣弑其君頵。

文公十四年，齐公子商人弑其君舍。

文公十六年，十有一月，宋人弑其君杵臼。

文公十八年，夏五月戊戌，齐人弑其君商人（不称盗，罪商人）。

文公十八年，冬十月，莒弑其君庶其。

宣公二年，秋九月乙丑，晋赵盾弑其君夷皋。

宣公四年，郑公子归生弑其君夷。

宣公十年，陈夏徵舒弑其君平国。

宣公十八年，春正月庚申，晋弑其君州蒲。

襄公二十五年，夏五月乙亥，齐崔杼弑其君光。

襄公二十六年，春王二月辛卯，卫宁喜弑其君剽。

襄公三十年，夏四月，蔡世子般弑其君固。

襄公三十一年，十有一月，莒人弑其君密州。

昭公八年，春，陈侯之弟招杀陈世子偃师。

昭公十三年，夏四月，楚公子比弑其君虔于乾谿。

昭公十九年，夏五月，戊辰，许世子止弑其君买。

昭公二十七年，夏四月，吴弑其君僚。

定公十三年，冬，薛弑其君比（称君，君无道）。

哀公六年，齐陈乞弑其君荼。

哀公十四年，夏四月，齐陈恒执其君，寘于舒州。

哀公十四年，夏六月，齐人弑其君壬于舒州

《太史公自序》言“《春秋》之中弑君三十六”，我们上面所列是三十一条，其中有的是“君无道”的。不管数字多少，弑君问题都不能是个《孟子》书中说的孔子作《春秋》的原由，孟子说，“春秋，天子之事也”，天子之事是什么？是为民！《春秋》无“民”字，但《孟子》回答“外人皆称夫子好辩”之问，自始至终，皆所以为民！当尧之时，水逆行，民无所定，使禹治之，然后人得平土而居之；尧舜既没，暴君代作，民无所安息，不得衣食，邪说暴行又作，周公相武王，诛纣伐奄，天下大悦；然后到了周末，世衰道微，邪说暴行又作，孔子惧，作春秋，春秋，天子之事也。什么事？孟子在这里没有具体说，但《离娄下》说了，“其事则齐桓晋文，其文则史”，“其义”则孔子曾说“丘窃取之矣”。这是历史，这是天子之事！世衰道微，天子之事只能由霸者去管，东迁之后，天子之事，天下之业，不是就靠桓文这班人来管，中国局面不是就由他们来维持吗？而这里，民主政治之发展（古典公卿执政时代）尤其成为此时的中心内容。

b. 出君问题——师旷、史墨的言论分析

《春秋·襄公十四年》（公元前559年），夏四月“己未卫侯（衎kān，公羊；左、榖无）出奔齐”。

《春秋·昭公三十二年》（公元前510年），“春王正月，［鲁昭］公在乾侯。取阚”。“十有二月，己未，公薨于乾侯”。

洪亮吉（1746—1809）《春秋左传诂》“襄十四”条云：“不修春秋云，孙林、宁殖出其君。仲尼修之曰，卫侯（衎）出奔齐。”惠栋（1697—1758）云，“臣逐君，不可以训，犹召君也”。“杜注谬”。按：杜注原为：“诸侯之策书孙宁逐卫侯，《春秋》以其自取奔亡之祸。故诸侯失国者皆不书逐君之贼也。不书名，从告。”

洪亮吉《春秋左传诂》“昭三十二”条又云：“贾逵（30—101）云：昭公得阚，季氏夺之，不用师徒，谓此取阚为季氏取于公也。”按杜注“公别居乾侯，遣人诱阚而取之，不用师徒”。说与贾说异。

这是两个出君事件。内容十分复杂，具体过程也不相同，但本质则一：公卿有力，君是可出的。卫献公（公元前576—前559，公元前546—前544）之出奔于齐，在位已十八年矣。他是被孙文子、宁惠子赶出去的，当时由卫国史官通报各国诸侯之策是“孙林父、宁殖出其君”，这使宁殖（惠子）感到难安（宗教关系、血缘关系使他屈服于邦君之下，就像先轸在朝不顾而唾，后来不得不免胄入于狄师而死，一得罪于君，悔而无及）而卫献公利用孙宁两家的矛盾（以及国际的矛盾），得以复国，他许诺“政由宁氏，祭则寡人”，可是最后是“九世之卿族一举而灭之”矣（《左传·襄公二十五年》）。

鲁国情况不一样，昭公是注定要失败的。

下面引用当时思想家师旷和史墨两人对此二国出君的评论：

《左传·襄公十四年》，记："师旷待于晋侯（悼公），晋侯曰，'卫人（卫之国人）出其君，不亦甚乎？'对曰：或者其君实甚，良君将赏善而刑淫，养民如子，盖之如天，容之如地，民奉其君，爱之如父母，仰之如日月，敬之如神明，畏之如雷霆，其可出乎？夫君，神之主而民之望也。若困民之主，匮神乏祀[①]，百姓绝望，社稷无主，将安用之！弗去何为？天生民而立之君，使司牧之，勿使失性。有君而为之贰，使师保之，勿使过度。是故天子有公，诸侯有卿，卿置侧室，大夫有贰宗，士有朋友，庶人工商皂隶牧圉皆有亲昵，以相辅佐也。善则赏之，过则匡之，患则救之。失则革之。自王以下，各有父兄子弟，以补察其政。史为书，瞽为诗，工诵箴谏，大夫规诲，士传言，庶人谤，商旅于市，百工献艺。故《夏书》曰：'遒人以木铎徇于路。官师相规，工执艺事以谏。'正月孟春，于是乎有之，谏失常也。天之爱民甚矣，岂其使一人肆于民上，以从其淫，而弃天地之性，必不然矣！"

《左传·昭公三十二年》，记"赵简子问于史墨曰：'季氏出其君而民服焉，诸侯与之，君死于外，而莫之或罪也？'对曰：'物生有两，有

---

① "困民之主","匮神乏祀",洪亮吉《春秋左传诂》云：刘向（约公元前77—前6）《新序》及《说苑》皆引作"困民之性，乏神之祀"；按今刊本，"主"字疑"生"字之说，"生""性"古字同……"乏祀"，《释文》（唐陆德明［约550—630］《经典释文》）本或作"之祀"。按阮元（1764—1849）《十三经注疏》本，校勘记云：《释文）亦作"乏，云本或作"之祀"，误也。沈彤云，"主"当作"生"，"乏"当作"之"。今按，上文有："夫君神之主也"，此接以"若困民之主"，易引起怀疑，故云改"主"为"生"。然"神之主"属于"君"，民之主"属于公，两个"主"不是一回事，而且下文有"百姓绝望，社稷无主"，此"无主"正是言"民之主"，指公卿。倘为"神之主"的"君，"困民之主"的"卿"，因而"百姓绝望，社稷无主，匮神乏祀"，（"君"，作为"神之主"），又"将安用之"也！《史记·鲁世家》记齐景公与鲁昭公书，谓昭公为"主君"，"集解"引服虔曰，"大夫称主，比公于大夫，故称之君"，又史墨答赵简子，称简子为"主"，亦可证也。提此仅供参考。

三，有五，有陪贰。故天有三辰，地有五行，体有左右，各有妃耦。王有公，诸侯有卿，皆有贰也。天生季氏，以贰鲁侯，为日久矣。民之服焉，不亦宜乎？鲁君世从其失，季氏世修其勤，民忘君矣，虽死于外，其谁矜之！社稷无常奉，君臣无常位，自古以然。故《诗》曰："高岸为谷，深谷为陵。"三后之姓，于今为庶，主所知也。在《易》卦，雷乘乾曰大壮（乾下震上），天之道也。昔成季友，桓之季也，文姜之爱子也。始震而卜，卜人谒之曰："生有嘉闻，其名曰友，为公室辅。"及生，如卜人之言，有文在其手曰"友"，遂以名之。既而有大功于鲁，受费（bì）以为上卿。至于文子武子，世增其业，不废旧绩。鲁文公薨，而东门遂杀嫡立庶，鲁君于是乎失国政在季氏，于此君也四公矣。民不知君，何以得国？是以为君，慎器与名，不可以假人！’"

师旷、史墨之言论，属于春秋时代，基于先秦对君臣关系之思想，始可理解，秦汉之后则不足与语矣，师旷、史墨被视为"邪说"之代表，攻击之对象。下文着重谈一谈这个问题。

6．论《孟子·滕文公》下"外人皆称夫子好辩"章，及其窜入句"臣弑其君者有之，子弑其父者有之"

（附"好辩章"全文及其英译本）

《孟子章句》，东汉赵岐（108—201）著；清焦循（1763—1820）作《孟子正义》。据赵氏《孟子题辞》，《孟子》七篇，34 685字；而按《正义》，此书凡35 410字，较赵说多725字。《正义》云："旧书古简，脱漏居多，唐宋本固应减于汉，否亦不应加多，今兹剩字，得毋有后人所羼入者乎？"今读《滕文公下》"外人皆称夫子好辩"章，颇疑其中"臣弑其君者有之，子弑其父者有之"14字，即是他处窜入之字句。

其一，此14字出自《管子·法法篇》，非孔孟儒学思想。《法法篇》云："故《春秋》之记，臣有弑其君，子有弑其父者矣。"始揭之者为毛奇龄（1623—1713）《四书賸言》云："此二语似《孟子》'臣弑其君者有之，子弑其父者有之'所本，然此是旧时《春秋》，非夫子《春秋》也。"

其二，太史公作《孔子世家》，极重视孔子作《春秋》一事，他写道："子曰，'弗乎弗乎，君子病没世而名不称焉，吾道不行矣，吾何以自见于后世哉？'乃因史记作《春秋》，上至隐公，下讫哀公十四年，十二公，据鲁、亲周、故殷，运之三代，约其文辞而指博，故吴楚之君自称王，而《春秋》贬之曰子'，践土之会实召周天子，而《春秋》讳之曰，'天王狩于河阳'。推此类以绳当世贬损之义，后有王者举而开之，《春秋》之义行，则天下乱臣贼子惧焉。孔子在位，听讼文辞有可与人共者，弗独有也，至于为《春秋》，笔则笔，削则削，子夏之徒不能赞一辞。弟子受《春秋》，孔子曰，'后世知丘者以《春秋》，而罪丘者亦以《春秋》'。"司马迁这段论《春秋》的内容，基本上已将《孟子·滕文公下》的精神全都吸收并表达了，可是中间就没有"臣弑其君者有之，子弑其父者有之"这14字，可见司马迁当年所读《孟子·滕文公下》"夫子好辩"章，其中本来没有这14字，而且孟子说的"乱臣贼子惧"的本旨，司马迁说的，比之弑君弑父那十四字要重大得多。

其三，赵岐为《孟子》作注，不注此14字，而其上下文皆已注及，可见赵岐所见《孟子》原文没有这14字，这14字为赵岐所未见，东汉［赵岐］之后始窜入《孟子》书中。《孟子》此段原文及赵岐注对照如下：

世衰道微，邪说暴行有作， ［臣弑其君者有之，子弑其父者有之］ 孔子惧，作《春秋》。《春秋》，天子之事也。 是故孔子曰，"知我者其惟《春秋》乎；罪我者其惟《春秋》乎！"	赵注："世衰道微，周衰之时也。"［邪说暴行有作］赵已在上文注云："……其小人则放僻邪侈，故作邪伪之说，为奸寇之行。"因此这里不重注。
	赵岐无注，肯定没有看到这两句14字。
	赵注续云："孔惧王道遂灭，故作《春秋》，因鲁史记，设素王之法，谓天子之事也。" 赵注续云："知我者，谓我正王纲也；罪我者，谓时人见弹贬者，言孔子以《春秋》拨乱也。"

其四，宋孙奭（962—1033）《孟子正义》（十三经注疏本）所见赵岐注仍旧，（亦已窜入"臣弑其君者有之，子弑其父者有之"，惟未加注）。但在孙氏自己的《正义》部分，有涉及这两个窜入句14字的内容，

孙氏有《疏》云："至周世之道衰，于是微灭，邪说暴行之人又有起作，于是臣弑其君者有之，子弑其父者有之，惟孔子于此时乃恐惧正道遂灭，而害人正心，故因鲁史记而作《春秋》之经，盖《春秋》者乃设素王之道，皆天子之事迹也。孔子云，知我正王纲者，其惟以《春秋》知我矣，罪我以谓迷乱天下者，其亦惟以《春秋》罪我矣。"这就证明，这两句14字的窜入《孟子·滕文公下》，是在宋孙奭之前，孙氏所见本已有。

其五，直到宋孙奭疏之时，"臣弑其君者有之"，"子弑其父者有之"，虽已被加到正文和孙疏，但"弑君弑父"问题还没有被视为最严重的社会问题，没有达到后世乃至现时所考虑和理解的程度。例如，"邪说暴行有作"（或"又作"），在东汉时赵注只释为"作邪伪之说，为奸宄之行"，与"弑父弑君"根本无关，而当时《孟子》此章本来也还未被人利用，未把《管子》书中的《春秋》（非孔子《春秋》）所记这两句14字窜进去，到了宋代，孙疏虽已包括这两句14字的内容，但对于"邪说暴行"也只是说有了"起作"之人（见上段），"邪说暴行"还是按从前通说那么理解。

其六，到了宋代，应当注意理学家的观点了。朱熹（1130—1200）《四书集注》的《孟子》中，赵岐注照常被引用，第一个"邪说暴行"以及"世衰道微"下的全段注释，同上引赵注基本都一样（只是"王纲"改用"纲纪"），虽则在正文中，宋代当然已经出现"臣弑其君者有之，子弑其父者有之"这两句14个字了。这也说明，宋代理学家仍然尊重古注（赵注），宋本孟子虽已窜入这14字两句，但还未被特殊提出和利用。

到了清代，情况一变，一是（错误地）肯定"臣弑其君者有之，子弑其父者有之"这两句14字是《孟子·滕文公下》的组成部分（没有人提出怀疑），二是开始把这两句14字同"邪说暴行"结合为一（而这是十分荒谬的，因为"邪说暴行有作"在《滕文公下》这一章出现三次，三次都有各自的内容和含义：第一次已有赵岐的注释了，"作邪伪之说，为奸宄之行"；第三次是专指杨墨"邪说诬民"，只许攻"无父无君"，不许攻

“弑父”“弑君”，这是孟子的本分和本色，涉及“杨墨之道”与“孔子之道”的对立问题［参阅本文后附“好辩章”原文］；只有第二次的这14字两句子被窜入“邪说暴行有作”和“孔子惧、作春秋”之间，恰好被许多清代卫道之愚忠愚孝的学者利用了）。下面就顺便利用焦循《孟子正义》所辑的清人有关著作的材料来讨论一番（他们卫道态度思想是旗帜高举，态度分明的，我们则只能坚持一种见解，认为孔子决不至因为“子弑其父者有之”，“臣弑其君者有之”而畏惧，因而作《春秋》的）。

首先举清初著名经学家万斯大（1633—1683），他在其《学春秋随笔》中说，“暴行”即“弑父弑君”是也；所谓“邪说”，即“乱臣贼子及其侪类”，“将不利于君，必饰君之恶，张己之功，造作语言，诬惑众庶是也”。“有邪说以济其暴，犹若其君真可弑，而己可告无罪然者。相习既久，政柄下移，群臣知有私门，而不知公室。且邻封执政，相倚为奸，凡有逆节，多蔽过于君，鲜有罪及其臣者。如鲁卫出君，师旷、史墨之言可证也”。

其次，惠士奇（1671—1741）《春秋说》则只着重于《春秋》“尊宗国”，以为“天子之事”，“王鲁”之文，又有“素王”问题，我们认这些与这里讨论窜入句问题无关，不拟在此触及，有关“王鲁”问题，以赵岐注作为中心可矣。惠氏原文亦不介绍。关于其三，赵佑《温故录》；其四，［明］高拱（1512—1578）《春秋正旨》等，偏于类似问题，均待今后另论。

《孟子·滕文公下》本章正文随即论及杨墨学说，“无父无君”问题，事涉“邪说诬民”，是《孟子》本身的任务，亦与窜入句那14个字无关。

下面《孟子》正文是本章总结：

“昔者禹抑洪水，而天下平；周公兼夷狄，驱猛兽，而百姓宁；孔子成《春秋》，而乱臣贼子惧；《诗》云，“戎狄是膺，荆舒是惩，则莫我敢承’，无父无君，是周公所膺也，我亦欲正人心，息邪说，距诐行，放淫辞，以承三圣者，岂好辩哉？予不得已也！能言距杨墨者，圣人之徒也。”

这里有“孔子成《春秋》而乱臣贼子惧”之句，它被人利用来同那两窜入句14字的内容相混，互相支助，故应提出剖论之。

清人顾栋高（1679—1759）著《春秋大事表》，其第四十五卷为《乱贼表》，末附《孔子成春秋而乱臣贼子惧论》，（《四库全书》本），有云：“谓乱臣贼子惧者，第书其弑逆之名而惧乎？吾恐元凶劭（南朝宋文帝子）及安庆绪、史朝义之徒，虽曰揭其策以示于前，而彼不知惧也。且此亦夫人能书之，何待圣人？”顾氏认为，圣人之作《春秋》，盖有防微杜渐之道，为为人君父者言之，则《书》所云“制治于未乱，保邦于未危”（《书·周官》，［伪书］）是也；为为人臣子者言之，则《礼》所云“齿路马，有诛”（《曲礼》，路马，君马；数君马之年齿，不敬，应受罚）是也。圣人尝自发其作《春秋》之旨于坤卦之文言曰：“臣弑其君，子弑其父，非一朝一夕之故，由辨之不早辨也。”

顾氏之说，在数百年前，亦属近情近理，然而《孟子正义》编者（焦循）认为“顾氏说未尽善，若谓作《春秋》为为人君父者言之，则孔子成《春秋》，非使乱臣贼子惧，是使君父惧矣”。编者走向极端，借此机会，出来批评古典时日有民主政治倾向者师旷、史墨，大论一番。其言云：“人之性所以异于禽兽者，以其知有父子君臣也。惟邪说如师旷史墨之言，有以蔽之，则有所恃而不知惧。自孔子作《春秋》，直书其弑，邪说者曰，君无道可弑也，《春秋》则无论君有道无道，弑之罪皆在臣。邪说者曰，‘君无道可逐也’，《春秋》则无论君有道无道，逐之罪皆在臣。以为可弑可逐，则有所借口而无惧，无惧则渐视为固然，而世莫以为怪。以为不可弑不可逐，则无所借口而惧。”编者强调说，“《春秋》全为邪说暴行而作，赵氏（赵岐《孟子》注）谓［乱臣贼子］惧《春秋》之贬责，是也”。对于编者（焦循）时代之局限，不足为怪，但有关问题应说清楚。

第一，“臣弑其君者有之，子弑其父者有之”二语14字，既是自外窜入，为东汉作注者赵岐所未见，自应从《孟子》中删去。此二语与“邪说暴行有（又）作”无关，已见上述；此二语与“孔子惧，作《春秋》”，亦无关（赵注，“孔子惧王道遂灭，故作《春秋》”；朱注，“孔子惧正道遂灭，故作《春秋》”）；因之，在结语部分，“孔子成《春秋》而乱臣贼子惧，”此“乱臣贼子”亦非限于弑君之臣，弑父之子，须知此二语来自《管子》，虽亦名曰“春秋之记”，究非孔门之《春秋》所欲达“天子之事”之目的所可比拟。董史书曰，“赵盾弑其君”，晋人以盾为“民之主”，而不以为弑君之臣，孔子亦称之为“古之良大夫”，“为法受恶”！“不修春秋”记孙、宁出其君，仲尼改之为“卫侯出奔齐”。凡此皆孔子作《春秋》之具体事例，其内容较之《管子》所引《春秋》局限于“臣弑其君者有之，子弑其父者有之”14个字，是要宽广得多，具体得多，以为孔子“作《春秋》”或“成《春秋》”只是为了应付那些弑君父的一小撮人，那真是把孔子的《春秋》太小看了。

第二，如果把“臣弑其君者有之，子弑其父者有之”这14个从《管子》引来的《春秋》窜入的字从《孟子·滕文公下》删去，那么《孟子·滕文公下》“外人皆称夫子好辩”这一章，在“世衰道微”这一段，具体的内容是什么？也就是说，在“世衰道微，邪说暴行有作，（中删去窜入语14字）孔子惧，作《春秋》”，这一段，具体的内容是什么？这好回答：“好辩”章包括四大事，禹抑洪水，而天下平，一也；周公兼夷狄，驱猛兽，而百姓宁，二也；孔子成《春秋》，而乱臣贼子惧，三也；孟子讵杨墨，放淫辞，闲先圣之道，四也。

这四大事，分开来细说，一是尧舜既没，圣人道衰，暴君代作，民无所安息，不得衣食，邪说暴行又作；二是及纣之身，天下又乱，诛纣伐奄，灭国五十；三是周末世衰道微，邪说暴行又作，孔子作《春秋》；四是圣王不作，诸侯放恣，处士横议，无父无君。这些同时也是古代历史人物的四大时期：尧舜禹汤一也，文武周公二也，孔子三也，孟子自己四也。

这历史人物四大时期，贯穿着其中心的是一个“民”字，反对的是暴君代作，保护的是民的安息，民的衣食；反对的是邪说暴行，邪说诬民，要求的是“天下平”，“百姓宁”。

孔子惧，作《春秋》，惧的是什么？赵岐说，“孔子惧王道遂灭，故作《春秋》，因鲁史记，设素王之法，谓天子之事也。”何谓王道？尧舜禹汤文武周公之道；王道的内容是什么？是反对暴君的汤武革命；素王是什么？不是指孔子自己，是指人民，素者空白之谓，“绘事后素”之素，什么都没有的白纸，无冕的人民！

乱臣贼子是有的，当然不是人民，而是指暴君虐主。《孟子》书中有不少“贼”字，“贼仁者谓之贼，贼义者谓之残，残贼之人谓之一夫，闻诛一夫纣矣，未闻弑君也”（《梁惠王》）！“今之所谓良臣，古之所谓民贼也”（《告子》）。还有是“乡原”，“乡原德之贼也！”这些是“贼子”（民之贼，德之贼），虽则不是“乱臣”。

至于“乱臣”，本来是指好人！“乱臣十人”，是什么人？经传中还未见把“作乱”之臣称作“乱臣”者！《左传》叫“乱臣”，《论语》叫“乱”，都是指好人！但“作乱”（《论语》“不好犯上而好作乱者”）则不同，作乱者已不是臣了！《孟子》书中也只有“孔子成《春秋》而乱臣贼子惧”这一条，可是，有乱世，未见乱臣！有乱天下，乱是动词；有乱世，乱不是个人问题！所以，《孟子·滕文公下》这个句子还待从头研究起。

第三，孔子成《春秋》，到底应以什么事为主？素王之法，天子之事，归结到人民的事来，就历史发展的阶段说，该什么事？王道进步到霸者之事，是不是事？《孟子·离娄下》，“王者之迹熄而《诗》亡，《诗》亡然后《春秋》作”，“其事（注意，‘事’）则齐桓晋文，其文则史”。由《诗》到《史》，到《春秋》，是历史的发展。孔子以管仲为仁，以桓公霸诸侯，一匡天下为“民到于今受其赐”，这就是由王迹到霸业的时代发展，历史进步；世衰道微是说厉幽之际，国人起来了，以霸代王，春秋时代比之西周是不是进步了！孔子在一部《论语》里，只道一个“霸”字，在《宪问》章，一共三条：

①子曰：“晋文公谲而不正，齐桓公正而不谲。”王引之（1766—1834）《经义述闻》云：“《说文》，谲，权诈也。训诈则为恶德，训权则亦可以为美德。谲，权也；正，经也。”

②子路曰：“桓公杀公子纠，召忽死之，管仲不死。”曰：“未仁乎？”子曰：“桓公九合诸侯，不以兵车，管仲之力也。如其仁，如其仁。”

③子贡曰：“管仲非仁者与？桓公杀公子纠，不能死，又相之？”子曰：“管仲相桓公，霸诸侯，一匡天下，民到于今受其赐，微管仲，吾其被发左衽矣！岂若匹夫匹妇之为谅也，自经于沟渎而莫之知也！”

这些可以填补“好辩“章“世衰道微”段的空白了。结语：“臣弑其君者有之，子弑其父者有之”，是窜入句，应删（如有新发现的材料再研究），孔子作《春秋》，是促使时代前进，不是要回到西周之日！

附：

《孟子·滕文公下》“外人皆称夫子好辩”章

1. 公都子曰：外人皆称夫子好辩，敢问何也。孟子曰：予岂好辩哉，予不得已也。

The disciple Gong−Du−zi said to Meng−zi, Master, the people beyond our school all speak of you as being fond of disputing. I venture to ask whether it be so. Meng−zi repned, Indeed, I am not fond of disputing, but I am compelled to do it.

2. 天下之生久矣，一治一乱。

A long time has elapsed since this world of men received its being and there has been along its history now a period of good order, and now a period of confusion.

3. 当尧之时，水逆行，氾滥于中国，蛇龙居之，民无所定。下者为巢，上者为营窟。书曰：洚水警余。洚水者，洪水也。

In the time of Yao, the waters, flowing out of their channels, inundated the Middle kingdom. Snakes and dragons occupied it, and the people had no place where they could settle themselves. In the low grounds they made nests for themselves on the trees or raised platforms, and in the high grounds they made caves. It is said in the Book of History, the waters in their wild course warned me. Those "waters in their wild course" were the waters of the great inundation.

4. 使禹治之。禹掘地而注之海，驱蛇龙而放之菹。水由地中行，江淮河汉是也。险阻既远，鸟兽之害人者消，然后人得平土而居之。

shun employed Yu to reduce the waters to order. Yu dug open their obstructed channels, and conducted them to the sea. He drove away the snakes and dragons, and forced them into the grassy marshes. On this, the waters pursued their course through the country, even the waters of the Jiang, the Huai, the He, and the Han, and the dangers and obstructions which they had occasioned were removed. The birds and beasts which had injured the people also disappeared, and after this men found the plains available for them, and occupied them.

5. 尧舜既没，圣人之道衰。暴君代作，坏宫室以为污池。民无所安息，弃田以为园圃，使民不得衣食。邪说暴行又作，园囿、污池、沛泽多，而禽兽至。及纣之身，天下又大乱。

After the death of Yao and Shun, the principles that mark sages fell into decay. Oppressive sovereigns arose one after another, who pulled down houses to make ponds and lakes, So that the people knew not where they could rest in quiet; they threw fields out of cultivation to form gardens and parks, so that the people could not get clothes and food. Afterwards, corrupt speakings and oppressive deeds became more rife; gardens and parks, ponds and lakes, thickets and marshes became more rite; garctens anti parks, poncls anti lakes, thickets and marsnes becamemore numerous, and birds and beasts swarmed. By the time of the tyrant Zhou, the kingdom was again in a State of great confusion.

6. 周公相武王，诛纣。伐奄三年讨其君，驱飞廉于海隅而戮之。灭国者五十，驱虎豹犀象而远之，天下大悦。书曰：丕显哉，文王谟，丕承哉，武王烈。佑启我后人，咸以正无缺。

Zhou-gong assisted King Wu, and destroyed Zhou. He smote Yan, and after three years put its sovereign to death. He drove Fei-lian to a corner by the sea, and slew him. The States which he extinguished amounted to fifty. He drove far away also the tigers, leopards, rhinoceroses, and elephants; —and all the people was greatly delighted. It is said in the Book of History，great and splendid were the plans of King Wen！Greatly were they carried out by the energy of King Wu！They are for the assistance and instruction of us who are of an after day. They are all in principle correct, and deficient in nothing.

7. 世衰道微，邪说暴行有作。［臣弑其君者有之，子弑其父者有之。］（这14字是从《管子·法法篇》窜入的，所谓《春秋之记》，非《孟子》原文，东汉人赵岐作注时所未见，他没有对这14字作注。）
Again the world fell into decay，and principles faded away. Perverse speakings and oppressive deeds waxed rife again. ［There were instances of ministers who murdered their sovereigns，and of sons who murdered their fathers. ］

8. 孔子惧，作春秋。春秋，天子之事也。是故孔子曰：知我者，其惟春秋乎？罪我者，其惟春秋乎？
Confucius was afraid，and made the "Spring and Autumn". What the "Spring and Autumn" contains are matters proper to the sovereign. On this account Confucius said，yes！It is the "Spring and Autumn" which will make men know me，and it is the "Spring and Autumn" which will make men condemn me.

9. 圣王不作，诸侯放恣，处士横议。杨朱、墨翟之言盈天下，天下之言不归杨，则归墨。杨氏为我，是无君也；墨氏兼爱，是无父也。无父无君，是禽兽也。公明仪曰：庖有肥肉，厩有肥马，民有饥色，野有饿莩，此率兽而食人也。杨墨之道不息，孔子之道不著。是邪说诬民，充塞仁义也。仁义充塞，则率兽食人，人将相食。
Once more，sage sovereigns cease to arise，and the princes of the States give the reins to their lusts. Unemployed scholars indulge in unreasonable discussions. The words of Yang Zhu and Mo Di fill the country. If you listen to people's discourses throughout it，you will find that they have

adopted the views either of Yang or of Mo. Now, Yang' s principle is —each one for himself, which does not acknowledge the claims of the sovereign. Mo' s principle is "to love all equally," Which does not acknowledge the peculiar affection due to a father. But to acknowledge neither king nor father is to be in the state of a beast. Gong-ming Yi said, in their kitchens, there is fat meat. In their stables, there are fat horses. But their people have the look of hunger, and on the wilds there are those who have died of famine. This is leacling on beasts to devour men. If the principles of Yang and Mo be not stopped, and the principles of Confucius not set forth, then those perverse speakings will delude the people, and stop up the path of benevolence and righteousness. Whe benevolence and righteousness are stopped up, beasts will be led on to devour men, and men will devour one another.

10. 吾为此惧。闲先圣之道，距杨墨，放淫辞，邪说者不得作。作于其心，害于其事；作于其事，害于其政。圣人复起，不易吾言矣。

I am alarmed by these things, and address myself to the defence of the doctrines of the fonner sages, and to oppose Yang and Mo. I drive away their licentious expressions, so that such perverse speakers may not be able to show themselves. Their delusions spring up in men' s minds, and do injury to their practice of affairs. Shown in their practice of affairs, they are pernicious to their government. When sages shall rise up again, they will not change my words.

11. 昔者禹抑洪水而天下平，周公兼夷狄、驱猛兽而百姓宁，孔子成春秋而乱臣贼子惧。

In former times, Yu repressed the vast waters of the inundation, and the country was reduced to order. Zhou-gong' s achievements extended even to the barbarous tribes of the east and north, and he drove away all ferocious animals, and the people enjoyed repose. Confucius completed the "Spring and Autumn", and rebellious ministers and villainous sons were struck with terror.

12. 诗云：戎狄是膺，荆舒是惩，则莫我敢承。无父无君，是周公所膺也。

It is said in the Book of Poetry,

He smote the barbarians of the west and the north;

He punished Jing and Shu;

And no one dared to resist us.

These father-deniers and king-deniers would have been smitten by Zhou-gong.

13. 我亦欲正人心，息邪说，距诐行，放淫辞，以承三圣者，岂好辩哉？予不得已也。

I also wish to rectify men's hearts, and to put an end to those perverse doctrines, to oppose their one-sided actions and banish away their licentious expressions; —and thus to carry on the work of the three sages. Do I do so because I am fond of disputing? I am compelled to do it.

14. 能言距杨墨者，圣人之徒也。

Whoever is able to oppose Yang and Mo is a disciple of the sages.

XVIII. 春秋时代的改革

春秋时代是一个大变革的时代，由《三代世表》的“世”到《十二诸侯年表》的邦国，就是一个改革。“世”是血缘关系的、宗教关系的象征，而邦国则是政治关系、地域关系的组织，用恩格斯的话，这叫作“旧社会”和“新社会”。

司马迁在《三代世表》序中归结到一句话：“从黄帝到共和”，我们可以把三代始祖自黄帝画成世系表（见下）；从共和起，放到《十二诸侯年表》（另附一页）里，这种世系表不见了，周在十二诸侯中居首位，也就是说，居其一，十二邦国平等，这从《三代世表》末栏就提出了。它是历史现实，旧时代读史者不理解，总想把周提到超然的地位，这方面，今人不及古人。你看，东汉人郑玄（127—200）不是痛痛快快地在《毛诗笺》里说：“平王以乱故徙居东都王城，于是王室之尊与诸侯无异，其诗

不能复雅，故贬之，谓之王国之变风”，这是事实。可怜唐司马贞《索隐》还在说“篇言十二，实叙十三者，贱夷狄，不数吴”，还在把周提高到特殊地位！他没有看到连郑不是十四吗？何止十三？

由《三代世表》到《十二诸侯年表），太史公说，“从黄帝讫共和”，不行了，要改，改为“从共和讫孔子”！“共和”是无君无王之邦，是以国人为基础，而以二相与百姓共和行政为上面领导人的政治组织，由此向哪里发展？向个人发展，向群众发展，到孔子，一个人，连国

人都不是（孔子生“鲁昌平乡陬邑”，“其先宋人也”，他不是鲁人，因而连一个国人也不是），可能他也是野人（子路卞人，但徐广曰，“子路卞之野人”）他打更，看羊，管仓，总之，出身“贫且贱”，可是司马迁却列之于先秦诸世家之末，三十世家之中，第十七卷，与秦帝国惟一的世家，陈涉世家（第十八卷）为邻。陈胜、吴广，第一次提出这样的口号：“王侯将相宁有种乎？”孔子后代孔鲋（孔甲）率鲁诸儒，持孔氏之礼器，往归陈王，于是孔甲为陈涉博士，卒与涉俱死。这一切，都从共和时代发其端。共和时代者，春秋时代之起点，而世界历史上最早的民主政治时代之开端也。

三代世表　自黄帝至三代始祖的传统世代

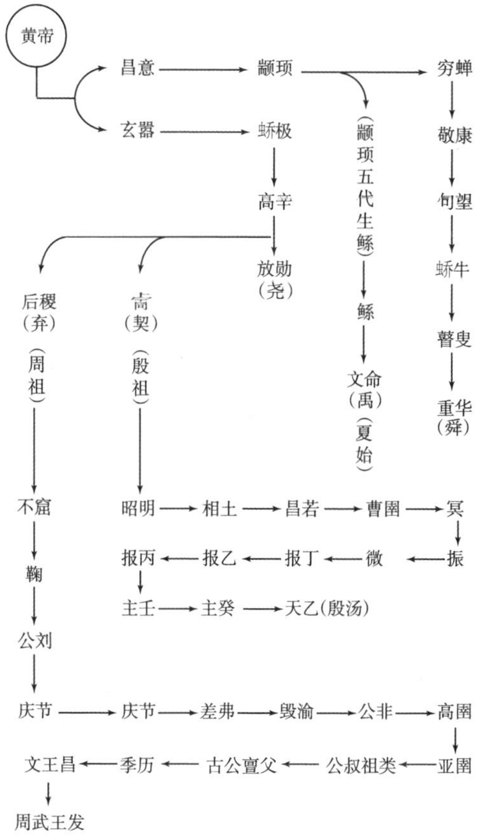

A. 国人与野人　乡人与乡校

汤武革命的丰富果实是国人阶级的壮大，终于流厉王于彘，打下由共和十四年开端的春秋时代民主政治的基础。在国人阶级壮大的同时，野人、乡人也以自由公民的身份发展起来。

在平王东迁之前，宗周居民，包括贵族平民，以西北多事，都在向东方移殖，《国语·郑语》记厉王少子、宣王之弟桓公友，依史伯之计议，东寄帑与贿，就是这类的殖民故事。其中有涉及国与野者：

《公羊传·桓公十一年》（公元前701年）"古者郑国处于留，先郑伯有善于郐公者，通乎夫人以取其国，而迁郑焉，而野留。庄公死，已葬，祭仲将往省于留，涂出于宋，宋人执之"（下略）留地何在？陈立（1809—1869）《公羊义疏》以为即《郑语》所说寄帑与贿十邑中的莘邑，按当在宋国的彼方，故祭仲由郑（郐）省留，必过宋而为所执也。《公羊传》何休注云，"野，鄙也"，郑先已由留迁郐，以留为鄙。此年郑庄死，执政祭仲往省留，过宋，为宋人所执矣。故一个可为国之地，亦可为野［鄙］. 野非都不如国邑之重要也。当然，国［城邑］外之野，总要有大片耕地，大量野人的基本职业当然是农耕。《左传·僖公二十三年》（公元前637年），晋公子重耳由狄过卫，"卫文公不礼（不招待他们），出于五鹿，乞食于野人，野人与之块"，这些野人当然是农民。又襄公四年（公元前569年），晋魏绛建议和戎，说和戎之利："戎狄荐居，贵货易土，土可贾焉；边鄙不耸，民狎其野，穑人成功。"这是在北方边境，农民与游牧狄人接壤，牧民轻视土地，土地可以买卖，晋之沿边农民买了地，熟悉自己田野，农业可以稳定发展，他们这些也是种地的野人。

野人是自由公民，和国人一样有政治权利，可以走进仕途。他们从民间也知道某些国际政治消息，参加某些言论活动。《左传·定公十四年》（公元前496年），记卫灵公为夫人南子去召宋（公子）朝（宋朝是美男子），约会于洮；当时齐侯、宋公在洮也有会，卫太子蒯聩也到这里献孟［邑］于齐。他“过宋野，野人歌之曰：‘既定尔娄猪（指南子），盍归吾艾豭（指宋朝）？’”蒯聩以为耻，回去谋杀其母南子（未成）。

春秋时代，人才辈出，这同广大的国人阶级政治地位的提高很有关系，但人才并非都在邑国集中，而相反，往往分散于野。《左传·襄公三十一年》（公元前542年）记，郑“子产（公元前？—前522）之从政也，择能而使之。冯简子能断大事；子大叔美秀而文；公孙挥（子羽）能知四国（各国）之为，而辨于其大夫之族姓、班位贵贱、能否，而又善为辞令；裨谌能谋，谋于野则获，谋于邑则否。郑国将有诸侯之事，子产乃问四国（各国）之为于子羽（公孙挥），且使多为辞令，与裨谌乘以适野，使谋可否，而告冯简子，使断之。事成，乃授子太叔，使行之，以应对宾客。是以鲜有败事”。

郑子产是多才多艺，当时有名的政治家。从《左传》这段记载，看出他成功的道路中，有一条非常重要，走群众路线，他不但能集中多方人才，而且能广征群众智慧，不仅从国人中，而且从野人中，广泛征求百姓的意见，“谋于野则获，谋于邑则否”，野的人数更多，更能集中人才。

孔子也曾就这方面赞美子产，《论语·宪问》：“子曰，‘为命，裨谌草创之，世叔（子太叔）讨论之，行人子羽修饰之，东里子产润色之’。”这里当然也包括谋于野的收获。

春秋时代野人在受教育方面还比之君子先进。《论语·先进》：“子曰：‘先进于礼乐，野人也；后进于礼乐，君子也。如用之，则吾从先进。’”历来对此段如何理解，有争论。刘宝楠（1791—1855）《正义》云：“夫子以先进于礼乐为野人，野人者凡民未有爵禄之称也；春秋时，选举之法废，卿大夫皆世爵禄，皆未尝学问，及服官之后，其贤者则思为礼乐之事，故其时后进于礼乐为君子，君子者，卿大夫之称也。”简言之，野人先学后仕，学而后仕，他们先进于礼乐；君子则可以未学而仕，他们后进于礼乐矣。子产是主张学成而后仕的；但孔子的学生子路则主张在仕中学。《先进》篇云，“子路欲使子羔为费宰”，子曰：“贼夫人之子。”子路曰：“有民人焉，有社稷焉，何必读书，然后为学？”孔子批评他说：“是故恶夫佞者！”（所以我厌恶那些随便乱说的人）

国人、野人之外，春秋时代还有乡人，也是自由公民。《左传·庄公十年》（公元前684年）记鲁人曹刿进见鲁庄公，与之讨论战争问题。当时齐国军队打到鲁来，在战争立即爆发的时刻，曹刿同国君反复畅谈战争种种问题。今天读起来，觉得这个国君同一个素不相识的乡下人，一点没有贵族（所谓“食肉者”）的架子。他们之间充分表现出民主的气氛。最后，这个国君同这位乡下人同车指挥战事，战争胜利了。这是君民之间民主感情团结融洽的胜利。

这使我们联想起春秋时代郑国的乡校，那是［郑国］大约距今二千五百多年前古典中国（也是古代世界）最早的一种民主政治的组织，人民评议政府的机构。《左传·襄公三十一年》（公元前542年）有这样的记录：

> 郑人游于乡校，以论执政。然明谓子产曰：“毁乡校何如？”子产曰：“何为？夫人朝夕退而游焉，以议执政之善否，其所善者，吾则行之；其所恶者，吾则改之，是吾师也，若之何毁之？我闻忠善以损怨，不闻作威以防怨，岂不遽止，然犹防川，大决所犯，伤人必多，吾不克救也，不如小决使道，不如吾闻而药之也。”然明曰：“蔑也今而后知吾子之信可事也！小人实不才，若果行此，其郑国实赖之，岂惟二三臣！”
>
> 仲尼闻是语也，曰：“以是观之，人谓子产不仁，吾不信也。”

The people of Zheng rambled into a village school，and fell discoursing about the conduct of the governmem.［In consequence］，Ran-ming proposed to Zi-chan to destroy ［all］ the village schools；but that minister said，“why do so? If people retire morning and evening，and pass their judgment on the conduce of the government, as being good or bad, I will do what they approve of, and I will alter what they condemn; —they are my teachers. On what ground should we destroy [those schools] ? I have heard that by loyal conduct and goodness enmity is diminished, but I have not heard that it can be prevented by acts of violence. It may indeed be hastily stayed for a while, but it continues like a stream that has been dammed up. If you make a great opening in the dam, there will be great injury done, —beyond our power to relieve. The best plan is to lead the water off by a small opening [In this case] our best plan is to hear what is said, and use it as a medicine." Ran-ming said, "From this time forth I know that you are indeed equal to the administration of affairs. I acknowledge my want of ability. If you indeed do this, all Zheng will be benefited by it, and, not we two or three ministers only."

When Zhong-ni (Confucius) heard of these words, he said, "Looking at the matter from this, when men say that Zi-chan was not benevolent, I do not believe it."

这里，子产关于防怨犹防川的说法，使人联想起厉王之时国人谤王，召公谏王的语言，“防民之口，甚于防川”。所以，这类古典的民主传统，是世代相传的。

B. 晋赵盾专政　晋悼公即位于朝

国人、野人、乡人，他们都是自由公民，都可以仕进，都有权参与国事、政事，包括曹刿同鲁庄公论战中涉及的司法权力的讼事（“小大之狱”，“必以情”，古典中国也有陪审制，另详），这样，国人、野人、乡人是广大的民主政治的基础。在这样的民主基础之上，上古时代只由国君兼管宗教关系和政治关系，两关系一起包的时代早已过去，特别在国人流王于彘，共和行政，王国无王（只有摄位或干王位者）十四年之后。现在行政权从宗教权（血缘关系）分出，公卿执政了，“民主”或“民之主”是公卿，不是王侯了。这尤其到了春秋的后半叶（文宣成襄昭定哀之世）。

《左传·文公六年》（公元前621年），“晋襄公卒，灵公少，晋人以难故，欲立长君”。赵孟曰：“立公子雍，好善而长，先君爱之，且近于秦，秦旧好也……”。七年（公元前620年），“……穆嬴日抱太子以啼于朝”，“出朝则抱以适赵氏，顿首于宣子”。“宣子与诸大夫皆患穆嬴，且畏偪，乃背先蔑（如秦迎公子雍者）而立灵公……赵盾将中军”……《史记·十二诸侯年表》，“晋灵公夷皋元年（公元前620年），赵盾专政”。这种“专政”，在政治学叫dictatorship，中译亦作“独裁”，但属于民主的范畴，绝对不是“专制”（专制叫despotism）。《左传·文公六年》（公元前631年）记“宣子于是乎始为国政，制事典（杜：典，常也。孔疏：正国之百事，使有常也），正法罪（杜：轻重当。孔疏：正法罪谓准状治罪，为将来之法，若今之造律令也），辟狱刑（杜：辟犹理也。孔疏：谓狱有未决，断当时之罪，若昭十四年，韩宣子命断旧狱之类是也），董逋逃（杜：董，督也。《尔雅释诂》：董督正也），由质要（杜：由，用也，质要，卷契也），治旧洿（杜：治理污秽。孔疏：国之旧政污秽不洁，理治改正之也），本秩礼（杜：贵贱不失其本。孔疏：本其次秩，使如旧也），续常职（杜：修废官。孔疏：任贤使能，令续故常也），出滞淹（杜：拔贤能也）。既成，以授大傅阳子（阳处父）与太师贾陀，使行诸晋国，以为常法”。

盾是赵衰之子，母亲是狄女，是赵衰随晋文奔狄时娶的。他们父子都当过晋之执政，人们评论“赵衰赵盾孰贤”，有一种说法，说“赵衰冬日之日也，赵盾夏日之日也”，一个可爱，一个可畏。当时晋国自晋文以来是霸者之国，赵盾作为晋之执政，还要管诸侯的事，管周天子王室的事。《左传·文公十四年》（公元前613年），记“晋赵盾以诸侯之师八百乘（六万大军）纳捷菑于邾”，邾文公新卒，有二妃，元妃齐姜（生定公），二妃晋姬（生捷菑），邾人立齐姜之女，捷菑奔晋，晋执政赵盾以八百乘大军送捷菑返邾为君。但是邾人拒绝了，邾人辞曰："齐出貜且（定公）长"。立君如发生问题，是本国国人、诸大夫的事，天子（盟主之邦君，王）也不得干涉（周宣王干涉鲁之立君，也曾引起出兵干涉，鲁发生立君的内乱外争，见《国语·周语》），这次晋赵盾以大军来压服小国邾（诸侯之军，自国外开来，晋在山西，邾在山东，距离很远），可是"邾人辞曰，齐出貜且长"（齐姜之子是嫡长子），怎么办？赵盾只得认错认输，《左传》说，"宣子（赵盾）曰，'辞顺而弗从，不祥'。乃还"，《春秋》写道，"晋人纳捷菑于邾，弗克纳"。杜预注云："邾有成君，晋赵盾不度于义，而大兴诸侯之师，涉邾之境，见辞而退，虽有服义之善，所兴者广，所害者众，故贬称人。"（谓《春秋》书晋人，不书晋赵盾）

这段故事《公羊传》《穀梁传》记得较详。《公羊传》：［文公］"十有四年，秋，""［经］晋人纳接菑于邾娄（《左传》《穀梁传》作邾。邾即邾娄，拼音），弗克纳"。［传］"纳者何？入辞也；其言弗克纳何？人其弗克纳也。何大乎其弗克纳？晋郤缺帅师，革车八百乘，以纳接菑于邾娄，力，沛若有徐，而纳之。邾娄人言曰：接菑，晋出也；貜且，齐出也。子以其指，则接菑也四，貜且也六。子以大国压之，则未知序晋孰有之也？贵则皆贵矣，虽然，貜且也长。'郤缺曰，'非吾力不能纳也，义实不尔克也'。引师而去之，故君子大其弗克纳也。此晋郤缺也，其称人何？贬。曷为贬？不与大夫专废置君也。曷为不与？实与，而文不与。文曷为不与，大夫之义不得废置君也。"

《穀梁传》："晋人纳捷菑于邾。弗克纳。""是郤克也，其曰人，何也？微之也。何为微之也？长毂五百乘，绵地千里，过宋、郑，滕、薛、敻入千乘之国，欲变人之主，至城下，然后知，何知之晚也？弗克纳，未伐而曰弗克，何也？弗克其义也。捷菑晋出也，貜且齐出也。貜且正也，捷菑不正也。"

关于周室的事例，也在文公十四年，《左传》，"［周］顷王崩，周公阅与王孙苏争政，故不赴。凡崩薨，不赴则《春秋》不书，祸福不告亦不书，惩不敬也。”［左］“周公将与王孙苏讼于晋，王叛王孙苏，而使尹氏（周卿士）与聃启（周大夫）讼周公于晋，王叛（倍，背）王孙苏，而使尹氏与聃启讼周公于晋。赵宣子平王室而复之。”

赵盾专改和改革，是公卿执政的重要事例，但春秋后半期，类似的例子还不少。晋悼公（公元前572—前558）也有过著名的改革，但他的改革实际上是公卿改革时期成就的一部分。

自僖公二十八年（公元前632年）晋文公以城濮之战胜楚而晋霸，宣公十二年（公元前597年）楚庄王以邲之战败晋“告成事”而楚强，而成公十六年（公元前575年）晋楚遇于鄢陵晋胜楚而君骄，《左传·成公十七年》（公元前574年）云：“晋厉公（公元前580—前573）侈，多外嬖，反自鄢陵，欲尽去群大夫（诸大夫）而立其左右”，引起朝廷内紊。《春秋·成公十七年》书云，晋弑其大夫郤锜、郤犨、郤至”，十八年（公元前573年）又书云，“春王正月，晋杀其大夫胥童。庚申，晋弑其君州蒲”。《左传·成公十七年》（公元前574年）写道：“闰月乙卯，晦，栾书，中行偃杀胥童。民不与郤氏，胥童道君为乱，故皆书曰‘晋杀其大夫’。”对于“晋弑其君州蒲”，杜预注云：“不称臣（即不举臣名），君无道。”《公羊传》何注云：“厉公猥杀四大夫，臣下人人恐见及，以致此祸，故曰起（庚申）其事，深为有国者戒也。”《穀梁传》云：“称国以弑其君，君恶甚矣。”洪亮吉（1746—1809）《春秋左传诂》云：“《吕览·骄恣篇》，厉公游于匠丽氏、栾书，中行偃劫而幽之，三月而杀之。按自十二月至正月，内有闰月，故云三月也。《淮南·人间训》同。《晋语》亦称厉公三月杀。”（按：有关故事本末较详者，《晋语》六；下面是关于悼公即位及改革。）

《左传·成公十八年》（公元前573年），春王正月，庚申，晋栾书、中行偃使程滑（晋大夫）弑（一本作杀）厉公，葬之于翼东门之外，以车一乘；使荀罃、士魴逆周子（悼公）于京师而立之，生十四年矣。大夫逆于清原，周子曰：（《晋语》有“公言于诸大夫曰”）“孤始愿不及此，虽及此，岂非天乎？抑人之求君，使出命也，立而不从，将安用君？二三子用今曰，否亦今曰，共而从君，神之所福也。”对曰：“群臣之愿也，敢不惟命是听？”庚午，盟而入，馆于伯子同氏；辛巳，朝于武宫，逐不臣者七人。周子有兄而无慧，不能辨菽麦，故不可立。……二月乙酉朔，晋侯悼公即位于朝，始命百官（壮，“始为政”，按：悼公此时是以国君而同时又是执政者的身份出现的，这是开了诸大夫大会，宣布改革方案，见下）：

施舍已责
传：施恩惠，舍劳役，止逋责。

刘文淇《春秋左氏传旧注疏证》此句注云：《晋语》：弃责施舍，除宿责，施惠，舍罪。按今本《国语·晋语》无此等字句。
今本《国语·晋语》朝于武官下云：定百事，立百官。（同上文“始命百官”）

逮鳏寡
振废滞
匡困乏
救灾患
禁淫慝
薄赋敛
宥罪戾
节器用
时用民
欲无犯时

育门子，选贤良；
兴旧族，出滞赏；
毕故刑，赦囚系；
宥闻罪，荐积德；
逮鳏寡，振废淹；
养老幼，恤孤疾；
年过七十，公亲见之，
称曰王父，敢不承！

新立的悼公任命“魏相、士鲂、魏颉、赵武为卿；荀家、荀会、栾黡、韩无忌为公族大夫，使训卿之子弟，共俭孝弟；使士渥浊为大傅，使修范武子之法；右行辛为司空，使修士蔿之法，弁纠御戎，校正属焉，使训诸御知义；荀宾为右，司士属焉，使训勇力之士，时使卿无共御，立军尉以摄之；祁奚为中军尉，羊舌职佐之；魏绛为司马；张老为候奄；铎遏寇为上军尉，籍偃为之司马，使训卒乘，亲以听命；程郑为乘马，御六驺属焉，使训群驺知礼”。最后，极重要的改革结语：“凡六官之长，皆民誉也；举不失职，官不易方，爵不逾德，师不陵正，旅不偪师；民无谤言，所以复霸也。”悼公改革各点中，于民主最主要的一项是“止逋责”，即“除宿责”，取消债务。

与晋悼公改革有密切关系的人物，魏绛，执行军纪，处死晋君之弟扬干的仆人，魏绛自己差点要负罪，这又是古代血缘关系与政治关系的矛盾，用晋悼公自己的话就是：“寡人之言，亲爱也；吾子之讨，军礼也。’这种矛盾一直存在于古典时日。

魏绛的最大贡献是建议和戎；悼公使他与诸戎结盟，修民事，田以时。后来他接受悼公赠赐的女乐，自己总结和戎之利，有云：“夫和戎狄，国之福也，八年之中，九合诸侯。[①]（《左传·襄公十一年》）

魏绛还建议晋国息民之策，采用对人民施舍的办法：“输积聚以贷民。自公以下，苟有积者，尽出之”，使“国无滞积，亦无困人；公无禁利，亦无贪民”。“行行期年，国乃有节，三驾（三次兴师）而楚不能与争”（《左传·襄公九年》）。

悼公末叶，惟对秦有些不利。襄公十一年（公元前562年），秋，晋率诸侯之师对郑有萧鱼之会，然《春秋》记“秦人伐晋”，传载“晋师败绩”；襄公十三年（公元前560年），《左传》记晋有军帅的调整，“晋国之民，是以大和，诸侯遂睦，“晋国以平”，然明年（襄公十四年，公元前559年）晋率诸侯伐秦，“及泾不济”，“秦人毒泾上流，师人多死”，“郑司马子蟜帅郑师以进，师皆从之，至于棫林，不获成焉”，“晋人谓之迁延之役”。然这是公卿执改制发展中的新矛盾。

在春秋后半期（文宣成襄昭定哀），晋国的两次改革，赵盾的和悼公的（包括魏绛的），是十分重要的；在楚国，子木（屈建）为令尹，《左传》襄公二十五年，记“楚蔿掩为司马，子木使庀赋，数甲兵；甲午，蔿

---

① 《史记·晋世家》“集解”引服虔曰：“九合，一谓会于戚，二会城棣救陈，三会于鄬，四会于邢丘，五同盟于戏，六会于相。七戍郑虎牢，八同盟于亳城北，九会于萧鱼。从襄公四年至十一年。”（亦见《春秋左传诂》）

掩书土田，度山林，鸠薮泽，辨京陵，表淳卤，数疆潦，规偃猪，町原防，牧隰皋，井衍沃，量入修赋，赋车籍马，赋车兵、徒卒，甲楯之数，既成，以授子木，礼也”。杜云：“得治国之礼，言楚之所以兴。”

C. 子产听郑国之政

郑子产为春秋时代公卿执政制的典型人物。他在襄公八年（公元前565年）初露头角，以批评郑人喜于侵蔡而被其父子国怒责：“国有大命，而有正卿，童子言焉，将为戮矣！”其实从当时言论已表示他是很有政治见识的青年，他说：“小国无文德而有武功，祸莫焉！楚人来讨，能勿从乎？从之，晋师必至。晋楚伐郑，自今郑国，不四五年，弗得宁矣！”当时郑之主政者有从楚从晋二派，子产则力主依靠国人，中立自主。越二年（襄公十年，公元前563年），郑贵族内讧，尉氏、司氏、堵氏、侯氏、子师氏五族作乱，杀当国和执政者多人，劫郑伯，臣妾多逃，器用多丧，子产得国人的助力，败灭乱者，焚载书而平群众怒火，没有酿成更大的全国性祸乱。襄公十九年（公元前554年），在又一次贵族紊乱中，子产被立为卿；襄公三十年（公元前543年），郑子皮授子产政（《左传》）。可以说，子产是经多年内外政治斗争的考验后才上去的。

子产的政治工作，中心是个“民”字。他喜欢郑国然明说过的话：为政当“视民如子，见不仁者诛之，如鹰鹯之逐鸟雀也”。（《左传·襄公二十五年》［公元前548年］）

子皮授子产政，子产为政了，有一套改革方式，《左传·襄公三十年》（公元前543年）云：

> 上下有服（杜：公卿大夫服不相踰），
>
> 田有封洫（杜：封，疆也；洫，沟也），
>
> 庐井有伍（庐，舍也，九夫为井，使伍家相保）。
>
> 大人（杜：谓卿大夫）之忠俭者，从而与之；泰侈者，因而毙之。

丰卷将祭，请田焉，弗许。曰：惟君用鲜（野兽），众（群臣）给（以刍豢为足，牛羊曰刍，犬豕曰豢）而已。子张（丰卷）怒，退而征役（欲攻子产），子产奔晋，子皮止之，而逐丰卷。丰卷奔晋，子产请其田里，三年而复之，反其田里，及其入焉。（试与古希腊陶片流放法对比。）

从政一年，舆人诵之曰："取我衣冠而褚之，取我田畴而伍之，孰杀子产，吾其与之"；及三年，又诵之曰："我有子弟，子产诲之，我有田畴，子产殖之，子产而死，谁其嗣之？"

但子产遇事有必行之，则坚持己意行之。《左传·昭公四年》（公元前538年），

郑子产作丘赋 {杜：丘十六井，当出马一匹，牛三头，今子产别赋其田，如鲁之田赋。
服虔云，此古法，不行久矣，"今子产后修"之，"民以为贪，故谤之"。}，

国人谤之，曰，'其父死予路，己为虿尾，以令于国，国将若之何？'子宽以告，子产曰：'何害？苟利社稷，死生以之！且吾闻为善者不改其度，故能有济也。民不可逞，度不可改。诗曰："礼义不愆"，何恤于人言？吾不迁矣！'"

《左传·昭公六年》（公元前536年），三月，"郑人铸刑书，［晋］叔向使诒书子产，曰：'始吾有虞于子，今则已矣！……夏有乱政，而作禹刑，商有乱政，而作汤刑，周有乱政，而作九刑，三辟之兴，皆叔世也。今吾子相郑国，作封洫，立谤政，制参辟，铸刑书，将以靖民，不亦难乎？……民知争端矣，将弃礼义而征于书，锥刀之末，将尽争之，乱狱兹丰，贿赂并行，终子之世，郑其败乎？……'［子产］复书曰：'若吾子之言，侨不才，不能及子孙，吾以救世也。既不承命，敢忘大惠？'"这是实行成文法问题。

郑于诸侯为小国，对于大国，尤其盟主之邦，晋，子产遇事以礼力

争，《左传·昭公十三年》（公元前529年）为承担贡赋，在晋国的盟会上，自日中以争，至于昏，“曰：‘昔天子班贡，轻重以列，列尊贡重，周之制也，卑而贡重者，甸服也。郑，伯男也，而使从公侯之贡，惧弗给也，敢以为请。诸侯靖兵，好以为事，行理之命，无月不至，贡之无艺，小国有阙，所以得罪也。诸侯修盟，存小国也，贡献无极，亡可待也。”“仲尼谓：“子产于是行也，足以为国基矣……合诸侯，艺贡事，礼也。’”

子产卒于昭公二十年（公元前522年），临死前，告其接班人子大叔，“为政，惟有德者能以宽服民，其次莫如猛，夫火烈，民望而畏之，故鲜死焉；水懦弱，民狎而翫之，则多死焉。故宽难。”孔子对此的评语是，“政宽则民慢，慢则纠之以猛；猛则民残，残则施之以宽”。但这些只能是民主政治内部的方式。仲尼于子产卒，为之“出涕曰，‘古之遗爱也’。”

孔子赞子产仁和古之遗爱，他还赞美子产的文辞。《左传·襄公二十五年》（公元前548年），记“郑子产献捷于晋，戎服将事”，晋人问“陈之罪”，又间“何故侵小”，又问“何故戎服”，子产皆有以对，晋人认为“其辞顺”，只好接受郑的献捷。在这里，“文辞”起了极大的作用，子产善为文辞，于郑有荣。孔子的赞辞原文是这样的：“仲尼曰：‘志有之，“言以足志，文以足言”。不言，谁知其志？言之无文，行而不远。晋为伯，郑入陈，非文辞不为功，慎辞哉！’”

应当注意孔子对于文辞的评价。《左传·襄公二十七年》（公元前546），记“宋向戌善于赵文子，又善于令尹子木，欲弭（mǐ）诸侯之兵以为名。如晋，告赵孟，赵孟谋于诸大夫，韩宣子曰，‘兵，民之残也，财用之蠹’小国之大菑也。将或弭之，虽曰不可，必将许之。弗许，楚将许之，以召诸侯，则我失为盟主矣。’晋人许之。如楚，楚亦许之；如齐，齐人难之，陈文子曰，‘晋楚许之，我焉得已？且人曰弭兵，而我弗许，则固携吾民矣，将焉用之？’齐人许之。告于秦，秦亦许之。皆告于小国。为会于宋。五月甲辰，晋赵武至于宋。丙午，郑良霄至。六月丁未，朔，宋人享赵文子，叔向为介，司马置折俎，礼也。仲尼使举是，礼也，以为多文辞。

……（下略）

服虔云：以其多文辞，故特举而用之，居世谓之孔氏聘辞，以孔氏有其辞，故传不复载也。所言孔氏聘辞，不知事何所出，实享礼而谓之为聘，举旧辞而目曰孔氏，事亦不必然也”。

D. 古典时代人民陪审制度

《论语·颜渊》，“子曰，‘片言可以折狱者，其由也与？’”“子路无宿诺。”又，“子曰：“听讼吾犹人也，必也使无讼乎！”

细考《仲尼弟子列传》，子路没有当过司法部门的工作，他怎么可能有片言折狱的机会呢？

再说孔夫子自己，据《孔子世家》他是当过“大司寇”的官，可是，大司寇是总管司法部门的大官，他的任务，考之《周官》，并没有包括听讼这样项目。

而且《论语·颜渊》，把子路的“片言折狱”和孔子的“听讼犹人”连在一起来说，都表示这些只是民间日常生活，是他们两人在社会活动中的生活，主要在鲁，以孔子言，由中都宰至司空，由司空至大司寇，乃至摄行相事之日，只要有机会，不一定什么年时，都可以参加这种折狱、听讼的生活，也不必要都参加。所以，这种生活和工作，不限于当大司寇的时期。

《史记·孔子世家》说，“孔子在位，听讼文辞，有可与人共者，弗独有也；至于为《春秋》，笔则笔，削则削，子夏之徒不能赞一辞”。这主要是说，《春秋》这项集中一个时期的重要工作，只能由孔子自己来管；而同时也反映出，关于编写听讼文辞，那是孔氏常有的事，孔子参加这类工作之日，是所谓“在位”，不论在什么地位，只要不是退老，有必要和可能参加时，他都可能参加。

总之，不论是“片言折狱”，抑或是“听讼犹人”，都不是司法专家的专门工作，而只是参与邦国工作的民人的日常生活。

这说明什么问题？这说明，当孔子、子路时日，即春秋时代，即古典中国民主政治全盛时代，狱讼生活，这个在社会国家中十分重要的一项政治生活，在当时有自己的时代特点，有自己的社会特点。

很有趣的，《论语》中“听讼吾犹人也，必也使无讼乎！”这一条，也见于《礼记·大学》。在《大学》中，这个句子本来是紧接在“与国人交止于信”的后面的：“为人君止于仁，为人臣止于敬，为人子止于孝，为人父止于慈，与国人交止于信。子曰：‘听讼吾犹人也，必也使无讼乎！’无情者不得尽其辞，大畏民志，此谓知本。”

宋朱熹（1130—1200）《四书集注》本《大学》把中间章句次序重新调整，令与原本不同，而“子曰，‘听讼吾犹人也，必也使无讼乎……等（上引）句子就同“与国人交止于信”句分隔开了。

可是，顾炎武（1613—1682）《日知录》卷六“致知”条，根据未被改动的原本，按上面引文“与国人交止于信”句同“子曰听讼吾犹人也”的密切结合，写道：“听讼者，与国人交之一事也”，真是一语道破孔子时代“听讼”的历史实际和意义！

原来“听讼吾犹人也”之“人”即是“国人”，“听讼”就是同“国人”打交道的最好方式，“国人”有“听讼”的义务，亦即权利，你参加“听讼”工作，就同“国人”一起了，彼此打成一片了，所以孔子留在《论语》中的这条语录被后来《大学》编者引用到“与国人交止于信”这里来了。

《论语》首篇首章是《学而》，中有：“曾子曰：‘吾日三省吾身：为人谋而不忠乎？与朋友交而不信乎？传不习乎？’”《大学》里“与国人交止于信”一句，把《学而》篇首章“为人谋而不忠乎？与朋友交而不信乎？”这两个自省一起包括了，国人，朋友，一起来，“止”，是最高点的目的地，顾炎武所说的“致知”即“知止”。“为人谋”就是“为国人谋”，要求忠于国人，忠于民。忠于民，忠于国人，与国人交，最高的要求是“信”，而“听讼”就是要“止于信”。

读外国古代史的学生，常常发现古希腊人有人民陪审制度，去做陪审员，不就是“听讼”吗？孔子是说，“听讼吾犹人也”，我当陪审员同许多国人当陪审员一样，如郑玄（127—200）注所说的，“必使民无实者不敢尽其辞，大畏其心志，使诚其意，不敢讼”。

上文引用了“曹刿论战”的故事，鲁庄公在临战前同曹刿讨论同齐国作战的准备问题，庄公说了一些小惠于民、小信于神的好事都被曹刿否定了。只有最后一条，庄公说：“小大之狱，虽不能察，必以情（必尽己情察审）。”这就是狱讼问题，曹刿回答说，这是“忠之属也”（上思利民，忠也），“可以一战”（《左传·庄公十年》）可见这条与国人交，人民陪审制度，在古典时代多么重要！

我们古典时代的人民陪审制度，到秦始皇统一天下之后，被人遗忘了，放弃了，中断了！这直到新中国成立后新中国才重新建立起来。下面随便写几条辞书材料：1939年版的《辞源》正续编合订本，“陪审”条，“审判厅审理讼事，于推事外，由民间选出陪审员以参与之者，谓之陪审，英国有此制”。1938年版《辞海》，“陪审制度”条，一称国民裁判制度，人民直接参与司法权之行使，依法选出陪审员陪同承审官听讼之制度也。此制行于英美法诸国，日本近亦采用之。新版《辞源》（1983，商务）无“陪审”条，大概因《辞源》只搞古的，不搞今的，不讲新中国成立后的，因而中国就没有“陪审”了！新版《辞源》有“听讼”条，释为“听理诉讼”，引了《论语·颜渊》“听讼吾犹人也，必也使无讼乎”和汉董仲舒《春秋繁露精华》“听讼折狱，可无审邪？”可惜未涉及陪审制。新版《辞海》（1980，中华）“陪审制度”条，“陪审员参加审判机关审理案件的制度。我国人民法院第一审案件，除简单的民事案件、轻微的刑事案件和法律另有规定的案件外，均实行人民陪审员陪审的制度。由人民法院审判员和人民陪审员组成合议法庭，共同审判案件，是群众路线在我国人民法院组织与制度上的反映”。这算是有了，但可惜没有推想到古典时代我们祖先的“听讼”之制。

听讼，古典时代人民陪审制，这里难举实例：《左传·僖公二十八年》（公元前632年），冬“卫侯与元晅（xuān）讼”，杜注：“争杀叔武事”。按：叔武者，闻卫侯回，捉发出迎，被射杀者也。诉讼中卫侯不胜，执归于京师，元晅归卫，立公子瑕。但越二年（僖公三十年，公元前630年），卫杀元晅与公子瑕，卫侯归。又襄公十年（公元前563年），［周］王叔与伯舆讼，晋士匄听之，使王叔氏与伯舆合要，王叔氏不能举其契。此两例，可能都有听讼者，即皆已事先指定陪审人员，但都无具体消息。民间情况很难找到材料。回到子路和孔子来，“片言可以折狱”，“听讼吾犹［国］人也”，这就是古典时代狱讼生活的日常情况。

E. 敬教劝学——古典中国的教育（卫文公的故事）

1. 卫之兴

郑玄（127—200）《诗·邶鄘卫谱》云：“邶鄘卫者，商纣畿内方千里之地，其封域在《禹贡》冀州太行之东，北逾衡漳，东及兖州桑土之野。周武王伐纣，以其京师封纣子武庚，为殷后，庶殷顽民被纣化日久，未可以建诸侯，乃三分其地，置三监，使管叔、蔡叔、霍叔尹而教之。自纣城而北谓之邶，南谓之鄘，东谓之卫。武王既丧（公元前1025？年）管叔及其群弟见周公将摄政，乃流言于国曰：‘公将不利于孺子’。周公避之，居东都二年，秋大熟，未获，有雷电疾风之异。乃后，成王悦，而迎之反，而遂居摄。三监导武庚叛。成王既黜殷命，杀武庚，复伐三监，更于此三国建诸侯，以殷遗民封康叔于卫，使为之长。后世子孙并彼二国混而名之。”

《史记·卫康叔世家》，“卫康叔名封，周武王同母少弟也，其次当有冉季，冉季最少。武王已克殷纣，复以殷余民封纣子武康禄父，比诸侯，以奉其先祀勿绝。为武康未集，恐其有贼心，武王乃令其弟管叔蔡叔傅相武庚禄父，以和其民。武王既崩，成王少，周公旦代成王治当国。管叔蔡叔疑周公，乃与武庚禄父作乱，欲攻成周。周公旦以成王命，兴师伐殷，杀武庚禄父、管叔，放蔡叔，以武庚殷余民封康叔为卫君，居河淇间故商墟。周公旦惧康叔齿少，乃申告康叔曰：必求殷之贤人君子长者，问其先殷所以兴所以亡，而务爱民，告以纣所亡者以淫于酒，酒之失，妇人是用，故纣之乱自此始。为《梓材》，示君子可法则。故谓之《康诰》《酒诰》《梓材》以命之。康叔之国既以此命，能和集其民，民大说。成王长用事，举康叔为周司寇，赐卫宝祭器，以章有德。

“康叔卒，子康伯代立；康伯卒，子考伯立；考伯卒，子嗣伯立；嗣伯卒，子庭伯立；疐伯卒，子靖伯立；靖伯卒，子贞伯立；贞伯卒，子顷侯立。顷侯厚赂周夷王，夷王命卫为侯。顷侯立十二年卒，子釐侯立。釐侯十三年，周厉王出奔于彘，共和行政焉（公元前841）。

“二十八年，周宣王立；四十二年，釐侯卒，太子共伯馀立为君。共伯弟和有宠于釐侯，多予之赂；和以其赂赂士，以袭攻共伯于墓上，共伯人釐侯羡自杀，卫人因葬之釐侯旁，谥曰共伯，而立和为卫侯，是为武公。武公即位，修康叔之政，百姓和集。四十二年，犬戎杀周幽王，武公将兵往佐周平戎，甚有功，周平王命武公为公”。

2．卫之亡与复兴

《春秋》闵公二年（公元前660年）冬十有二月，狄人卫。

《左传》冬十二月，“狄人伐卫。卫懿公好鹤，鹤有乘轩者。将战，国人受甲者皆曰‘使鹤，鹤实有禄位，余焉能战！’……及狄人战于荧泽（河南淇县东），卫师败绩，遂灭卫。卫侯不去其旗，是以甚败。狄人囚史华龙滑与礼孔以逐卫人，二人曰：‘我太史也，实掌其祭，不先，国不可得也。’乃先之，至则告守者曰，‘不可待也。’夜与国人出，狄人卫，遂从之，又败诸河。初惠公之即位也，少（杜：十五六），齐人使昭伯烝于宣姜，不可，强之，生齐子、戴公、文公、宋桓夫人、许穆夫人。文公为卫之多患也，先适齐。及败，宋桓公逆诸河，宵济。卫之遗民男女七百有三十人，益之以共滕之民为五千人，立戴公以庐于曹。许穆夫人赋《载驰》。齐侯使公子无亏帅车三百乘，甲士三千人，以戍曹。归公乘马，祭服五称，牛羊豕鸡狗皆三百，与门材，归夫人鱼轩，重锦三十两”。

《载驰》中英对照

ZAI CHI

许穆夫人作也，闵其宗国颠覆，自伤不能救也。卫懿公为狄人所灭，国人分散，露于漕邑。许穆夫人闵卫之亡，伤许之小，力不能救，思归唁其兄，又义不得，故赋是诗也。

1. 载驰载驱，归唁卫侯。驱马悠悠，言至于漕。大夫跋涉，我心则忧。

1. I would have galloped my horses and whipt them.
Returning to condole with the marquis of Wei.
I would have urged them all the long way,
Till I arrived at Cao.
A great officer has gone，over the hills and through the rivers;
But my heart is full of sorrow.

2. 既不我嘉，不能旋反。视尔不臧，我思不远。既不我嘉，不能旋济。视尔不臧，我思不閟。

2. You disapproved of my ［proposal］,
And I cannot return ［to Wei］;
But I regard you as in the wrong,
And cannot forget my purpose.
You disapproved of my purpose,
And I cannot return across the streams;
But I regard you as in the wrong,

And cannot shut out my thoughts.

3. 陟彼阿丘，言采其蝱。女子善怀，亦各有行。许人尤之，众稚且狂。

3. I will ascend that mound with the steep side.

And gather the mother-of-pearllilies.

I might，as a woman，have many thoughts，

But every one of them was practicable.

The people of Xu blame me，

But they are all childish and hasty ［in their conclusions］

4. 我行其野，芃芃其麦。控于大邦，谁因谁极。大夫君子，无我有尤。百尔所思，不如我所之。

4. I would have gone through the country，

Amidst the wheat so luxuriant.

I would have carried the case before the great State.

On whom should I have relied?

Who would come ［to the help of Wei］?

Ye great officers and gentlemen，

Do not condemn me.

The hundred plans you think of

Are not equal to the course I was going to take.

《左传·闵公二年》（公元前660年），“僖之元年，齐桓公迁邢于夷仪（邢台县西），二年，封卫于楚丘，邢迁如归，卫国忘亡”。

“卫文公大布之衣，大帛之冠，务材训农，通商惠工，敬教劝学，授方任能。元年，革车三十乘，季年乃三百乘。”

Duke Wen of Wei，in garments of coarse linen and a cap of coarse silk，laboured to improve his resources，encouraged agriculture；promoted trade；treated the mechanics kindly，reverently sought the moral instruction of the people; stimulated them to learn; imposed nothing but what was right; and employed the able. The consequence was that while his leather carriages in his first year were only 30, in his last year they amounted to 300.

春秋，自隐公元年至孔子卒（公元前722—前479），凡242年；扩大为自共和元年至周敬王末年（公元前841—前476），凡364年，此即古代中国民主政治全盛时代，或古典时代，亦即："由共和至孔子"是也。古典民主政治时代于教育有何反映？"敬教劝学"四字可以回答这个问题。

3．敬教劝学的成果

敬教者，孔颖达疏云：敬民五教也。《书·尧典》，帝曰，契，百姓不亲，五品不逊，汝作司徒，敬敷五教，在宽。五品，谓父母兄弟子；五教，五常之教，父义、母慈、兄友、弟恭、子孝。卫文之"敬教"当然超此范围。

劝学者，孔颖达疏，劝民学问也。《尧典》之书，成于孟子前（《尚书今注今译》）。共和以来教育的成果，最具体最伟大的是，产生了孔子及孔氏思想和文化（参阅《孔子的政治学——《论语）》）！"劝学"是"劝民学"，卫文之"劝学"也超出前此范围。

由共和（公元前841—前828）至孔子（公元前551—前479），三个世纪多而已！教育有何新发展与新变化，由于国人流王于彘的革命运动，由于周室东迁的中心转移，政治关系日益超压血缘关系而过之。国人之为邦国基础之于宗教血缘之为基础，一也；公卿执政制之于君主世袭制，二也；其在教育，有教无类的政治社会文化关系教育之于宗教、血缘、家族关系教育，三也。

五品五教，以父母兄弟子为范围。有教无类超出此范围。《吕氏春秋·劝学篇》，"故师之教也，不争轻重尊卑贫富，而争于道，其人苟可，其事无不可"。

敬教而劝学，是社会学、政治学的教与学，人伦中多出师友，总称朋友；社会关系多出国人，与国人交，与朋友交。《学而》是《论语》首篇，“人”指国人，朋友也是国人。《大学》与国人交，《论语》为［国］人谋，都一样，“忠于民”，教育望着这方向走。“孝悌”是“为仁［人］之本”。

政治上，公卿是民之主“忠”是对于民（忠于民），对于民之主（贼民之主不忠）说的。教育的任务是培养邦国需要的人物角色，“雍也可使南面”！古典时代不单方面言忠君，只是君使臣以礼时，臣事君以忠！夫子“哂由”而“与点”，暮春沂上咏而归！

“事君能致其身”，但是，如晏子所说的，“君为社稷死则死之，为社稷亡则亡之，若为己死而为己亡，非其私暱，谁敢任之！”（《左传》襄公二十五年［公元前548年］）

这些是春秋时代政治思想与前一阶段不同而有新的发展的地方，也是时代教育的结果。

F. 春秋时代的《春秋》

孔子作《春秋》，然《论语》未言《春秋》，而《墨子》则言周之《春秋》，燕之《春秋》、宋之《春秋》、齐之《春秋》（均见《明鬼下》），刘知畿（661—721）《史通》引《墨子》云“吾见百国《春秋》”，又云有《夏殷春秋》记太丁时事，《晋春秋》记献公时事云云（引自《明鬼》下注），可见春秋时代已有很多《春秋》著作。《公羊传》（隐公六年），《穀梁传》（桓公二年）均云，“春秋编年，四时具然后为年”，盖世界最早之编年史也（chronicles）。

《孟子·离娄下》：“孟子（约公元前372—前289）曰，王者之迹熄而诗亡，诗亡然后《春秋》作，晋之《乘》，楚之《祷杌》，鲁之《春秋》，一也，其事则齐桓晋文，其文则史，其义则丘窃取之矣”。此《春秋》起源之背景也。

诗是史诗（epic），雅颂是史诗，国风也是史诗。惟《诗》三百（305

篇），不言尧舜，不知“五帝”为何物，三代三王王迹之诗则有之，而集中于雅颂。由王而霸，其事齐桓晋文，春秋之事，霸者之业耳。此与孟子所云：“春秋，天子之事也”（《滕文公下》），并不矛盾，盖天子之事，桓文行之耳！不见乎《公羊传》之屡呼“上无天子，下无方伯”乎？庄公四年（公元前690年），公羊氏为齐襄复仇呼之矣；僖公元年（公元前659年）又为齐桓公之救邢一再呼之，曰：“上无天子，下无方伯，天下诸侯有相灭亡者，力能救之，则救之可也”；其次年，僖公二年（公元前658年），为城卫之楚丘，又一再呼之；然后至僖公十四年（公元前646年），又以同样呼声为城杞之缘陵而作，“上无天子，下无方伯，天下诸侯有相灭亡者，力能救之，则救之可也”；而后至宣公十一年（公元前598年），为“楚人杀陈夏征舒”，贬楚子，称人，以示“不与”外讨，然同时又“实与”，“上无天子，下无方伯，天下诸侯有为无道者，臣弑君，子杀父，力能讨之，则讨之可也”！

《穀梁传》亦有类是之记录。庄公“十有三年（公元前681年），春，齐人（《左》《公》作齐侯）、宋人、陈人、蔡人、邾人。会于北杏，是齐侯、宋公也，其曰人何也？始疑之，何疑焉？桓非受命之伯也，将以事授之者也，曰可矣乎？未乎？举人，众之辞也”。按钟文烝《穀梁补注》，问：是齐侯。宋公，何以称人？《春秋》始疑之，疑什么？齐桓非受命之伯，《春秋》将以伯事授桓，可乎？未可乎？称人者，是众辞。

《左传》则多用“诸侯之无伯”，或“诸侯无伯”。僖公十九年（公元前641年），“秋，卫人伐邢，以报菟圃之役。于是卫大旱，卜有事于山川，不吉。宁庄子曰，昔周饥，克殷而年丰，今邢方无道，诸侯无伯，天其或者欲使卫讨邢乎？从之，师兴而雨”。

又，昭公十六年（公元前526年），春，“齐侯伐徐”。“二月丙申，齐师至于蒲隧，徐人行成。徐子及郯人、莒人会齐侯盟于蒲隧，赂以甲父之鼎。叔孙昭子曰：诸侯之无伯，害哉！齐君之无道也，兴师而伐远方，会之有成而还，莫之亢也，无伯也夫！”

这些片断的反映，表示诸侯对侯伯之需要，而“无伯”是可悲的。桓文之后，晋楚代兴，有伯似乎比之无伯总是好些。以前有王，王迹即天下邦国的秩序；这时有伯，霸业成为天下邦国的组织。《春秋》说是“天子之事”，而实际上“其事则齐桓晋文”，也就是诸侯之伯。

诸侯之伯，本质上就是天子的公卿大夫，是盟主之邦作为联盟关系的公卿执政。而《春秋》，作为编年史，就是这时期天下和邦国的历史记录，故“《春秋》，天子之事也”。

孔墨以下，《春秋》（各国的《春秋》）已成为当代政治史之一部分而传世。当春秋中期，如《左传·成公十四年》（公元前577年）所记，“故君子曰，《春秋》之称，微而显，志而晦，婉而成章，尽而不汙，惩恶而劝善，非圣人谁能修之”。

此孔子前之《春秋》以及较早的对于《春秋》的评价。（“君子曰”）评价难免是抽象的，但放在《左传》里，又是比较具体的。这一年，《春秋》及《穀梁传》《左传》记：《春秋》，“秋，［鲁］叔孙侨如如齐逆女”。（杜预［222—284］注：成公逆夫人最为得礼，而经无纳币者，文阙绝也）《左传》，“秋，宣伯（叔孙侨如）如齐逆女，称族，尊君命也”。［《春秋》］“九月，侨如以夫人妇姜氏至自齐。”［《左传》］“九月，侨如以夫人妇姜氏至自齐，舍族，尊夫人也”。（杜注：舍族谓不称叔孙）。［《穀梁传》］“大夫不以夫人，以夫人，非正也，刺不亲迎也。侨如之挚，由上致之也”。

按：公羊家何休（129—182）有《公羊墨守》《左氏膏肓》《穀梁废疾》，袒《公羊》而难《左》《穀》，郑玄（127—200）则著《箴膏肓》《发墨守》《起废疾》以驳之，上面引文碰到这个问题。刘文淇（1789—1856）《春秋左氏传旧注疏证》引“《膏肓》以襄公二十七年，豹及诸侯之大夫盟，何所尊而舍族，难左氏；郑箴云：左氏以豹违命，故贬之而去族，今侨如无罪而亦去族，故以为尊夫人也。《春秋》有事异文同，则此类也”。

问题在于在此条末“尊夫人也”下有“故君子曰”的概括论述，有“《春秋》之称……非圣人谁能修之”云云，在这里比较空虚。

相反，《春秋·襄公十四年》，二月“己未，卫侯出奔齐”，而《左传·襄公二十年》，记“卫宁惠子疾，召悼子［宁喜］曰，吾得罪于君，悔而无及也，名藏在诸侯之策，曰，孙林父、宁殖出其君。君入则掩之，若能掩之，则吾子也，若不能，犹不能，犹有鬼神，吾有馁而已，不来食矣。悼子许诺，惠子遂卒”。《左传》这一条的记录，与《春秋》发生明显的矛盾，是君被驱出国，非自出奔也。杜注云：“诸侯之策书孙宁逐卫侯，《春秋》以其自取奔亡之祸，故诸侯失国者皆不书逐君之贼也。不书名，从告。”

按洪亮吉（1746—1809）《春秋左传诂》于《春秋·襄公十四年》《诂》云：“《不修春秋》”云“孙林父、宁殖出其君”，仲尼修之曰：“卫侯［衎］出奔齐。”这就弄清楚了，“卫侯出奔齐”是由孔子改书的，卫国对各国宣布之策则是孙宁出其君。

类似的例子有：《春秋》昭公三年（公元前539年）“北燕伯款出奔齐”，杜注：“不书大夫逐之，而言奔，罪之也。”

又，《春秋》昭二十一年，“冬蔡侯朱出奔楚”。杜注：“朱为太子则失位，遂微弱，为国人所逐，故以自出为文。”

本来是以臣名赴告之文，“仲尼之经更没逐者之名，主以自奔为文，责其君不能自安自固，所犯非徒所逐之臣也”。

这是很重要的一条逐君出君的书法原则：“卫侯出奔齐”，代替了“孙林父宁殖逐卫侯”（或“出其君”）。仲尼修过的《春秋》代替了“不修春秋”。

春秋时的《春秋》，自孔子之死，就不再有上面说的“修”的情况，而通过秦汉学者，传之后世。传世者凡三家：公羊氏、穀梁氏以及左氏。

春秋时代《春秋》的特色应是符合于和表现为公卿执政制之发展，而前此之血缘关系（宗教关系）则日益加多地退出或减低其影响。

第四篇　古代中东和地中海世界

古典民主政治时代的历史背景
（公元前二千年代末至公元前一千年代初之古代文明世界）

民主，或民主政治，溯源于古代文明世界城邦阶段某些地区的某些邦国，西方古代有之，中国古代亦有之。谓之古典民主政治，取其有典型意义者而言。到了帝国时代，古典民主政治也就不见了。

古代文明世界，这是西起地中海周围，东至中国海沿岸，亚、欧、非三洲相结合，横亘东西，范围十分有限的地带。人类文明起源于此，时约公元前3000年前，青铜时代。

到了公元前二千年代末、公元前一千年代初，这个古代文明世界早已经历了大约2 000年的历史过程，大体上可分为三大部分：西边是欧洲和地中海，包括北非（埃及以外）一带；东边是中国；中间则是从欧洲方面看是所谓中东，而从中国方面看则是所谓西域。

正是到了这个时候，古代文明世界各地，或早些，或晚些，先后进入铁器时代。

也正是到了这个时候，在古代文明的中东，先进入帝国时代，而在欧洲的希腊和东方的中国，各地城邦和城邦联盟，正处于公卿执政制时代，即民主政治古典时代，公元前一千年代前期。

XIX. 中东远古帝国

中东（The Middle East）是古代文明世界的居间部分，指埃及至伊朗一带的地方，此西方之通说，即古中国所谓西域，[①]其西为古欧洲和地中海沿岸诸国，其东则古代中国也。曰中东（或西域），曰地中海世界，曰中国，三者为古代文明世界的三大地区。（附：古代文明世界地图）

古代文明和国家，溯源于公元前三千年代，中东为其最早的发祥地之一。方公元前二千年代后期、公元前一千年代初叶，古代文明世界的东方（中国）和西方（欧洲）犹处于邦或城邦发展阶段之日，中间中东部分已首先进入古代（或古典）帝国阶段。就今日考古学和历史学所掌握的材料而言，在古代文明世界，最早的文明发祥地在中东，最早的国家（邦或城邦）在中东，最早的古典帝国亦在中东。（附：古代文明世界简表，约公元前3000年至公元前1000年）

---

① 以西域"指玉门关以西"（《辞源》《辞海》）者误也。《史记》仅有《大宛列传》，不言西域；《汉书·西域列传》云，"自玉门，阳关出西域，有两道"：南道"则出大月氏、安息"，北道"则出大宛、康居、奄蔡"（"焉耆"误），皆言域外大国。出西域者，往这些西方大国也。《西域列传》赞曰："孝武之世，图制匈奴，患其兼从西国，结党南羌，迺表河西［曲］，列西郡，开玉门，通西域，以断匈奴右臂，隔绝南羌月氏"，西域即西国，指月氏、安息之属，若玉门以西，则为域内郡县，曰"国"者，郡国之国也。《汲冢竹书》有《穆天子传》，穆王西征，"至于西王母之邦"，谓之"西土"，自言"予归东土"，西土东土皆属域内。

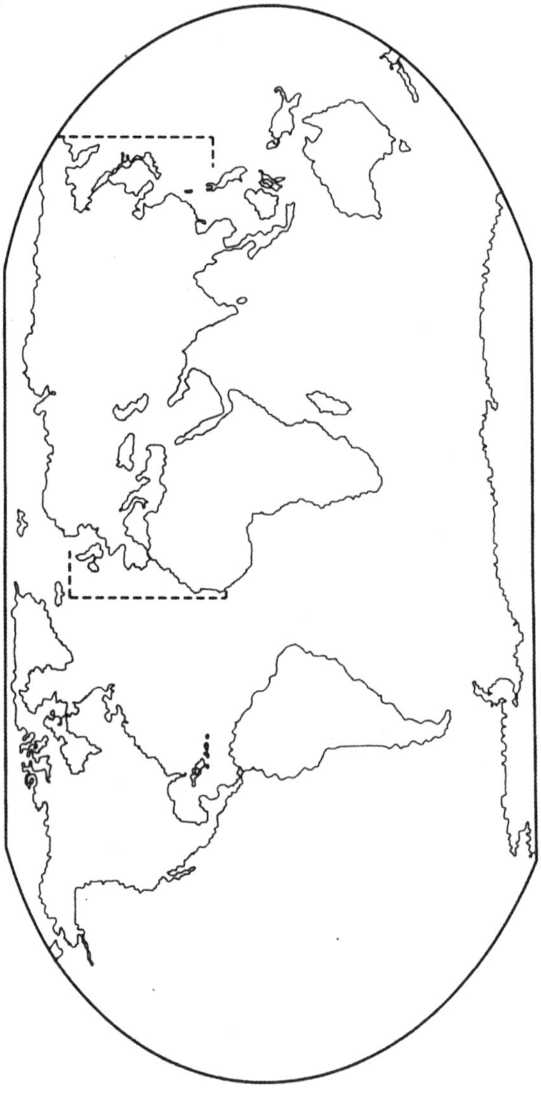

图4-1　此为今日全世界人居地图古代文明世界只限地中海周围至中国海沿岸横亘东西的这一地带

表4-1　古代文明世界简表（约公元前3000年至公元前1000年）

地中海世界	中东（埃及至伊朗）	古代中国
The Age of Palace Cultures 宫廷文化时代 3000 B. C. Beginnings of Minoan culture in Crete 米诺斯文化在克里特之始 2200 B. C. —1450 B. C. Middle Minoan palace culture in Crete 克里特中期米诺斯宫廷文化 2100 B. C. Probable arrival of Mycenaean Greeks in Greece 迈锡尼文化希腊人或许此时来到希腊 1600 B. C. —1200 B. C. Development of a Mycenaean palace culture in Greece, initially dependent on Cretan models 迈锡尼宫廷文化在希腊之发展，起初依靠克里特模式 1450 B. C. My cenaeans take over the Cretan palace settlements and dominate the Aegean area; palace settlements develop at Mycenae. Tiryns, Thebes, Pylos, Cnossus, and elsewhere; this culture is the historical reality behind the Greek heroic myths 迈锡尼文化居民占有克里特宫廷文化各居地并统治爱琴地区，宫廷文化居地在迈锡尼、太林斯、底比斯、派罗斯、诺萨斯和其他地点发展起来；这种文化成为希腊人英雄神话反映历史实际的内容 The Dark Age and the Period of Migrations	2700 B. C. —2200 B. C. Old kingdom in Egypt 埃及古王国 2700 B. C. —2000 B. C. Sumerian period in Mesopotamia 美索不达米亚苏美尔时期 2130 B. C. —1800 B. C. Middle Kingdom in Egypt 埃及中王国 2000 B. C. —1700 B. C. Old Babylonian period in Mesopotamia 美索不达米亚古巴比伦时期 1575 B. C. —1100 B. C. New Kingdom in Egypt 埃及新王国 1460 B. C. —1200 B. C. Hittite Empire dominates central Anatolia 安那托利亚赫梯帝国 1400 B. C. Beginning of Assyrian domination of central Mesopotamia 亚述统治中部美索不达米亚之始 1230 B. C. First settlement of the Israelites in Canaan 以色列人在迦南有最初居地 东地中海和小亚这时曾出现移殖情况中断	公元前 1993 年夏禹立，夏代始 公元前 1523 年殷汤灭夏，殷代始

地中海世界	中东（埃及至伊朗）	古代中国
黑暗时代与希腊大移民时代 Between 1250 B. C. and 1150 B. C. 公元前1250年—前1150年间 there was a breakdown of settled conditions in the eastern Mediterranean and Asia Minor 1220 B. C. The destruction of Troy Vlla may be the historical event behind the legend of the Trojan War, and perhaps the last major enterprise of the Mycenaean Greeks 特洛伊 Vlla 层的毁灭或许正是特洛伊战争传说背后的历史事件，而且可能是迈锡尼文化希腊人的最后一次重要的征服大事 1200 B. C. Widespread destruction of Mycenaean sites in Greece 希腊各地迈锡尼文化遗址广泛遭到毁灭。 1184 B. C. Traditional date for the destruction of Troy worked out by later Greek writers 此年据后来希腊作家研究，认为是特洛伊毁灭的传统之年 1150 B. C. Final destruction of the citadel of Mycenae 迈锡尼卫城最后毁灭之年 1100 B. C. —100 B.C.Invasion of the Dorian Greeks into mainland usually placed in this period Greece（in myth "the return of the sons of Heracles"） 多利安人之侵入希腊大陆（"赫拉克利斯之子归来"的神话）通常定在此时	1200 B. C. Hittite Empire destroyed by peoples from south Russia, who include the Phrygians. The "Peoples of the sea"（perhaps marauders and refugees）repulsed from Egypt. 赫梯帝国被南俄罗斯各民族（包括弗里加人）毁灭。 海上居民（或许即劫掠者和避难者）从埃及被击出 1100 B. C. End of the New Kingdom in Egypt and of the centralized Pharaonic state 埃及新王国和中央集权法老国家的结束	公元前1027年牧野之战，周武王杀纣，周代始

地中海世界	中东（埃及至伊朗）	古代中国
1050 B. C. —950 B.C.Migration of Ionian and other Greeks from the mainland to the Aegean islands and the coast of Asia Minor 爱奥尼亚人和其他希腊人从大陆到爱琴各岛和小亚沿岸移殖 1050 B.C.Beginnings of widespread use of iron in Greece, and the renewal of contacts with Cyprus 铁在希腊开始广泛利用，重新与塞浦路斯岛有接触 1050 B. C. —900 B.C.Proto-geometric popery 原始几何陶时代 975 B. C. Hero's tomb at Lefkandi 勒夫堪狄英雄墓	1000 B. C. —960 B. C. David King of Israel 大卫为以色列王 960 B. C. —931 B.C.Solomon King of Israel 所罗门为以色列王 910 B. C. Beginning of the expansion of Assyria opposed by Urartu and later by the city and tribal cultures of Syria and Palestine 亚述扩张之始。首先反对者有乌拉尔图，而后有叙利亚和巴勒斯坦的城市和部落文化	

* 地中海世界和中东部分，据The Oxford History of the Classical World，1988年版；中国年代据“竹书纪年”。

希罗多德（约公元前484—约前425）《历史》所记中东之远古帝国有二大系统：其一，美索不达米亚之亚述·巴比伦系统；其二，伊朗之米底·波斯系统。希罗多德（Hdt. Ⅰ. 1）云：

Ἡροδότου Ἁλικαρνησσέος ἱστορίης ἀπόδεξις ἥδε, ὡς μήτε τὰ γενόμενα ἐξ ἀνθρώπων τῷ χρόνῳ ἐξίτηλα γένηται, μήτε ἔργα μεγάλα τε καὶ θωμαστά, τὰ μὲν Ἕλλησι τὰ δὲ βαρβάροισι ἀποδεχθέντα, ἀκλεᾶ γένηται, τά τε ἄλλα καὶ δι' ἣν αἰτίην ἐπολέμησαν ἀλλήλοισι.

What Herodotus the Halicarnassian has learnt by inquiry is here set forth: in order that so the memory of the past may not be blotted out from among men by time, and that great and marvellous deeds done by Greeks and foreigners and especially the reason why they warred against each other may not lack renown.

（A. D. Godley英译，Loeb本，1981年版）

哈里卡纳苏人希罗多德以其所研知者发表于此，旨在使之不至时过而被人遗忘，使希腊人与异邦人所为之伟大功业，尤其作战原因，不至湮没无闻。

这部《历史》是希腊波斯战争史。当时希腊在欧洲（和亚洲沿岸），是邦的形式的国家，而波斯在中东，已是帝国。波斯为古代中东的最大帝国。波斯帝国之后，则中东和希腊相结合，为希腊化帝国。

正确而全面了解中东这些帝国的历史，要靠近代考古学和历史学，但生在大约2 500年前的希罗多德，对于这些帝国，在一定程度上，是同时代的人物，是罕有的目击者。

让我们从亚述帝国说起。

A. 亚述帝国

希罗多德（Hdt. Ⅰ. 184）似乎另有一部《亚述史》，但没有传世。他在说及米底和亚述的关系时（Hdt. Ⅰ. 95）写道："亚述人把上亚细亚统治了520年之后，他们的臣民才开始起来反抗他们，在这中间首先就是米底人。"按当时米底王Deioces的开始统治是在公元前709年，由此向上追溯520年，那末，亚述之开始统治上亚细亚，就是在公元前1229年。

我们今天大体上已能掌握亚述史上从最初以来的王名和这些王的统治的年数，公元前1229年，当亚述王吐库提尼努尔塔一世（Tukulti-Ninurta Ⅰ，公元前1244—前1208年）之时。（附：亚述王名表及其统治年数［据《剑桥古代史》第三版，卷一，第二分册；卷二，第一、第二分册；及第二版，卷三，第一分册］。）

这些连绵不断的王名，说明亚述由域邦发生至帝国发展的历史的连续性，而这种连续性在古代史上，在西亚古代史上，都是有重要意义的。古代世界各国，惟中国自入文明以来，直至于今，历史未尝间断。欧洲则有两个Dark Ages，一在公元前1250—前1150年之间，其时迈锡尼文化告断，多利安、爱奥利亚希腊人新来，希腊字母尚待公元前750—前700年才从腓尼基人学来，神话故事，荷马史诗，口传而已。第二次欧洲的Dark Age，在蛮族入侵，西罗马帝国覆亡，古典文明不继，直至十五世纪文艺复兴之日。今以此为旧说，已不行于时，但欧洲此时古典文明文化之中断，古典文化文字之中衰（古典希腊及拉丁文明保存于教会），一个巨大变化时代，是历史事实，历史学之有“黑暗时代”，盖本于此。

近来“黑暗时代”之应用且有扩大之势。《剑桥古代史》第三版卷二（Part 2，1975版）第十八章，为已故的主编者亚述学者伽德（C. J. Gadd）之所执笔，此“亚述、巴比伦”（公元前1370—前1300）章也，其首节（第21页以下）以“西亚之再现”为题，称此时西亚史为“黑暗时代”。

C. J. Gadd之言曰：“亚述（亚西里亚，Assyria）自沙姆希亚达德一世（公元前1813—前1781）及其子伊什麦达甘（公元前1780—前1741）以来，巴比伦尼亚（Babylonia）自汉谟拉比的最后继承人以来，本书（《剑桥古代史》）所记此两方之事甚少。其间约三个世纪的时日，是被侵入和阻碍整个西亚和埃及发展的势力所占有了，这就使得全部广大地区的情况模糊不清。在埃及，侵入者为海克索斯人（Hyksos），在叙利亚和美索不达米亚以及其东方，是胡里人（Hurrians），在巴比伦尼亚，是加喜特人（Kassites）；他们都是原始民族，处蒙昧状态，文化水平一般都很低，在他们自己达到有特色的文明和较高历史地位之前，他们总是要失掉他们自己的特色的，这一部分是由于被征服，更主要的是由于被吸收了。因之，对于这种黑暗时代（Dark Age），现代的研究工作只能部分地依靠旧有的残存和片断零星的些微知识。”亚述的国王系统未有间断，但其大部分亦不过仅有王名表而已。

海克索斯人后来被埃及第十八王朝所击退，胡里人的国家米丹尼.哈尼加尔巴特（Mitanni and Khanigalbat）亦被赫梯人所攻击而衰落，亚述复兴，其复始之王为阿夙路巴里特一世（公元前1365—前1330），“他是创立亚述帝国的第一人”（A. T. 奥尔姆斯特［Olmstead］，《亚述史》［History of Assyria］，1923［1975年版］，第41页）。

表4-2　亚述王名表及其统治年数

Zariqum (vassal of Amar-Sin) (Sulili?) Kikkia Akkia Puzur-Ashur I Shallim-ahhe (son) Ilushuma(son) Erishum I(40?) (son) c. 1906—1867 Ikunum(son)c. 1866? Sargon I(son) Puzur-Ashur Ⅱ (son) Naram-Sin(probably same as king of Eshnunna) Erishum (son?)—1814 Shamshi-Adad I (33) 1813—1781 Ishme－Dagan I (40?) (son) 1780—1741 Mut-Ashkur (son) 1740? —? Rimu[sh?] (name uncertain) Asinum (grandson of Shamshi-Adad I?) Anarchy: 8 usurpers from Puzur-Sin to Adasi	Belu-bani (10) (son of Adasi) 1700—1691 Libaia (17) 1690—1674 Sharma-Adad I(12) 1673—1662 Iptar (?)—Sin (12) 1661—1650 Bazaia (28) 1649—1622 Lullaia (6) 1621—1618 Kidin-Ninua (14) 1615—1602 Sharma-Adad Ⅱ(3) 1601—1599 Erishum Ⅲ(13) 1598—1586 Shamshi-Adad Ⅱ(6) 1585—1580 Ishme-Dagan Ⅱ (16) 1579—1564 Shamshi-Adad Ⅲ (16) 1563—1548 Ashur-nirari I (26) 1547—1522 Puzur-Ashur Ⅲ (24) 1521—1498 Enlil-nasir I (13) 1497—1485 Nur-ili (12) 1484—1473 Ashur-shaduni (one month) Ashur-rabi I (20) 1472—1453 Ashur-nadin-ahhe I (20) 1452—1433	Enlil-nasir Ⅱ (6) 1432—1427 Ashur-nirari Ⅱ(7) 1426—1420 Ashur-bel-nisheshu (9)1419—1411 Ashur-rim-nisheshu (8)1410—1403 Ashur-nadin-ahhe Ⅱ (10) 1402—1393 Eriba-Adad I (27) 1392—1366 Ashur-uballit I (36) 1365—1330 Enlil-nirari(10) 1329—17320 Arik-den-ili(12) 1319—1308 Adad-nirari I(33) 1307—1275 Shalmaneser I (30) 1274—1245 Tukulti-Ninurta I (37) 1244—1208 Ashur-nadin-apli (4)1207—1204 Ashur-nirari Ⅲ (6) 1203—1198 Enlil-Kudurri-usur (5)1197—1193 Ninurta-apil-Ekur (13)1192—1180 Ashur-dan I Ninurta-tukulti-Ashur Mutakkil-Nusku 1179—1134 } (46)	Ashur-resha-ishi I(18) 1133—1116 Tiglath-pileser I (39) 1115—1077 Ashared-apil-Ekur(2) 1076—1075 Ashur-bel-kala (18) 107d—1057 Eriba-Adad I (2) 1056—1055 Shamshi-Adad Ⅳ(4) 1054—1051 Ashurnasirpal I (19) 1050—1032 Shalmaneser Ⅱ (12) 1031—1020 Ashur-nirari Ⅳ (6) 1019—1014 Ashur-rabi Ⅱ (41) 1013—973 * Ashur-resha-ishi Ⅱ(5) 972—968 * Tiglath-pileser Ⅱ(33) 967—935 * Ashur-dan Ⅱ 934—912 Adad-nirari Ⅱ 911—891 Tukulti-Ninurta Ⅱ 890—884 Ashurnasirpal Ⅱ 883—859 Shalmaneser Ⅲ 858—824 Shamshi-Adad Ⅴ 823—811 Adad-nirari Ⅲ 810—783	Shalmanser Ⅳ 782—773 Ashurdan Ⅲ 772—755 Ashur-nirari Ⅴ 754—745 Tiglath-pileser Ⅱ 744—727 Shalmanesser Ⅴ 726—722 Sargon Ⅱ 721—705 Sennacherid 704—681 Esarhaddon 680—669 Ashurbanipal 668—627 Ashur-etel-ilani Sin-shumu-lishir Sin-sharra-ishkun 626—612 } Ashur-uballit Ⅱ 611—609 (* CAH 卷三，第一分册，年数为 1012—972，971—967，966—935)
I—→	Ⅱ—→	Ⅲ—→	Ⅳ—→	Ⅴ

注：表内年代均为公元前。

亚述帝国是靠军事征服扩张起来的。在上引奥尔姆斯特的《亚述史》（第46—47页）中，在阿夙路巴里特一世以下，列举吐库提尼努尔塔一世（公元前1244—前1208），提格拉特帕拉沙尔一世（公元前1115—前1075），阿淑尔耶西尔帕（公元前883—前859），萨尔玛那萨尔三世（公元前858—前824）。

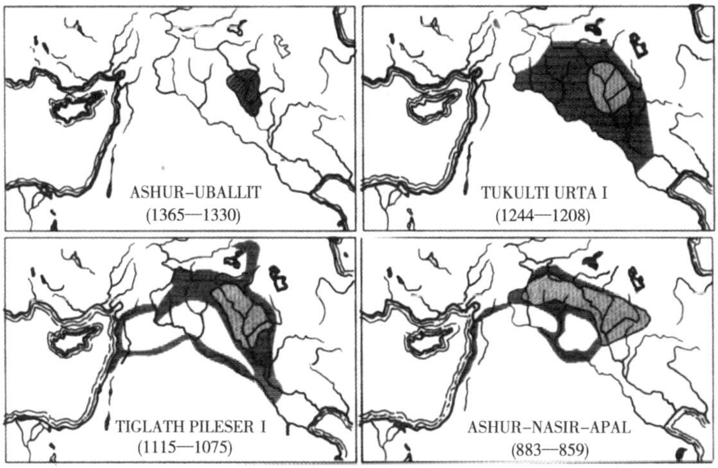

图4-2　亚述帝国之发展（公元前1340—前860）

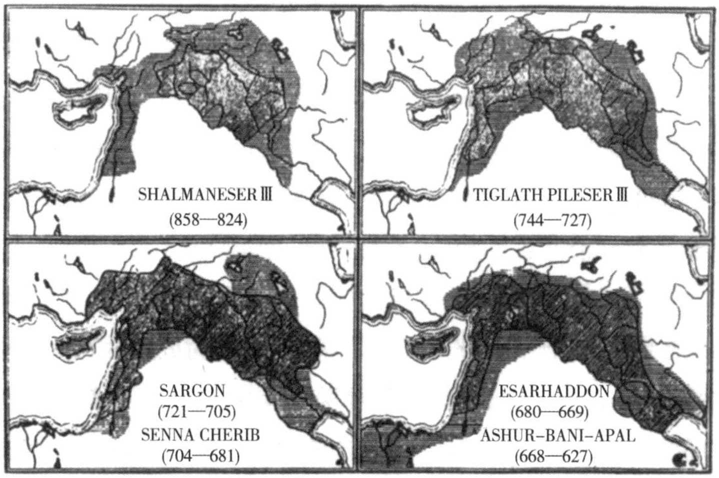

图4-3　亚述帝国之发展（公元前860—前626）

提格拉特帕拉沙尔三世（公元前744—前727），以及萨尔贡二世（公元前721—前705）、辛那赫里布（公元前704—前681），阿萨尔哈东（公元前680—前669），阿树尔巴纳帕尔（公元前668—前627）诸王，以“亚述帝国扩张图”表示之（地图附后，参阅上文“亚述王名表”，年代以此表为准，译名参用《世界上古史纲》上册，人民出版社1979年版，第210—217页的现成译法），从这些地图中可以看出亚述帝国由美索不达米亚北部的一个邦，逐渐扩大到占据全部埃及至西南亚的空前大帝国，其时尚在欧洲古典希腊时日和中国史上春秋前期。

近代根据考古材料所得出亚述帝国创始的年代，以上举吐库提尼努尔塔一世而言，与希罗多德所计算的数字（Hdt. Ⅰ. 95）对比，十分接近，都在公元前13世纪，这时北方底格里斯河岸的亚述城邦，已把南方巴比伦（幼发拉底河岸）合并，形成两河流域本土的一个帝国。在此之前，号为亚述帝国创建者的阿夙路巴里特一世，不过恢复亚述城邦的地位而已。当初的中心所在已包括亚述城、卡拉城（Calah）和尼尼微（Nineveh），希罗多德（Hdt. Ⅰ. 102）称之为Ninus。事实上，在吐库提尼努尔塔一世之前两代，当阿达德尼拉里一世（公元前1307—前1275）时，军事远征已经开始，《亚述史》的“第一帝国”章（第45页），是以这个王开篇的。

亚述帝国不是古代中东惟一最早的帝国，与亚述帝国同时或先后近似年代出现的帝国，如埃及新王国，如安那托利亚的赫梯帝国（那当然是规模小得多的），以及稍后的新巴比伦帝国（它本土小得不成其为帝国）；米底·波斯帝国则勿论矣，那是亚述帝国的继承和发展。

亚述史传统分为“古亚述”（城市公社，城邦）与“中亚述”（古亚述帝国）及“新亚述”（新亚述帝国），此种分法今仍可沿用，但新亚述帝国要再分早晚两期：新亚述帝国早期，公元前934—前783；新亚述帝国晚期，公元前744—前609。晚近出版的《剑桥古代史》第三卷第一分册（1982）第6章，A. K. 格雷荪（Grayson）云：“新亚述帝国以远古为基础，建立于公元前10世纪。当地的传统把新亚述王家世系追溯到亚述城邦的早期统治者，许多当时的风尚和理想一直继续到公元前一千年代。”新亚述帝国之分为早新两个时期，也见于格雷荪所写的这一章。

新亚述帝国之版图，自埃及至伊朗西南，基本上包括中东全部的历史地理。这是铁器时代初期的第一个军事大帝国，北起乌拉尔图（NAIRI），东南兼及埃兰，西抵地中海岸（叙利亚、以色列），西南至埃及的大部国土。

古代国家形式，由城邦或邦发展为帝国，有什么特点？亚述国家最初溯源于邦或城邦的形式，在亚述帝国之前，苏美尔城邦没有发展为帝国，阿卡德王朝和乌尔第三王朝都不是帝国，在阿卡德王朝和乌尔第三王朝之后，原来的城邦仍在，西亚并未出现帝国；在巴比伦尼亚，汉谟拉比的巴比伦王国，加喜特巴比伦王国，也都不是帝国，《汉谟拉比法典》不是帝国的法典，是只管巴比伦一个工国的法典。所有这些王朝王国都不过是盟主之邦，是各邦联盟的首领，而不是帝国。就像中国史上周王朝只是一个王国，一个盟主之邦，而不是帝国，秦始皇统一的帝国才是古中国的第一个帝国。

古代帝国在中东从亚述帝国算起。赫梯帝国也未必便是帝国，一个那么小小的“帝国”。

亚述帝国作为帝国的标识是什么？是“行省制”，即古中国的郡县制（行省，本亦中国之行中书省，始于元代；西方用古代罗马人之Provincia，中国译为行省，遂亦流行）。

格雷荪（CAH^2Ⅲ.Ⅰ，1982）云，“阿夙尔丹二世之统治（公元前934—前912）标识着新亚述帝国之诞生”。由此至第三代，“阿淑尔那西尔帕二世（公元前883—前859）是新亚述帝国的第一个伟大的王”。“他把底格里斯河的一个农村卡拉赫（Calah）改变成古代世界最大的城市之一”。“在他的统治时期，第一次出现真正的行省制行政迹象。”

格雷荪认为，“在亚述的城邦时日”，军事侵略是与外交并用，到了帝国时代，“公元前9世纪，新的对外政策产生了，这就是对征服地区实行行省的行政制度”，亚述人知道，统治一个帝国，总该有比之年年派遣大军作战更好的方法。

奥尔姆斯特《亚述史》指出，“行省制度的发展是亚述人在行政方面一大进步”。在亚述之前，“帝国是由两个或两个以上的邦国，各有国王以分别的王衔统治者所构成的个人联盟”。各邦国联系并不密切，各地的王有相当大的自治权力，虽则在乌尔王朝之下的这些帕达西（patesis）就像是总督那样。亚述王还要安抚那些冲积地最古老的邦国，如许以虚假的自治，许其保留那些特殊城邦有关的王衔，乃至于仍可自称为“诸王之王”，他们还可以统治前缘缓冲国的附属国之王。

行省之制在公元前二千年代中叶早已存在。第一级为shakin mati，即“governor of the land”，他统治Ashur；然后，每一个征服地区降为行省形式（provincial form）其统治者安放在“名祖”（eponyms）名单中。第二时期的行省政府从萨尔玛那萨尔三世（Shamaneser Ⅲ，公元前858—前824）开始，行省的数目和特色实际上继续至提格拉特帕拉沙尔三世（Tiglalth Pileser Ⅲ，公元前746—前727）之时，他把行省的领域和重要性大为减缩，使每一行省只有前期省区的小半，从而减少过于强大的总督暴乱的危险。但第一级的大城市仍然过多，边界有严重问题者仍然过大，因而不易减削行省的权力。

亚述帝国是专制帝国。专制帝国的前身溯源于城邦。最古老的城邦在巴比伦尼亚的苏美尔人时代，亚述邦也从那时代末开始。那是古亚述；中亚述发展成帝国，直至于新亚述帝国时期。新亚述帝国最后是被迦勒底人的巴比伦和米底人的国家灭亡了。公元前612—前609年，尼尼微陷落，帝国被巴比伦和米底瓜分了。

B. 巴比伦帝国

“当公元前1000年顷，巴比伦尼亚的政治和经济的水平已经低弱得多了。这个地区显然已是被包围住了，特别是阿拉美亚人从西面和北面过来。前十世纪的最初几个十年代，甚至同亚述（亚西里亚）、埃兰这些与巴比伦尼亚最接近的邻国，都看不到有什么接触往来。当公元前第一千年代的最初四分之一时期，巴比伦尼亚的历史可说是一个模糊不清的时代或者说是'黑暗时代'（Dark Age），国土经常被外来侵入者所占领，而中央政府对许多地区已不能实行管辖权力。这些混乱时日残留下来的材料很少，而仅有的那一点往往也无法断定其所属的年代。尽管如此，由于这些世纪正当西亚许多地方铁器时代（the Iron Age）的早期盛世，所以，在巴比伦尼亚，显著的运动和倾向是看得见的，虽则是模糊不清的。王朝之经常变换以及治国行政之无方，反映了君主政治和中央政府之日益削弱。西北巴比伦尼亚各大城市政治作用和宗教作用之加大，可以断定是由于他们特权和免税权之增长，而且往往与国王之无能直接成为比例。这个国家在很长的时间里，经济上是孤立的，因为重要的商路都被封闭，特别是那些沿幼发拉底河的西方和在波斯湾顶端的南方商路。那些主要的部落群沿着巴比伦尼亚的地理上的运动，以及他们政治上效忠的改变，也是很有意义的：加喜特人（Kassites）与这个国家的密切关系几乎已有成千年了，而且这千年来有大约一半的时间他们统治了这个国家，但对他们的关系解除了；大量阿拉米亚人（Aramaeans）流进来，并且他们经常对这个国家作分裂性的撞击；加勒底人（Chaldaeans）平平静静地来到这里，他们为巴比伦尼亚提供了许多强有力的君主，使衰落的波斯湾的贸易复活起来，而且对于来自北方的亚述帝国的野心给以长期的抵抗。在巴比伦人文化生活中有重要意义的是，把纳布神（the god Nabu）在众神中提高到更有影响的地位，以及在书吏（士人，scribes）的学人集团（公社，the scholarly community）中保存着文学的和科学的传统”。（J. A. Brinkman，Babylonia. c. 1000—740 B. C. Introduction，CAH^2，Vol. Ⅲ，part Ⅰ，1982，pp. 282—283）

巴比伦尼亚是中东古文明古文化的中心，由苏美尔·阿卡德，乌尔第三王朝，以至古巴比伦，这是第一阶段；加喜特人的到来与加喜特巴比伦之长期王朝（约576年左右）为第二阶段；伊新第二王朝与海国第二王朝和亚述人之来自北方的统治，为第三阶段；最后，迦勒底人的新巴比伦王国为第四阶段，此后是波斯帝国的统治，巴比伦文明和文化告终了。（附：古巴比伦至新巴比伦王名表）

古巴比伦、加喜特巴比伦都不够说是“帝国”，新巴比伦呢？它占有亚述帝国大部分领土，并占有犹太人的国家，然北方亚述本土和安那托利亚都归于共同灭亡亚述帝国的米底人，而新巴比伦的年代亦短，情况与新亚述帝国不同。但新巴比伦继承了亚述帝国的“行省”之制。同时，新巴比伦亦属铁器时代的中东大国，与加喜特巴比伦有所不同。

新巴比伦的“行省行政主要由总督（governors）来执行。在本时期前一部分，这些总督叫作Saknu或Sakin mati；但从公元前9世纪起，这些［总督的］称号更多用Sakin temi（虽则在尼普尔，传统的地方称呼则为Sandakku）。至于职权是否跟着称号一道变更则不知道；事实上，关于这些时候行省政府的情况知道得很少。到了公元前9世纪后期至前8世纪，有证据说明，有的行政官吏被个别的人长期担任，他们对于中央政府几乎是独立的，而且他们官职可以由家族世袭。这似乎可以证明君主制的相当削弱”。此外，巴比伦尼亚有一些大的宗教中心，这时公民有免税身份，特别是巴比伦、西巴尔、尼普尔、波尔西帕。（Brinkman，上引书，第290页；关于“总督制”，可参阅the Assyrian Dictionary，vol. 17，1989，pp. 160以下，Sakin mati，Sakin temi，Sakin-ternum等条）。

有行省之制才可以说明帝国的存在，亚述帝国是这样，新巴比伦继续有行省之制，亦可以说是帝国（而不是城邦联盟），只不过规模比之亚述帝国小了。新巴比伦帝国继承了亚述帝国的行省，如叙利亚·小亚的亚述帝国行省Que，新巴比伦帝国作khume。

表4-3 巴比伦（自古巴比伦至新巴比伦）王名表

（据剑桥古代史CAH第3/2版各卷册）

Sumuabum（14） 1894—1881 Sumulael（36） 1880—1845 Sabium（14） 1844—1831 Apil-Sin（18） 1830—1813 Sin-muballit（20） 1812—1793 Hammurabi（43） 1792—17S0 Samsuiluna（38） 1749—1712 Abieshu'（28） 1711—1684 Ammiditana（37） 1638—1647 Ammisaduqa（21） 1646—1626 Samsuditana（31） 1625—1595 Kadashman. Enlil I（son of Kuri. galzuI？） Burnaburiash Ⅱ（zg） c. 1375—1347 Karakhardash Nazibugash Kurigalzu ll（22） 1345—1324 Nazimaruttash（26） 1323—1298 Kadashman-Turgu （18）1297—1280 Kadashman-Enlil Ⅱ（15）127—1265 Kudur-Enlil（9） 1264—1256 shagarakti-Shuriash （13） 1255—1243 Kashtiliash IV（8） 1242—1235	Assyrian domination （7） 1234—1228 Enlil-nadin-shumi、 Kadashman-kharbe 1227—122（3） Adad-shuma—iddina （6） 1224—1219 Adad-shuma—usuy （30） 1218—1189 Meli-Shikhu（15） 1188—1174 Marduk-apla-iddina （13） 1173—1161 Zababa-shuma- iddina（1） 1160 Enlil-nadin-akhi（3） 1159—1157 Marduk-kabit-ah- heshu（18） 1156—1139 Itti. Marduk-balatu（8） 1138—1131 Ninurta-nadin-shumi （6） 1130—1125 Nebuchadrezzar I （22） 1124—1103 Enlil-nadin-apil（4） 1102—1099 Marduk-nadin-ahhe （18）1098—1081 Marduk-shapik-zeri （13）1080—1068 Adad-apla-iddina （22）1067—1046	Marduk-ahhe-eriba （1）1045 Marduk—zer[x]（12） 1044—1033 Nabu—shumu-libur （8） 1032—1025 Simbar-Shikhu（18） 02d—1007 Ea-mukin—zeri （5mos.）1007 Kashshu-nadin-akhi （3）1006—1004 E-ulmash-shakin— shumi （7）1003—987 Ninurta-kudurri-usur （3）986—984 Shirikti-Shuqamuna （3mos.）984 Mar-biti-apla-usur （6） 938—978 Eulmash-shakin- shu-mi 1004—988 Ninurta-kudurri-usur I 987—985 Shiriqti-shuqamuna 985 Mar-biti-apla-usur 984—979 Nabu-mukin-apli 978—943 Ninurta-kudurri-usur Ⅱ 943 Mar-biti-ahhe- iddina 942	Shamash-mudammiq Nabu-shuma-ukin I Nabu—aph-iddina Marduk—zakir- shumi I Marduk-balassu-iqbi 811 Baba-aha-iddina 810 （interregnum: unknown kings） Ninurta？ -afla？ - [x] Marduk-bel-zeri Marduk-apla-usur Eriba-Marduk Nabu-shuma-ishkun 784 Nabonassar 747—734 from 733 to 668, 10 kings with periods of rule by the Assyrian kings（detail in CAH Ⅲ, pt.2） Shamash-shuma- ukin 667—648 Kandalanu 647—627 Assyriall Interregnum 626 Nabopolassar 625—605 Nebuchadrezzar Ⅱ 604—562 Amel-Marduk （Evil-Merodach; 562—560） Nergal-shar-usur （559—556: Nerig- lis-sar according toBerossus） Nabonidus（Nabu- na'id; 556—539）

注：表内年代均为公元前。

C. 米底帝国和波斯帝国

1. 米底帝国

米底人与新巴比伦共同瓜分了亚述帝国（公元前612—前609），从而有了米底帝国。在此之前，伊朗高原只有埃兰城邦和米底部落联盟，米底人和波斯人属于印欧语系（伊朗语），埃兰人所属语系不知道。

米底王表通常根据希罗多德（Hdt. Ⅰ. 102以下）的记录，而历来有争论。

J. M. 库克的《波斯帝国》史（1983）主张把斯奇提亚人统治的28年包括在库阿克撒列斯的年数（40年）之内，但戴奥凯斯（Deioces）即亚述学材料中的Daiaukku，他同Sargon Ⅱ（公元前721—前705）曾是同时代人，年代不能限于公元前7世纪了。

1988年出版的《剑桥古代史》第四卷，由T. Cuyler Young写的“米底国”（The Median State）节（第16—23页），其一，关于王家（the Royal House）：希罗多德（Ⅰ. 第95—130页）说米底的故事如下：戴奥凯斯为米底中央集权国家的建立者。在他之前，米底人只是“农村居民”，没有按当时希腊政治学见解的城市，不文明（uncivilized），也没有中央政府。戴奥凯斯公正无私，享有声誉，米底人遇有争端，就请他做审判员。他要米底人选他为王，并在埃克巴坦那（哈马丹）建立一个大城，作为米底的国都。于是米底各部落便由多种多样化而有了王权和中央政府了。据说戴奥凯斯统治了53年。

戴奥凯斯由其子普拉欧尔铁斯继位。于是米底征服波斯人，使之成为臣民，并一起出征亚西亚。普拉欧尔铁斯统治22年，据说是在一次同亚述人作战中丧生了。他的儿子库阿克撒列斯继之为王，统治40年，改组米底军队，分之为枪手、弓箭手和骑兵，各自成为战斗单位。有了这种新型军队，这个米底王便同巴比伦人结盟，征服亚述，获得胜利。然后其子阿司杜阿该斯继位，统治35年，于公元前550年被波斯的居鲁士大帝所推翻了。

戴奥凯斯 53 年 约公元前 699—前 647 年 Deioces	或公元前 727—前 675 年	
普拉欧尔铁斯 22 年 约公元前 646—前 625 年 Praortes	或公元前 674—前 653 年	
斯奇提亚人中间期（28 年） 约公元前 624—前 597 年 Scythians	或公元前 652—前 625 年	斯奇提亚人统治的 28 年是否是包括在库阿克撒列斯的 40 年之内，有问题，尽管希罗多德说了（Hdt. Ⅰ.1. 107），年代争论即由此起，故列两说。
库阿克撒列斯（40-28=12 年） 约公元前 596—前 585 年 Cyaxares	或公元前 624—前 585 年	公元前 585 年为确定之年，是年此王死，未死前曾有与吕底亚立约的故事，即：公元前 585 年 5 月 28 日，日食，其时米底人与吕底亚人正在作战，因此停战议和了。（见 Hdt. Ⅰ. 74）
阿司杜阿该斯 35 年 约公元前 584—前 549 年 Astyages	公元前 584—前 549 年	公元前 550 / 549 年也是可以确定之年，是年此王为波斯军所俘，米底亡（见 Hdt. Ⅰ. 130），并有 Babylonian chronicle 可证。

上列简表主要据《剑桥伊明史》（The Cambridge History of Iran）第二卷，1985 年本，第112 113页，第3章，“米底亚”（Media），第2节，“米底帝国”（The Median Empire）。本章著者为苏联亚述学者N. M. 贾可诺夫（N. M. Diakonoff）。

希罗多德《历史》所记的米底最后两个王，在楔形文字材料中都有。阿司杜阿该斯（Astyages）显然就是《巴比伦编年纪》（*The Babylonian Chronicle*）关于居鲁士二世和波斯人征服米底人的报道中的Istuwign。既然我们能将这个事件准确地定在公元之前550年，也就不妨利用希罗多德的编年法，说阿司杜阿该斯之登上米底王位是在公元前585年。而库阿克撒列斯（Cyaxares）即更早些的《巴比伦编年记》关于亚述崩溃和尼尼微陷落故事的报道中的Umakistar。据说库阿克撒列斯曾于公元前614年领导米底人（在编年记中到处常称米底人为乌曼曼达［Umman-mand］，这是对于来自札格罗斯［Zagros］的蛮族人的历史上通称）攻击亚述的阿拉法（Arrapha）城，而后接着就包围尼尼微城而没有成功。但到公元前612年，他带着他的米底军队回美索不达米亚，并同巴比伦人一起去占领底格里斯河岸的亚述人伟大都城。这些材料大抵和希罗多德的编年记可以相提并论。因为，如果库阿克撒列斯在阿司杜阿该司为王之前是统治了40年，那末他的年代应是约公元前625—前585年。这样，希罗多德所记的这两个米底世系的王名，可以在同时代的材料中找到了。还应当注意的，这两个王名都是很好的伊朗语名字。另一方面，我们楔形文字的证据，可以按年代顺序说及库阿克撒列斯和阿司杜阿该司的父子关系，而不必特别提到这个是那个的儿子。因此，除了希罗多德的材料之外，我们并没有证据说明当时米底王权是世袭的。

转到希罗多德所描述的普拉欧尔铁斯，我们面临一种情况，这里我们无法找出满意的［希罗多德以外的］证据，即使“有这样的一个米底王”的证据也没有。说在亚述原文中有过这样名字的人物，那是要有错综复杂的争论的。首先请看贝希斯敦（Bisitum，Behistum）铭文中的Phraorrtes，他（D B para. 24）反叛大流士大王，自称作Khshathrita，说是属于库阿克撒列斯家族，是米底之王，有些学者认为两个名字（Khshathrita，Cyaxares）可以相等。因此，札格罗斯当地的统治者，在阿萨尔哈东（Esarhadon Ⅱ，公元前680—前669）统治时的征兆原文中所见的，作Kastaritu，即Kar Kassi的统治者，可以是希罗多德中的Phraortes［普拉欧尔铁斯］。辩论者甚至说，征兆原文所表示的主要是关于这个札格罗斯统治者给予亚述的威胁（他联合了大群的Manneans，Medes和Cimmerians结成联盟以对抗大王），我们这里所有的希罗多德的故事，是普拉欧尔铁斯征服亚洲的反映。

但是，这样的联系和这样的重组，是不足以说服人的。

不过，《剑桥古代史》第四卷本章作者Young最后认为：尽管希罗多德所说的许多不可信，但他的报道有的部分显然是符合事实，或者反映了传说和史诗的内容。公元前7世纪末和前6世纪初米底之有父系王族，虽然在楔文材料得不到证明，但米底在当时仍是一王统治，因为后来波斯王居鲁士征服米底时，米底就只有一个王，一个首都。在米底统治下，Zagros 的伊朗化（Iranianization）是已经开始了。伊朗考古学上的铁器时代三期（Iron Ⅲ，约公元前800—前550）也证明，这个时期开始于公元前9世纪后期，到公元前7世纪末至前6世纪初这种文化已得到充分发展。

米底人历史知道的很少。说公元前一千年代的西伊朗史，那是说许多民族史，米底人、波斯人以及其他伊朗人只是其中的一部分，这里有亚述人、巴比伦人、乌拉尔图人、埃兰人等等。

米底入在戴奥凯斯时建立了首都爱克巴坦那，公元前612—前609年，与巴比伦共攻陷尼尼微，灭亡亚述帝国，给瓜分了。但在前550年，米底帝国自己也被波斯帝国灭亡了。

2．波斯帝国

波斯帝国由阿里门尼德王朝始兴，据贝希斯敦铭文（大流士一世之父 Darius'father）溯源的公式是这样：

…was Hystaspes；Hystaspes' father was Arsames；Arsames' father was Ariaramnes；Ariaramnes' father was Teispes；Teispes' father was Achaemenes…for this reason we are called Achaemenians．From long ago we have been noble．From long ago our family had been kings... Ⅷ of our family there are who were kings afore；I am the ninth；Ⅸ in succession we have been kings．（DB paras．2—4）

刚比西一世（Cambyses Ⅰ），居鲁士一世（Cyrus Ⅰ），和特斯伯斯（Teispes），都使用“大王，安山之王”（Great King，King of Anshan）的称号。居鲁士二世者，刚比西之子，居鲁士之孙，特斯伯斯之后代也。这类血缘关系、宗教关系之表现，古典时代中国也一样，屈子（屈原，约公元前339—前278）《离骚》以“帝高阳之苗裔兮，朕皇考曰伯庸”开篇是也。

波斯帝国的各民族（据贝希斯敦铭文）[①]

Parsa（Persis，now Fars）

Uwja（Elam，Herodotus' Kissioi，now Khuzistan）

Babirush（Babilu，Babylon）

Athura（Ashur，Assyria）

Arabaya（Arabia）

Mudraya（Misir，Egypt）

tyaiy drayahya（'those at / in the Sea'）

Sparda（Sardis，Lydia）

Yauna（Ionia，i. e. Greeks）

Mada（Media）

Armina（Armenia）

Katpatuka（Cappadocia，Herodotus' Syrioi）

Parthawa（Parthia）

Zra（n）ka（Drangiana，Herodotus；Sarangai，later Seistan）

Haraiwa（Areia，now Herat）

Uwarazmiy（Chorasmia，now Khwarizm or Choresm）

Bakhtrish（Baktria）

Sug（u）da（Sogdiana）

Ga（n）data / Paruparaesana3（Herodotus' Gandarioi，later Paropamisadai）

Saka（land of Sakai，Scythians）

Thatagush（Herodotus' Sattagydai）

Hara（h）uwatish（Arachosia）

Maka（Presumably on the coast of the Arabian Sea）

① The Cambridge History of Iran：Vol. Ⅱ，1985，pp.244—245.

波斯帝国各省纳贡数额（据贝希斯敦铭文）①

1. Ionians, Magnesians in Asia, Aeolians, Carians, Lycians, Milyeis, Pamphylians: assessment for tribute 400 talents of silver.
2. Mysians, Lydians, Lasonioi, Kabalioi, Hytenneis: 500 talents of silver.
3. Hellespontioi, Phrygians, Thracians in Asia, Paphlagonians, Mariandynoi, Syrioi (=Cappadocians): 300 talents of silver.
4. Cilicians: 360 horses, 500 talents of silver (140 spent locally on cavalry).
5. Phoenicia, Syria called Palestine, Cyprus: 350 talents of silver.
6. Egypt, with Libya, Cyrene, and Barka: 700 talents of silver, Moeris fishery dues (in silver), corn for garrison troops.
7. Sattagydians, Gandarians, Dadikai, Aparytai: 170 talents of silver.
8. Susa and the territory of the Kissioi: 300 talents of silver.
9. Babylon and the rest of Assyria: 1 000 talents of silver 500 eunuch boys
10. Agbatana and the rest of Media, Parikanioi, Orthokorybantioi: 450 talents of silver.
11. Caspians, Pausikai, Pantimathoi, Dareitai: 200 talents of silver.
12. Baktrians as far as Aiglai: 360 talents of silver.
13. Paktyike, Armenians and their neighbours as far as the Euxine (=B1ack) Sea: 400 talents of silver.
14. Sagartians, Sarangai, Thamanaioi, Outioi, Mykoi, islands of the "Red Sea": 600 talents of silver.
15. Sakai, Caspians: 250 talents of silver.
16. Parthians, Chorasmians, Sogdians, Areioi: 300 talents of silver.
17. Parikanioi, Ethiopians of Asia: 400 talents of silver.
18. Matienoi, Saspeires, Alarodioi: 200 talents of silver.
19. Moschoi, Tibarenoi, Makrones, Mossynoikoi, Mares: 300 talents of

① The Cambridge History of Iran: Vol. II, 1985, pp.244—245.

silver.

20. Indians：360 talents of gold dust，valued at 4680 Euboic talents of silver.

Total：14 560 Euboic talents of silver.

下面就《剑桥古代史》第三卷第三分册（第二版），1982年版，以及第四卷（第二版），1988年版，所附年表提出的有关问题（原文和译文），作为讨论题，系供参考。

ASSYRIAN EMPIRE

亚述帝国

B. C.

744—727 Tiglath-Pileser Ⅲ

744—727 提格拉特·帕拉沙尔三世

726—722 Shalmaneser

726—722 萨尔玛那萨尔五世

722 Samaria destroyed by the Assyrians

722 亚述人毁灭萨玛利亚

720 Hamath destroyed by Assyrians

720 亚述人毁灭萨玛峙

721—705 Sargon Ⅱ

721—705 萨艮二世

715 Revolt in Cilicia quelled

715 西里西亚叛乱之被镇压

712 Yamani at Ashdod

712 Ashdod［地方］之叛乱者

709 Record of Cypriot tribute to Sargon Ⅱ

709 向萨艮二世纳贡的Cypriot音节语记录

704—681　Sennacherib

704—681　辛那赫里布

C700—　break in occupation at Al Mina

约700　Al Mina占领之冲破

ANATOLIA

安那多利亚

696　Revoit in Cilicia quelled；Tarsus destroyed

696　西里西亚叛乱之被镇压；塔尔苏被毁

696／5　Destruction of Gordium by Cimmerians；death of Midas

696／5　哥狄温被辛墨利人毁灭；米达斯之死

680—669　Esarhaddon

680—669　埃萨哈顿

C680—640　Gyges

约680—640　吉格斯

673／2　Esarhaddon’s prism

673／2　埃萨哈顿的两石柱

668—626　Ashurbanipal

668—626　亚述巴尼拔

664　fall of Egyptian Thebes to Ashurbanipal

664　埃及的底比斯落于亚述巴尼拔之手

648　fall of Babylon to Ashurbanipal

648　巴比伦落于亚述巴尼拔之手

BABYLONIAN EMPIRE

巴比伦帝国

612　fall of Nineveh to Babylon

612　尼微为巴比伦所陷落

C610—560　Alyattes

约610—560　［吕底亚王］阿里亚特里

605—562　Nebuchadrezzar

605—562　尼布甲尼撒

605　Nebuchadrezzar defeats Necho Ⅱ at Carchemish

605　尼布甲尼撒在卡尔克米什击败勒科二世

586　fall of Jerusalem to Babylon

586　耶路撒冷为巴比伦所陷落

556—539　Nabonidus

556—539　那波尼达

C560—546　Croesus

约560—546　科洛苏斯

PERSIAN EMPIRE

波斯帝国

559—530　Cyrus

559—530　居鲁士

546　Persians take Cyprus

546　波斯人占领塞浦路斯

C545　Persians take Sardis

约545　波斯人占有萨地斯

539　Persians take Babylon

539　波斯人占有巴比伦

530—522　Cambyses

530—522　刚比斯

522—486　Darius

522—486 大流士

PERSIA AND THE NEAR EAST

波斯和近东

560 Nergal-Shar-Usur（Neriglissar）becomes king of Babylon

560 尼加尔·沙·乌苏尔（尼里格里萨）为巴比伦王

Croesus becomes king of Lydia

克洛苏为吕底亚王

Astyages king of Media

阿斯杜阿该斯为米底王

Amasis king of Egypt

阿马西斯为埃及王

559 Cyrus becomes king of Anshan

559 居鲁士为安山王

556 Death of Neriglissar；briefreign of Labashi-Marduk

556 尼里格里萨之死；拉巴什·马都克之统治

Nabonidus becomes king of Babylon

那坡尼达为巴比伦王

555 Nabonidus invades Cilicia

555 那坡尼达侵入西里西亚

553 Nabonidus in Syria

553 那坡尼达在叙里亚

552—542 Nabonicus in Teima

552—542 那坡尼达在特玛

Belshazzar crown prince in Babylon

伯尔沙札尔皇太子在巴比伦

550 Cyrus overthrows Astyages，and takes over Median empire

550　居鲁士推翻阿司杜阿该斯，并占有米底帝国

547　War between Cyrus and Lydia.Fall of Sardis

547　居鲁士和吕底亚之战，萨地司之陷落

539　Cyrus invades Babylonia，10 October：fall of Sippar

539　居鲁士侵入巴比伦尼亚，十月十日，西巴尔之陷落

12 October：fall of Babylon

十月十二日巴比伦陷

29 October：Cyrus enters Babylon

十月廿九日居鲁士入巴比伦

Brief co-regency of Cyrus and Cambyses in Babylonia

居鲁士和刚比西斯在巴比伦尼亚短期共同摄政

After 539　Cyrus in CentralAsia

539　年后［？］居鲁士入中亚

530　（July-August）Death of Cyrus；accession of Cambyses

530　（七—八月）居鲁士卒；刚比西斯立

526　Death of Amasis；Psammetichus Ⅲ king of Egypt

526　阿马西斯卒；埃及王普桑麦提库斯三世

525　Cambyses invades Egypt；death of Psammetichus Ⅲ

525　刚比西斯侵入埃及；普桑麦提斯库斯三世卒

522　Bardiya revolts in Persia（11 March），seizes whole empire by 1 July；death of Cambyses. Bardiya killed by Darius（29 September）；Darius king of Persia

522　巴尔狄亚在波斯叛乱（三月十一目），占领全帝国（七月一日附近）；刚比西斯死。巴尔狄亚被大流士所杀（九月二十九日）；大流士为波斯王

522—521　Widespread revolt in empire

522—521　叛乱遍于全帝国

520 / 19 Darius' campaign against Skunkha the Scythian; Bisitun inscription (?)

520 / 19 大流士反西徐亚人斯空卡的战役贝希斯顿铭文（？）

519 Death of Oroetes; Darius gains control in Lydia and Ionia

519 奥罗得斯（吕底亚）之死；大流士赢得对吕底亚和爱奥尼亚的统治

518—514 Conquest of India

518—514 征服印度

517 Capture of Samos, Lesbos and Chios come under Persian rule

517 占领萨摩斯，里斯保和开俄斯归波斯统治

c. 513 Darius invades Europe

约513 大流士侵入欧洲

512—511 Conquest of Thrace by Megabazus

512—511 麦伽巴祖斯征服色雷斯

510 Otanes and Artaphernes take over western Asiatic provinces

510 奥塔内斯和阿尔塔弗内斯占领西亚各省

第五篇　中西古典文明合论

XX. 古典中国没有西方古代史上的所谓“黑暗时代”

太史公序《三代世表》云，“余读谍记，黄帝以来皆有年数，稽其历谱谍终始五德之传，古文咸不同，乖异，夫子之弗论次其年月，岂虚哉？于是以《五帝系谍》《尚书》集世，纪黄帝以来，讫共和，为世表”。

其序《十二诸侯世表》云：“太史公曰，儒者断其义，驰说者骋其辞，不务综其终始，历人取其年月，数家隆于神运，谱谍独记世谥，其辞略，欲一观诸要难，于是谱十二诸侯，自共和讫孔子。”（孔子，言其所编《春秋》也，指春秋时代，亦即共和以来的整个时代也）

黄帝，共和，孔子，一条历史系统，世相承，年相接，此中国之古典文明也，下至古典帝国，绝无间断。

而在西方，则有所谓黑暗时代（Dark Age）者，介于前后两文明之间，是一种似乎（或确为）文明文化中断的时期，始见于古代西亚的文明中枢所在。亚述学学者伽得（C. J. Gadd）在“西亚史的复原”（Recovery in Western Asia，见《剑桥古代史》［C. A. H. ］第三版，第二卷，第二分册，1975［1980］第十八章，“亚西里亚和巴比伦尼亚”）中写道：

> 亚西里亚自沙姆什·阿达得一世及其子伊什美·达干统治之日以来，巴比伦尼亚自汉穆拉比继承人末代以来，古西亚史的篇幅就很少提及亚述·巴比伦两地的历史了。这里边大约有三个

世纪的历史地位被那些影响整个西亚和埃及的侵入事件与阻碍发展的势力所占有了，这使得这些广大地区的当时情景全都模糊不清。在埃及，侵入者是海克索斯人，在叙利亚，美索不达米亚，及其东边，是胡里安人，在巴比伦尼亚，是卡斯特人；他们全都是起源不明，文化水平一般都很低的民族，在他们到达他们自己更高的历史地位，而形成独特的文明之前，他们总是注定要丢失他们自己的个性，部分由于被人征服，更多是被人吸收同化了。

伽得说这是“黑暗时代”（在西亚，古代），时在约公元前17—前16世纪至公元前13—前12世纪。亚述和巴比伦为中心的古代文明，由于来源不明的民族（如海克索斯人、胡里安人、米丹尼人、卡斯特人等等）侵入，一度中衰了或中断了。类此的文明文化，中衰中断而另起再起的，不论是否沿用旧有的名目，对当地原来的文明文化，总是有影响的，起继续的或改变的作用了。但更严重的情况发生于欧洲。

在欧洲，古代的黑暗时代存在于上古迈锡尼文明或文化衰落至灭亡时期。《剑桥古代史》第三版，卷二，第二分册（1975［1980］），有一章叫“迈锡尼文明的终结与黑暗时代”（the End of Mycenaean Civilization and the Dark Age），是由德波鲁夫（V. R. d’A. Desborough）写考古背景部分的，作者先（1972）已有一本专著（约400页的）《希腊黑暗时代》（The Creek Dark Ages）。

迈锡尼文化起源于公元前三千年代末，而全盛于公元前两千年代中后期。这是希腊语人的文化，但它是继承非希腊语人的克里特文化（米诺斯文化，起源于公元前三千年代初）来的。克里特·迈锡尼文化，以宫廷文化为标识，号称宫廷文化时代，它的衰落和灭亡以大约公元前1150年迈锡尼卫城的最后陷落毁灭为标志。多利安（希腊人）之侵入希腊本土（公元前1100—前1000），爱奥尼亚人之侵入和占有爱琴海诸岛和小亚沿岸（公元前1050—前960），希腊历史的开端是和这些大规模移民一起的。《牛津古典世界史》（The Oxford History of the Classical World，1986

［1988］）称此为“黑暗时代与大移民时期”（the Dark Age and the Period of Migrations），据说在公元前1250年和公元前1150年间，东地中海和小亚地区居民情况中断了。公元前1220年，特洛伊Vlla层的毁灭可能正是属于特洛伊战争传说的历史事件，是迈锡尼文化的希腊人最后一次的大事业了。公元前1200年，在希腊的各个迈锡尼文化遗址，普遍毁灭了（哥林斯的Zygouries，亚哥里斯的迈锡尼和太林斯，Pylus以及伯罗奔尼撒南部其他遗址，都全部或部分毁灭。佛哥斯的Crisa，以及比阿提亚的G1a，或许也是在这次毁灭的——参阅《剑桥古代史》第三版，卷二，第二分册，1975［1980］本，659页）。只有爱琴海诸岛和狄萨里亚未受影响。特洛伊之毁灭的年代据估计在公元前1184年，迈锡尼卫城的毁灭则在公元前1150年。

铁器开始在希腊的广泛使用，以及希腊与赛普路斯岛的重新接触则始于公元前1050年。

公元前1050—前900年，是希腊考古的原始几何陶时期；公元前875—前750年则是几何陶时期。几何陶文化把希腊由黑暗时代引领到希腊的文艺复兴（公元前约770—公元前700）。

科尔斯特里穆的《几何陶时代的希腊》（J. N. Coldstream，*Geometric Greece*，1977［1979］）一书，分为如下三篇：一、黑暗时代的经过，约公元前900—前770年；二、希腊的文艺复兴，约公元前770—前700年；三、公元前8世纪的希腊生活，这些概括了几何陶时代的全貌。

迈锡尼时代的希腊人本来已有文字（线文B，音节字，Linear B，参阅Micheal Ventris&John Chadwick，Documents in Mycenaean Greek，1956），但在迈锡尼王宫毁灭（公元前1150年）之后，已无闻知了。后来的希腊字母文字，是在大移民时期新来的希腊人（多利安人，公元前1100—前1000；爱奥尼亚人，公元前1050—前950）向腓尼基人学来的（公元前750—前700）。希罗多德（V. 58，1—2）记载了这个故事。见于几何陶上的希腊字母，那些陶片不能早于公元前750年。

希腊的黑暗时代至此结束了。

欧洲历史传统，罗马史结束，还有一个黑暗时代，约当公元6—12世纪，那是中世纪问题，蛮族入侵，古典文化中衰以至于文艺复兴开始之日。

《牛津古典世界史》（1986［1988］）大事表以阿拉伯人之征服叙利亚、埃及、萨桑尼帝国（公元前633—前55），作为古罗马帝国之终结，而东罗马帝国首都君士坦丁堡则于1453年陷落。中世纪初的黑暗时代问题虽有不同看法，但古典文化的终结则是事实。

XXI. 中国古典史上未见“黑暗时代”的原因

A. 古中国之兄弟民族思想

西方古代文明史上多已出现“黑暗时代”，西南亚之“黑暗时代”，曾使古苏美尔·亚述巴比伦之文明文化一度中断；欧洲古代之“黑暗时代”亦使克里特·迈锡尼文明文化趋于沦亡。中世初之黑暗时代使欧洲古典文明文化仅存于教会中的奄奄一息，文艺复兴乃近代西方文明文化之所由始。古代中国独无此“黑暗时代”，何故？

传说的三皇五帝，到了尧舜，而至于禹，中国民族出现了一个共同的名称，《书·尧典》云，“蛮夷猾夏”，注引“郑康成曰，猾夏，侵乱中国也”，盖夏为中国之共用的名称。《说文》，“𡕰，中国之人也”。段玉裁注云：“以别于北方狄、东北貉、南方蛮闽、西方羌、西南焦侥、东方夷也”。夏，中国之共名，亦中国人之共名，其四周则古中国之兄弟民族也。中国民族与兄弟诸民族，自古昔以来，尝有争吵，乃至战争，然兄弟之关系仍始终存在也。以南越北胡而论，与中国常有干戈，更不用说亦时有和平交往，而彼此相视则本同根之兄弟民族也。《史记·越王勾践世家》云，“越王勾践，其先禹之苗裔，而夏后帝少康之庶子也”。又《匈奴列传》云，“匈奴，其先祖夏后之苗裔也”。据《史记·匈奴列传》，自唐虞夏商周，山戎、玁狁、荤粥、西戎、畎夷氏、犬戎，与中国之民时相征伐，然亦常通婚媾。周东迁之后，历春秋战国，周襄王以狄女为后，而义渠戎王与秦昭王之母宣太后乱（亦通婚也），有二子。王室与戎狄通婚，往往有政治外交之关系在，此不足为怪。然此等戎人大都久居北边，熟知中国文化。亦有迁入中原已久，而仍保持其戎狄文化本色者，陆浑之戎是也。（《左传·僖公二十二年》［公元前638年］载，“初，辛有适伊川，见被发而祭于野者，曰，‘不及百年，此其戎乎？’”言中国之人亦有取用戎人之祭礼者。是年秋“秦晋迁陆浑之戎于伊川”。昭公九年［公元前533年］，周王责晋人以“阴戎［陆浑之戎迁伊川者］伐颍”，云“允姓之奸，居于瓜州［在今敦煌］，伯父惠公归自秦，而诱以来，使逼我诸姬，入我郊甸”。）《匈奴列传》云：“晋文公攘戎翟，居于河西圁洛之间，号曰赤翟白翟。”

《匈奴列传》又云：“秦穆公得由余，西戎八国服于秦。故自陇以西，有绵诸、翟獂之戎；岐梁山、泾漆之北，有义渠、大荔、乌氏、朐衍之戎；而晋北有林胡、楼烦之戎；燕北有东胡、山戎，各分散居谿谷，自有君长，往往而聚者，百有余戎，然莫能相一。”这些与上文所举，居于中国之人之间者有所不同，但他们都仍保持戎之风俗习惯。

所有这些沿北边的戎，中国传统视为兄弟民族，他们仍保持自己的习尚，但他们世代熟悉中国，尽管中国人是农耕生活的，而他们是畜牧生活的。

《匈奴列传》续云，后百有余年，晋悼公使魏绛和戎翟（《左传·襄公四年》（公元前569年），晋魏绛和戎，有云：“戎狄荐居，贵［重视］货易［轻视］土，土可贾焉。”盖中国农人与戎邻处，可以向逐水草而居者以货易其土地，货即交易媒介，即币也。当时中国人中尚未流行土地买卖之制，而边地先有此习，故云“土可贾”也），戎翟朝晋。”

当然，沿边农民生活，对于戎翟不能不有影响。特别是中国人的城郭守护之制，也吸引戎人注意。可能也颇有部分戎人改为农耕生活，否则城守用处不大也。《匈奴列传》云，“后百有余年，赵襄子（公元前475—前425）逾句注，而破并代，以临胡貉。其后既与韩魏共灭智伯，分晋地而有之，则赵有代、句注之北，魏有河西上郡，以与戎界边。其后义渠之戎筑城郭以自守，而秦稍蚕食，至于惠王（当是秦惠文王，而非魏惠王），遂拔义渠二十五城。惠［文］王（公元前337—前311）击魏（魏惠王、襄王时，孟子之时），魏尽入西河及上郡于秦”。这时，铁器时代正盛，农业发达，沿边争地争城之战随之亦起。

于此，《匈奴列传》穿插一个故事，即上文提及的“秦昭王时义渠戎王与宣太后乱，有二子”的故事，接着是“宣太后诈而杀义渠戎王于甘泉，遂起兵伐残义渠”。这是历史上新事。《秦本纪》，惠文王十四年，更为元年（公元前324年）；十年（公元前315年）；《六国表》作十一年，［公元前314年］，伐取义渠二十五城；十四年（公元前311年）卒，子武王（《秦记》作悼武王）立；武王举鼎绝膑死（公元前307年），无子，立异母弟，是为昭襄王（公元前306年），其母楚人，即宣太后也。义渠二十五城已拔于前（公元前314年），义渠戎王与宣太后“乱”当在秦昭王初年（宣太后死于秦昭王四十二年［公元前265年］）。义渠戎王既被杀，秦“起兵伐残义渠”，《秦本纪》云，“于是秦有陇西、北地、上郡，筑长城以拒胡”，此秦筑长城之始也。在此之前之后，齐、魏、韩、楚、赵、燕、先后各自有其长城；至秦始皇帝“使蒙恬将十万之众北击胡，悉收河南地，因河为塞，筑四十四县城临河，徙適戍以充之，而通直道，自九原至云阳，因边山险，堑谿谷，可缮者治之，起临洮至辽东，万余里”，此万里长城也（《匈奴列传》，参阅顾炎武《日知录》有关长城条）。

在这样形势下，古典中国之与四邻兄弟民族，相互关系之间，不可能产生西方尤其欧洲古代那样“黑暗时代”的局面，是很显然的。

到匈奴单于（chán yú）头曼及其子冒顿（mò dú，？—前174）时，值秦末农民起义及秦汉之际中原战乱之后，形势一变。《匈奴列传》云，“头曼

（冒顿之父）不胜秦，北徙十余年而蒙恬死（公元前210年），诸侯畔秦，中国扰乱，诸秦所徙適戍远者皆复去，于是匈奴得宽，复稍度河南，与中国界于故塞。单于有太子，名冒顿……杀单于头曼……自立为单于。是时东胡强盛……轻冒顿，不为备，及冒顿以兵至，击，大破。灭东胡王，而虏其民人及畜产。既归，西击走月氏，南并楼烦、白羊河南王，侵燕代，悉复收秦所使蒙恬所夺匈奴地者，与汉关故河南塞，至朝那、肤施，遂侵燕代。是时汉兵与项羽相距，中国罢于兵革，以故冒顿得自强，控弦之士三十余万……尽服从北夷，而南与中国为敌国”。又，“后北服浑庾、屈射、丁零、鬲昆、薪犂之国”。这是汉帝国北方的一个游牧帝国，匈奴帝国。它曾围高帝于白登（公元前200年）。后来自高帝之时，已开始采用和亲之策。

然而汉帝国迅即强大起来，匈奴此时虽强，仍不可能使中国史上有西方“黑暗时代”那样的一页。

高帝既死，匈奴冒顿单于于吕后当政时（公元前187—前180）曾遗书高后，向之求婚。匈奴无文书（《汉书·匈奴列传》），不知文字，其与汉廷往来，大概是利用汉之降人，以汉字为记录。（《史记·匈奴列传》：宦者燕人中行说降匈奴，教单于左右疏记，汉遗单于书，牍以尺一寸，辞曰，“皇帝敬问匈奴大单于无恙”；中行说令单于遗汉书，以尺二寸牍，及印封，皆令广大长，倨傲其辞曰：“天地所生，日月所置匈奴大单于，敬问汉皇帝无恙。”）《史记·匈奴列传》但云，“吕太后时，汉初定，故匈奴以骄，冒顿乃为书遗高后妄言”，未录其内容。《汉书·匈奴列传》录冒顿来书全文，云“冒顿浸骄，乃为书使使遗高后曰：孤偾之君，生于沮泽之中，长于平野牛马之域，数至边境，愿游中国，陛下独立，孤偾独居，两主不乐，无以自虞，愿以所有，易其所无。”这当然是汉之降者（或学些汉字的匈奴人）依冒顿旨意而润色写成的。汉朝廷议论如何对付，有主出兵击匈奴的，这在当初，势不可能，最后是令大谒者张泽报书云：“单于不忘敝邑，赐之以书，敝邑恐惧，退日自图，年老气衰，发齿堕落，行步失度。单于过听，不足以自吁，敝邑无罪，宜在见赦，窃有御车二乘，马二驷，以奉常驾。”冒顿得书，复使使来谢云：“未尝闻中国礼义，陛下幸而赦之！”因献马，遂和亲。汉朝廷以高帝有平城之围，高后得冒顿之书，为奇耻大辱。武帝太初四年（公元前101年），《匈奴列传》云，“汉既诛大宛，威震外国，天子意欲遂困胡，乃下诏曰：高皇帝遗朕平城之忧，高后时，单于书绝悖逆。昔齐襄公复九世之仇，《春秋》大之。”汉武之为此诏，已在卫青、霍去病立功之后，先行而后言，盛世之处事也。

然匈奴，中国兄弟之民族，其先，夏后氏之苗裔也，太史公始言之，《史记索隐》引“乐彦《括地谱》云，‘夏桀无道，汤放之鸣条，三年而死，其子獯粥妻桀之众妾，避居北野，随畜移徙，中国谓之匈奴。其言夏后苗裔，或当然也’。故应劭《风俗通》云，‘殷时曰獯粥，改曰匈奴’。又晋灼云，‘尧时曰荤粥，周曰玁狁，秦曰匈奴’”《左传·庄公三十年》，“齐人伐山戎”，杜预云，“山戎、北戎、无终三名也”。按戎即无终之拼音，玁狁、荤粥亦皆戎之拼音字也。

匈奴一例，可以概见先秦以下至汉唐人之见解：中国之民曰夏，曰夏后氏，周边之民族，皆兄弟民族也。他们乐于接受古中国之文化，为古中国文明之一分支。中国之民亦乐于接受兄弟民族之文化，《匈奴列传》云，“赵武灵王亦变俗胡服，习骑射，北破林胡、楼烦、筑长城、自代并阴山下，至高阙为塞，而置云中、雁门、代郡”。长城之作用，所以界生活方式不同之兄弟民族，亦所以联系彼此不同生活之兄弟民族也。

B. 古中国有可变之礼俗，无排他之宗教

上文从兄弟民族之关系提及赵武灵王胡服骑射，既为兄弟民族，哪有不学其长之理？中国自有礼俗，然而无不可变之事物，审其时宜而已。万里长城是要筑的，胡服骑射更是要学的。不筑长城，蛮族或兄弟民族来攻，“黑暗时代”可能随之而至，克里特·迈锡尼宫廷文化，线形文字A

与B，随之而亡矣。不学胡服骑射，将永居长城之内，坐以待毙乎？

《史记·赵世家》云，“武灵王自号为主父。主父欲令子主治国，而身胡服，将士大夫，西北略胡地，而欲从云中九原，直南袭秦。于是诈自为使者入秦，秦昭王不知，已而怪其状。甚伟，非人臣之度，使人逐之，而主父驰已脱关矣。审问之，乃主父也，秦人大惊。主父所以入秦者，欲自略地形，因观秦王之为人也。”赵武灵王是公元前3世纪人，他敢于西入强秦，窥殊方，学人之长，比之俄罗斯彼得大帝于公元17世纪秘密旅游西欧各地，早了约二千年。当然，古代之与近代，不可同日而语，但作为故事，一中一西，不妨联想及之。

古人绝非都保守！《论语·子罕》记“子欲居九夷”，《公冶长》还说“乘桴浮于海”，他老人家也想出国走走，目的地至少有朝鲜，或许东夷还包括日本。把这类地方推测得多远当然大可不必，但如果考虑到古代中国文化文明何以没有“黑暗时代”，这一历史问题，同当初有代表性的思想家及其传世的意识的记录结合起来加以考虑和分析，就不是没有意义的了。

胡越是中国之民的兄弟民族，这在古典时代有重大的意义，推而广之，到古典时代末，中世的初期或前夕，五胡乱华的匈奴、氐、羌、羯、鲜卑，他们不也都是我们炎黄子孙，我们的兄弟民族吗？把这个时期说是古典时代之末或古代到中世纪的过渡时代，都无不可。这个古代与中世的过渡阶段，在西方，正又是所谓“黑暗时代”，而在中国，在我们这里，魏晋南北朝有着光辉灿烂的文化，接着是隋唐帝国，那有什么“黑暗时代”呢？

由古典时代到中世纪时代，有世界三大宗教先后出世，佛教、基督教、伊斯兰教，这些宗教在西方中世纪黑暗时代，有过这样那样特别重大的十分重要的关系；宗教的排他性在中世至近代现代，对于中国以外的西方世界，至今还是特别严重的问题。然而在中国，中国的民族史上对于宗教是不存在排他性所引起的这样那样政治纠纷。韩愈（768—824）的《谏迎佛骨表》丝毫无损于玄奘（602—664）的介绍佛家经典的光辉。中国的文化史上儒绝不是宗教；以儒道释并列而谈，是十分庸俗的，不足以陈于经传的。先秦曾有儒与杨墨之争。曾几何时就过去了；当学者加入陈涉起义队伍（孔甲为陈王博士）中时，儒墨是并肩作战的；韩愈这样深究儒学的人物，孔墨是并举的。从古代到中世，中国的思想界，就宗教、哲学的派系区别和斗争说，比起西方来，可以说，基本上是比较自由的。

近代的政治斗争，在西方，被压迫民族内部的民族分歧纠纷，宗教派别纠纷，授压迫者以可乘之机，可觅之隙，而这在中国，是不存在的！

历史上曾在西方有过的“黑暗时代”，古典时日有过，中世时日有过，近代，由于历史造成的蒙昧状态，被压迫民族中还有不少人受到敌人挑拨离间，利用指使，在这个那个角落相互自作蛮触之争！民族问题，宗教问题，都成为敌人把握的工具！可是，历史上的“黑暗时代”已经一去不复返了！人类的光明，自由，美好，就在前头！这是科学的时代，人们觉醒了，这是人们自己掌握自己命运的时代！中国是如此！西方各国也是如此！

XXII. 中国古典文明史的觉醒

古中国初以夏后氏为基础的中国人，与周围兄弟民族相处，数千年来，虽亦间有争战，然友好婚媾，且相互学习其所长（赵武灵王之胡服骑射［见上］，与拓跋魏孝文帝［467—499］之汉化改革），自古典时代至于古典帝国时代，未有终止，此中国民族之所以能长久为多民族大国也。中国人但知历史源远流长，未尝间断，不知其何以能如此也；中国人知西方人亦有其自己历史，不知其曾有一再中断之“黑暗时代”也！

中国人号炎黄子孙，而炎帝、黄帝同出少典氏，又同为有娲氏之女所生，同民族之先后酋长也。由是而有姬姜二姓，演为后之三代，而又同为夏后氏最初统一之中国人（夏人），有如后来之秦汉民族之为汉人、唐人等等以见称于世。数千年来，自传说至实践，血缘关系，文化传袭，政治分合，皆一家人也。相传有名之口号，曰兴灭国，继绝世，曰四海之内皆兄弟也，曰同文字也，同种族也，祖宗之教训，人类之大同，中国人之高贵品德与仁政王道之思想与实践也。

奠定此种品德思想之基础为何？曰革命也，人民革命也！方王道传统之世，有三代天下有道之思想与行为，而以教其子孙，传其基业，守其善而去其恶者何？曰革命，汤武之革命，顺乎天而应乎人，是也；桀纣为民所诛矣，幽厉又作，又有新的革命以革除邪恶，声扬正气，则有大规模的周之国人革命，由是而奠定春秋时代世界历史上最光荣最丰富的民主遗产！孔子、墨子之言论，管仲、子产之实践，而后归结为秦帝国末流之陈王作难，儒墨之徒群趋与之俱死，而换得布衣领导之天下国家，而一变王侯将相世袭之种！自是而后，凡天下大势郁结而不可解之日，必有人民革命起焉，自农民而工人为领袖，而书生学者亦纷纷投身共挽狂澜，以是能外抗侵略，内兴邦国，而不至于坠入“黑暗时代”之境域，艰苦奋斗，数千年以至于今！

西方历史之划时代的发展，古典时代之前曾有希腊民族之大迁徙与迈锡尼文明后之黑暗时代，而后有欧洲古典文明之盛世，民主政治，希腊哲学文学，罗马法律政治；而后蛮族入侵，又一度中世初之黑暗时代，然后文艺复兴，工业革命，演进为西方文明之今日。

近代论欧洲古典国家之起源者，初不知有克里特·迈锡尼宫廷文化也，先则知有全盛之雅典，继则知有统一全地中海之罗马帝国；罗马帝国崩溃，蛮族入侵，而后有欧洲近代国家焉。恩格斯在《家庭、私有制和国家的起源》（1884，1891）中指出国家由氏族来的三种形式：雅典的，罗马的，还有德意志的。前二者属于古典时代，后者属于中世纪史。近代欧洲各国是从最后一种形式演进来的。近现代欧洲各国，自己没有古典时代，它们的历史著作中，第一章是氏族，第二章便是蛮族侵入后的国家了。欧洲的古典文化中断了，在这里只有罗马帝国统治下旧日的氏族部落作为起点，接入新来的蛮族了。新来者没有自己的文字，从古典遗留下的文化（主要是在教会）学来，由拉丁字母创造（仿效）自己的字母文字；宗教则以政权关系与教会相互利益而长成；其他如政治法律制度等等，也是这样成长的过程。

中国历史发展的情况不是这样。中国的文明文化由古典下来，一条线发展，只是随时穿插或夹杂入从旁来的外来文化，如印度的、欧洲的等等。

可是，就中国自己的古典文明文化说来，一条线自行发展，不等于古典中国的文明文化本身能够不受破损地保存和传袭下来！随着年时的变迁，中国古典文化文明本身发展过程中的变化，加以后来的外来的因素的不断影响、破坏，以及作为儿孙后代的中国人自己的背弃、忘记和失落，一代又一代，古典文化文明不断在变样，终于同千年前、两三千年前的实况不一样了！

举孔子的思想，孔子时代的文化文明为例。《大学》作为战国时代所藏留的《礼记》的一篇，其中极为重要的“大学之道”，“在止于至善”，有如《黄鸟》之“止于丘隅”，国人则“止于邦畿”。分而言之，“为人君止于仁，为人臣止于敬，为人父止于慈，为人子止子孝，与国人交止于信”。这些该怎么理解呢？臣之于君，敬之而已，不在于忠，忠于民不是忠于君；仁是为君之职，孔夫子教学生仁，是为着他们有朝一日南面为君时用的（如《仲弓》，“雍也可使南面”），老百姓，如果耕田园为生、他们怎么讲仁呢？“与国人交止于信”是就当了陪审员时的国人说的，与国人交最主要的是在此时（故下文云，“听讼吾犹人也”，即做陪审员，参加听讼，当与一切国人一样完成己责）。这些大学教育，只是当春秋邦制确立之时有用；战国时，邦制已开始变化，秦汉时代邦制破灭，《大学》中这些言论作什么用呢？还在讲，用途变了！

秦汉帝国之后，唐宋元明清，古典中国的文明文化，真正用场恐怕只能在理解历史，教育人民，起着文艺复兴所必需的作用，起着鼓舞人民，反抗专制王朝统治，保卫人民权利，鼓励人民赶上世界生产和文化水平，珍惜历史上民主和革命精神的作用而已！明清之际的黄宗羲（1610—1695），是学古典文化文明历史传统正宗而能用之于经世的一位大学人，中国古典文明史的觉醒，当初只能在《明夷待访录》这类著作中得到正确的指点！

同时，中国古典文明文化的真相，在今日，是在同西方古典文明文化对比下较为明确地认识到的。西方近代史上的文艺复兴，迫使西方去学习和认识自己所没有的古典时代，希腊的，罗马的，还有中国的！西方古典和中国古典都留下珍贵的文化遗产，政治学识遗产：民主、革命，人类平等，世界大同，国家政治制度，国际交往和组织，等等等等。在把西方古典文化和中国古典文化对比下，还可以在当代史学中提出一个严肃的问题：古典中国何以没有“黑暗时代”，而西方古典时代有之的问题！这是有待认真研究的一个史学上的严肃问题。

读者须知

本书已接入版权链正版图书查证溯源交易平台，“一本一码、一码一证”。扫描上方二维码，您将可以：

1. 查验此书是否为正版图书，完成图书记名，领取正版图书证书。

2. 领取吉林人民出版社赠送的购书券，可用于在版权链书城购买吉林人民出版社其他书籍。

3. 领取数字会员卡，成为吉林人民出版社读者俱乐部会员。

4. 加入本书读者社群，有机会和本书作者、责任编辑进行交流。还有机会受邀参加本社举办的读书活动，以书会友。

5. 享受吉林人民出版社赠予的其他权益（通过读者俱乐部进行公示）。